Adam Smith

Conferências sobre Retórica & Belas-Letras

Adam Smith

Conferências sobre Retórica & Belas-Letras

Editado por
J. C. Bryce

Editor geral
A. S. Skinner

Tradução
Rebeca Schwartz

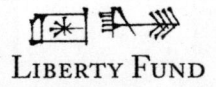

LIBERTY FUND

TOPBOOKS

Copyright © Oxford University Press, 1983.
Traduzido da edição de *Lectures on Rhetoric and Belles Lettres*
preparada por J. C. Bryce, incluindo
Considerations concerning the First Formation of Languages
Edição brasileira: novembro 2008

Editor
José Mario Pereira

Editora-assistente
Christine Ajuz

Projeto gráfico e capa
Victor Burton

Revisão
Maria Alice Paes Barretto

Revisão técnica
Christine Ajuz

Editoração e fotolitos
Arte das Letras

Gerente do programa editorial em
português do Liberty Fund, Inc.
Leônidas Zelmanovitz

Todos os direitos reservados pela
TOPBOOKS EDITORA E DISTRIBUIDORA DE LIVROS LTDA.
Rua Visconde de Inhaúma, 58 / gr. 203 — Rio de Janeiro — RJ
CEP: 20091-000 Telefax: (21) 2233-8718 e 2283-1039
www.topbooks.com.br / topbooks@topbooks.com.br

Impresso no Brasil

Prefácio

Este volume, uma versão da primeira obra de Adam Smith, pode, em um duplo sentido, ter John Maule Lothian – 1896-1970, formado pela Universidade de Glasgow, M.A., 1920 – como seu único gerador; Lothian descobriu o manuscrito, e o cuidado com que o editou facilitou bastante o trabalho de quem o estudar agora. Tanto pública quanto privadamente, Lothian reconheceu a ajuda que recebeu quanto às referências clássicas do professor W. S. Watt, da cadeira de humanidades, na Universidade de Aberdeen; e, como sucessor do professor Watt, hoje aposentado, quero acrescentar o meu próprio agradecimento. Minha maior dívida nesse campo é para com o grande *scholar* que ensinou tantos a levar a sério a crítica literária do século XVIII, David Nichol Smith; ele sentia grande prazer em lembrar seu próprio começo como professor na universidade de Adam Smith. Naturalmente, as omissões e os erros são meus. "O que é óbvio não é sempre sabido, e o que é sabido nem sempre está à mão". O comentário tortuoso de Johnson deve importunar a mente de quem quer que busque anotar um texto tão alusivo como este.

A contribuição do professor Andrew Skinner a este livro excede, em muito, o que se poderia esperar do mais generoso editor geral. É à sua energia e ao seu saber determinados que se deve que o texto tenha adquirido uma forma impressa, ou que se tornasse apresentável depois de revisões árduas e complexas. Meu débito pessoal e editorial para com ele concerne a tudo que me ensinou durante nossas conversas e a seus escritos sobre o papel central da *Retórica* na obra de Adam Smith como um todo. Às secretárias do departamento de economia política de Glasgow, sobretudo à Srta. Chrissie MacSwan e à Sra. Jo Finlayson, sou grato pela competência e paciência com que datilografaram uma cópia muito complicada. Contei com os conselhos do Sr. Jack Baldwin, que trabalhava na seção de coleções especiais da biblioteca da Universidade de Glasgow; dos professores D. D. Raphael e M. L. Samuels; e do Sr. J. K. Cordy, da Oxford University Press, que, além de tudo, mostrou uma paciência sem fim. Agradeço a Mary Robertson por sua inestimável ajuda na elaboração do índice.

1982 – J. C. B.

Sumário

Abreviaturas 11
Introdução
   1. O manuscrito 13
   2. As conferências 24
   3. Considerações referentes à primeira formação das línguas 51
   4. Retórica e crítica literária 61
   5. Sistema e estética 69

Conferências sobre retórica e belas-letras 77
Considerações referentes à primeira formação das línguas e
   o caráter diverso das línguas originais e compostas 403
Apêndice 1: Anedotas do finado Dr. Smith
        (*The Bee* ou *Literary Weekly Intelligencer*, de quarta-feira,
        11 de maio de 1791) 441

Apêndice 2: Tabela de passagens correspondentes 449
Índice geral do texto, apêndices e notas 459

Adam Smith

Chave para abreviaturas e referências

Obras de Adam Smith

Corr.	Correspondência
EPS	*Essays on Philosophical Subjects,* dentre os quais:
Ancient Logics [Lógica antiga]	"The History of the Ancient Logics and Metaphysics"
Ancient Physics [Física antiga]	"The History of the Ancient Physics"
Astronomy [Astronomia]	"The History of Astronomy"
English and Italian Verses [Poemas ingleses e italianos]	"Of the Affinity between certain English and Italian Verses"
External Senses [Sentidos externos]	"Of the External Senses"
Imitative Arts [Artes imitativas]	"Of the Nature of that Imitation which takes place in what are called the Imitative Arts"
Stewart	Dugald Stewart: "Account of the Life and Writings of Adam Smith, LL.D."
Languages [Línguas]	*Considerations concerning the First Formation of Languages*

TMS	*The Theory of Moral Sentiments* [Teoria dos sentimentos morais]
WN	*The Wealth of Nations* [A riqueza das nações]
LJ (A)	*Lectures on Jurisprudence, Report of 1762-3* [Conferências sobre jurisprudência, Relato de 1762-3]
LJ(B)	*Lectures on Jurisprudence, Report dated 1766* [Conferências sobre jurisprudência, Relato datado de 1766]
LRBL	*Lectures on Rhetoric and Belles Lettres* [Conferências sobre retórica e belas-letras]

OUTRAS OBRAS

JML	*Lectures on Rhetoric and Belles Lettres* [Conferências sobre retórica e belas-letras], ed. John M. Lothian (Nelson, 1963)
LCL	Loeb Classical Library
OED	*Oxford English Dictionary*

Nota: os símbolos usados no texto são explicados nas pp. 24 e 58.

Introdução

I. O manuscrito

John M. Lothian, leitor (depois professor titular) de inglês da Universidade de Aberdeen, anunciou no jornal *The Scotsman* de 1º e 2 de novembro de 1961 sua descoberta de dois volumes do manuscrito *Anotações sobre as conferências acerca da retórica do Dr. Smith* e a aquisição dos mesmos durante a venda do acervo da biblioteca de uma mansão senhorial de Aberdeenshire, no final do verão de 1958. Os dois volumes faziam parte do restante do que fora um dia uma grande coleção iniciada no século XVI por William Forbes, dono do Castelo de Tolquhoun, e que, no final do século XVIII, passou para as mãos da família Forbes-Leith, de Whitehaugh, propriedade que veio a somar-se à dos Forbes pelo casamento de Anne Leith. Em setembro de 1963, Lothian publicou uma edição das anotações sob o título de *Lectures on Rhetoric and Belles Lettres Delivered in the University of Glasgow by Adam Smith, Reported by a Student in 1762–63* [*Conferências sobre retórica e belas-letras proferidas na Universidade de Glasgow por Adam Smith, relatadas por um estudante em 1762-63*] (Nelson).

Não foi difícil identificar o conferencista. Sempre se soube que Smith fez conferências sobre retórica; seu texto manuscrito das mesmas (Stewart, I. 17) estava entre os que foram destruídos na semana anterior à sua morte em cumprimento às instruções estritas que dera, primeiro a Hume, em 1773, depois, em 1787, a Joseph Black e James Hutton, testamenteiros de sua obra literária. A 3ª conferência do relatório encontrado é uma versão resumida do ensaio sobre a primeira formação das línguas, publicado por Smith em 1761. Na venda de 1958, Lothian encontrou também os volumes de 2 a 6 das anotações manuscritas das conferências sobre jurisprudência que, embora anônimas, mostraram ser uma versão mais elaborada das conferências de Smith referidas em anotações descobertas em 1876 e publicadas por Edwin Cannan em 1896. Graças à extraordinária capacidade de Lothian de fazer achados importantes por acaso, qualidade que causava inveja a seus amigos, sua incursão pelos sebos de Aberdeen foi recompensada pela descoberta do volume I que faltava. Esses volumes têm o mesmo formato e o mesmo tipo de papel que os da *Retórica* e a mesma caligrafia de seu texto principal.

Não se sabe quando a família de Whitehaugh teria adquirido esses manuscritos. Provavelmente é irrelevante o fato de não constarem em três catálogos seguidos da coleção que hoje se encontra na biblioteca da Universidade de Aberdeen, já que se trata de listas de livros publicados. Não há nenhum vínculo conhecido entre os Forbes-Leiths e a Universidade de Glasgow. O mais provável é que, em algum momento, eles tenham contratado como professor particular um jovem ex-aluno de Adam Smith que, para cair nas boas graças de seus empregadores, sabidamente aficcionados por livros, lhes teria ofertado essa obra de um filósofo que já desfrutava de reconhecimento internacional como autor de *Moral Sentiments*. No século XVIII, o ofício de professor particular estava entre os primeiros empregos mais usuais dos formandos das universidades escocesas; quanto ao próprio Smith, o obituário publicado na *Gentleman's Magazine* de agosto de 1790 (lx. 761) informa que "seus amigos incentivaram-no a ir para o exterior para trabalhar como tutor durante viagens" quando ele regressou de Oxford em 1746, depois de uma permanência de seis anos como bolsista da Fundação Snell — embora WN V. f. i 45 sugira que, mesmo depois de um período de viagens bem-sucedidas como tutor do jovem duque de Buccleuch (1764-66), ele punha em dúvida o valor de tal ocupação, desempenhada por seus dois sucessores na cadeira de lógica em Glasgow. É claro que a presença de um tutor de Whitehaugh entre os graduados de, digamos, 1763-64, não nos leva necessariamente a identificar o autor das anotações, que poderia ter sido um outro aluno. Na época, essas notas tiveram ampla circulação. De fato, dada a fama do conferencista, causa espanto que só se conheça até hoje uma única versão da *Retórica*. A tentativa de equiparar a caligrafia do manuscrito com uma assinatura do álbum de matrículas daquele importante período não teve êxito devido à desanimadora uniformidade dessas assinaturas; a caligrafia dos recém-chegados era muito bem-comportada.

Com relação à procedência do manuscrito, uma possibilidade interessante se abre com uma carta de 1779, de John Forbes-Leith a James Beattie, professor de filosofia moral do Marischal College em Aberdeen, sobre a biblioteca de sua família (JML xi, citando *Proceedings of the Society of Antiquaries of Scotland* LXXII, 1938, 252). A *Retórica* não é mencionada, mas o tema interessa tanto a Beattie que se é tentado a imaginar que ele tenha colaborado na aquisição do manuscrito. Uma outra possibilidade é que o sucessor de Smith como professor de filosofia moral em 1764, Thomas Reid, que mantinha contato com seus amigos de Aberdeen até muito depois de se mudar para Glasgow, tenha conseguido as anotações e as levado para Whitehaugh. Sabe-se que Reid se mostrava ansioso por ver as anotações das conferências de seu predecessor: "Ficarei muito grato aos senhores ou a quem quer que possa me fornecer anotações de suas preleções sobre a moral, a jurisprudência, a política ou a retórica" – assim se pronunciou em sua conferência inaugural de 10 de outubro de 1764, preservada em Birkwood MS 2131/4/II, na biblioteca da Universidade de Aberdeen.

O manuscrito da *Retórica*, atual MS Gen. 95. I e 2 da biblioteca da Universidade de Glasgow, tem meia encadernação de couro e capas revestidas de papel marmorizado. Nos três primeiros painéis da lombada está gravado em escrita cursiva: "Anotações das conferências sobre retórica do Dr. Smith: Iº Vol." e "... 2º Vol.". As páginas não são numeradas. A presente edição contém uma numeração em sua margem. Os cadernos, geralmente de quatro folhas, foram numerados no canto superior esquerdo de cada primeira página, aparentemente com a mesma (variada) tinta do texto naquele ponto. O volume I é composto de 51 cadernos, dos quais o 14º é bifoliado; suas páginas foram aqui numeradas como 52a, v.52a, 53b, v.53b, para indicar que é uma inserção. O volume 2 é composto dos cadernos 52-114; o 94 tem seis folhas; e o 74 contém um bifoliado de outro tipo de papel, levemente preso entre a primeira e a segunda folha sem interrupção na continuidade do texto, e a expressão "Minha querida Dory" parcialmente rasurada, escrita na vertical da página esquerda interna, i.e., ii.v.90, sob a nota sobre Sancho Pança. As páginas medem 195 x 118 mm, com exceção daquelas dos cadernos 1-4, com 168 x 106 mm (de papel mais resistente que as outras), e as dos cadernos 5-15, com 185 x 115 mm. A marca-d'água é LVG, junto a uma coroa, cujo tamanho varia, junto à qual há um laço ou, em alguns cadernos, as letras GR abaixo da coroa. É o papel da marca L.V. Gerrevink, de uso comum durante grande parte do século XVIII. As linhas encadeadas são verticais em todos os cadernos. A primeira página de cada um dos primeiros cadernos está muito apagada, como se tivesse ficado exposta durante algum tempo antes da encadernação.

Podemos distinguir três escribas, aqui designados como A, B e C. A mão C, que usa uma tinta escura, só aparece em alguns trechos nas primeiras páginas, e pode ser a do último dono do manuscrito: às vezes, não passa de um leve toque sobre letras meio apagadas. Uma apreciação da natureza e da autenticidade das anotações depende de um entendimento das atividades dos escribas A e B, que (particularmente A) eram responsáveis por sua transcrição a partir dos apontamentos feitos em aula. Os hábitos de escrita, dos quais os mecanismos textuais fornecerão a evidência, excluem a possibilidade de que as páginas de que dispomos tenham sido escritas enquanto os alunos assistiam às conferências.

Há uma contradição aparente entre dois relatos sobre a atitude de Adam Smith com relação a anotações durante suas conferências. Segundo seu aluno John Millar, futuro professor de direito: "A partir da permissão de tomar notas dada aos alunos, muitas observações e opiniões incluídas nessas conferências (sobre retórica) foram detalhadas em dissertações separadas, ou absorvidas em coleções genéricas, que vêm sendo publicadas desde então" (Stewart I. 17). O obituário da *Gentleman's Magazine* (lx. 762) registra que "o

Doutor costumava ser extremamente cioso em relação à posse das suas conferências... e, temeroso de que viessem a ser transcritas e publicadas, quando via alguém tomando notas, costumava repetir que 'odiava rabiscadores'." O paradoxo se resolve se recordamos a advertência de Thomas Reid, e de muitos professores universitários antes e depois dele, de que aqueles que mais escrevem em aula compreendem menos, "mas quem escreve em casa, após cuidadoso rememorar, compreende a maior parte e escreve com o melhor dos propósitos", e que essa reconstrução reflexiva do que foi ouvido é precisamente o que um discurso filosófico requer (Birkwood MS 2131/8/III). O fato de nossos escribas terem apreendido tão bem a estrutura e o teor do curso de Smith, assim como muito dos seus detalhes, exemplifica o que Reid tinha em mente. Mesmo a admissão das falhas – "Estou quase maldizendo esse trabalho", "Não consigo me lembrar de nenhuma palavra a mais" (ii.38, 44) – confirma o método que utilizaram. Em alguns casos, o escriba inicia sua transcrição com um cabeçalho que evoca a ocasião e o tema, como quando anota que Smith fez a 21ª e a 24ª conferências "sem livro" ou *sine libro*; e que teve o cuidado de dar à 12ª conferência – que articula as duas partes do curso – o título de "Da composição" porque ela abre a discussão acerca das várias modalidades de escrita.

Nosso manuscrito é o resultado da colaboração ininterrupta entre dois alunos, cuja intenção era fazer das anotações o registro mais abrangente e preciso das obras de Smith que a combinação dos seus recursos pudesse produzir. Os muitos lapsos e lacunas que permanecem não devem encobrir o enorme esforço realizado. Trabalhando a partir de apontamentos razoavelmente abrangentes, o escriba A escreve o texto básico nas páginas da direita (exceto, estranhamente, i.18-68, em que usa as páginas esquerdas), e daí em diante dois tipos de revisão são feitas. Ele corrige e amplia o texto, escrevendo a revisão acima da linha, quando esta só se aplica a uma ou duas palavras. Infelizmente, os acréscimos desse tipo são demasiado numerosos para serem destacados sem sobrecarregar o aparato textual, e foram silenciosamente incorporados ao texto. De toda maneira, é impossível distinguir aqueles que foram adicionados *currente calamo* dos que o foram posteriormente, exceto, é claro, quando as palavras entrelinhadas substituem outras que foram suprimidas (o que é sempre mencionado aqui). Quando os acréscimos são demasiado longos para serem inseridos entre as linhas, o escriba A os escreve na página em frente (i.e., na página esquerda, exceto em i.18-68) no ponto apropriado e, geralmente, os identifica com um x ou algum outro símbolo. Na presente edição, todos os acréscimos desse tipo aparecem entre chaves { }. Sem dúvida alguma, as fontes dos materiais adicionais do escriba A variavam; parte deles era certamente "reunida com tranqüilidade", como Reid teria recomendado; outros tantos teriam sido obtidos por esse aluno incansavelmente conscencioso através de consultas a colegas ou, quem sabe, da série de anotações do ano anterior em circulação. Há razões para se acreditar que parte desse material tenha sido simplesmente omitida por descuido na primeira transcrição.

    A segunda revisão, bem menos extensa mas muito útil, é do escriba B. Além de algumas correções das palavras de A, B faz dois tipos de contribuição. Preenche muitas das lacunas deixadas por A para esse propósito — lastimavelmente de modo insatisfatório, embora, por certo, sob muitos aspectos, seja mais bem-informado que A. Isso transparece também nas anotações por vezes substanciais que escreve na página esquerda, defronte ao texto de A, com ilustrações e explicações suplementares sobre os pontos ali tratados. Essas anotações são postas entre { }, com uma nota de rodapé atribuindo-as à mão B. E suscitam a mesma questão a respeito das fontes que as anotações de A. Levando-se em conta que B nunca suprime ou modifica o que escreveu, e que geralmente acomoda suas linhas de modo a terminarem exatamente no limite de um certo espaço, por exemplo, oposto ao final de uma conferência (i.v.116; ii.v.18), podemos deduzir que trabalha com um original bem-organizado ou com uma cópia passada a limpo: outra série de anotações? A ordem conforme a qual A e B escreveram suas inserções variou: em i.46, a nota de A está espremida no espaço deixado por B, assim como sucede em ii.v.30 e em outras partes. Normalmente, contudo, as notas de B são claramente posteriores às de A, como em i.v.146 e em ii.v.101, em que a nota de B está espremida entre duas notas de A, embora a segunda delas tivesse sido escrita (com tinta diferente) depois que a primeira.

As notas das páginas esquerdas diminuem consideravelmente da 16ª conferência em diante; uma explicação para isso seria o escriba A ter se tornado mais experiente em transcrever. O relato da última conferência é, sem dúvida, o mais longo de todos, pois é provável que Smith, como a maioria dos conferencistas, dessa vez tenha estendido sua fala além da hora prevista para poder terminar o seu curso. O escriba A abrandava o tédio da transcrição com distrações eventuais, como a caricatura de um rosto (seria o de Smith?). "Esse é o retrato da incerteza", em ii.67: em ii.166 "WFL", i.e., "espera-se que ria", expressão que é inserida e depois suprimida; em ii.224 a grafia habitual de "tho" é ao menos uma vez estendida pela adição de "ugh" abaixo da linha. Desperta interesse especial a nota acrescentada em i.196, evocando a zombaria do "Sr. Herbert" sobre a fama de Adam Smith como uma pessoa distraída. O gracejo sobre Smith deve ter ocorrido logo depois da conferência, e, nesse caso, a nota deve ter sido adicionada pouco depois da transcrição.

Henry Herbert (1741-1811), futuro barão Porchester e conde de Carnarvon, ficou hospedado na casa de Smith durante o ano letivo de 1762-3. Em 22 de fevereiro de 1763, Smith escreveu a Hume apresentando Herbert como alguém "bastante familiarizado com suas obras" e ansioso por encontrá-lo em Edimburgo (carta 70). Hume (71) o considerou "um jovem bastante promissor", mas refere-se a ele em 13 de setembro de 1763 (75) como "o Sr. Herbert, aquele crítico severo". Há uma carta de Herbert para Smith (74) datada de 11 de setembro de 1763.

Sugerir que Herbert possa ter sido a fonte de ao menos algumas das notas adicionais seria fazer um uso ilegítimo da "navalha de Occam". Se alguém tivesse esse grau de familiaridade com o conferencista e o consultasse sobre o conteúdo das conferências não teria deixado tantos espaços em branco; e Smith, com certeza, não teria, conscientemente, ajudado na compilação das anotações sobre suas falas. Vale a pena também notar que as conferências sobre retórica, ao contrário das sobre jurisprudência etc. (ver LJ *14-15*), não foram seguidas pela hora de "avaliação", na qual se podiam abordar questões adicionais.

Os hábitos de escrita marcantes do escriba A indicam que ele sofria de um problema de vista, de um tipo de visão em túnel. Tinha também uma propensão a várias formas de haplografia, omissão de letras ou sílabas, semelhante à do seu predecessor: "Se eu assim puder" (a palavra *dizer* [*say*] é omitida), "coing" (*coining* [cunhagem]), "possed" (*possessed* [possuído]). Escreve *on the hand*, adiciona um *r* a *the*, e acha que escreveu *other* [querendo dizer *on the other hand* – por outro lado]. Nesta edição, utilizamos colchetes angulados < > para omissões supridas por nós. Há repetições freqüentes de palavras ou frases que, aqui, colocamos entre colchetes [ ]. Há também inúmeros exemplos de antecipação de palavras ou frases; a maioria desses casos foi corrigida pelo escriba ao cotejá-los com seus apontamentos originais. Em um dos casos, ele antecipa a frase que dá início à conferência que se segue (i.116, 117), dando a perceber que, nessa ocasião, deixou passar uma semana antes de transcrever a 8ª e a 9ª conferências – sexta-feira e segunda-feira, 3 e 6 de dezembro. Muitas vezes, tenta memorizar uma passagem demasiado longa escrevendo palavras que transmitem o sentido e substituindo-as pelas apropriadas ao consultar seus apontamentos. Começa a escrever "objeto" [*object*] e tem de substituir esse termo por "projeto" [*design*]. A maioria das diversas palavras sobrepostas do manuscrito são exemplos desse tipo, e, infelizmente, com pouca freqüência se pôde decifrar a palavra original; quando isso ocorreu, foi indicado. A recordação do escriba do significado transmitido por Smith foi de fundamental importância; mas neste, como em outros casos, mostra-se ansioso por recordar as *ipsissima verba* do mestre. Com freqüência, inverte a ordem das palavras e das frases, para depois restaurar a ordem correta, pondo números acima das mesmas.

Adam Smith

O objetivo desta edição é permitir que o leitor avalie por si mesmo a natureza do manuscrito, apresentando-o da forma mais abrangente que a impressão permite; mas, em nome da clareza, foram feitas várias concessões. Onde a pontuação era inconsistente ou fora dos parâmetros usuais, ela foi normatizada; por exemplo, vírgulas separando: o sujeito do verbo, "is" [é, está] do seu complemento, uma conjunção de sua cláusula, e assim por diante. A paragrafação original foi conservada quando se tinha certeza de sua existência e intencionalidade. Nem todas as maiúsculas iniciais foram mantidas. O escriba as emprega usualmente para enfatizar ou comunicar a idéia do uso técnico ou especial de um termo; porém, em "Algum", "Mesmo", "Tal", "com Relação a", "com Respeito a", "de minha Parte", "por esta Razão" [*'Some', 'Same', 'Such', 'with Regard to', 'in Respect to', 'for my Part', 'for this Reason'*] etc., a maiúscula foi desconsiderada. As abreviaturas empregadas com freqüência foram desdobradas sem alarde; são elas: y^s (*this* [este, esta, isto]), y^m (*them* [eles, elas, os, as]), y^r (*their* [seus, suas, deles, delas]), y^n (*than* [do que]), y^{se} (*those* [esses, essas, aqueles, aquelas]), nëyr (*neither* [nenhum, nem]), oy^r (*other* [outro, outra, outros, outras]), Bröy^r (*Brother* [irmão]), p̈t (*part* [parte]), aġst (*against* [contra]), figs (*figures* [figuras, algarismos]), dïs (*divisions* [divisões]), nom̈ve (*nominative* [nominativo]) e outras similares. Não foi possível registrar as várias mudanças de tinta, caneta e estilo da escrita (de nítido a apressado), ainda que esses sejam, sem dúvida, indicativos das circunstâncias em que o escriba A estava trabalhando. Os erros de numeração, da 5ª conferência em diante, foram corrigidos e anotados.

Resumo da notação textual empregada:

{ }	anotações na página esquerda – quando relevantes, de Mão B
< >	omissões preenchidas por conjectura
[ ]	repetições errôneas*
suprimido:	palavra ou trecho suprimido e não substituído
substitui:	palavra ou trecho corrigido na linha, acima de uma supressão.
modificado de:	palavra original decifrável sob aquela que a substituiu
indicadores sobrescritos:	referem-se, em geral, a palavra(s) *precedente(s)* a que se faz menção.

2. As conferências

As anotações que temos datam, provavelmente, do décimo quinto inverno em que Adam Smith fez conferências sobre retórica. Decepcionado pela função de tutor durante viagens, exercida quando de sua volta de Balliol, e depois de passar dois anos em casa, em Kirkcaldy, em 1746-8, ele "inaugurou um curso para o ensino da retórica em Edimburgo", como se lê no obituário da *Gentleman's Magazine* (Ago. 1790, lx. 762); e prossegue com a observação sobre a vantagem de Smith freqüentemente mencionada anos depois: "Sua pronúncia e estilo eram muito superiores aos que, na época, podiam ser adquiridos apenas na Escócia". Essa superioridade era

---

* N. da T. – essa notação foi também usada para esclarecimentos meus.

com freqüência atribuída – como o faz Sir James Mackintosh, na introdução da segunda edição da *Edinburgh Review* de 1755-6, em 1818 – à influência do modo de falar de Francis Hutcheson, seu professor em Glasgow, bem como aos seus seis anos em Oxford. Seu reconhecimento da linguagem como atividade fora, por certo, aguçado por ambas as experiências de diferentes maneiras – diferenças tão freqüentemente embaraçosas para seus colegas conterrâneos, oradores e escritores, em meados do século. A *Edinburgh Review* nº 1 mencionou como um dos obstáculos ao progresso da ciência na Escócia "a dificuldade de uma expressão apropriada num país onde não há padrão de linguagem ou, no melhor dos casos, um padrão muito remoto" (EPS 229); e, dois anos mais tarde, em 2 de julho de 1757, Hume, em carta a Gilbert Elliott of Minto (Carta 135, ed. J.Y.T. Greig, 1932), observa que "somos desafortunados, pois em nosso sotaque e pronúncia manifesta-se um dialeto bastante corrupto da língua que usamos". A base do desejo de "auto-aperfeiçoamento" e o papel desempenhado por muitas sociedades de Edimburgo e de outras regiões são descritos em JML xxiii-xxxix e em *Scotland's Age of Improvement* (1969), de D. D. McElroy. Smith "ensinando retórica" em 1748 era o homem certo no momento certo.

Na falta de alguma notícia ou anúncio sobre as conferências na *Scots Magazine* (estes não seriam usuais nessa época, tampouco dez anos depois), não temos datas precisas; mas A. F. Tytler, em suas *Memoirs of the Life and Writings of the Honourable Henry Home of Kames, containing sketches of the Progress of Literature and General Improvement in Scotland during the greater part of the eighteenth century* (1807: i. 190) relata:

> Foi graças à persuasão e encorajamento de Kames que o Sr. Adam Smith, logo depois de seu regresso de Oxford, e de haver desistido de seguir uma carreira eclesiástica, para a qual fora originalmente destinado, foi levado a dar aulas públicas que consistiam em um curso composto de conferências sobre retórica e belas-letras. Deu essas conferências em Edimburgo em 1748 e nos dois anos subseqüentes para um auditório respeitável, constituído, principalmente, de estudantes de direito e de teologia; até que, chamado a Glasgow...

O "auditório" incluía Alexander Wedderburn (que editou a *Edinburgh Review* 1755-6), William Johnston (que se tornou Sir William Pulteney), James Oswald of Dunnikeir (um amigo de infância de Smith, de Kirkcaldy), John Millar, Hugh Blair, "e outros, que se destacaram, tanto no departamento de literatura quanto na vida pública". Na carta que Smith escreveu em 10 de janeiro de 1751 (carta 8) ao secretário do conselho administrativo de Glasgow, aceitando a indicação para a cadeira de lógica naquela universidade e explicando que não podia assumir suas funções de imediato em virtude de compromissos com seus "amigos daqui", i.e., de Edimburgo, o uso do plural mostra que, além de Kames, tinha outros patrocinadores, que se supunha serem James Oswald e Robert Craigie of Glendoick. Há evidência suficiente de que, ao menos em seu último ano em Edimburgo, se não antes, ele também fazia conferências sobre jurisprudência; mas Tytler é bem claro quanto à duração do curso de retórica. Depois da ida de Smith para Glasgow, as aulas do curso continuaram, tendo como professor Robert Watson, até a *sua* transferência para St. Andrews, onde assumiu a cadeira de lógica em 1756. Isso foi apenas o começo: um dos primeiros participantes do "auditório" de Smith, Hugh

Blair, começou, em 11 de dezembro de 1759, um curso sobre o mesmo tema na Universidade de Edimburgo, que lhe conferiu o título de professor em agosto de 1760 e o nomeou para uma nova cadeira, de retórica e belas-letras (destinada a se tornar, de fato, a primeira cadeira de literatura inglesa do mundo), em 7 de abril de 1762. Presume-se que as primeiras conferências de Smith tenham sido realizadas em uma das Sociedades, mais provavelmente na de filosofia, cujas atividades usuais estavam suspensas desde 1745, e Kames teria considerado os cursos um modo de mantê-la em funcionamento. Em 1737, a contribuição de Colin Maclaurin, professor de matemática (ver *Astronomy* IV. 58), foi fundamental para que os interesses da Sociedade se ampliassem, passando a incluir literatura e ciências.

* * *

Quando Adam Smith chegou a Glasgow, em outubro de 1751, para ser professor de lógica e retórica, descobriu que suas obrigações tinham sido ampliadas devido à doença de Thomas Craigie, professor de filosofia moral, cujos cursos iriam ser ministrados por Smith e mais três colegas. Tudo indica que, diante da pressão, teria ele recorrido ao seu material de Edimburgo, incluindo a retórica, disciplina que lhe cabia ensinar. Craigie veio a falecer em novembro, e sua cátedra foi preenchida por Smith em abril de 1752. Durante o século XVIII, as aulas de filosofia moral regulares ou "públicas" começavam às sete e meia da manhã, com palestras sobre ética, política, jurisprudência e teologia natural. Às onze, iniciava-se uma "avaliação", com duração de uma hora, para que se verificasse se a palestra tinha sido entendida. Ao meio-dia, três vezes na semana, havia uma aula "particular", às vezes chamada de *"college"*, assistida pelos alunos que já tinham freqüentado as aulas públicas no ano anterior e que, então, as estavam assistindo pela segunda vez – ou mesmo pela terceira –, com exceção da parte dedicada à avaliação. Na aula particular, os professores davam cursos sobre temas que os interessavam de modo especial. Hutcheson deu cursos sobre Arriano, Antonino (Marco Aurélio) e outros filósofos gregos; Thomas Reid, sobre as faculdades da mente.

Para a aula particular, Adam Smith escolheu a matéria com que iniciara sua vida acadêmica: retórica e belas-letras. E aqui surge uma questão. A retórica fazia parte do domínio de James Clow, sucessor de Smith na cadeira de lógica. Não há registro de nenhum protesto por parte de Clow, ao contrário do que se dera em Edimburgo com John Stevenson, que já ensinava lógica e retórica há trinta e dois anos quando a cadeira de Blair foi fundada. Várias explicações são possíveis, além da boa vontade pessoal. A expressão *belles lettres*, ainda que não satisfizesse Stevenson, diferenciava de maneira decisiva os dois cursos de Glasgow. Tudo indica que Clow enfatizava a análise retórica de passagens, ajustando-as com a disciplina da lógica (cf. JML xxx, citando Edinburgh Univ. Library, MS DC 8, 13). Mais importante que isso: em Glasgow não se tratava de uma aula pública. De todo modo, os alunos de retórica de Smith tinham assistido às aulas de Clow dois anos antes, e a oportunidade – que Smith sabia que eles apreciariam – de fazer correlações só pode ter sido filosoficamente benéfica. Oportunidades semelhantes se abriam, por assistirem ao mesmo tempo – e já terem assistido – às exposições de Smith sobre ética e jurisprudência. As aulas expositivas sobre história e sobre eloqüência judiciária eram ilustradas pelas de direito público e privado. E não devemos esquecer que esses alunos estavam também estudando filosofia natural, teórica e prática, matérias do quinto ano do currículo de artes em Glasgow. Tais justaposições constituíam, então como agora, uma das grandes vantagens do sistema universitário escocês, e, sem elas, a Escócia não teria tido a importância que teve para a filosofia no século de Adam Smith. Os alunos de Smith devem ter notado, em particular, a relação multifacetada que se dava entre ética e retórica, sobretudo em três áreas. Em primeiro lugar, Smith empregava muitos dos princípios gerais formulados em TMS para *ilustrar* as diferentes formas de comunicação; por exemplo, nossa admiração pelo grandioso (ii.107 e adiante, seção 4) ou por adversidades superadas com firmeza e persistência (ii.100). Smith também chamava a atenção para a influência do ambiente sobre formas e modos de expressão (ii.113-16, 142 ss., 152 ss.), de maneira que seria familiar para quem já conhecesse seu modo de abordagem das normas de conduta. Em segundo lugar, os alunos de Smith poderiam observar os pontos elaborados pela retórica na discussão sobre o papel da simpatia e sobre a natureza do juízo moral e da persuasão (cf. TMS I. i. 3-4; cf. pp. 44-45 adiante). O caráter do homem sensível é desenvolvido de modo notável na conferência XXX (ii. 234 ss.), e o argumento, como um todo, supõe que o discurso falado, em certas ocasiões, poderia afetar o juízo moral. Em terceiro lugar, os alunos de Smith poderiam perceber que os argumentos expostos nas conferências sobre retórica *complementavam* a análise de TMS, na qual se observa que:

> Podemos julgar a propriedade ou a impropriedade dos sentimentos de uma pessoa por sua correspondência ou desacordo com os nossos, em duas situações diferentes: em primeiro lugar, quando consideramos que os objetos que os estimulam não têm nenhuma relação peculiar, quer para conosco, quer para com a pessoa cujos sentimentos julgamos; ou, em segundo lugar, quando consideramos que esses objetos afetam de modo peculiar um ou outro de nós (TMS, I.i.4.I).

Objetos aos quais falta uma relação peculiar incluem "a expressão de uma pintura, a composição de um discurso... toda a temática de uma ciência e toda matéria para o gosto".

O horário das aulas de Smith aparece em LJ *13-22*, com referências às nossas fontes de informação. Com relação às conferências sobre retórica, dois relatos de duas pessoas que assistiram a elas mostram com que clareza foram lembradas mais de trinta anos depois. O primeiro relato foi feito por John Millar, professor de direito, que assistiu às conferências em Edimburgo e em Glasgow, para Dugald Stewart, que se propunha a apresentar uma memória de Adam Smith na Royal Society de Edimburgo em 1793 (Stewart I. 16):

> Ao assumir a cadeira de lógica, para a qual foi designado quando chegou a esta universidade, o Sr. Smith logo percebeu a necessidade de se afastar consideravelmente do plano que vinha sendo seguido por seus antecessores e orientar seus alunos para estudos de natureza mais interessante e útil do que a lógica e a metafísica das escolas. Assim sendo, depois de apresentar uma visão geral das faculdades da mente e explicar a lógica antiga tanto quanto necessário para satisfazer a curiosidade a respeito de um método de raciocínio artificial que outrora concentrava a atenção dos estudiosos, ele dedicou todo o restante do seu tempo à exposição de um sistema de retórica e belas-letras. O melhor método para explicar e ilustrar as várias faculdades da mente humana, a parte

mais útil da metafísica, resulta de uma análise dos diversos modos de comunicar nossos pensamentos pela fala e da atenção aos princípios das composições literárias que contribuem para a persuasão ou para o entretenimento. Por meio dessas artes, tudo o que percebemos ou sentimos – todas as nossas operações mentais – é expresso e delineado de maneira a poder ser claramente distinguido e relembrado. Ao mesmo tempo, não existe ramo da literatura mais adequado para os jovens que se iniciam na filosofia do que este, que responde ao gosto e aos sentimentos deles.

No segundo relato, escrito depois de 1776 em carta de James Wodrow, bibliotecário-chefe da Universidade de Glasgow de 1750 a 1755, para o conde de Buchan, e preservada na Glasgow Univ. Lib. Murray Collection (Buchan Correspondence, ii.171), se lê:

Adam Smith proferiu uma série de conferências admiráveis sobre a língua (não como gramático, mas como retórico), sobre os diferentes tipos ou características de estilo apropriados a diferentes assuntos, simples, nervosos, etc., sobre a estrutura, a ordem natural, a disposição correta das diferentes partes da sentença, etc. Caracterizou o estilo e a genialidade de alguns dos melhores escritores e poetas da Antigüidade, em especial, de historiadores como Tucídides, Políbio etc., dos quais traduziu longas passagens, e também o estilo dos melhores escritores clássicos ingleses, como Lord Clarendon, Addison, Swift, Pope, etc.; e, embora o estilo didático de seu último livro famoso, ainda que apropriado à sua temática, não fosse certamente um modelo de boa escrita (o estilo de seu livro anterior era muito superior), as normas e os comentários contidos nas conferências a que me referi resultavam de um gosto refinado e de um julgamento notável, e haviam sido bem planejados para ser extremamente úteis para jovens escritores. Por isso, tantas vezes lamentei que parte dos mesmos nunca tenha sido publicada.

Casualmente, a restrição ao estilo de WN pode ser comparada à observação feita por Lord Monboddo a Boswell de que, embora

Smith tivesse se tornado em Oxford um bom *scholar* em grego e latim, o estilo de WN "fazia pensar que ele nunca houvesse lido os escritores da Grécia ou de Roma" (Boswell, *Private Papers*, ed. Scott and Pottle, xiii. 92); até mesmo seus amigos Hume, Millar e Blair compartilhavam dessa opinião. Por outro lado, John Ramsay of Ochtertyre (*Scotland and Scotsmen in the eighteenth Century*, publicado em 1888, i.462) pensava que, em vista da pureza e da elegância com que Smith escrevia normalmente, "não era de surpreender, então, que suas conferências fossem consideradas modelos de composição". Uma atividade congênere de Smith em sua estada em Glasgow está registrada nos Foulis Press Papers, selecionados por W. J. Duncan em *Notes and Documents illustrative of the Literary History of Glasgow* (Maitland Club, 1831, 16): em janeiro de 1752, ele ajudou a fundar uma Sociedade Literária na universidade; "nessa Sociedade, lia ensaios sobre gosto, composição e história da filosofia, os quais já havia apresentado quando era conferencista de retórica em Edimburgo". Destes, dois eram a primeira e a segunda parte do ensaio sobre as artes imitativas – como comprova John Millar, membro da Sociedade (EPS 172) – que Smith disse a Reynolds que pretendia publicar "neste inverno", i.e. 1782-3 (Reynolds, carta de 12 de setembro de 1782, em *Correspondence of James Boswell*, ed. C. N. Fifer, Yale UP, 1976, 126).

É quase impossível determinar as modificações realizadas nas conferências sobre retórica entre 1748 e as sessões durante as quais nossas anotações foram feitas. Há umas poucas referências datadas pós-1748. As imitações de Ossian praticadas por Macpherson, "publicadas ultimamente" (ii.113), apareceram em 1760, 1762 e 1763. As duas odes pindáricas de Gray, embora a referência em ii. 96 as inclua, são de 1757; *Elegy in a Country Churchyard*, que Smith tanto apreciava, é de 1751; *Pastoral Ballad*, de Shenstone, de 1755. O *Discurso* de Rousseau (i. 19) foi publicado em 1755 e discutido por Smith na *Edinburgh Review* nº 2 (EPS 250-4). Todas essas referências, exceto talvez a última, foram inseridas com facilidade sem uma revisão radical do texto. A inconfundível referência à *History of England*, de Hume, em ii. 73, quer leiamos "*so*" [assim] ou "10" na nota acrescentada na margem, levanta uma questão complexa. *History* foi publicada em fascículos, em ordem cronológica invertida, em 1754, 1757, 1759, e foi concluída no ano de 1762, após o que a referência se torna relevante. Em 12 de janeiro de 1763, Smith deve ter lido o que permanecera em seu manuscrito por alguns anos e, então, nos últimos momentos da conferência, fez uma correção de improviso ao abordar uma publicação bem recente de um amigo. O motivo de tal reflexão tardia ter sido registrada pelo escriba A também em uma explicação posterior talvez não seja, dadas as circunstâncias, tão misterioso.

A continuidade geral das conferências, de 1748 a 1763, detalhes à parte, é estabelecida por sua estrutura e pelo conjunto de princípios básicos que informam todas as vinte e nove conferências, e que não puderam ser acrescentados ou sobrepostos ao argumento em alguma etapa intermediária do seu desenvolvimento. Fundamental para o conjunto é a divisão em "um exame dos diversos modos de comunicar nossos pensamentos pela fala" e "a atenção aos princípios das composições literárias que contribuem para a persuasão ou para o entretenimento".

Podemos delimitar o conjunto de modo sumário: primeira seção – lingüística: (*a*) Linguagem, comunicação, expressão (conferências

2-7, i. 85); (*b*) Estilo e caráter (conferências 7-11). — Segunda seção — as espécies de composição: (*a*) Descritiva (conferências 12-16); (*b*) Narrativa ou histórica (conferências 17-20); (*c*) Poesia (conferência 21); (*d*) Oratória demonstrativa, i.e. panegírica (conferências 22-23); (*e*) Didática ou científica (conferência 24); (*f*) Oratória deliberativa (conferências 25-27); (*g*) Oratória judiciária ou forense (conferências 28-30).

Duas características do curso permitem-nos fazer uma suposição plausível sobre o conteúdo da conferência introdutória — cuja ausência, a propósito, tende a provar que este conjunto de anotações não foi preparado com objetivo de venda. No cerne do pensamento de Smith, em sua doutrina, e no seu método de apresentação (os três se relacionam sempre) encontra-se a noção de encadeamento (ver ii.133 e cf. *Astronomy* II. 8-9) — continuidade articulada, seqüência de relações que conduz ao conhecimento. Não deve haver hiato ou lacuna no fio narrativo: "a própria idéia de lacuna nos deixa inquietos" (ii.36). O orador "apresenta toda a história em um relato articulado"; a grande habilidade de um orador é transformar seu argumento "em algum tipo de narrativa, da maneira mais adequada ..." (ii.206, 197). A arte da transição é de importância vital (i.146). Smith preocupa-se com isso no nível estratégico, tal como a preocupação de autores a ele contemporâneos que escreviam sobre Milton e Thomson se dava no nível imaginativo. Como conferencista, fazendo uma demonstração da própria arte que está discutindo, insiste que seus ouvintes saibam onde estiveram e para onde se dirigem. Dugald Stewart observa, em seu livro *Life of Thomas Reid*, que "nem ele, nem seus predecessores imediatos jamais publicaram algum *prospectus* geral dos seus projetos;

nem quaisquer *subdivisões* ou *resumos* para ajudar seus alunos a seguir as seqüências de pensamento que indicavam suas várias transições" (1802: 38-9). No caso de Smith, as freqüentes indicações teriam tornado tal prospecto supérfluo, e é mais provável que os leitores das conferências se queixem de serem levados pela mão do que de serem induzidos a enganos. O resultado disso tudo é que o leitor deve ter sido claramente conduzido para a frase-tema de abertura, "Perspicuidade de estilo".

Outra característica de Smith fornece uma pista de como isso pode ter sido feito. Ele demonstra, com freqüência, sua impaciência com subdivisões e classificações intrincadas de seu tema, tais como as que por tanto tempo fizeram da retórica um jogo notoriamente escolástico. La Bruyère fala de *"un beau sermon"*, produzido de acordo com todas as regras dos retóricos, com os *cognoscenti* na audiência do pregador seguindo com admiração *"toutes les énumérations où il se promène"*. Mas, ainda que Smith considere tudo aquilo uma bobagem, e indique a leitura de Quintiliano para quem se interesse pelo assunto, sua consciência de professor o leva a garantir que seus alunos conheçam as regras antigas. A Iª conferência certamente definiu o escopo do curso, referindo aquilo que o autor não iria abordar. Desde, pelo menos, a anônima *Rhetorica ad Herennium*, do começo do primeiro século a.C., a arte do orador vinha sendo classificada como invenção, organização, expressão, memória e apresentação; as palavras de Quintiliano (*Institutio Oratoria* III. iii. 1; e *passim*) são *inventio, dispositio, elocutio, memoria* e *pronuntiatio* ou *actio*. Para Smith, somente a segunda e a terceira são importantes; trata da terceira (estilo) nas conferências 2-11, e a segunda está implícita em praticamente tudo que se discute nas conferências 12-30.

É de se esperar que, em nome da clareza, uma outra classificação tradicional tenha sido ao menos mencionada. Já em i.12 "o estilo didático" é comparado com o dos historiadores e oradores, e a expressão e a comparação são repetidas do começo ao fim das conferências, como se seu significado já fosse conhecido. O lugar central ocupado pelo "estilo didático" em toda a concepção de discurso de Smith fica claro na conferência (24) a ele dedicada, em que emerge não somente como um modo de expressão, mas como método de um pensamento: o científico (ii.132-5), que diz respeito à exposição de um sistema, ao esclarecimento de uma multiplicidade de fenômenos através de um princípio conhecido ou comprovado. Talvez isso tenha sido apresentado muito no início do curso; mas a analogia com a música estabelecida em Artes imitativas II. 29 (ver adiante, seção 5), segundo a qual muitas notas se relacionam tanto com a nota principal, ou nota-chave, como com uma seqüência de notas ou "canção", e a observação de que isso é semelhante "ao que a ordem e o método são para o discurso" teriam se mostrado úteis para os muitos que, então e posteriormente, achavam mais difícil apreender o padrão da linguagem do que o do som ou o da cor. Smith torna as coisas mais difíceis ao equiparar, em i.152, a antiga (realmente aristotélica) classificação dos discursos em demonstrativos, deliberativos e judiciários com a sua própria classificação filosófica em narrativos, didáticos e retóricos (i.149). Isso, é preciso admiti-lo, implica algum esforço. "É mais por respeito à Antigüidade do que por consideração à beleza ou utilidade da própria coisa que menciono as antigas classificações da retórica" (i.152); mas, nesse caso, ele poderia ter sido menos escrupuloso, uma vez que Quintiliano (III. iv) pergunta "por que três?" em vez de uma vintena de outros. Ele repete Cícero; e Jean-François Marmontel, autor dos artigos sobre literatura da *Encyclopédie* (vols. 3-7 e *Supplément*, reunidos em *Eléments de Littérature*, 1787), zomba dos termos: discurso *deliberativo*, em que o orador emprega toda a sua energia para provar à audiência que não há absolutamente nada a deliberar; *demonstrativo*, que demonstra apenas lisonja ou ódio (e – ele deveria ter acrescentado – o virtuosismo do orador, que, em vez de demonstrar, se mostra); *judiciário*, que visa demonstrar, mas deixa tudo por conta da deliberação dos juízes. De todo modo, no final das contas, Smith não descarta a classificação antiga, mas, simplesmente, acrescenta-lhe o discurso *didático*: conferências 22-30.

Por acaso, nossas anotações se iniciam com o que Smith considerava primordial: o estilo e a linguagem. *"Nobis prima sit virtus perspicuitas"*, disse Quintiliano (VIII. ii. 22, ecoando a expressão de Aristóteles, σαφὴς λέξις, *Retórica* III. ii. I), e definiu o ingrediente principal na perspicuidade como *proprietas*, cada coisa denominada por seu *próprio* nome, o nome que lhe é apropriado. O significado da raiz de *perspicuidade* é a qualidade de ser visto através, e pode-se dizer que o tema das conferências de Smith é o que a linguagem permite mostrar através, e como. Para Smith, essa transparência não se confunde com a transmissão de fatos ou sentimentos, e o primeiro parágrafo o comprova. As palavras não são mera conveniência; como os cidadãos, elas são naturais de uma comunidade – e, como é demonstrado em i.5-6, de uma parte específica da comunidade. O abade Dubos utilizou a parte I. xxxvii das *Refléxions critiques sur la poésie et sur la peinture* (1719) para mostrar o tipo de influência que as palavras da nossa própria língua exercem sobre nossas mentes. Quando um francês que lê inglês encontra a palavra *God* [Deus], é à palavra *Dieu* e todas as suas associações que suas emoções respondem.

Uma motivação mais imediata para este parágrafo pode ser uma conhecida história sobre o poeta das *Seasons*. Depois de completar seu curso de artes em Edimburgo, a primeira tarefa de James Thomson na faculdade de Teologia foi preparar um sermão sobre a seção Iod. (73) do Salmo 119. Quando o leu para a sua turma em 27 de outubro de 1724, recebeu a crítica severa de seu professor, William Hamilton, por seu estilo grandiloqüente, inadequado para qualquer congregação. Desestimulado, Thomson abandonou os estudos, partiu para Londres e passou a vida escrevendo poemas cuja dicção altamente latinizada foi bastante comentada, assim como a de seus compatriotas em seu próprio século. Os escocesismos, contra os quais os escritores escoceses, como Hume e Beattie, se punham em guarda, eram em parte dessa espécie, e atribuídos à base latina do direito escocês e da educação escocesa. Hutcheson foi o primeiro professor de Glasgow a dar aulas em inglês, o que, independentemente do seu ensino, foi visto como um auxílio aos estudantes para que abandonassem suas tendências lingüísticas. A. F. Tytler (*Kames*, i. 163) destaca a influência de outro professor escocês na mesma direção, a de Colin Maclaurin, matemático de Edimburgo, com seu "estilo puro, correto e simples induzindo um gosto pela pureza de expressão ... uma aversão a ornamentos afetados". Os jovens escoceses eram incentivados a "uma naturalidade e elegância de composição, como o meio mais adequado para matérias de gosto, em lugar do seco estilo escolástico com que até então tinham sido tratadas". Eles eram "atraídos para os tópicos mais prazerosos da crítica e das belas-letras. O cultivo do estilo tornava-se objeto de estudo", substituindo a antiga dialética ensinada nas escolas. Caso Tytler tivesse oferecido evidência e ilustração, isso se igualaria ao programa lingüístico da Royal Society como Sprat o esboçou em 1667, em sua *History*: "este truque de *metáforas*", "essas *figuras* e esses *tropos* enganadores", deveriam ser substituídos por expressões positivas, "trazendo todas as coisas tão próximas quanto possível da simplicidade da matemática".

Um contexto mais amplo para as conferências de Smith é assim criado, embora não devamos esquecer aquele contexto imediato, como sugerido em i.103: "Neste país, a maioria de nós sabe bem que a perfeição da linguagem é muito diversa daquilo que é comumente falado". De tempos em tempos, a história do estilo é atravessada por combates entre os defensores do estilo simples e os do estilo elaborado: Platão *versus* o sofista Górgias; Calvo acusando Cícero de adotar um estilo "asiático" em oposição à pureza ática. Smith começa a lecionar num desses momentos. Durante seu tempo de estudante, *Reflections upon accuracy of style*, de John Constable, estava na moda. Publicado somente em 1734 (reeditado em 1738), esse ataque à linguagem altamente figurada dos *Essays* de Jeremy Collier (1697) tinha sido escrito em 1701; e, entrementes, "o amontoado de metáforas" e agudezas de Collier tinha sido duramente criticado na adaptação de John Oldmixon do influente *La manière de bien penser dans les ouvrages d'esprit* (1687) de Dominique Bouhours – *The arts of Logick and Rhetorick* (1728). Por trás de todas essas querelas existe uma outra: as críticas severas de Chevalier de Méré às extravagâncias verbais de Voiture em *De la Justesse* (1671), que deu lugar ao título que Constable formulou. Essas oposições são de várias espécies, e todas diferem da que Smith estabelece entre a lucidez de Swift e a "grandiloqüência" de Shaftesbury – o motivo determinante de boa parte das conferências 7-11. Essa talvez seja a primeira apreciação crítica de Swift como escritor; objeções de ordem política e quase moral impediram seu reconhecimento pela crítica até o final do século. A admiração de Smith se baseia em algo central na *Retórica*: "Todas as suas obras mostram um conhecimento completo do seu tema... Aquele que tem um conhecimento tão abrangente daquilo que trata irá naturalmente dispô-lo na ordem mais apropriada" (i.105-6). Shaftesbury é um diletante e não domina sua matéria. O pior de tudo é que ele não está a par dos desenvolvimentos científicos modernos e compensa a superficialidade e a ignorância com o ornamento (i. 140-1, 144). Suas cartas "não refletem as circunstâncias em que se encontrava o escritor no momento em que as escrevia. Também não continham nenhuma reflexão especialmente apropriada à época e às circunstâncias" e este é o seu defeito mais evidente. É uma escrita que não *pertence* a lugar algum nem a ninguém.

É a crítica da reverência prestada às figuras de linguagem (seja pelo abandono do uso normal das palavras, *figurae verborum*; ou por modos de apresentação incomuns, *figurae sententiarum* – Cícero, *Orator* xxxix-xl; Quintiliano IX. i-iii; *Rhetorica ad Herennium*, Livro IV) que conduz Smith às suas formulações decisivas sobre a beleza da linguagem. "Quando o sentimento do falante é expresso de um modo nítido, claro, simples e arguto, e a paixão ou o afeto de que é possuído e busca comunicar, *por simpatia*, a seu ouvinte é simples e engenhosamente alcançado, só nesse caso a expressão tem toda a força e a beleza que a língua lhe pode dar". As figuras de linguagem podem ou não dar conta do recado. Ver i.56, 73, 79. "A expressão deve se ajustar à mente do autor, pois esta é, sobretudo, regida pelas circunstâncias em que ele se vê". A linguagem é vinculada de maneira vital não só ao pensamento em abstrato (ver a sessão 3, adiante); ela contém "o mesmo selo" quanto à natureza do orador. Ben Jonson, escrevendo por volta de 1622 (*Timber, or Discoveries*), observou: "A linguagem revela o homem: fala, para que eu possa te ver. Ela aciona o que é mais reservado e mais íntimo em nós, e é a imagem do que a gerou, a mente. Não há espelho que revele a feição ou a imagem de um homem de modo tão verdadeiro quanto a sua fala".

O exame desse relacionamento é introduzido por uma bela peça de estirpe smithiana. Os traços de caráter do homem sincero e simples não ilustram apenas dois estilos que levam a Swift e Temple (i. 85-95); oferecem ao estudante modelos de *etologia*, a forma estabelecida (de acordo com Quintiliano I. ix.3) como exercício para os alunos de retórica, e preparam para a aprendizagem da configuração do caráter na 15ª conferência e para a discussão do caráter como gênero — idealizado por Teofrasto, publicado por Isaac Casaubon em 1592, introduzido na Inglaterra por Joseph Hall em 1608, e praticado por La Bruyère, o predileto de Smith, por sua coleção representar um microcosmo da sociedade e do gênero humano. Quando Hugh Blair, como ele nos diz, tomou de empréstimo o manuscrito das conferências de Smith (ele, sem dúvida, se lembrou de ter ouvido esta passagem) quando preparava o seu próprio, foi a partir dessas *ethologiae* que desenvolveu suas sugestões: "Quanto a essa categoria das características gerais do estilo, particularmente do claro e do simples, e aos autores ingleses caracterizados por eles, essa conferência e a que se segue contêm várias idéias extraídas de um tratado manuscrito sobre retórica, parte do qual me foi apresentada, anos atrás, por seu erudito e engenhoso autor, o Dr. Adam Smith, e que se espera venha a publicar" (*Lectures on Rhetoric and Belles Lettres* [Conferências sobre retórica e belas-letras], 1783, i. 381). A forma teofrástica influenciou os historiadores; ver a coleção *Characters of the Seventeenth Century*, ed. D. Nichol Smith (1920). É significativo que o primeiro crítico a publicar uma série de estudos sobre os personagens de Shakespeare, William Richardson, professor de humanidades em Glasgow a partir de 1773, fosse um aluno de Adam Smith; seu livro *A philosophical analysis and illustration of some of Shakespeare's remarkable characters* foi publicado em 1774, e dois volumes mais em 1784 e 1788.

Boswell, outro aluno que assistiu às conferências sobre retórica (em 1759), ficou impressionado pela importância que Smith atribuía a aspectos pessoais dos escritores, e por duas vezes relembrou a observação sobre os sapatos de Milton (ausente em nossa descrição; deveria constar em ii.107): "Lembro-me que o Dr. Adam Smith, em suas conferências sobre retórica em Glasgow, nos disse que ficara contente em saber que Milton usava prendedores em vez de fivelas nos sapatos" (*Journal of a tour to the Hebrides* §9). "Agrada-me ouvir cada história, mesmo que insignificante, de um homem tão notável. Lembro-me que Smith o mencionou durante suas conferências sobre retórica, e se referiu ao prazer que teve ao ler que Milton não usava fivelas nos sapatos, e sim cadarços" (*Boswell Papers* i. 107). Aí se formava o futuro autor da mais notável de todas as biografias de um homem de letras. No nº I do *Spectator* (1º de março de 1711), Addison "observou que é raro um leitor deleitar-se com um livro" até que venha a saber se o escritor é negro ou branco, de temperamento suave ou colérico, casado ou solteirão, e outras particularidades desse tipo, que muito contribuem para o entendimento correto de um autor". John Harvey incluiu em sua *Collection of Miscellany Poems and Letters* (1726: 84–88) uma paródia desse *Spectator*, com uma biografia fictícia de si mesmo.

A beleza de estilo, então, é uma *propriedade* no sentido estrito da palavra: é linguagem que incorpora e exibe ao leitor aquela tendência inconfundível e a qualidade de espírito do autor "qui lui est *propre*", como sustentou Marivaux no *Spectateur français*, 8ᵉ feuille (de 8 de setembro de 1722). Nosso prazer reside, como Hutcheson observou em sua *Inquiry into the original of our ideas of Beauty and Virtue* (1725: I. seç. IV. vii), em reconhecer uma correspondência ou aptidão perfeitas em um curioso mecanismo para a execução de um projeto. É típico de Smith que sua estética seja centrada na correspondência, na relação e na afinidade. O que ele critica no estilo de Shaftesbury é ser arbitrário, e não ter nada a ver com o caráter do seu criador (i. 137-8). Quando o princípio se estende das pessoas às sociedades – "todas as linguagens ... são igualmente flexíveis e adaptáveis a todos os temperamentos" – abrem-se perspectivas bastante amplas e esclarecedoras. Bons exemplos disso são a Roma de Trajano como solo formador de Tácito (conferência 20), a comparação de Atenas e Roma como ambiências para Demóstenes e Cícero (conferência 26) e a associação do surgimento da prosa com o incremento do comércio e da riqueza (ii.144 ss.). De fato, os relatos dos escritos históricos e dos três tipos de oratória deram ensejo a elaboradas digressões sobre os diferentes tipos de organização social e política antigos e modernos.

"Por simpatia" (i. v. 56): essa expressão, na formulação da beleza mais alta que a linguagem pode alcançar, é uma das poucas que o escriba A sublinha, e Smith certamente se esforçou para conceber um paralelo entre os seus princípios éticos e retóricos. Do mesmo modo que o olho de um espectador imparcial age dentro de nós quando criamos uma projeção imaginária sobre alguém cujos padrões e reações reconstruímos por simpatia, ou pela capacidade de nos sentirmos como ele, assim também nossa linguagem consegue comunicar nossos pensamentos e "afetos" (i.e. inclinações) por conta da nossa capacidade de prever seu efeito em quem nos ouve. É isso o que se pretende ao abordar a *Retórica* e a TMS como duas metades de um sistema, e não suas correspondências ocasionais. A conexão da "simpatia" como instrumento retórico com a idéia da fala e da personalidade como unidade orgânica não necessita de elaboração. Mais uma vez, deve ser óbvio quão freqüente é a preocupação de Smith com o compartilhar de sentimentos e atitudes e não meras idéias ou fatos. Por esta razão, as artes da persuasão lhe são caras. A abertura da IIª conferência é uma passagem-chave. Transmitir ao leitor "o sentimento, a paixão ou o afeto que ele [autor] vivencia" – "o estilo perfeito" – segue uma regra "que tanto se aplica à conversação e ao comportamento quanto à escrita"; "todas as regras da crítica e da moralidade, quando remontadas às suas origens, provam ser princípios de bom senso aceitos por todos". Um dos termos mais freqüentes de apreciação crítica na *Retórica* é "interessante", com seu sentido original e usual no século XVIII de *envolver, engajar*, como em ii.27, onde, graças à habilidade de Tito Lívio, "penetramos em todos os interesses das partes envolvidas" e somos afetados como se tivéssemos vivenciado a experiência.

A razão pela qual a história é apreciada é que os fatos que acontecem com o gênero humano "nos interessam muito pela empatia que despertam" (ii.16). O bom historiador mostra os efeitos que se produzem nos agentes ou nos espectadores dos eventos (ii.5; cf. ii.62-3). Conhecer o enredo de uma tragédia é uma vantagem, pois nos deixa "livres para prestar atenção aos sentimentos" (ii.30). Uma variação disso é descrita com agudeza quando se aborda o quadro do pintor Timantes em que Agamenon sacrifica Ifigênia (ii.8); cf. i.180, Addison sobre São Pedro. De fato, todo o tratamento da arte da descrição nas conferências 12-16 é profundamente esclarecedor dos principais interesses de Smith. Até mesmo minúcias como a disposição das palavras em uma sentença (i.v.42-v.52b) exigem uma atenção para além do apenas gramatical.

Os tipos de escrita estão de tal modo ligados uns aos outros que, nas conferências 12-30, Smith encontra dificuldade em demarcá-los com precisão. Como já observamos, ele é, de maneira instintiva, um historiador, no sentido em que considera a narrativa o próprio modo de pensar humano; seu interesse pelo mesmo é também sugerido pela descrição de Hume dos registros da história como "inumeráveis coleções de experimentos pelos quais o filósofo da moral determina os princípios da sua ciência". (William Richardson, em 1784, emprega termos similares em seus estudos dos personagens de Shakespeare). O primeiro ensaio apresentado à Sociedade Literária da universidade foi "An essay on historical composition", por James Moor, professor de grego, em 6 de fevereiro de 1752 (*Essays*, 1759). A elaboração de Moor sobre a afinidade entre história e poesia, a ênfase nos eventos comum a ambas, esclarece o lugar ocupado pela 21ª conferência na evolução do pensamento de Smith. Bolingbroke comparava a história com o drama; e Voltaire escreveu ao marquês de Argenson, em 26 de janeiro de 1740 (*Correspondence*, ed. T. Besterman, xxxv. 373): "*Il faut, dans une histoire, comme dans une pièce de théâtre, exposition, noeud, et dénouement*" [Em uma história, como em uma peça de teatro, é preciso que haja exposição, enredo e desfecho]. Talvez a antiga integração da história com a poesia se mostre no "método poético" de manter a conexão entre os eventos de outro modo que não o causal (ii.36); e diz-se que a história, como a poesia, "entretém" (ii. 62), e que sua origem remonta aos poetas. Leonard Welsted expôs sua concepção em *Dissertation concerning the perfection of the English Language* (1724). Para Quintiliano (X. i. 31), a história *é* um poema: *Est enim proxima poetis et quodammodo carmen solutum* [Com efeito, muito próxima da poesia, (a história) é, de certo modo, um poema em prosa]. De fato, os retóricos antigos costumavam pôr em conjunto todos esses gêneros — história, poesia, retórica, exposição filosófica — como no *Orator* , de Cícero, XX. 66–7. Diz ele que as musas falavam pela voz de Xenofonte (*Orator* XIX. 62). Todos os gêneros são combinados por Fénelon no projeto educacional que esboçou para a Academia Francesa, publicado em 1716. A visão de que a eloqüência panegírica *tient un peu de la poésie*, defendida por Voltaire no artigo da *Encyclopédie* sobre a eloqüência, é compartilhada por Smith (ii. 111-2).

A conferência sobre poesia (21), extemporânea, é tanto instrutiva quanto decepcionante. O aluno pós-Coleridge quer mais análises de poemas curtos, que, naturalmente, são de pouco interesse para o filósofo. Mais importante que isso: por que Smith é o único crítico que não lida com o problema do prazer que a tragédia nos proporciona? Isso é particularmente estranho, já que Hume, que ofereceu uma resposta altamente engenhosa em seu ensaio sobre a tragédia de 1757, mostra sua insatisfação com o tratamento dado à simpatia nesse contexto em TMS I.iii.1.9 (Corr. Carta 36, 28 de julho de 1759), e a segunda edição da TMS traz uma nota de rodapé sobre a questão. A insistência, na conferência (ii.82), sobre a ênfase que o escritor trágico dá à natureza dolorosa de sua história para produzir uma "catástrofe" satisfatória é uma solução oblíqua do problema, utilizada com freqüência: a diferença entre o sofrimento no palco e o da vida real está no artifício do primeiro. "O prazer da tragédia decorre de nossa consciência de se tratar de uma ficção", diz Johnson no "Prefácio a Shakespeare" (1765) – ainda que Burke, em 1757, tenha adotado uma visão oposta, uma vez que "penetramos nas preocupações dos outros". Kames, em *The Elements of Criticism* (1762: I.ii.1 seç. 7), põe em discussão "as emoções causadas pela ficção". A função da 21ª conferência é preparar para as artes da persuasão utilizadas pelo orador, negligenciando-as ou exagerando-as conforme a necessidade, pela descrição das artes similares do bom contador de histórias. Tragédia e comédia *organizam* os acontecimentos de modo a culminarem em um final verdadeiro. Observe-se que a imaginação de Smith é tão afinada com a boa *cadência* quanto seu ouvido.

É por isso que ele se deleita com a rima. Boswell relata que, quando Johnson fazia o elogio da rima em detrimento do verso branco, "disse a ele que o Dr. Adam Smith, em suas conferências sobre composição, quando fui seu aluno na Faculdade de Glasgow, mantinha rigorosamente a mesma opinião, e lhe repeti alguns de seus argumentos". Johnson não gostava de Smith, mas – "se eu soubesse que ele gostava da rima tanto quanto você me diz, o teria ABRAÇADO" (*Life of Johnson*, ed. Hill-Powell, i.427–8). Dugald Stewart associa essa preferência com a admissão de Smith de que nosso prazer nas artes imitativas (p.ex., I.16, III.2) resulta da admiração pela *difficulté surmontée* (Stewart III.14–15). A frase é de Antoine Houdar de La Motte, em sua controvérsia com Voltaire sobre o *Œdipe* (1730). La Motte se opunha tanto às unidades quanto à rima no drama: "*toutes ces puérilités n'ont d'autre mérite que celui de la difficulté surmontée*". Voltaire e Smith contra-argumentam assinalando o triunfo sobre os obstáculos como uma fonte de nosso excepcional deleite em todas as artes, plásticas ou literárias. Stewart (III.15) se indaga se "o amor pelo sistema, somado à preferência pelo drama francês" de Smith, não o levou a generalizar em demasia. A rima não é, de fato, explicitamente mencionada em nosso manuscrito em ii. 74 ss., mas o é, implicitamente, em *couplet* [parelha de versos] na referência a Pope. Cf. TMS V.i.7.

"Os princípios da composição dramática, em especial, atraíam sua atenção" (Stewart III.15); e ainda que os dogmas sobre a unidade de tempo e lugar tenham sido freqüentemente atacados desde o *Discours* de Corneille em 1660 – em *Discourse upon Comedy*, de Farquhar (1702) e em *Elements of Criticism*, de Kames (1762: cap. xxiii) – é interessante notar que Smith transfere a questão para a "unidade de interesse" (ii.81). Desta vez, ele está do lado de La Motte. No primeiro dos seus *Discours sur la Tragédie* (1730), a unidade é convertida na suprema lei da arte dramática: mas, como Smith observa, a frase é passível de várias interpretações e é um tanto surpreendente verificar que ele não concorda com a tese de La

Motte de que a concentração da *simpatia* do público em um grupo de personagens — sempre presente, sempre atuante, animando e dando vida à ação da peça — seja o que constitui a *"unité d'intérêt"*, na medida em que eles são *"tous dignes que j'entre dans leurs passions"*. É uma formulação típica de Smith que "cada parte da história tenda para um certo fim, qualquer que ele seja".

Ao lado da observação sobre a comédia (ii. 82), devemos levar em conta o destaque do cômico em i.107-v.116. O interesse de Smith pelo que provoca o riso (lembremo-nos de que isso é simplesmente o que o século XVIII entende por ridículo) foi, sem dúvida, antes manifestado por Hutcheson, cujas críticas do ponto de vista de Hobbes — "a paixão do riso não passa do súbito entusiasmo provocado por subitamente nos imaginarmos superiores" (*Leviathan* vi) — foram primeiramente publicadas no *Dublin Journal* 10-12 (Junho de 1725), e reunidas como *Reflexions on Laughter* (1750). A abordagem de Smith é própria de alguém preocupado com a comparação: as incongruências inesperadas que surgem do engrandecimento do pequeno (como no heróico zombeteiro) ou da diminuição do grandioso. Em i.112, Smith parece aludir a Leibniz: "Toda zombaria inclui uma pequena queixa, e não é correto tornar objeto de queixa o que não o merece" (observações sobre as *Characteristicks*, de Shaftesbury, 1711; publicada na *Histoire critique de la République des Lettres*, de Masson, 1715). Smith, por isso, não aceita a noção de riso de Shaftesbury como "um teste da verdade". Sobre sua posição acerca do chiste e do humor, cf. a resenha do *Dictionary* de Johnson (EPS 240-1).

Johnson não teria *"abraçado"* Smith pelo que disse sobre a tragicomédia (ii.83-4). Essa espécie "mista", descrita no *Spectator* 40 como monstruosa, foi muitas vezes vigorosamente defendida por Johnson por sua veracidade quanto à vida: por exemplo, no *Rambler* 156 (14 de setembro de 1751), assim como no "Prefácio a Shakespeare" em 1765.

Na presteza com que cita exemplos poéticos ao lado de exemplos em prosa, Smith é fiel a uma tradição do ensino de retórica. Em i. 9, refere-se ao prefácio de Samuel Clarke à sua edição da *Ilíada* (1729), que louva a perspicuidade de Homero — tamanha, diz Clarke, que nenhum prosador jamais o igualou em sua *"perpetua et singularis virtus"*. Também se deve a Clarke uma distinção interessante entre a *ars* do poeta e sua *oratio*; do mesmo modo, nos dias de hoje, Ezra Pound sustenta que a poesia deve ter as qualidades da boa prosa.

Como Coleridge, o polígrafo do século XIX, Adam Smith, até seus últimos dias, tinha a esperança de produzir um *magnum opus* de enorme alcance. "Tenho alimentado a esperança de realizar duas outras grandes obras; esta é uma espécie de história filosófica de todos os diferentes ramos da literatura, da filosofia, da poesia e da eloqüência" (a outra compreenderia a sua jurisprudência); "os elementos para ambas estão em larga medida reunidos, e uma parte deles em uma ordem razoável". Assim se expressou em carta ao duque de La Rochefoucauld em 1º de novembro de 1785 (Corr., Carta 248). Foi sem dúvida por isso que, em 1755, em uma conferência lida no Political Economy Club de Cochrane, ofereceu "uma longa enumeração... de certos princípios básicos, políticos e literários, quanto aos quais ansiava estabelecer seu direito exclusivo, de modo a impedir a possibilidade de reivindicações contrárias ..." (Stewart IV. 25). Infelizmente, Stewart não nos diz que princípios "literários" eram listados. Smith descreve as opiniões como constitutivas dos temas de suas conferências, desde a primeira que proferiu na turma do Sr. Craigie, "até hoje, sem grandes variações".

Invejamos o século XVIII por sua liberdade e largueza de vista que tornava possível a seus autores não limitar a palavra *literatura*, estreitando a meta de seu estudo, como desde então tem sido feito. Nossos dois escribas nos ajudam a vislumbrar aquela primeira obra que se teria tornado o fundamento da ampla "história filosófica" de toda a literatura.

3. Considerações referentes à primeira formação das línguas

Vale a pena relembrar que a dissertação que Adam Smith apresentou em cumprimento de exigência acadêmica, em 16 de janeiro de 1751, para justificar que assumisse a cadeira de lógica e retórica na Universidade de Glasgow, se intitulava *De origine idearum*. Na falta do texto apresentado, não temos como saber em que sentido *idea* era empregada. O primeiro ensaio publicado tinha um tema semântico. Para o primeiro número da *Edinburgh Review*, que ajudou a fundar em 1755, escolheu resenhar o recém-publicado *Dictionary* de Johnson, e, nessa resenha, empreendeu a distinção e a ordenação sistemáticas do sentido das palavras, por exemplo, de *but* e *humour*. Para ele, o tratamento de Johnson era insuficientemente "gramatical", i.e., filosoficamente analítico (EPS 232-41), e oferecia um plano alternativo. Há evidência em favor da afirmação de A. F. Tytler em suas *Memoirs of the Life and Writings of the Honourable Henry Home of Kames... containing sketches of the Progress and General Improvement in Scotland during the greater part of the eighteenth century* (1807: i. 168)

segundo a qual, de todos os artigos nos dois números da revista, este foi o que recebeu maior atenção — e as implicações do longo subtítulo de Tytler nos ajudam a compreender por quê. Tytler admite que, embora o artigo de Smith "apresente os mesmos pontos de vista da gramática universal que distingue seu *Essay on the formation of Languages*", sua engenhosidade e discernimento metafísicos eram menos adequados do que o método de Johnson "para oferecer um conhecimento crítico da língua inglesa" (170).

Tem-se uma pista sobre o começo do interesse de Smith em questões de língua numa carta que escreveu em 7 de fevereiro de 1763 a George Baird, que lhe enviara um resumo de *An Essay on Grammar as it may be applied to the English Language* (1765), escrito por seu amigo William Ward. A carta (69), publicada por Nichols em *Illustrations of the Literary History of the Eighteenth Century* (iii, 1818, 515-16), revela a surpresa de Smith de que Ward, ao mencionar várias definições de substantivos, "não se dê conta da definição do abade Girard, autor de um livro chamado *Les vrais principes de la langue françoise*. (...) É o livro que me fez primeiro pensar sobre tais assuntos, e com ele aprendi mais do que com qualquer outro que até então tivesse visto. (...) Também os artigos gramaticais da *Enciclopédia francesa* muito me agradaram". Os comentários sobre o projeto de Ward são uma introdução útil ao próprio pensamento de Smith.

> Seu plano para uma gramática racional tem minha total aprovação, e estou convencido de que uma obra dessa espécie, cumprida com suas habilidades e seu esforço, pode se mostrar não só o melhor sistema de gramática, mas o melhor sistema de lógica em qualquer língua, bem como a melhor história do progresso natural da mente humana em constituir as abstrações mais importantes de que depende toda reflexão. (...) Se eu tivesse de tratar

> o mesmo tema, esforçar-me-ia em começar com a consideração dos verbos; porque, segundo penso, eles são as partes originais da fala, inventados para exprimir um evento completo em uma só palavra: deveria então esforçar-me por mostrar como o sujeito era separado do atributo; e, depois, como o objeto era separado de ambos; e, desse modo, teria tentado investigar a origem e o uso de todas as diferentes partes da fala e de todas as suas diferentes modificações, tomadas como necessárias para exprimir todas as diferentes qualificações e relações de qualquer evento singular.

Smith é demasiado modesto em declarar que tudo isso – "tomado de um ponto de vista geral, que é o único dado que admito ter extraído deles" – ele, de fato, formulou em um ensaio publicado dois anos antes, mas, como Stewart nos diz (II. 44), se envaidecia das "considerações referentes à primeira formação das línguas": "É um ensaio muito inventivo, ao qual o próprio autor dá um grande valor", e com justiça – é uma obra-prima de exposição lúcida que qualquer sumário apenas obscurece. Os comentários de Stewart (II. 44-56) são os mais agudos que jamais se fizeram sobre o ensaio. Via que seu valor estava não na possível acuidade das opiniões, mas em ser uma espécie de indagação inteiramente moderna, "que parece, de modo singular, ter despertado a curiosidade do Sr. Smith". Stewart a isso aplicava a formulação hoje famosa: *História teórica ou conjectural*, e encontra exemplos disso em todos os escritos de Smith. Na falta de comprovação direta, "quando somos incapazes de determinar como os homens de fato se conduziram em ocasiões particulares", devemos levar em conta "de que modo é provável que eles tenham agido, a partir dos princípios de sua natureza e das circunstâncias de sua situação externa". "Os princípios conhecidos da natureza humana"; "a sucessão natural de invenções e descobertas"; "as circunstâncias da sociedade" — são esses os fundamentos em que o pensamento de Smith se baseia, "qualquer que seja a natureza de seu tema": astronomia, política, economia, literatura, língua. "Na maioria dos casos, é mais importante verificar o progresso do que é mais simples do que o progresso mais adequado ao fato; pois ... o progresso real nem sempre é o mais natural" (56). Stewart enfatiza a intemporalidade do argumento de Smith, que ainda é válido mesmo depois do nascimento da filologia comparada, em 1786, com a demonstração de Sir William Jones perante a Royal Asiatic Society do parentesco entre o sânscrito, o grego, o latim e as línguas germânicas e célticas. Instintivamente, Smith usa o *modo* histórico para sua exposição de princípios nesse contexto, enquanto mostra os poderes da mente operantes em sua atividade mais característica e mais plenamente humana: comparar, classificar, abstrair. O primado que dá à língua, que supõe que algo como a 3ª conferência deve ter sido feita no início do seu curso de retórica desde a sua primeira apresentação, se baseia em sua concepção da língua como a concretização do empenho da mente em prol do "metafísico" e da conceitualização.

Entre "ensaio", "dissertação", "considerações", o título mais apropriado é o último, já que são oferecidos três (de espécies muito diferentes). O primeiro, "história teórica", tem duas seções: (a) sobre substantivos, adjetivos e preposições (1-25); (b) sobre verbos e pronomes (26-32). Por começar pelos substantivos, fica claro que a real preocupação de Smith não é a simples cronologia, embora acredite que os verbos sejam a parte mais antiga da fala, que se inicia com a apresentação de um único evento indiferenciado, tal como nos verbos impessoais. Ele assim procede porque os sistemas flexionais do substantivo são bem apropriados para a apresentação de sua análise do processo de abstração: desde classes de coisas a modificações por qualidade, gênero, número e relação — e até mesmo dentro de relações, uma hierarquia ou uma série de graus do metafísico, é aí que o ponto de vista de Smith sobre a conexão orgânica entre pensamento e fala se torna claro. Ninguém lhe atribuirá a noção ingênua de que, em primeiro lugar, o homem concebeu as relações *by*, *with* ou *from*, e então criou o artifício de acrescentar -*o* ou -*e* à raiz do substantivo para expressá-las. A língua e o pensamento são gerados ao mesmo tempo, como sustenta d'Alembert no "Discours préliminaire" à *Encyclopédie*, em 1751. Ele também aprendeu com *Les vrais principes de la langue françoise, ou la parole réduite en méthode conformément aux lois de l'usage* (1747), do abade Gabriel Girard, a perceber as "partes da fala" não como termos mortos da gramática escolar, mas como operações do intelecto humano, e a própria "gramática" como a imagem da lógica. O livro de Girard é o perfeito exemplo da beleza da unidade e da harmonia que encontra nas obras do espírito verbalmente realizadas.

A segunda consideração (33-40) desloca-se da história conjectural para a história real: o colapso do sistema flexional que resultou de povos de línguas diferentes que viviam no mesmo lugar serem derrotados entre si pelas complexidades (segundo a visão deles) das estruturas da fala de cada um: os lombardos germânicos em confronto com o latim, ou (Smith poderia ter acrescentado) os invasores de fala escandinava encontrando o inglês. A simplificação em pauta pode ser observada quando se ouve um estrangeiro se debatendo com seu inglês elementar. "Elementar" é a palavra adequada, quando a fala se reduz aos seus componentes e todas as formas verbais se reduzem ao infinitivo. Algo comparável a isso produz os vários tipos de *pidgin** e crioulo** em todo o mundo.

A terceira consideração (41-45) é uma estimativa do dano resultante desse colapso: as línguas analíticas modernas, se comparadas com as línguas sintéticas mais antigas, são mais prolixas (pois uma multiplicidade de palavras substitui as antigas inflexões), menos prazeirosas ao ouvido (pois lhes faltam as agradáveis simetrias e a variedade das inflexões) e mais rígidas em suas possibilidades de ordenamento das palavras (diferenças de terminações resultam em uma ordenação flexível mas sem ambigüidade).

A maioria dos muitos estudiosos dos meados do século XVIII que se dedicavam aos primórdios da língua está interessada em sentidos mais superficiais da palavra "origem": investigações infrutíferas para descobrir por que razão determinado som foi eleito para denotar certa coisa ou idéia, como no *Traité de la formation méchanique des langues et des principes physiques de l'étymologie* (1765), de Charles de Brosses, partes do qual circulavam desde 1751 até passarem a constituir artigos na *Encyclopédie*; ou especulações sobre a "gramática universal" e as causas das diferenças entre as línguas, como no *Hermes*, de James Harris (1751). Um exemplo da maneira simplória com que o ensaio altamente original de Smith podia ser lido é o muito conhecido *Elements of general knowledge* (1802), conferências que Henry Kett vinha fazendo

---

* N. da T. – Língua compósita, nascida do contato entre falantes de inglês, francês, espanhol, português, etc. com falantes dos idiomas da Índia, África e das Américas, servindo apenas como segunda língua para fins limitados, especialmente os comerciais.

** N. da T. – Diz-se de cada uma das línguas mistas nascidas do contato de um idioma europeu com línguas nativas, ou importadas, e que se tornaram línguas maternas de certas comunidades socioculturais.

desde 1790: como é que os dois incríveis selvagens de Smith chegaram à situação na qual ele os imagina inventando a fala? (i. 88-9). Kett é desqualificado pelo perspicaz L. Davison, em "Some account of a recent work entitled *Elements of general knowledge*" (1804: ii. 87-88), que entende que Smith *admite* a existência da língua e, simplesmente, está interessado em como ela funciona.

A ligação de Smith com *The Philological Miscellany* (1761), em que seu ensaio foi publicado pela primeira vez, é obscura. Um colaborador anônimo de *The European Magazine, and London Review* de abril de 1802 (xli. 249), escrevendo de Oxford em 10 de abril de 1802, depois de fazer uma referência a um artigo sobre Smith no número anterior e um grande elogio à resenha do *Dictionary* de Johnson, assim prossegue: "Em 1761, foi publicada, creio que pelo Dr. Smith, *The Philological Miscellany*", e nela as *Considerations concerning the First Formation of Languages,* do Dr. Smith, apareceram pela primeira vez. Não há fonte autorizada que permita atribuir o volume a Smith; e, de qualquer modo, a que se destinam a compilação ou a tradução dos ensaios franceses? O ensaio de Smith é, por certo, o único que aí se publicou pela primeira vez. Quase todos os outros foram extraídos das *Mémoires* da Académie des Inscriptions et Belles-Lettres, supõe-se que traduzidos especialmente para essa coleção de ensaios sobre questões históricas, clássicas e de diversas ordens, tal como aquela em que Smith se mostrou interessado, em sua carta à *Edinburgh Review* nº 2, 1756 (EPS 242–54). O editor da *Miscellany* "se propõe a enriquecer sua obra com uma variedade de artigos da *Encyclopédie* francesa, e com curiosas dissertações sobre temas filológicos escritos por autores estrangeiros". Contudo, não surgiram novos volumes.

Nota sobre o texto

Durante a vida de Adam Smith, foram publicadas cinco edições autorizadas desse ensaio, para as quais as siglas *PM*, 3, 4, 5, 6 são aqui empregadas:
[*PM*] THE | Philological Miscellany; | CONSTITUÍDA POR | ENSAIOS SELECIONADOS | DAS MEMÓRIAS da Academia de | Belas-Letras de Paris, e | de outras Academias estrangeiras. | Traduzidos para o Inglês. | COM | Trabalhos Originais dos mais Eminentes | Escritores do nosso país. | VOL. I. | [sublinhado duplo] | Impresso para o Editor; | E Vendido por T. Becket e P. A. Dehondt, Strand. 1761. | (8vo: pp. viii + 510).

Pp. 440-79 contêm: *Considerations concerning the first formation of Languages, and the different genius of original and compounded Languages.* Ensaio inédito de Adam Smith, professor de Filosofia Moral da Universidade de Glasgow. *Agora publicado pela primeira vez.* – O índice lista o ensaio com o mesmo título. O presente volume, o único de uma série planejada para duas publicações anuais, foi publicado em maio de 1761. Na folha volante do exemplar da British Library se lê: "Doado por Sra. Becket 9 de out. 1761".

[*3*] THE | THEORY | OF | MORAL SENTIMENTS. | Com o acréscimo de | Dissertation on the Origin of Languages. | De Adam Smith, L.L.D. | Terceira Edição. | .. MDCCLXVII. – O ensaio está nas pp. 437-78, com o mesmo título e listado no índice do mesmo modo que em *PM*, com a omissão de "*By... published*".

Enquanto essa edição da TMS estava sendo impressa no inverno de 1766-67, Smith escreveu ao seu editor, William Strahan:

A *Dissertation upon the Origin of Languages* deve ser impressa no final da *Theory*. Há alguns erros literais no exemplar impresso, os quais gostaria de ter corrigido, mas não pude fazê-lo por não ter comigo um exemplar. Eles não têm grande conseqüência (Carta 100).

Ainda assim, sete modificações verbais foram feitas no texto. Observa-se que Smith, nesse momento, dá ao ensaio o mesmo título que aparece nas páginas de rosto das primeiras edições da TMS, como também o fez Dugald Stewart em seu *Account of the Life and Writings of Adam Smith*, I. 26, II. 44 (ver EPS).

[*4*] THE |THEORY | OF | MORAL SENTIMENTS. | [como em *3*] Quarta Edição... MDCCLXXIV. O ensaio está nas pp. 437-76, com o mesmo cabeçalho como em *3*.

[*5*] THE |THEORY | OF | MORAL SENTIMENTS. | [como em *3*] Quinta Edição... MDCCLXXXI. O ensaio está nas pp. 437-78, com o mesmo cabeçalho que em *3*.

[*6*] THE |THEORY | OF | MORAL SENTIMENTS. | [como em *3*] Sexta Edição... MDCCXC. O ensaio está nas pp. 403-62 do vol. ii.

O presente texto é o de 1790, o último pelo qual Smith foi responsável. Ele trabalhou por longo tempo nos "acréscimos e correções consideráveis", agora incluídos na *Theory*. Informações sobre as primeiras edições e sobre o zelo com que Smith costumava revisar as provas são fornecidas na introdução à TMS nessa edição: em especial, 47-9. As *Considerations* foram mantidas sem modificações em seu teor em suas cinco edições, e só é de se registrar uma seleção de variantes de antes de 1790.

4-6 substituem em caixa baixa as maiúsculas iniciais que *PM* e *3* põem de maneira constante nas seguintes palavras: Filósofo, Gramáticos, Adjetivo, Professores, *Verde* (§4), Nomes, Metafísica, Masculino, Feminino, Neutro, Gêneros, Substantivo, Terminação, Preposições, Superioridade, Inferioridade, Genitivo, Dativo, *Árvore* (§§13 ss.), Gramática, Línguas, Nominativo, Acusativo, Vocativo, Casos, Variações, Declinações, Números, Conjugações, Verbo, Lógicos, Cidadão, Optativo, Humor, Futuro, Aoristo, Pretérito, Tempos de Verbos, Passivo, Particípio, Infinitivos, Lei, Tribunal, Verso, Prosa (por ordem de primeira ocorrência).

4-6 substituem com o que consideramos formas "modernas" as seguintes grafias em *PM* e em *3*: *concret* [concreto], *antient* [antigo], *accompanyment* [acompanhamento], *surprized* [supreso], *forestal* [antecipação], *compleat* [completo], *indispensible* [indispensável], *acquireable* [adquirível].

No que diz respeito à pontuação, somente os estudiosos do emprego da tipografia no século XVIII (ou excêntricos) estarão interessados nas omissões e inserções de vírgulas nas edições intermediárias e consultarão os textos originais. De nenhum modo o significado é afetado por essas variações, embora a apresentação de um orador declamando o texto possa sê-lo. Não se percebe princípio lógico ou gramatical algum que dite de modo uniforme as numerosas modificações de edição para edição. Em seu todo, 4-6 estão de acordo contra *PM* e *3*; mas seis das modificações de

PM e de *3* são revertidas por *6* e/ou *4* e *5*. Somente as variantes que implicam pontos mais fortes que vírgulas são aqui registrados. Não temos como saber quantas delas são do autor.

A sétima edição (1792) segue os padrões de 6 nas maiúsculas, na grafia, nos itálicos e, geralmente, na pontuação. As outras edições anteriores não foram cotejadas. São elas: 1777 (Dublin: página de rosto "sexta edição"), 1793 (Basiléia), 1797 (8ª), 1801 (9ª), 1804 (10ª), 1808 (Edimburgo: página de rosto; "décima primeira edição"), 1809 (Glasgow: página de rosto; "décima segunda edição"), 1812 (11ª), 1813 (Edimburgo). Em *The Works of Adam Smith* vol. v (1811), as *Considerations* encontram-se nas pp. 3-48, impressas como em *6*. Fazem parte dos *Essays* de Smith (1869, 1880). Uma tradução francesa de A. M. H. B.[oulard], *Considérations sur la première formation des langues, et le différent génie des langues originales et composées*, foi publicada em Paris em 1796; também o foi um apêndice à terceira tradução francesa da TMS: *Théorie des sentimens moraux*, trad. da 7ª edição por Sophie de Grouchy, marquesa de Condorcet (1798, rev. 1830): *Considérations sur l'origine et la formation des langues*, ii. 264-310.

4. Retórica e crítica literária

Um estudioso da retórica tradicional que leia a presente obra apressadamente (ou – como diria Smith – "meio adormecido"), à medida que encontre tópicos, conceitos e terminologia familiares, bem pode concluir que está diante da desgastada velha história: uma história tão enfadonha no passado. Smith, referindo-se aos vários sistemas retóricos antigos e modernos, observou que, em geral, eram "livros bastante tolos e nada instrutivos" (i.v.59). Nosso leitor não terá percebido a motivação que dá unidade e direção às conferências e a estrutura de pensamento que transforma a antiga disciplina; acima de tudo, não perceberá o deleite que informa o todo e seus detalhes.

Steele observou, no começo do século XVIII, que "um homem presta um serviço muito bom a outro quando lhe diz de que modo deve ser agradado". Smith começou a lecionar numa época em que o estudo da retórica estava, cada vez mais, se transformando no estudo do gosto. Hugh Blair abre as *Conferências sobre retórica e belas-letras* que apresentou pela primeira vez em 1759 sumarizando seu duplo propósito: "O que permite ao gênio a boa execução permitirá ao gosto a crítica justa". Smith era um professor de literatura nato. Um de seus alunos, William Richardson, em uma biografia de Archibald Arthur, que, mais tarde, ocupou a cadeira de filosofia moral em Glasgow (e que também fora aluno de Smith), registra: "Quem foi aluno do Dr. Smith poderá relembrar com satisfação muitas dessas ilustrações digressivas e casuais, e até mesmo as discussões, não apenas sobre moralidade, mas sobre crítica, que ele conduzia com uma eloqüência vivaz e extemporânea, à medida que iam surgindo" (Arthur, *Discourses on Theological and Literary Subjects*, 1803: 507-8). Sabe-se que as palavras de Richardson, embora primordialmente relacionadas à hora da "avaliação" de Smith, aplicam-se às suas conferências em geral; e é sugestivo que, no relato das conferências sobre retórica que se segue (515), o "gosto" seja o primeiro tópico a ser mencionado, antes de "composição". O próprio Arthur adotou o método de Smith "e tratou da bela-escrita, dos princípios da crítica e dos prazeres da imaginação... que, para ele, tinham a finalidade de desdobrar e elucidar aqueles processos de invenção, aquela estrutura da língua e o sistema de ordenamento que são os objetos do gosto genuíno". Dupla evidência, de fato, da atitude de Smith para com o primeiro assunto que escolheu para lecionar. George Jardine, outro aluno de Smith, como professor de lógica e retórica em Glasgow, a partir de 1787, continuou a lecionar segundo as diretrizes traçadas por seu mestre, concentrando-se igualmente nos "princípios do gosto e da crítica". Thomas Reid, escrevendo por volta de 1791 no *Statistical Account of Scotland* (vol. 21, 1799, 735), descreve a prática de Jardine assim: depois de tratar de modo sumário da arte do raciocínio e sua história, ele

> dedica a maior parte do seu tempo a uma ilustração das várias operações mentais, do modo com que são expressas pelas diversas modificações da fala e da escrita; o que o leva a proferir uma série de conferências sobre a gramática geral, a retórica e as belas-letras. O curso, acompanhado de exercícios e exemplos apropriados, é devidamente posto pelos alunos no limiar da filosofia: nada poderia ser mais interessante para mentes jovens, num momento em que seu gosto e seus sentimentos estão começando a se abrir, neles criando, naturalmente, uma tendência para a leitura de autores de que necessitam para supri-los de fatos e materiais para o início e a continuidade dos importantes hábitos de reflexão e investigação.

É de se destacar que relatos sobre a tradição do ensino da retórica tidos como originários de Adam Smith se devam, com tanta freqüência, ao "gosto e sentimentos" dos alunos.

O título *Retórica e belas-letras*, que se presume (embora não o saibamos) fosse uma escolha do próprio Smith para descrever seu curso, parece remontar à nomeação de Charles Rollin para a cadeira de retórica do Collège Royal, de Paris, no ano de 1688. As conferências de Rollin foram publicadas em 1726-8 como *De la manière d'enseigner et d'étudier les Belles-lettres, par raport à l'esprit et au coeur* — depois mudado para *Traité des études*. Além das sugestões do subtítulo, não há como demonstrar que o livro tenha ensinado a Smith qualquer coisa relacionada à crítica. Ele não precisava que lhe ensinassem nada sobre *l'esprit et le coeur*.

Seu prazer como crítico muitas vezes se confunde com o do filósofo. Estimulam-no a prosa e a poesia que revelam claramente o autor, e seu olhar (e sua escuta) se põem em alerta quanto à concepção que se fazia da relação entre o escritor e o homem. As teorias, de acordo com Pater, são úteis como "pontos de vista, instrumentos da crítica que podem nos ajudar a organizar aquilo que poderia nos passar despercebido". Desde pelo menos o primeiro século a.C., o ensino da retórica era copiosamente ilustrado por passagens de escritores, e os alunos se exercitavam pela análise cerrada dos textos. Os primeiros parágrafos da *Biographia Literaria* mostram quão viva e fecunda essa tradição ainda era nos tempos de escola de Coleridge. Para Smith, não existe separação entre os dois aprendizados, i.e., entre lidar com a língua e com isso se deleitar com os mestres dessa arte. Conforme previmos, seu método característico é o comparativo, a identificação do atributo essencial de um autor comparando-se sua obra com a de alguém da mesma área ou semelhante: Demóstenes e Cícero, Clarendon e Burnet. Esse método, empregado sistematicamente em uma ampla gama de exemplos, é a sua contribuição mais marcante à crítica literária de seu tempo — especialmente quando nos lembramos que os valores a que recorre em seus julgamentos não são estritamente técnicos, mas de abrangência humana e humanitária – em suas próprias palavras, o bom senso. Na crítica inglesa, somente Dryden, por exemplo, no *Essay of Dramatic Poesy* e no prefácio às *Fables*, tinha até então empregado a comparação de modo consciente e extensivo. Smith certamente conhecia os exemplos dos tratados de retórica de Dionísio de Halicarnasso (Demóstenes e Tucídides, Platão e Demóstenes, Iseu e Lísias, etc.) e do livro X do *Institutio Oratoria*, de Quintiliano; mas talvez seu modelo imediato fosse a série de comparações entre escritores antigos publicada por René Rapin em 1664-81.

Essa era a época das coleções das *Beauties of ... Shakespeare, Milton, Pope, Poetry* e similares. Muitas das conferências de Smith devem ter deleitado seu público por soarem como antologias criteriosamente selecionadas. Ele fazia longas leituras dos textos em aula, não raro de sua própria tradução (uma arte que lhe proporcionava grande prazer e que considerava em si mesma instrutiva: [Stewart I. 9]; daí a variação de tamanho das aludidas conferências). A enorme popularidade dessas conferências se devia a oferecerem o espetáculo da flexibilidade com que Smith se movia sobre a totalidade do campo da escrita antiga e moderna, e da criatividade com que estabelecia conexões esclarecedoras.

Se Adam Smith não é incluído entre os grandes críticos, também não é o caso de classificá-lo conforme o mau humor expresso por Wordsworth em nota de rodapé ao seu "Essay Supplementary" ao *Preface* (1815); à noção "de que não há princípios fixos na natureza humana em relação a esta arte [a admiração pela poesia]", acrescenta ele: "Essa opinião parece ter sido de fato cultivada por Adam Smith, o pior dos críticos, não excluindo David Hume, produzido pela Escócia, cujo solo parece natural para esse tipo de erva daninha".

Essa observação parte de uma premissa tão equivocada – dada a quantidade de críticas literárias que Smith publicou, em especial TMS e EPS, –, tão desconexa e insuficiente, que a violência da linguagem de Wordsworth é difícil de explicar. Uma pista pode ser encontrada na carta que escreveu a John Wilson em junho de 1802, ao comentar uma ofensa a "muitas damas distintas" pelas supostas expressões indelicadas ou grosseiras em algumas das *Lyrical Ballads* (*The Mad Mother* e *The Thorn*), e "no fato de Adam Smith, segundo nos foi dito, não suportar a balada *Clym of the Clough* porque o autor não tinha escrito como um cavalheiro" (*Early Letters*, 1935, 296). Essa é uma referência explícita à entrevista que deu a Amicus, publicada no Apêndice I. O artigo foi republicado em *The European Magazine* em agosto de 1791 (xx. 133-6), no *The Whitehall Evening Post* e, desde então (com erros de impressão e omissões), em uma miscelânea de ensaios datados do século XVI ao final do XVIII, intitulada *Occasional Essays on Various Subjects, chiefly Political and Historical* (1809). A edição deste último é atribuída pelo catálogo da British Library ao advogado e matemático Francis Maseres, o "Baron Maseres" do ensaio de Lamb sobre o Inner Temple, ou seja, o *Cursitor Baron of the Exchequer*. A identidade de Amicus é desconhecida. Ele foi erroneamente identificado como o antigo aluno de Smith, David Steuart Erskine, mais tarde o 11º conde de Buchan (1742-1829), que, de fato, sob o pseudônimo de Ascanius, criticou o artigo de Amicus em *The Bee* de 8 de junho de 1791 (iii. 166 s.): "Conhecia-o muito bem para pensar que teria gostado de ter tido uma visão da terra prometida de certas matérias frívolas impostas ao mundo letrado após sua morte" – e prossegue: "Ele não tinha ouvido musical, nem qualquer percepção do sublime ou do belo na composição da poesia ou de qualquer tipo de linguagem. Era demasiado geométrico para ter muito gosto". Basta pensarmos na excentricidade notória de Lord Buchan, que chegava ao ponto de escrever um artigo sob um pseudônimo para condená-lo sob outro, para podermos aceitá-lo como o entrevistador "amigável" de Smith. De todo modo, ele reuniu todos os artigos que publicou na *Bee*, de maio de 1791 a dezembro de 1793, em *The anonymous and fugitive essays of The Earl of Buchan*, vol. I (1812), de modo que, como explica o prefácio, "ninguém possa, daqui por diante, atribuir-lhe a autoria de quaisquer outros artigos que não os seus, para tanto reconhecidos, descritos ou enumerados". Assim, tudo que sabemos de "Amicus" é que, como revela o "nós" em sua defesa de Allan Ramsay, ele era escocês. Quanto a Lord Buchan, apesar ds seu modo excêntrico de mostrar sua consideração pela "reputação do meu brilhante preceptor e cordial amigo", e de se recordar de "ter tido a felicidade de um longo e freqüente convívio com ele", a consideração era genuína, e, em alguns comentários sobre a imortalidade literária, ele reúne no mesmo conjunto Homero, Tucídides, Shakespeare e Adam Smith (*Essays* como citados anteriormente, 213, 246-7, extraídos de *The Bee* de 29 de maio de 1793 e 27 de junho de 1792, respectivamente). Sua negativa de que Smith tivesse uma "percepção do sublime" acabou sendo refutada por Edmund Burke (que terminara de escrever um livro sobre *O sublime e o belo*): em 10 de setembro de 1759, escreveu a Smith elogiando o estilo "vívido e elegante" de TMS e acrescentando que "muitas vezes ele também é sublime, em particular naquele belo retrato da filosofia estóica no final de sua primeira parte, a qual é revestida de toda a grandeza e pompa em que se transforma aquela magnífica ilusão" (Corr., Carta 38).

Apesar da garantia quanto à autenticidade dada pelo editor de *The Bee*, Dr. James Anderson, que conhecera Smith pessoalmente, a justeza moral de reeditar outra vez a bisbilhotice de Amicus pode ser corretamente questionada. No começo do século XIX, John Ramsay of Ochtertyre, em seu livro *Scotland and Scotsmen in the Eighteenth Century* (1888: i. 468), observa que conversas informais com Smith seriam preciosas, "mas as migalhas publicadas na *Bee* não fazem jus à sua memória nem à discrição de seus amigos". Dugald Stewart (V. 15) compara as opiniões que, "na despreocupação e intimidade de seu convívio social, ele costumava arriscar sobre livros e sobre questões especulativas", num tom muito sincero e ingênuo, com "as conclusões abalizadas que admiramos em seus escritos"; e o que ele dizia tomado pela fantasia ou pelo humor, "ao ser reproduzido por aqueles que só o viam ocasionalmente, sugeria idéias falsas e contraditórias sobre seus verdadeiros sentimentos". Apesar disso, o artigo de Amicus é citado com freqüência (ver Rae, *Life*, 365-71). O próprio Smith parece aprovar a curiosidade sobre o grandioso — "As circunstâncias mais triviais, as menores minúcias da vida de um grande homem são disputadas com avidez. Tudo que é criado com grandeza parece ser importante. Os ditos e as máximas dos grandes deleitam-nos profundamente, e aproveitamos toda oportunidade para usá-los..." (LRBL ii. 107). Afinal de contas, estamos publicando conferências que Smith morreu acreditando ter preservado de publicação por não as considerar em condições. É claro que (há uma diferença) estas já *tinham*, em certo sentido, sido "publicadas". Em 1896, Edwin Cannan procurou justificar a publicação das conferências sobre jurisprudência ao citar as palavras do próprio Smith sobre os limites das disposições testamentárias.

Em LJ (A) i. 165-6, ele diz: "... deve-se permitir que o moribundo disponha de seus bens como bem entenda, isto é, que estabeleça como serão partilhados entre aqueles que conviveram com ele. Pode-se conjecturar que tenha desenvolvido uma afeição por eles... Mas não pode ter afeição por aqueles que ainda não nasceram. O alcance máximo de nossa devoção não pode se estender até eles". *Mutatis mutandis*, as restrições de Smith não devem nos inibir. O comentário de Johnson em *Rambler* 60 não é desfavorável: "Se devemos respeitar a memória do morto, será preciso respeitar mais ainda o conhecimento, a virtude e a verdade".

5. Sistema e estética

Em 9 de julho de 1764, Boswell escreveu, de Berlim, a Isabella de Zuylen (Zélide): "O Sr. Smith, cujos sentimentos morais você tanto admira, me escreveu há algum tempo: 'o seu grande erro é agir conforme um sistema'; que censura curiosa de um filósofo sério a um jovem!" A carta assim se inicia: "... você sabe que sou um homem da forma, um homem que diz a si mesmo: agirei assim, e assim age" (*Letters*, ed. C. B. Tinker, 1924, 46). Na falta da carta de Smith (estranho, considerando-se as montanhas de papel que Boswell preservou), não sabemos o quanto de ironia sua carta ao ex-aluno continha; o incidente, contudo, chama a atenção para os dois usos, no século XVIII, da palavra e do conceito de "sistema". Durante o período em que Smith realizou essas conferências, surgiram dois dos críticos mais poderosos da idéia: na mais engenhosa e sutil de todas as críticas, Sterne apresenta em *Tristram Shandy* (1759-67) os esforços de um infeliz pai-filósofo para criar seu filho em conformidade com uma teoria, o sistema shandiano – a forma do próprio romance critica a noção de forma rígida; e em 1759, em *Candide*, Voltaire põe abaixo o esquema otimista do universo, por uma série de desastrosos fracassos da ilusão de que tudo vai bem no melhor dos mundos possíveis. Marivaux gosta de expor ao ridículo *"les faiseurs de systèmes"* (p.ex., nas *Lettres au Mercure*, maio de 1718 etc.), que *"le vulgaire"* chama de "filósofos"; e Shaftesbury, já em 1711 (*Characteristics:* Misc. III. ii), define um filósofo formal como um "escritor de sistemas". A expressão "fazedor de sistemas" surge em torno da mesma época. Em 27 de setembro de 1748, Lord Chesterfield aconselha seu filho a "ler e ouvir, por diversão, boas questões e sistemas engenhosos, sutilmente debatidos com todo o refinamento que o entusiasmo das idéias desperta", e, de maneira menos sarcástica, reclama: "As idéias absurdas de um homem sistemático que não conhece o mundo esgotam a paciência de quem o conhece". Cf. a insistência de Stewart (V. 15) quanto a Smith ser "demasiado sistemático"; e ser o "homem do sistema", capaz de "ser muito agudo em seu próprio juízo", em TMS, VI. ii. 2. 17.

Um exemplo de "sistema", no bom sentido, é a defesa por Johnson de *The Wealth of Nations* contra a acusação de Sir John Pringle de que Smith não era capacitado para escrever tal obra, pois jamais participara do mundo dos negócios: "... não há nada mais difícil de ser elucidado pela filosofia que o mundo dos negócios" (Boswell, *Life of Johnson*, ed. Hill-Powell, ii. 430). Outro exemplo, utilizado por James Wodrow em carta ao conde de Buchan (Glasgow Univ. Lib., Murray MS 506, 169), é a comparação de Smith da explicação dos principais fenômenos do mundo moral a partir do único princípio geral da simpatia com "a da seriedade do mundo natural". Outro, ainda, é apresentado por Smith em uma carta (30, datada de 4 de abril de 1759), dirigida a Lord Shelburne, sobre o rumo que os estudos de seu filho, Lord Fitzmaurice, deveriam tomar em seus anos seguintes em Glasgow, depois de concluir seus estudos em filosofia. Smith sugere que assista às conferências do professor de direito civil, como o melhor modo de se preparar para o estudo do direito inglês, ainda que aquela disciplina não fosse reconhecida nas cortes inglesas:

> O direito civil é assimilado em um sistema mais usual do que o direito inglês continuava a ser, e, embora os princípios do primeiro sejam, em muitos aspectos, diferentes do segundo, ainda assim vários princípios são comuns a ambos, e quem estudou direito civil ao menos sabe o que é um sistema do direito, em que partes consiste, e como elas devem ser organizadas: assim, quando no futuro, ele vier a estudar o direito – que não seja tão bem sistematizado – de qualquer país, terá em mente ao menos a idéia de um sistema e saberá a que parte do mesmo deverá relacionar tudo o que ler.

Compare-se isso com o motivo subjacente ao sistema de significados exposto na resenha do *Dictionary* (EPS 232-41) de Johnson.

Que, para Smith, exista algo mais que a simples meticulosidade e a coerência intelectual é demonstrado por uma passagem do ensaio sobre as artes imitativas (II. 30, cf. seção 2, acima):

> Um concerto de música instrumental bem composto, pelo número e variedade dos instrumentos, pela variedade dos seus movimentos e a perfeita consonância ou correspondência de todos eles; pela exata harmonia ou coincidência de todos os diferentes sons que se fazem ouvir ao mesmo tempo, e pela feliz variedade dos compassos que ordenam a sucessão dos que são ouvidos em momentos diversos, é um objeto tão agradável,

> tão grandioso, tão variado e tão interessante, que por si só, sem sugerir nenhum outro objeto, por imitação ou não, pode ocupar a capacidade total da mente, preenchê-la por inteiro, de modo a não deixar nenhuma parte da atenção livre para pensar em qualquer outra coisa. Ao ouvir aquela imensa variedade de sons melodiosos e agradáveis, arrumados e organizados, por sua coincidência e sucessão, em um sistema tão completo e harmonioso, a mente, na realidade, desfruta não somente de um prazer muito sensual, mas daquele que é altamente intelectual, semelhante ao que resulta da contemplação de um grande sistema de qualquer ciência.

Em outras palavras, observar a explicação de uma grande diversidade e multiplicidade de fenômenos a partir de um princípio geral único é confrontar-se com a beleza: "a beleza de uma ordenação sistemática de diferentes observações interligadas por alguns princípios em comum" (WN V. i. f. 25; cf. EPS, *13* ss). Lembremo-nos que os principais interesses de Smith enquanto aluno do professor Robert Simson em Glasgow (Stewart, I. 7) eram a matemática e a filosofia natural, a partir das quais descobriu "a idéia de um sistema" — como se lê em *Astronomy* IV. 19.

A questão é mais claramente exposta em LRBL (ii. 132-4), na conferência (24) sobre a exposição científica e filosófica, o método "didático". Os fenômenos podem ser explicados de duas maneiras: em etapas, com o emprego de um novo princípio para cada uma delas, p.ex., o "sistema de cultivo agrícola" exposto nas *Geórgicas* de Virgílio, que segue o método de Aristóteles; "ou, à maneira de Sir Isaac Newton, podemos expor certos princípios reconhecidos ou comprovados no início, a partir dos quais prestamos esclarecimentos sobre os vários fenômenos, interligando-os pelo mesmo encadeamento". Esse *enchaînement* (termo favorito dos pensadores franceses da época) se encontra em cada objeto de estudo – ética, física e crítica – "cada qual mais engenhoso e, por isso, mais engajado que o outro. O prazer que sentimos em ver os fenômenos que consideramos mais inexplicáveis, todos deduzidos a partir do mesmo princípio (em geral, bem conhecido) e ligados em uma só cadeia, é muito maior do que aquele que se origina de um método desconexo...". (Cf. TMS, VII. ii. 2, 14).

A tarefa a que Smith se propôs na *Retórica* foi substituir o antigo palavrório sobre as figuras de linguagem e do pensamento, os "tópicos" de um argumento, as subdivisões de um discurso, as características de estilo etc. por uma explicação filosófica e abrangente, de caráter "newtoniano" (ou cartesiano, cf. ii.134), acerca da beleza na escrita . Nesse sentido, suas conferências constituem uma anti-retórica; e, embora não pudessem por si sós livrar o termo *retórica*, ou o que tivesse a ver com as expressões *belles-lettres* e *polite literature*, da má divulgação que sofreram, elas exerceram uma influência revolucionária profunda, ainda não devidamente investigada, em Hugh Blair, Kames, William Richardson, George Campbell e em seus discípulos.

"Não existe arte alguma que tenha uma conexão tão íntima com todas as faculdades e poderes da mente quanto a eloqüência, ou a arte do discurso". É assim que George Campbell introduz *The Philosophy of Rhetoric*, em 1776. Para nos aproximarmos melhor da descrição do princípio fundamental de Smith, podemos nos valer das formulações de dois escritores franceses cuja obra ele conhecia bem, "*Le style est l'homme même*". Esta célebre e geralmente mal-compreendida observação foi feita pelo naturalista Buffon, por ocasião de seu ingresso na Academia Francesa em 1753, no que veio a ser chamado de seu *Discours sur le style*. Ele contrasta os fatos imutáveis relativos ao conhecimento do inanimado com aquilo que a linguagem neles provoca. "*Ces choses sont hors de l'homme*", são não-humanas. Mas exprimi-las, e a *maneira* como são expressas, são atributos do "verdadeiro homem", do "próprio homem". De um ângulo diverso, Marivaux, em *Le Spectateur français* de 8 de setembro de 1722 (Huitième feuille), ataca a noção de que se deve escrever à maneira desse ou daquele autor antigo ou moderno, e almeja *"prouver qu'écrire naturellement, qu'être naturel n'est pas écrire dans le goût de tel Ancien ni de tel Moderne, n'est pas se mouler sur personne quant à la forme de ses idées, mais au contraire, se ressembler fidèlement à soi-même ... rester dans la singularité d'esprit qui nous est échué..."*. Seja você mesmo: uma lição que Smith acreditava que o tão admirado Shaftesbury jamais tivesse aprendido.

BIBLIOGRAFIA

VIDA E PENSAMENTO DE ADAM SMITH:

John Rae: *Life of Adam Smith* (1895). Reeditado com o "Guide to John Rae's *Life of Adam Smith*", de J. Viner (1965).
William R. Scott: *Adam Smith as Student and Professor* (1937; reeditado em 1965).
R. H. Campbell e A. S. Skinner: *Adam Smith* (1982).
A. S. Skinner: *A System of Social Science, Papers relating to Adam Smith* (1979).
T. D. Campbell: *Adam Smith's Science of Morals* (1971).

Retórica:

W. S. Howell: *Eighteenth-Century British Logic and Rhetoric* (1971). A seção sobre Smith, publicada primeiro em 1969, foi reeditada nos *Essays on Adam Smith*, ed. Andrew S. Skinner e Thomas Wilson (1975).

V. M. Bevilacqua: "Adam Smith's *Lectures on Rhetoric and Belles Lettres*" (*Studies in Scottish Literature*, 3 (1965), 41–60). Ver também *Modern Language Review*, 63 (1968).

Sobre a edição de J. M. Lothian, ver Abreviaturas.

R. Salvucci: 'La retorica come teoria della comunicazione' [sobre A. S.] *Sociologia della comunicazione*, I (1982). Ver também R. Salvucci, *Sviluppi della problematica del linguaggio nel XVIII secolo: Condillac, Rousseau, Smith* (1982).

A. S. Skinner: "Adam Smith: Rhetoric and the Communication of Ideas" in *Methodological Controversy in Economics: Historical Essays*, A. W. Coats ed. (1983).

Línguas:

Artigos sobre *Considerations* de C. J. Berry e S. K. Land in *Journal of the History of Ideas* – respectivamente 35 (1974), 130-8; e 38 (1977), 677-90.

Conferências sobre Retórica & Belas-Letras

PROFERIDAS NA UNIVERSIDADE DE GLASGOW POR

ADAM SMITH

Relatadas por um aluno em 1762-3

2ª Conferência

19 de novembro, sexta-feira

A perspicuidade de estilo exige não só que as expressões [*expressions*ᵃ] que empregamos sejam desprovidas de toda ambiguidade decorrente de sinônimos seus, mas que as [*the*ᵇ] palavras sejam originárias — se assim posso dizer <*say*> — da língua que falamos. Palavras estrangeiras, ainda que signifiquem a mesma coisa, nunca transmitem a idéia com a força das que nos são familiares e cuja origem sabemos determinar. — Um exemplo disso é a palavra *unfold* [desdobrar-se]; uma genuína e antiga palavra inglesa derivada de uma raiz inglesa cujo significado é entendido [*perceived*ᶜ] sem dificuldade, mas que foi inexplicavelmente banida do uso comum por uma outra de origem francesa que não tem metade de sua força e significado: *develope*¹ [desenvolver-se]. Ainda que essa palavra tenha o mesmo

---

ᵃ Substitui *word*.   ᵇ No MS: na palavra *they*, o *y* foi rasurado e *words* foi escrita acima dela.   ᶜ No MS: *perceeived*.

¹ O OED fornece as seguintes datas dos primeiros usos de significados relevantes: *develope*, 1742; *explicate*, 1628; *insufferable*, 1533 e *unsufferable*, 1340; *intolerable*, 1435 e como elemento intensificador (como *awful* ou *terrible*), 1544. Smith é testemunha sensível de uma tendência ou moda da época; mas sua distinção entre *insufferable* e *intolerable* não é confirmada de modo explícito pelo OED; é uma dedução a partir de *suffer* e *support*.

significado de desdobrar-se, não transmite a idéia de forma tão clara a um leitor inglês. {Do mesmo modo, *unravell* [deslindar] foi banida para ceder lugar a explicar [*explicate*ᵈ].} Palavras de outra língua podem, contudo, naturalizar-se com o tempo e se nos tornarem tão familiares quanto as da nossa própria, sendo então empregadas com grande liberdade, mas também nesse caso observamos o efeito de nos serem bem conhecidas ou não; é desigual, por exemplo, a força das palavras *unsufferable* [insuportável] e *intollerable* [intolerável], ambas tomadas de empréstimo do latim, e com o mesmo significado. Isso se dá porque *intollerable* foi introduzida entre nós há menos tempo e, portanto, não tem a mesma força. Dizemos que a crueldade e a opressão

3 [*oppress*<*ion*>] de um tirano são insuportáveis, mas que o calor de um dia de verão é intolerável. "Insuportável" [*unsufferable* ᵉ] expressa nossa reação emocional ante o comportamento de um tirano, enquanto "intolerável" [*intollerable* ᶠ] significa apenas o desconforto provocado pelo calor do sol.

A esse respeito, a língua inglesa talvez necessite de nossa atenção mais que qualquer outra. Palavras novas surgem continuamente e tomam o lugar das que nos são próprias; por isso, o estoque do nosso próprio léxico vai se tornando progressivamente menor. Talvez isso se deva a [*a* ᵍ] uma deficiência que põe nossa língua em desvantagem: a de ser composta por muitas outras.

4 | {Swift é o autor que tem se mostrado mais atento a isso; pode-se dizer que seu inglês é mais autêntico que o de qualquer

---

ᵈ Depois que a mão B (?) preencheu com *Develope*, mão C apagou e substituiu com tinta escura por *perhaps Explicate*. ᵉ Substitui *The one*. ᶠ Substitui *the other*.
ᵍ Substitui *one*.

outro escritor.} Muitos termos de arte e palavras compostas são tomados de empréstimo de outras línguas, de tal modo que as camadas inferiores da população e as pessoas que não estão familiarizadas com as línguas de que provêm [*are taken*[b]] têm dificuldade em compreender muitas palavras do seu próprio idioma. Por isso, essas pessoas costumam usar essas palavras com significados completamente alterados [*foreign to their proper ones* [i]]. Os gregos usavam palavras compostas, mas estas derivavam de outras de sua própria língua; assim, sua língua era tão simples que as pessoas mais modestas compreendiam com perfeição os termos de arte e as expressões de qualquer | artista ou filósofo. A palavra "triângulo" não seria compreendida por um inglês que não tivesse aprendido latim, mas um italiano compreenderia imediatamente o seu *triangulo* ou um holandês o seu *thrienuik*.[2]

5

É preciso que nossas palavras sejam não apenas inglesas e adequadas aos costumes de nosso país, mas igualmente apropriadas aos costumes de uma parte [*part*[j]] específica da nação. Essa camada da população é, sem dúvida, formada por homens distintos e bem-educados. A naturalidade com que essas pessoas se comportam é tão agradável, [*and taking that* [k]] que tudo que diz respeito ao seu modo de agir nos dá satisfação. {Também se diz que, na França e na Inglaterra, a conversa das damas é o melhor *standar*<d> [padrão] da língua, pois há certa delicadeza e amabilidade [*agreableness* [l]]

---

[b] *must be at a great loss*: suprimido. [i] *proper ones* substitui *own*. [j] *part*: Acrescentada na margem pela mão C. [k] *it carries alon*: suprimido. [l] *ness*: acrescentada pela mão C.

[2] Sem dúvida, uma apreensão escocesa equivocada [para "*three-corner*"] de *driehoek*.

2ª CONFERÊNCIA

81

em seu trato e convívio, e, em geral, tudo o que é agradável dota aquilo que o acompanha de uma impressão mais profunda e transmite harmonia.} Por essa razão, apreciamos a maneira com que se apresentam e falam. Por outro lado, muitas palavras, bem como gestos ou o modo peculiar de as pessoas se apresentarem, nos passam uma idéia de inferioridade e pobreza. É por isso que palavras igualmente expressivas e de uso mais comum se mostrariam absurdas ao serem usadas numa conversa usual por um cavalheiro. Assim, talvez 9/10 dos ingleses digam *I's'e dot* em vez de *I will do it* [eu o farei], mas cavalheiro algum usará [*use*^{m}] essa expressão sem que se lhe impute estar sendo vulgar. De fato, é natural esperarmos que pessoas de boa estirpe se expressem com mais propriedade, mas, onde não haja tal excelência, pela associação que estabelecemos entre sua linguagem e o comportamento que nelas admiramos, tendemos a preferir as expressões que usam entre si. São os usos [*custom*^{n}] das pessoas que formam o que chamamos propriedade [<*propri*<*e*>*ty*], e é do uso das pessoas de melhor estirpe que se constituem as regras de pureza do estilo. {Como as pessoas que pertencem à classe mais elevada costumam freqüentar a corte, é lá, em especial [*chiefly to be met with there*^{o}], que se vai encontrar o padrão de nossa língua. No caso de países que são divididos em várias soberanias, não podemos esperar [*expe*<*c*>*t*] que se estabeleça um padrão geral, pois as pessoas de melhor nível estão espalhadas por diferentes lugares [*scattered into different places*^{p}]. Assim sendo, na Grécia e na

---

^{m} Substitui *say*. ^{n} Substitui *common use*. ^{o} A disposição original *to be ... chiefly* foi modificada com números acima das palavras. ^{p} As quatro últimas palavras substituem *divided and do not live better*.

Itália modernas, cada região se prende ao seu próprio dialeto sem dar preferência a outro qualquer, mesmo que ele seja, por outros aspectos, superior, como era o dos atenienses.}

Nossas palavras devem [*must^q*] também ser ordenadas de tal modo que o significado da sentença se torne [*shall^r be*] bem claro e não dependa da acuidade do impressor em colocar os sinais de pontuação, ou da capacidade dos leitores [*of the printer ...or of the readers^s*] em enfatizar certa palavra [*word^t*]. Pope costuma errar em ambos os casos; como no verso *Born but to die, and reasoning but to err*³ [Nascido só para morrer, e refletindo só para errar]. O sentido desse verso é diferente conforme enfatizemos *but* ou *born* e *reasoning*. | {Imagino que o próprio significado do Sr. Pope fosse o primeiro, embora o Sr. Warburton dê um torneio diferente à frase. Mas, se o sentido do Sr. Pope foi aquele [*But if that had been Mr. Popes meaning^u*], ele deveria ter usado *though* [embora] em lugar de *but*, com o que não haveria ambigüidade no significado comum e aparente do verso, embora este deixasse de ser tão forte.} |^v Temos um exemplo do segundo tipo, quando não é fácil saber a que membro da sentença uma palavra pertence, no verso:

v. 7

8

---

^q *only be free:* suprimido.   ^r *shall:* acrescentada pela mão C acima da linha.
^s A disposição original *reader or of the printer* foi modificada por números acima das palavras.   ^t no MS: *words* teve o *s* suprimido.   ^u As últimas oito palavras substituem *in which case.*   ^v-v. A frase iniciada por *We have an* é um preâmbulo à p. seg. ; o restante do v. 7 consiste na interpolação de *We may ... ambiguity*, codificada na p. seg. por *We may* depois da palavra *death* escrita na margem.
³ *Essay on Man*, ii. 10. Cf. a discussão de Smith sobre *but* em sua resenha do *Dictionary* de Johnson, §3 (EPS 236-8).

great master death and god adore[4]

Nesse caso, teremos um significado [*the meaning*[w]] completamente diferente se pusermos a pausa antes ou depois da palavra morte.

{É quase sempre inadequado[x] usar *and* [e] no começo de um membro de uma [*a*[y]] sentença, embora, ainda que raramente, possa ser necessário iniciar uma sentença dessa maneira para se afastar o risco da ambigüidade.}[z]

Outra ambigüidade a ser evitada é aquela em que é difícil saber a que verbo o caso nominativo pertence, ou com que substantivo o adjetivo concorda. As línguas antigas eram muito mais sujeitas a essa ambigüidade do que as modernas, pois permitiam uma liberdade maior na disposição das palavras. Um exemplo | disso é o verso de Juvenal, *Nobilitas sola atque unica Virtus*,[5] em que a ambigüidade se deve a não ficar evidente se *sola* concorda com *virtus* ou com *Nobilitas*.

O verso[z] que se segue pode servir de exemplo da ambigüidade resultante de não ficar claro a qual dos substantivos [*substant<ive>*] o verbo se refere mais do que o outro [more than[a] another]

---

[w] *the meaning*: acrescentado acima da linha pela mão C (?).   [x] *begin a sentence with:* suprimido.   [y] Modificado de *the* por Mão C.   [z] *of* inserido acima da linha: isto é, de Juvenal.   [a] *more than* substitui *or*

* N. da T. – Os versos de Pope citados são do *Essay on Man*: *Hope humbly then; with trembling pinions soar; / Wait the great teacher, Death; and God adore*. O que Adam Smith está dizendo é que o sentido do texto se altera radicalmente se a pausa antes de Death for maior do que a depois de Death. Tal como está, o sentido é: "Espera humilde, e com asas trêmulas ascende; / Aguarda a Morte, a grande mestra; e a Deus adora." Mas se a pausa for mudada de posição, temos: "Espera humilde, e com asas trêmulas ascende; / Aguarda o grande mestre; e à Morte e a Deus adora."

[4] *Essay on Man*, i.92; Pope escreveu: "*teacher Death*".
[5] viii. 20; Juvenal escreveu "*sola est atque* ....

> *In this alone beasts do the men excel,* [6]
> [somente nisso as feras sobrepujam os homens]

No exemplo, o leitor poderia pensar que o autor quis dizer que as feras sobrepujam os homens um único aspecto, quando o significado é justamente o contrário. —— ——

{Os melhores autores, como Tucídides, Xenofonte e vários outros, raramente incorrem nesse erro. O Dr. Clerk[7] chega a dizer que, em todo o Homero, encontrou apenas um caso. Isso, de fato, pode ser interpretado de maneiras muito diferentes; mas, como a continuação é tão precisa, a falha provavelmente resulta do erro de algum transcritor[b]; é [it is[c]] admirável que, em obra dessa extensão, outras falhas desse tipo não tenham aparecido, o que mostra a surpreendente [*surprising*[d]] acuidade de Homero.

O Sr. Waller apresenta um exemplo digno de nota do defeito desse traço. Como ele dá pouca importância às regras gramaticais, algumas vezes é difícil entender seu texto, embora esse procedimento muitas vezes sirva para se descobrir o significado em outros autores obscuros. Os escritores que tratam das características[8] dos homens se comportam de maneira bastante livre a esse respeito, e tal tipo de livro seria o mais fácil de ser construído.}

---

[b] *and* suprimido.   [c] *more* suprimido.   [d] *is* antes de *surprising* e *instances of the*: ambos suprimidos.

[6] Não localizado.

[7] O filósofo Samuel Clarke (1675-1729) publicou a *Ilíada* em 1729.

[8] Pode ser uma referência a autores de *Characters* (ver a Introdução, p. 42), mas é provável que seja um erro com relação a *Characteristicks of Men, Manners, Opinions, Times* (1711), a coleção de tratados de Anthony Ashley Cooper, 3º conde de Shaftesbury (1671-1713), abordada por Smith com muita freqüência.

9   A ordem de expressão natural livre de parênteses e de palavras supérfluas é, igualmente, de grande ajuda para a perspicuidade; nisso consiste aquilo que chamamos escrita fluente, em que o sentido dado pelo autor flui naturalmente em nossas mentes, sem sermos obrigados a um grande esforço para entendê-lo. {Quando as palavras não são supérfluas, mas tendem todas a exprimir algo que ainda não foi dito e de maneira simples [*and in a plain manner*ᵉ], a isso chamamos precisão, embora tal designação seja usada com freqüência em relação a um estilo afetado e formal como o de Prim⁹ e outros autores puritanos.}

Bolingbroke, em especial [*especially*ᶠ], e Swift superaram a maioria dos autores nesse particular [*respect*ᵍ]; seus escritos são tão fluentes que mesmo um leitor sonolento apreende seu sentido {ainda que a sentença seja muito longa [{*even tho the sentence be very long*ʰ], como sucede no final de seu ensaio sobre a virtude.}¹⁰ Mesmo que se percam uma ou duas palavras, o resto da sentença [*sentence<c>e*] é tão ligado ao sentido, que este penetra em nossas mentes por si só.

v. 10 | Por outro lado, o texto de escritores que não observam essa regra costuma tornar-se tão obscuro que, para se entender seu significado, é preciso muita atenção e estar bem desperto. Às vezes, Shaftesbury comete esse erro ao construir períodos muito longos de maneira descuidada.

ᵉ As últimas cinco palavras escritas na parte superior da margem substituem *and no part any decorant (?deliberate) trope*.   ᶠ Linhas acima e abaixo de *especially* talvez signifiquem a intenção de colocar o advérbio depois de *and*.   ᵍ *and:* suprimido   ʰ*tho the sentence be very long* escrito acima da linha, suprimido, e escrito na página contígua.
⁹ William Prynne, autor puritano de *Histrio-Mastix* (1633) e de cerca de vinte obras político-legais; cf. ii.253 n. 19, adiante.
¹⁰ O autor não é Bolingbroke, mas Shaftesbury: *An Inquiry Concerning Virtue or Merit* (1699; Treatise IV in *Characteristicks*, 1711).

Escritos dessa natureza guardam forte semelhança com traduções de outra língua, nas quais há uma tendência a certa rigidez de expressão e à repetição de palavras sinônimas.

Sob certo ponto de vista, sentenças curtas[i], em geral, por serem de entendimento mais fácil, são mais claras que as longas; mas, quando buscamos a concisão, devemos evitar o modo desarticulado de escrever — que, ao mesmo tempo, é de todos [all[j]] o mais obscuro — no qual facilmente se incorre. A razão disso é que, quando elaboramos sentenças curtas, tendemos também a excluir os elementos de conexão, tornando as expressões tão concisas quanto as sentenças. A precisão e a aderência estrita à expressão justa são adequadas a uma sentença longa, e uma sentença curta possivelmente pode carecer de ambas. Salústio, Tácito e Tucídides são os autores que mais se destacaram nesse particular; e vale observar que o emprego de expressões concisas e períodos reduzidos só é apropriado para os historiadores, que narram os fatos como se deram, ou para aqueles que escrevem de modo didático. Conseqüentemente, esses três historiadores são, de acordo com o chefe[k] os mais importantes seguidores desse modo de escrever. Esse estilo é [very improper[l]] bastante impróprio para oradores ou pessoas que falam em público e têm como objetivo despertar paixões, que, além de incompatíveis com um estilo despojado e simples, requerem o emprego[m] de expressões fortes e até mesmo exageradas. Nenhum escritor didático aderiu totalmente a esse estilo, embora ele lhes seja| adequado. A única exceção é Aristóteles, que, em toda sua

11

12

13

---

[i] *shot sentences are for the most*: suprimido   [j] *others*: suprimido.   [k] *in that way*: suprimido.   [l] *very im* substitui *not*.   [m] Substitui *aid*.

obra, nunca dele se desviou, ao passo que os outros, com freqüência, recorrem à declamação oratória.

O que se chama comumente de ornamentos ou floreios de linguagem, como as expressões alegóricas, metafóricas e semelhantes, tendem a tornar o estilo obscuro e confuso. Quem muito se empenha em fazer suas expressões variarem termina aprisionado pela obscuridade das metáforasⁿ. De todos os autores que conheço, Lord Shaftesbury é o mais propenso a esse erro. No terceiro volume de suas obras,¹¹ ao falar sobre meditação e auto-reflexão, produz tal quantidade de nomes para esses atos, cada um mais obscuro que o outro, como "conversa consigo mesmo", que cria uma pluralidade numa só pessoa, etc. Em outro trecho, diz que seu coração ludibriava sua mente, quando outra pessoa teria dito desejar tanto certaº   que não conseguia deixar de achar que a obteria. Mas é claro que o maior objetivo desse autor era que seus escritos fugissem aos padrões usuais, bem como dignificar seu estilo por nunca usar frases comuns ou nomear as coisas; além disso, dificilmente encontramos qualquer expressão em suas obras, a não ser as que soassem absurdas nas conversas usuais. Ele chega ao ponto de sequer chamar os *homens* por seus nomes próprios. Moisés é o legislador judeu, Xenofonte, o jovem guerreiro, Platão, o filósofo [*philo<sopher>*] de origem [*birt<h>*] nobre; e, no tratado¹² que escreve com a finalidade expressa de provar a existência de Deus,

---

ⁿ Escrito acima, com um sublinhado longo.   º No MS: espaço de cinco letras em branco.

¹¹ *Soliloquy or Advice to an Author*, partes I e III (1710; Treatise iii, in *Characteristicks*, 1711; cf. "Miscellany" iv, cap. I, in *Miscellaneous Reflections*, i.e., Treatise vi).

¹² *A Letter Concerning Enthusiasm*, sections iv-v (1708; Treatise i, in *Characteristicks*, 1711); cf. *Inquiry Concerning Virtue*, Bk. I, pt. iii).

quase nunca emprega esse nome, mas a mente ou o ser supremo, ou aquele que sabe todas as coisas etc.

{O uso freqüente de pronomes também não é favorável à perspicuidade, já que eles desviam nossa atenção para aquilo a que se referem. São, contudo, apropriados quando a palavra que substituem não é a mais importante nem a de maior ênfase da sentença. Se for esse o caso, a repetição da palavra acrescenta mais força e energia à sentença.}

Poderíamos afirmar que esse aspecto também pode constituir uma variação apropriada da forma de uma sentença e verificar até que ponto isso seria aceitável em nossa língua. Mas preferimos deixá-lo inteiramente de lado, assim como o faremos em relação a muitos outros elementos gramaticais tediosos e destituídos de interesse, e continuar com uma avaliação da nossa língua em comparação com outras. Para tanto, será preciso estabelecer uma certa premissa com relação à origem e ao propósito da língua em geral [<*gen*<*erall*>.]

16

3ª *Conferência*

22 de novembro, segunda-feira

Sr. Smith
Da origem e do progresso da língua[1]

Parece provável que as palavras que denotam certas substâncias, e que chamamos de substantivos, estariam *entre* as primeiras criadas por pessoas que estivessem inventando uma língua. Dois selvagens que se encontram e fazem sua morada no mesmo lugar logo se empenharão em desenvolver sinais para representar os objetos que apareçam com mais freqüência e que mais lhes interessem. A caverna em que se alojam, a árvore que os alimenta ou a fonte de onde bebem logo serão distinguidas por nomes particulares, | pois serão freqüentes as ocasiões em que darão a conhecer [*to*ᵃ] um ao outro os seus pensamentos sobre essas coisas, e, por consentimento mútuo, chegarão a um acordo sobre certos signos pelos quais isso poderá ser feito.

Mais tarde, quando encontrarem outras árvores, cavernas e fontes sobre as quais conversarão, [*would*ᵇ] darão a elas naturalmente o

---
ᵃ *their*: suprimido.   ᵇ Substitui *might be*.
[1] Uma versão mais elaborada desta conferência foi publicada em *The Philological Miscellany* (1761) como *Considerations concerning the first formation of Languages, and the different genius of original and compounded Languages.* Ver p. 403.

mesmo nome que deram antes a outros objetos da mesma natureza. A associação de idéias entre cavernas, árvores etc. e as palavras pelas quais as representaram sugere de maneira óbvia que essas coisas que eram da mesma espécie podem ser denotadas |*ᶜ* pelas mesmas palavras. Assim, talvez essas palavras que originalmente [*origin*[*in*]*ally*] davam significado a objetos singulares [*singularᵈ*] tenham se tornado nomes especiais para certas classes de coisas. [Como nossos selvagens fizeram novos progressos, tiveram ocasião de não somente dar nomes a diversas substâncias próximas a eles, mas de criar palavras para expressar a relação entre esses vários objetos.]*ᵉ*

Esses nomes, contudo, à medida que os objetos se multiplicassem, não seriam suficientes para distingui-los uns dos outros com exatidão: tornou-se necessário, então, recorrer às suas relações ou qualidades peculiares, que são comumente expressas por preposições ou adjetivos. | A dificuldade maior do Sr. Rousseau[2] é explicar de que maneira os nomes gerais surgiram, na medida em que requerem pensamento abstrato e o que chamamos generalização, antes que, conforme seu modo de pensar, possam ser formados. E ele considera esses selvagens, em princípio, mal capazes de produzi-los.*ᶠ* | Assim, eles podem representar certa árvore como "a árvore acima da caverna". Porém, os nomes enunciados com o auxílio de preposições não iriam muito longe. Então, eles convocaram aquele (*that* [*the*]) dos adjetivos, e, dessa maneira, puderam dizer "a árvore verde", para diferenciar a que era verde da que não era. A

ᶜ Do v. 18 ao v. 60, o texto principal encontra-se, geralmente, na página esquerda.
ᵈ Substitui *particular*. *ᵉ* *As ..... objects*: cancelado por traços oblíquos. *ᶠ* O restante da página ficou em branco.
[2] Ver nota sobre Rousseau, p. 406.

invenção dos adjetivos terá exigido um empenho muito maior que a dos substantivos, pelas razões que se seguem. A qualidade representada por um adjetivo jamais é vista em abstrato, mas é sempre concretizada por alguma substância, e a palavra que significa essa qualidade deve ser formada | a partir dessa substância por uma reflexão abstrata profunda;^g além disso, essa qualidade,^h embora seja uma qualidade geral, não é percebida em nenhum conjunto geral de coisas, mas deve primeiro ser formada a partir de um objeto singular. Por essa razão, podemos supor que os adjetivos se tenham formado antes de qualquer substantivo denotar as qualidades abstratas [*abstract*[i]] desses corpos aos quais eles se aplicam. Assim, "verde" [*green*] teria sido formado antes de "o verde" [*greeness*], pois a qualidade, ainda que em si mesma abstrata, só raramente [*seldom*ⁱ] é considerada: quando concretizada em algumas substâncias que existem na realidade e percebida por nós em uma delas em particular. Por outro lado, a qualidade abstraída de um corpo jamais é percebida | e só é formada pela abstração e generalização por relação a determinados corpos. É também necessário que, antes de tais adjetivos serem formados, aqueles que os criam tenham visto outras coisas da mesma natureza que não os contenham. Assim, se a palavra verde se originou da cor de uma árvore, não teria sido formada caso não existisse nenhuma árvore de outra cor. Quando árvores de outra cor são encontradas, os ditos criadores chamam tal coisa de árvore, uma árvore verde; desde então, outras árvores e, mais tarde, outras coisas daquela cor ganham | uma denominação. A partir daí, a qualidade da cor verde seria finalmente formada por

20

21

22

---

^g No MS: *abstraction, ion*: suprimidos.   ^h *must be*: suprimido.   ⁱ Substitui *never*.

uma abstração mais avançada. Se é preciso tanta abstração para formar adjetivos que denotam cores – os mais simples de todos –, é óbvio que se necessite de muito mais [*would be ʲmuch greater*] para a formação dos mais complexos e gerais.

    No entanto, não obstante o grau de dificuldade para a formação de adjetivos, este será ainda maior quando se trata de formar preposições. Pois aquilo que é significado por elas não se encontra em nenhum conjunto de coisas em particular, mas, de certa forma, é comum a todos eles. Assim, "acima" denota uma relação | de superioridade, "abaixo", a de inferioridade, com respeito a qualquer coisa dessa relação. A preposição não é concretizada em nenhuma outra coisa, é em si mesma originalmente abstrata. Dizemos que uma árvore é verde, ou que qualquer outra coisa é verde, mas "acima" diz respeito à relação que duas coisas têm entre si. Também sucede que as preposições que, necessariamente, ocorrem com maior freqüência sejam as mais abstratas e metafísicas. Nenhuma delas é usada com tanta freqüência quanto "de", que é também a mais abstrata de | todas. Ela não denotaᵏ uma relação particular entre as coisas que conecta, mas simplesmente indica que existe uma relação. Se perguntássemos a um homem comum o que quer dizer com a palavra "de", ele pode precisar de pelo menos uma semana para pensar sobre isso. Apreendemos seu significado geral a partir das relações diversas e contrárias em que é usada para expressar o todo e suas [*its ˡ*] partes. Assim, dizemos: o filho do pai <ou o pai> do filho; o pinheiro da floresta ou a floresta dos pinheiros. Outras preposições não podem ser usadas de modo tão generalizado; não

---

ʲ *a*: suprimido.   ᵏ *nor* escrito acima e, depois, suprimido.   ˡ No MS: *it is.*

significa a mesma coisa dizer "a árvore acima da caverna" e "a caverna acima da árvore".

Dada a grande dificuldade de formar essas preposições, tão essenciais, era de se esperar que os criadores da língua, que não devemos considerar filósofos muito abstratos, inventassem algum método para^m atender a esses objetivos de maneira mais natural. O mais natural e óbvio, e mais apropriado para todas as línguas primitivas e simples, é expressar^n , por meio das diversas transformações da mesma palavra, aquilo que, de outra maneira, exigiria o emprego de uma preposição. Os criadores o fizeram fazendo variar as terminações do substantivo; as diferentes preposições que foram assim substituídas originaram os diferentes [*differen<t>*] casos, e, conforme maior ou menor a quantidade de casos assim produzidos, estes seriam mais ou menos numerosos nas diversas línguas: em algumas, cinco ou seis, em outras, dez.

A satisfação de se ouvir a repetição do mesmo som, ou amor ao ritmo,° fez com que os adjetivos fossem adaptados às terminações dos substantivos, e, por isso, todos os adjetivos passaram a ser declinados da mesma forma que os substantivos, ainda que o significado não seja alterado de modo algum; como por exemplo, os vocábulos *malus,*^p *mali, malorum, malis* | etc., todos significam "mal" [*evil*], e sofrem variações apenas para se adequarem aos substantivos [*substantiv<e>s*], como no caso de *equus, equi, equorum, equis* etc.

Como todos os animais têm definido o seu sexo, o que não se aplica a outras coisas, era necessário fazer-se uma distinção acerca disso e, como a qualidade do ser abstrato não era facil-

24

v. 25

v. 26

---

^m Substitui *do this* (ou ? *these*).   ^n *what*: suprimido.   ° *the t*: erroneamente inseridos mais tarde.   ^p *mala, malum*: suprimidos.

mente compreendida, o problema foi corrigido por outro tipo de modificação no substantivo para indicar um dos sexos: donde, *equus, equa*. Como outras coisas não tinham sexo, criou-se então outra variação para representá-las. E pelo mesmo motivo que os levou a adequar os adjetivos à flexão dos casos, assim também | procederam com relação ao gênero; donde, *equus bonus, equa bona, pratum bonum*.

v. 27

À medida que foram surgindo mais objetos da mesma espécie, foi necessário fazer-se a distinção entre os casos em que havia uma única pessoa e aqueles em que se tratava de mais de <uma> ao mesmo tempo. Além disso, como a categoria "número" também é de difícil compreensão, foi do mesmo modo inventada uma outra variação para materializá-la, conseqüentemente o número singular, o dual e o plural. {Todas as línguas originais, como a hebraica e as línguas eslavas, têm o número dual.} Nessa declinação ou variação, foram também incluídos os adjetivos pela mesma razão já mencionada. Assim, surgiram *equus, equi*, e ἀνηρ, ἀνερε, ἀνεπες, e os adjetivos *bonus, boni*, e ἀγαθος, ἀγαθω ἀγαθοι.

v. 28

A partir daí, podemos verificar quão complexas as declinações se tornaram. Os nomes substantivos que se declinam através de cinco casos e três números terão quinze variações, e os adjetivos, que também têm três gêneros, terão quarenta e cinco.*

Além dessas várias divisões, os criadores da língua tiveram a oportunidade de inventar palavras para descrever ou expressar certas ações. Afirmamos ou negamos algo em tudo que dizemos,

---

* N. da T. – Em português, não há declinação – há vestígios dela apenas em relação aos pronomes (eu, me, mim, etc.).

e, portanto, outra classe importante de palavras fez-se necessária. Por isso, a invenção dos verbos, sem os quais nada poderia ser enunciado. É provável que os verbos da forma impessoal tenham sido criados primeiro que todos, pois, desse modo, expressam uma opinião ou uma afirmativa em seu todo. Assim, *pluit* [está chovendo] e *ningit* [está nevando] são afirmativas irrestritas. Os selvagens que imaginamos habitarem o mesmo lugar poderiam, por exemplo, usar a palavra *venit* [vem] para representar a chegada de algum animal terrível como um leão, o qual representaram integralmente em uma única palavra. Posteriormente, à chegada de outras feras, eles usariam naturalmente a mesma | palavra para dar o alarme. Assim, essa palavra passaria a significar uma fera terrível, depois, qualquer objeto aterrorizante e, por último [*last<l>y*], qualquer aproximação em abstrato. Pelas mesmas razões pelas quais inventaram as categorias, número e pessoa para os nomes, fizeram-no para os verbos à medida [*as^q*] que surgiam. Com respeito ao tempo, variações diversas foram também introduzidas. {Eles poderiam, de fato, ter usado a mesma palavra para representar os diferentes tempos de verbo caso conhecessem os pronomes, os quais, demasiado abstratos, ainda não tinham sido inventados nos tempos primitivos a que estamos nos referindo. O processo de criar palavras diferentes para significar coisas diferentes de mesma origem assemelha-se à formação das letras. É provável que o primeiro escritor tenha usado um caractere diferente [*a different^r*] para cada [*each^s*] palavra, o que logo se mostrará problemático e demandará um outro artifício; assim, diferentes flexões para as palavras também serão criadas.}

v. 29

v. 30

---

^q *perso*: suprimido.   ^r *a different* substitui *but an*.   ^s Substitui *one*.

v. 31 Se não tivesse ocorrido a mescla das diferentes nações, as línguas, provavelmente, teriam permanecido nesse estado complexo. A única coisa que pode ter causado algum efeito | é essa complexidade tão notável que os deixou desnorteados e pode tê-los levado a impropriedades gramaticais; entendemos, portanto, que os gregos e os romanos se viram forçados a instruir seus filhos na [*in the*[t]] gramática de sua própria língua. Não obstante, a principal causa do declínio desse costume foi a mistura dos diferentes povos." Quando dois povos se reuniam, e um deles não sabia como se expressar na língua

v. 33 do outro, supria essa falha da [*in* | *some*[v]] maneira mais fácil. E a mais óbvia é fazê-lo através dos verbos substantivos e possessivos. Os verbos substantivos combinados com o particípio passado dão conta da voz passiva, e um estrangeiro faz com que o verbo auxiliar ou possessivo *habeo* [tenho e hei <de>], com a ajuda do supino, dê conta da voz ativa. As preposições também serão usadas em lugar da declinação dos nomes. — Um lombardo[w], quando abandonava a palavra *amor* por "sou amado", diria *ego sum amatus*; no caso de "um cidadão de Roma" [*A citizen of Rom<e>*], diria *civis de Roma*. E,

v. 28 quando se tratava de "eu amei" [*I have loved*], em vez de[x] *amavi*, diria *Ego hab<e>o amatum*.

Quanto mais essas misturas se multiplicam, mais perde a linguagem em complexidade e se produz desse modo. Mais simples a língua, mais complexa ela é. O grego parece ter sido bem original nesse aspecto, pois todas as suas palavras primitivas chegam apenas a cerca de trezentas. O latim, derivado do grego, e o toscano são muito menos complexos; o francês, derivado do latim e da língua

---

[t] *elements of*: suprimido.   [u] "*These who are most simple are all most complex. Thus*: trecho suprimido.   [v] 32 e v.32: em branco.   [w] *would*: suprimido.   [x] *ego*: suprimido.

nativa do país, é ainda menos; e o inglês, formado do francês e do saxão, menos ainda que os já mencionados. As línguas sofreram aperfeiçoamentos bem semelhantes aos da construção das máquinas. Sendo no início bastante complexas, as diferentes partes vão aos poucos se conectando e se substituindo entre si. As vantagens, contudo, não encontram igual correspondência. Quanto mais simples a máquina, melhor; porém, quanto mais simples a língua [*language*^{y}], menores a variedade e a harmonia sonora e menor a possibilidade de produzir combinações; além do que, será mais prolixa [*prolix*^{z}].

v. 34

---

^{y} Substitui *machine*. ^{z} 35 e 36: em branco.

1762

4ª *Conferência*ª

24 de novembro, quarta-feira

Tendo em conta que defeitos graves foram inevitavelmente introduzidos na língua inglesa pelo próprio modo de sua formação, será adequado considerarmos até que ponto e de que maneira foram eles remediados.

O primeiro desses defeitos é a prolixidade em uma língua que tem tão poucas flexões em seus substantivos e verbos. Para atenuar o problema, muitas contrações foram feitas [*made*ᵇ] nas próprias palavras. O *e*, que antes constituía a sílaba final da terceira pessoa[1] de todos os verbos, foi descartado sempre que possível e, em muitos casos, como em *judged*, foi mantido; mas a regra geral foi seguida [*but the generall rule is followd* ᶜ]. A maior parte de nossas palavras originárias tem uma, duas ou, no máximo, três sílabas. De qualquer modo, o inglês tem menos palavras com uma sílaba do que qualquer outra

---

ª 2ª: Substituída pela mão B (?)   ᵇ *both*: suprimida.   ᶜ As seis últimas palavras foram inseridas pela mão B no espaço antes vazio.
[1] É evidente que o "passado" [*past tense*] e o "particípio passado" [*past participle*] deveriam ser aqui acrescentados; e é claro que a terminação arcaica da terceira pessoa do singular - *eth* não perdeu o seu *e*, mas foi substituída por -*s*.

língua. {O italiano e o francês são compostos por línguas simples, mas, na composição do inglês, já entra uma língua composta, o francês.}[d] Quando tomamos de outras língua<s> palavras de mais sílabas, elas são [*are* [e]] encurtadas pela maneira de pronunciá-las. Isso é assinalável nas palavras "refratário e concupiscência" [*refractory, concupiscence*]; e,[f]   onde isso não pode ser feito, cortamos a metade, como em *"plenipotenciary, incognito"* [plenipotenciário, incógnito], que muitos pronunciam como *plenipo* e *incog.*

A pronúncia [*pronunciation of* [g]] de sentenças é igualmente encurtada, pondo-se a tônica tão próxima do começo quanto possível. Esse método é exatamente contrário ao que se usa em francês, em que a tônica das palavras e dos períodos é lançada para a última sílaba | ou para a última palavra. O método inglês é o que parece mais apropriado para produzir um som melodioso, pois é uma regra conhecida em música que a primeira nota de um compasso ou o primeiro diapasão de uma nota a ser repetida com uma modulação uniforme devem ser os mais agudos. Em contrapartida, a pronúncia francesa faz com que a sentença se prolongue cada vez mais, até que se interrompa de repente. | {Essa contradição nos permite entender a razão por que um francês jamais conseguirá falar inglês com a modulação apropriada, nem um inglês falará francês desse modo se essa diferença se mantiver ao longo dos tempos. Para mostrar-se a maneira inglesa de pronunciar uma sentença — mais alta no começo e mais baixa no fim —, basta observar que essa é a maneira como falam aqueles que adotam um tom lamurioso ao

---

[d] Mão B.   [e] *soon*: suprimido.   [f] no MS: lacuna de seis letras.   [g] as duas últimas palavras substituem *words in which*; *fronounciation* modificada para *fronnunciation*; *sentences is likewise*: repetido.

ler e rezar ou os que passam na rua apregoando ostras frescas ou consertos de foles quebrados; sempre começam com um tom alto e vão baixando a voz, até que mal se os escuta.}

O som melodioso também foi observado em várias circunstâncias. Os sons guturais ásperos e esquisitos, tão predominantes, foram quase que inteiramente deixados de lado: *thought, wrought, taught* [pensamento, forjado, ensinado], hoje são pronunciados como se não contivessem som gutural algum. – *Ch*, que há algum tempo era pronunciado [*pronounced* [b]] como o *X* grego, passou a ser pronunciado como nas palavras que inicia, como *charming, change*, [charmoso, mudança] etc., ou como K em *character, chimera* [caráter, quimera] etc. A sílaba final *ed*, que tem um som quase tão áspero quanto *eth*, é hoje descartada sempre que possível, e embora às vezes ela <it> deva ser mantida, quando o uso comum, soberano nesses casos, determina o contrário, é inútil resistir.

O sufixo *Eth*, como mencionamos, foi transformado no suave *s*: *loveth* em *loves* [ama], *willeth* em *wills* [quer]. Essa mudança, entretanto, não resolve, pois aumenta o som sibilante da língua,[i] desde logo bem marcante, já que a maioria dos pronomes e dos substantivos plurais termina com a letra *S*. Contudo, ainda que o som não seja inteiramente harmonioso, é bem melhor que o outro, que, tanto quanto *ed*, soa quase como um sussurro e se dissipa no vazio.

| {O uso freqüente da letra *S* e o som sibilante que ocasiona são geralmente atribuídos à falta de ouvido musical do povo inglês. Mas não parece ser esse o caso.[j] Isso porque sua introdução tem uma vantagem real, e, além do mais, não há razão para se pensar

---

[b] em *pronounced,* a letra *e* foi suprimida.   [i] (*which all foreigners observe often*) [que todo estrangeiro costuma notar] : suprimido.   [j] *for:* suprimido.

em nenhuma carência de ouvido musical, pois o bom gosto para a música, qualidade característica de quaisquer outros povos salvo o italiano, está presente na Inglaterra. Da maior relevância, ainda, e deve portanto ser observado, é o fato de que não existe povo mais atento à pronúncia musical que os ingleses.

Alguns autores,[k] como Swift e Bolinbroke,[l] de fato empregaram as terminações *eth* e *ed* constantemente; mas, se fossem ler suas próprias obras[m] nos dias de hoje, sem dúvida leriam *flows, brings, avowd* [flui, traz, confessou], | palavras certamente mais elegantes do que *floweth, bringeth, avowed,* tal como as pronunciavam nossos ponderados e sóbrios antepassados.

v. 38

"Para restringir as frases, deixamos de preestabelecer as partículas de todas as palavras, como na tradução do título do livro do abade du Bos,[2] o que, sem dúvida, é o método acertado, sem o qual ficamos expostos à ambigüidade. É dessa maneira que fazemos as inscrições nos monumentos públicos etc. Aqui, de novo, a regra geral nos induz ao erro.}

v. 40

| Além das mencionadas alterações na pronúncia das consoantes, há diferentes tentativas de reparar a aspereza da língua na pronúncia das vogais e dos ditongos, as quais, entretanto, são muito poucas. A primeira vogal, *a*, é suavizada e fica com o mesmo som que em outra(s) nações se dá ao grego η, exceto em algumas palavras, em que soaria de modo desagradável, como *walk* e *talk* [andar e falar].

---

[k] *Some authors* substitui *The sound.* [l] Inserido por Mão B no espaço em branco.
[m] modificada de *words.* [n] parágrafo redigido pela mão B.

[2] *Réflexions critiques sur la poésie et sur la peinture* (1719), do Abbé (Jean-Baptiste) Dubos (1670–1742), uma das obras de maior influência sobre a estética do século XVIII, cuja tradução para o inglês, *Critical Reflections on Poetry, Painting, and Music*, de Thomas Nugent, foi publicada em 1748.

A segunda vogal, *E*, é pronunciada como nas outras nações se pronuncia a terceira vogal, *i*, que em inglês tem sons diferentes quando longo e quando curto; no primeiro caso, é pronunciado como ditongo, como em *idol* [ídolo] e, no segundo, tem o mesmo som que se dá ao *E*, como em *intelligible* [inteligível] . A quinta vogal, *u*, também tem dois sons: pode ser pronunciada como o ditongo *iu*, como em *muse* [musa] e como *eu* [oi] em *Eugen*; nos | outros casos v. 41
tem o mesmo som que nas outras línguas, como em *undone* [desfeito].³ Os ditongos também são empregados com seu pleno vigor, e são pronunciados de modo mais forte do que nas outras línguas, como em *faith* [id. idem], *mourn* [idem] etc.º

O que, contudo, exerce efeito maior no som da língua é a pronúncia harmoniosa e sonora característica do povo inglês. Em sua maneira de falar, há um certo som de sino que os estrangeiros não conseguem reproduzir. Donde se conclui que essa língua, que quando falada por nativos sabe ser tão melodiosa e agradável, na boca de estrangeiros torna-se áspera e rangente. {Os ingleses foram levados a todas essas práticas, sem pensar que elas pudessem atenuar a aspereza natural de sua língua provocada por eles mesmos.}ᵖ

| A seguir, farei algumas observações sobre a disposição das v. 42
palavras, o que naturalmente levará [*lead* ᑫ] à consideração do que chamo de estilo.

º *mourn etc.* Mão B.   ᵖ Mão B.   ᑫ *lead* : grafada pela mão B no final de uma linha.
³ A falta de uma notação fonética malogra o esforço de Smith para descrever o sistema vocálico do inglês, em particular o *i* e o *u* curtos (não-ditongais), e, provavelmente, o escriba não o entendeu. No caso do *u*, não fica claro de que "outra língua" poderia se tratar ou, ainda, de qual variedade de inglês se trata e que palavras constituem a sua base. Com relação ao *i*, é como se houvesse uma tentativa desesperada de encontrar um equivalente aproximado na vogal

Um período é um conjunto de palavras que expressam um sentido completo sem a ajuda de nenhuma outra.

Os membros de um período são as frases que produzem aquele sentido — é freqüente cada qual ter [*have^r*] um sentido próprio, completo e só aludir à(s) outra(s) por meio de uma ou duas palavras.

Em geral, há três partes ou termos principais em cada [*every^s*] membro | {pois todo julgamento da mente humana compreende duas idéias entre as quais se declara haver ou não uma relação}^{t}; dizemos algo que diz respeito [*concer<ning>^{u}*] a ambas por meio de uma terceira que, além de conectar uma à outra, expressa o que afirmamos. Uma dessas idéias é a parte principal ou sujeito do membro | e, por isso, é chamada de termo subjetivo; a idéia intermediária, que faz a ligação entre as outras duas, é chamada de atributiva [*attributive^v*]; e aquela de que a afirmativa é feita é a objetiva [*objective^w*], de classe inferior à atributiva. Esses três termos, em geral, devem ser dispostos na ordem mencionada, caso contrário o significado da sentença se torna ambíguo. Observe-se também que nas sentenças expressas por verbos neutros [*neuter*] não há adjetivo [*adjective ^{x}*]; só quando o verbo é ativo é que se usa o termo. Nas expressões imperativas [*imperative ^{y}*] e interrogativas a ordem dos termos é também diferente. — Além dos mencionados, há [*there*

---

^{r} substitui *may*. ^{s}As últimas letras foram borradas pelo que foi escrito por cima delas: *each*? ^{t}Mão B. ^{u}Acrescentada na margem, antes de *Two*. ^{v}Inserida pela mão B no espaço antes em branco. ^{w}Inserida pela mão B na página oposta, em substituição a *adjective* (que fora suprimida). ^{x}O correto seria *objective*. ^{y} Cancelada no MS, sem substituição.

"obscura" *e*, como no francês *je*, *ne* etc. A palavra *intelligible* [inteligível] foi um exemplo infeliz, pois ao menos o seu primeiro *e* é irrelevante para a assertiva, exceto quando simplesmente serve de exemplo ao *i*.

<are>] dois outros termos que ocorrem com freqüência {ainda que não constituam necessariamente um membro perfeito de um período ou de uma frase};^z um deles denota "em que medida" e o outro, "sob que circunstâncias" | a proposição expressa pelos [*by the^a*] três termos supracitados deve ser compreendida. O primeiro é chamado de terminativo e o segundo, de circunstancial. Apesar de a disposição dos outros três ser bem demarcada, esses dificilmente são limitados, podendo ser dispostos de quase todos os modos.

v. 44

Os termos restantes são o conjuntivo e o adjuntivo. O conjuntivo faz a ligação dos diferentes termos de uma sentença ou de um período. O adjuntivo, por seu lado, indica a opinião pessoal do falante em relação à pessoa a quem se dirige, e condições semelhantes. {O adjuntivo é o termo que enuncia o hábito do falante com relação àquilo que fala ou sente, como em *tis strange* [é estranho], *alas* [ai!, ai de mim!], etc. *Sir* [Senhor; título de baronete ou cavalheiro] é um adjuntivo que indica que nos dirigimos a determinada pessoa; todas as interjeições são adjuntivos.}^b

Enumeradas as partes constitutivas de toda e qualquer sentença, nosso passo seguinte será considerar a ordem em que elas devem ser dispostas na composição de uma sentença. Ora [*Now ^c*], é claro que deve ser a ordem mais desejável que venha à mente de modo espontâneo e melhor exprima o sentido do falante quanto àquilo de que fala. O que não quer dizer que seja a mera ordem em que a sentença é construída por alguém que não é afetado pelo que fala, pois ela varia conforme qual seja o termo principal ou essencial na sentença, e, seguindo esse princípio, deve ser a primeira a vir à

v. 45

---

^z Mão B.   ^a *Other*: suprimida.   ^b Mão B.   ^c Escrita por cima de *and*.

4ª Conferência

mente. Podemos supor que a ordem mais comum, em que os tolos se expressam, seria a seguinte: 1º, o subjetivo, 2º, o atributivo, 3º, o objetivo, 4º, o terminativo, 5º, o circunstancial. O conjuntivo e o adjuntivo*d* provavelmente | estariam [*be at the*] no começo ou no fim, e o adjuntivo [*adjuncti<ve>*], em posições diversas, de acordo com seus diferentes propósitos.

[*But this order would . . .*] Mas essa ordem se ajustaria mal a muitas expressões, pois nada vivaz ou espirituoso pode ser dito nessa disposição. Por isso, a regra geral é que o que for mais interessante na sentença, de que o resto depende, deve ser posto em primeiro lugar. {Já se observou a propósito dos fanfarrões, que fazem o membro forte da frase preceder os de menor conseqüência, acentuando a primeira e mais importante parte da sentença, a que, por um tom mais alto, emprestam maior seriedade [*That in ...earnest.*]*e*

[*Thus would ... to stray.*}] Assim sempre falará aquele que não sinta paixões, mas se esta ou aquela idéia nos empolga, ela se lançará [*thrustᶠ*] adiante e estaremos ansiosos por enunciar aquela que sentimos com mais força. Heloísa lamenta ser em vão o seu empenho em domar sua paixão e seu coração traiçoeiro.

> *In vain lost Eloisa weeps and prays*
> *Her heart still dictates and her hand obeys.**⁴

---

d Attributive, objective (em substituição a *adjunctive*), *and adjunctive*, acrescentadas pela mão B.   *e* a sentença *That... in earnest* foi comprimida pela mão A no espaço deixado na parte superior do v. 47, por cima da nota da mão B *Thus would... to stray*, que começa defronte a *But this order would...*   *f* No MS: *thurst*.

* N. da T. – "Heloísa chora e reza em vão / Ainda assim obedece ao coração e sua mão acata".

⁴ *Eloisa to Abelard*, 15-16. — "His Soul ...": *Essay on Man*, i. 101.

Se modificado para

> *Lost Eloisa weeps in vain and prays*
> *Still her heart dictates and her hand obeys,*

embora o verso continuasse belo, perderia muito de sua força. Do mesmo modo:

> *His Soul proud Science never taught to stray.**]

As traduções literais de uma língua para outra, particularmente de uma antiga para uma moderna, são, nesse aspecto, muito imperfeitas. De fato, não seguem a ordem natural e gramatical mas, com freqüência, <seguem> uma ordem menos adequada ao tema. A razão consiste em que as diferentes partes podem estar menos articuladas entre si e, desse modo, ao serem transpostas a uma outra língua que desconhece essa liberdade, só criam confusão. É necessário que elas sofram uma ordenação diferente para que o mesmo espírito reapareça na outra língua. As obras mais expressivas e eloqüentes, antigas ou modernas, se obedecessem à ordem gramatical, pareceriam escritas por <um> tolo ou um idiota. Se, portanto, a primeira solução que dermos a uma sentença não exprimir nosso sentimento de modo adequado, podemos com razão supor que isso se deve a alguma falha na combinação dos termos (se as palavras estiverem em inglês correto); ao contrário, quando alcançamos a sensação almejada, não é só a língua, mas também o estilo, que exprime nosso pensamento e reflete nosso estado de espírito e disposição.

v. 47

---

* N. da T. — "A altiva ciência nunca ensinou sua alma a se extraviar".

48 | {Esse é o motivo por que, desde o começo do mundo até o seu fim, as traduções literárias têm sido insuportavelmente monótonas e entediantes. Nelas, qualquer membro da frase, algumas vezes até mesmo o conjuntivo, por alguma razão, é posto no primeiro lugar.

Podemos tomar como exemplo a bela passagem de Bolinbroke: *"There have been in our little world as well as in the Great one Ages of Gold, of Silver and Brass etc."*[5*]

Se nossa insatisfação for devida à impropriedade das nossas palavras, isso será percebido de imediato se entendermos a língua; porém, muitas vezes, ela surge por algo que não conseguimos explicar, e, então, sempre podemos ter certeza de que a causa é que as palavras não se combinam na mesma ordem das idéias.

v. 48 | Amiano Marcelino[6] notava a grande dignidade que Tito Lívio emprestava a seu estilo por meio das inversões; por isso, considerava que, invertendo ainda mais e com mais freqüência, daria maior energia a seu estilo; mas, não reconhecendo aquilo que dava

---

[5] Henry St. John, visconde de Bolingbroke (1678-1751): o clichê à la Hesíodo aqui atribuído a ele (mas não investigado) não representa a sua concepção de história. "Vocês poetas fizeram belas descrições de uma idade do ouro com a qual supõem que o mundo começou. Alguns veneráveis padres da igreja fizeram quase as mesmas descrições de uma outra idade de ouro, com a qual supõem que tudo deva terminar, e que faz uma retificação da curta duração do estágio paradisíaco, que deveria prolongar-se por mil anos".

* N. da T. – "Em nosso pequeno mundo, assim como no grande, houve as idades de ouro, de prata, de bronze etc".

[6] O modelo imitado pelo historiador grego que escrevia em latim, Amiano Marcelino (ca. 330-395 a.C.), foi o de Tácito, cujas histórias ele continuou, de 96 a 378, sendo que 353-378 estão incluídas em seus livros remanescentes xiv-xxxi. A referência é à sua atenção estrita ao ritmo da prosa, especialmente a seu hábito de terminar as sentenças com cláusulas métricas e de explorar variações delas.

qualidade a Tito Lívio, tornou-se terrivelmente obscuro; tenha-se, por exemplo, o começo do seu livro terceiro.

Enquanto escrevemos, devemos ter em conta esse axioma geral, mas não se espera nem é aconselhável que ajustemos cada frase pelo exame minucioso da ordem que têm ou devem ter nossas idéias.}[g]

---

[g] 48 e v. 48, as duas últimas páginas do caderno 12, foram escritas pela mão B.

5ª Conferência^a

26 de novembro de 1762, sexta-feira

Há um defeito grave na disposição dos termos de uma sentença quando ela fica com uma espécie de cauda, isto é, quando o sentido parece ter sido concluído mas na verdade não o foi. Evita-se isso pondo-se os termos terminativo e circunstancial antes do atributivo; desse modo, o sentido incompleto impede que nosso pensamento o conclua antes que o todo [*wh<ole>*] seja enunciado. Do mesmo modo, isso mantém a mente em suspenso, o que pode ser bem vantajoso. Se essas regras forem observadas, a expressão, ainda que talvez não tão pomposa e correta como a de Lord Shaftesbury, entre os modernos, e a de Isócrates e outros oradores da Antigüidade, provavelmente será mais forte e vivaz e, em todos os sentidos, mais natural e eloqüente que os períodos elaborados por esses autores.

O objetivo mais visado por eles na | combinação das palavras era a cadência agradável dos períodos, muito mais fácil de atingir nas línguas antigas que nas modernas. A semelhança de som dos diferentes membros, nesse caso de grande valia, era sempre alcançada [*come^b*] sem grande esforço, pois os verbos e os substantivos tinham, em geral, terminações idênticas ou similares nas mesmas

---

^a No MS 4; todas as conferências que se seguem foram numeradas de maneira errônea.   ^b No MS, *become* ([?] – comprimido no final da linha).

partes. Por causa disso, a cadência das sentenças tornava-se suave e uniforme com facilidade. Nas línguas modernas, porém, o caso é muito diferente, já que nem os verbos nem os substantivos têm tal similaridade nas terminações. Na língua inglesa, o principal suporte para a obtenção de uma boa cadência é fazer com que os diferentes membros terminem com quase o mesmo número de palavras, que devem ser da mesma espécie. Quando se tentam outras soluções, ou mesmo quando essa é levada ao extremo <*far*>, a propriedade e a perspicuidade da sentença, às quais se deve dar atenção ainda maior, são prejudicadas com freqüência.

| {Os autores antigos da melhor estirpe em geral costumavam evitar que isso ocorresse lançando o verbo, e, às vezes, também o nominativo, para o final da sentença. Tito Lívio e Cícero tinham por hábito terminar cada terceira sentença dessa maneira. Autores de depois, pensando em alcançar sua grandeza e a dignidade por assim segui-los, não raro levaram essa prática ao extremo de finalizar duas sentenças em cada três com um verbo ou o nominativo. Cícero foi ridicularizado[1] por seu *esse* [*Posse*] *videatur*.}^c

| {Em uma passagem da *Oratio pro Marcello*, há um exemplo de versos emparelhados e de rima alternada. Outra passagem no *Essay on Virtue*, de Shaftesbury, oferece um exemplo de seu esmero.[2] A passagem é a descrição de um viajante judicioso.}^d

---

^c anotação pela mão B inserida por um X na margem da linha 1 do v.49.
^d Mão B: as sentenças estavam dispostas em três parágrafos.
[1] Quintiliano (X. ii. 18) declara que alguns oradores pensam que teriam reproduzido o gênero admirável da eloqüência de Cícero "se concluíssem com *esse videatur*".
[2] *Pro Marco Marcello*: a referência é obscura, a menos que se refira a modelos tais como "*imperatorum / gentium / populorum / regum*" (ii. 5). As rimas empa-

Em muitos casos, essa cadência uniforme e regular não é de modo algum apropriada. Alegria e dor, em geral, irrompem em períodos, regularmente crescentes ou decrescentes, tanto em extensão quanto na rapidez de seus movimentos, conforme a paixão se torne mais violenta ou comece a abrandar. {As^e explosões de riso e lágrimas seguem essa regularidade de acréscimo ou diminuição.}^{f} Expressões imponentes e pomposas, em geral, ocorrem em sentenças de extensão tolerável e ritmo lento. Em Cícero, há muitas passagens que mostram o estilo adequado para manifestar dor e alegria: não raro, ele faz uso dessas paixões mais fortes. De|móstenes, contudo, que lidava com um material mais áspero e duro,^{g} nunca introduz essas paixões e, em conseqüência, não faz uso de tais cadências regulares e uniformes. A escrita de Lord Shaftesbury pode nos servir como exemplo do estilo solene e pomposo. {Demóstenes nunca exprime uma paixão débil: alegria, dor ou compaixão, nem ao menos uma vez; é ele o autor da frase dura; tampouco exprime o pomposo a que Cícero recorre com freqüência; é ele, por fim, familiar embora severo.}^{h}

v. 50

v. 51

---

^{e} *loud*: suprimido. ^{f} Mão B. ^{g} *natu*: suprimido. ^{h} Mão B.

relhadas são freqüentes por causa das terminações latinas: *"aut nobilitate aut probitate"*(i. 3); *"interclusam aperuisti... aliquod sustulisti"* (i. 2); *"[multi quid sibi expediret,] multi quid deceret, non nulli etiam quid liceret"* (x.30). Quanto a Shaftesbury, JML sugeria a passagem sobre viagens em *Soliloquy or Advice to an Author* (Tratado iii in *Characteristicks*), III. iii, embora os efeitos métricos não sejam tão óbvios na mesma. Alguns métodos para escandir a prosa metricamente foram estabelecidos por John Mason em *An Essay on the Power and Harmony of Prosaic Numbers* (1749), sobretudo nos capítulos 4-6. Em sua pesquisa sobre prosadores ingleses, sob esse ponto de vista (cap. 8), deprecia Shaftesbury, que "ganhou fama de bom autor" mais por efeito de seu nome que dos seus escritos. Ele enfatiza a importância que os críticos antigos concediam à "composição abundante": Aristóteles, *Retórica*, iii. 8; Cícero, *Orator*; Quintiliano, ix. 4.

Por outro lado, a indignação <não>^i tem, em sua cadência e fúria, nenhuma espécie [sort ^j] de regularidade, e é a mais irregular de todas. {Sabe-se que a indignação é, de todas as paixões, a que se mostra mais irregular em seus movimentos. Sua expressão apresenta a mesma irregularidade, e esse é o motivo da variedade dos períodos de Demóstenes.}^j

Um som harmonioso é também promovido por se evitar o choque áspero de consoantes ou o hiato resultante do encontro <de> muitas vogais. O segundo caso não é um grande risco para nossa língua. Tanto mais freqüentes são as vogais e os ditongos quanto mais melodioso é o resultado. As composições de Waller são muito melódicas pelas palavras suaves de que faz uso. | {Waller tem uma abundância de versos a Delia³ em que as únicas palavras ásperas são *stretch* e *gods*.

> *Delia let not us enquire*
> *what has been our past Desire*
> *for if Joys we now may prove*
> *take advice of present love.*

[Não nos perguntemos, oh Delia/ qual foi nosso desejo de ontem/ pois se agora nos alegramos,/ debite ao amor de hoje.]

Diz Swift, em sua maneira severa e irônica:⁴

---

^i Preenchido conjecturalmente.   ^j Mão B.

³ *To Phillis*, de Waller ('Phillis! why should we delay'), em *Witts Recreations* (1645) intitulada "*The cunning Curtezan*". Na linha 15 (a primeira citada) se lê: *Let not you and I inquire*; na linha 21 (a terceira): *For the joys we now may prove*. Não se conhece versão alternativa do poema, *to Delia* ou outra, embora ela apareça em três manuscritos da Bodleian Library.

⁴ *On Poetry: a Rhapsody* (1733); nas linhas 7-10 se lê:
> *Our chilling Climate hardly bears*
> *A Sprig of Bays in Fifty Years;*
> *While ev'ry Fool his Claim alledges,*
> *As if it grew in common Hedges.*

> Our Barren climate hardly bears
> one Sprig of bay in 50 years
> yet every fool his claim alledges
> as if it grew on common hedges. }[k]

[Nosso clima árido mal admite/ um galho florido em cinqüenta anos/ cada tolo contudo alega/ que ele brota nas cercas comuns.]

Em muitas de suas composições, Swift é rude e desagradável. Esse estilo ajusta-se bem ao seu humor sombrio, mas seria desagradável na maioria das composições.

As sentenças longas, em geral, são inoportunas, e ninguém em seu juízo perfeito seria capaz de usá-las. Isso não significa que devamos, como Demétrio de Falero[5] e outros autores, nos restringir, no máximo, a três ou quatro membros por período. Há muitas sentenças em Bolingbroke e Shaftesbury <que> têm duas vezes aquele número e | que, no entanto, são muito claras [*are nevertheless very perspicuous*[l]].   v. 53ª

| { Do mesmo modo que ao estarmos tomados por um tema e ansiosos e impacientes em falar dele e em abordá-lo em cada conversa, assim[m] também sucede que as idéias que mais profundamente nos afetam sejam aquelas que primeiro ressaltamos.   52ª

---

[k] Mão B.   [l] As quatro últimas palavras estão na parte superior de v.*53*; *52a* e *52b* (i.e., caderno I *4*); escritas pela mão B, estão inseridas entre *52* e *53*. [m] *Whatever it is*: suprimido.

[5] Demétrio (*Sobre o estilo*, i.16-17) sugere de dois a quatro como o melhor número de *cola* ou membros de um período; a definição que Aristóteles dá a *colon* é extraída da *Retórica*, iii.9 (i.34), onde sua estrutura é examinada (i.1-8). O autor de Περὶ ἑρμηνείας, *De Eloquentia*, fora antes identificado como Demétrio de Falero (300 a.C.), que é muito anterior. W. R. Roberts, em sua edição LCL (1927, 271-7), afirma que se tratava de Demétrio de Tarso, que viveu nas últimas décadas do primeiro século d.C. e que pode ter servido o exército na Grã-Bretanha.

v. 52ª Assim como estamos naturalmente dispostos a começar com a idéia mais interessante e a findar com as que são menos, assim também aqueles que são pouco atentos ao seu modo de falar sempre principiam em um tom alto | e terminam em surdina. Essa é a maneira de todos os monótonos, que se queixam quer nas barras de um tribunal ou em conversas.

Quando, em obediência à ordenação das idéias, o objetivo vem primeiro, é necessário que o subjetivo venha logo em seguida.

> *Whom have I hurt? No Poet yet or Peer.*[6]
> *Him haply Slumbring on the Norway foam etc.*

[A quem feri? Não a um poeta ou a um nobre/ Por acaso a dormir nos mares da Noruega etc.]

v. 52ᵇ | Essa, pois, é a regra.

Deixemos que o que nos afeta mais seja posto em primeiro lugar, o que nos afeta em grau menor vindo a seguir, e assim por diante até o final.

Acrescentarei somente mais uma regra com respeito à ordenação, a qual, na verdade, está subordinada a esta, que é a principal: uma sentença ou frase nunca deve arrastar uma cauda.

v. 52ᵇ Limitar e qualificar o que se está por dizer antes de fazer a afirmação dá aparência de largueza e correção às idéias; mas qualificá-la depois parece um tipo de retratação e aparenta confusão ou falsidade.

Muitas outras regras de ordenação têm sido dadas, mas não merecem nossa atenção.}

---

[6] Pope, *Epistle to Dr. Arbuthnot*, 95 (Pope escreveu 'has Poet...'); Milton, *Paraíso Perdido*, i. 203.

6ª Conferência[a]

29 de novembro de 1762, segunda-feira

Sr. Smith

DO QUE CHAMAMOS TROPOS E FIGURAS DE LINGUAGEM.[b]

Esses são os elementos que em geral concebemos para dar a máxima beleza e elegância à língua; tudo que for sublime e fora do comum é denominado figura de linguagem.

Depois de a língua ter feito algum progresso, é natural imaginarmos que os homens formulariam algumas regras segundo as quais deveriam regulá-la. A essas regras chamamos gramática. Os gregos e os romanos, portanto, assim procederam, mas, como suas línguas eram muito complexas na sua forma, em particular em suas conjugações e declinações, não era fácil adaptar essas regras para todos os casos. Tampouco foram elas instituídas, como deveriam ter sido, da melhor maneira possível, e somente se ajustavam às expressões mais simples e comuns. No entanto, quando eles descobriram que muitas expressões não podiam ser reduzidas a essas regras, não foram sinceros o suficiente para confessar seu erro grosseiro, mas deixaram que fossem consideradas exceções às regras

---

[a] No MS: *5th.*, em substituição a *3rd*.   [b] *The origin of this name*: suprimido.

v. 55 gerais que tinham estabelecido, e permaneceram fiéis ao seu antigo esquema. Como fizeram tudo isso aparentando a maior eqüidade, deram a esse tipo de expressões o nome de tropos ou figuras de linguagem. Assim, as expressões imperativas e interrogativas, que claramente contraditam a regra geral de que toda sentença deve ter um nominativo, um verbo[c] e um acusativo, e em certa ordem, não eram consideradas exceções, mas figuras de linguagem; e, por isso, as encontramos entre as primeiras *figuræ sententiarum* de Quintiliano[1] e Cícero. Não fizeram mais que adaptar suas regras ao estilo narrativo, e consideravam figuras de linguagem tudo que escapasse v. 56 àquela norma. Nessas, como mencionamos, eles nos dizem que todas as belezas da língua, tudo que é nobre, grandioso e sublime, apaixonado, terno e comovente há de ser encontrado. Mas o caso é bem outro.[d] Quando o sentimento do falante é expresso de um modo nítido, claro, simples e arguto, e a paixão ou o afeto de que é possuído e busca comunicar, *por simpatia*, a seu ouvinte são simples e engenhosamente alcançados, só neste caso a expressão tem toda a força e a beleza que a língua[e] lhe pode dar. Não tem nenhuma importância se figuras de linguagem foram introduzidas ou não. {Quando exprime clara [*perspicuously*][f] e nitidamente o seu significado e o que você quer dizer, junto com o sentimento ou afeto que esse tema lhe inspira, e quando esse sentimento é mais nobre ou mais belo do que costumamos encontrar, então a sua língua tem toda a beleza que pode ter, e as figuras de linguagem contribuem ou podem contribuir para isso apenas na medida em que são as

---

[c] Números acima das palavras modificam a ordem original *a verb, a nominative*.
[d] *The beauty*: suprimido.   [e] *and words*: suprimido.   [f] No MS: *perscipuously*.
[1] Quintiliano, IX.i.17.

formas justas e naturais de exprimir esse sentimento.}*g* Elas nem acrescentam nem subtraem a beleza da expressão. Só quando são mais oportunas do que as formas comuns de falar, hão de ser usadas. Não têm um valor*h* intrínseco. Aquilo que se supõe possuírem deriva por inteiro da expressão em que elas são postas. Quando uma pessoa diz a outra "vá avivar o fogo", ninguém afirmará que a expressão é bonita ou elegante; e, contudo, aquela é tanto*i* uma figura de linguagem, e tão afastada da forma comum ou gramatical, como quando Dido diz *I peti Italiam ventis*,² em que todos vêem uma bela e forte expressão. Mas sua beleza deriva do sentimento e de o método com que ele é expresso ajustar-se à paixão, e não da figura em que é formulado.

v. 57

Os gramáticos, contudo, por acharem que os melhores autores, com freqüência, se desviam de suas regras gerais, introduziram aquelas figuras de linguagem como as denominavam; e também por acharem que elas eram freqüentes nas passagens mais notáveis e belas, espertamente concluíram que a beleza da passagem*j* dependia daquelas figuras; ao assim procederem, não consideravam que essa beleza fluía do sentimento e da elegância da expressão, e que o uso de figuras era apenas um meio secundário, que às vezes funciona para chegar a esse fim, a saber, que elas expressem o sentido do autor mais apropriadamente do que o estilo comum. Como isso sucede com freqüência nas passagens marcantes, essa é a razão

v. 58

v. 59

---

g Mão B.   *h* *the common form of speaking they are to be used but not otherwise, they have no intrinsick worth:* escrito na parte superior do 57, depois rasurado.   *i* *from:* suprimido.   *j* Substitui *sentiment*.

² *Eneida*, iv. 381: "*I, sequere Italiam ventis, pete regna per undas*" [busques a Itália à mercê dos ventos, procures reinos pelas ondas]; o recurso retórico é chamado *permissio*. Cf. Quintiliano, IX. ii. 49.

por que tais figuras nelas se encontram e o motivo do erro dos gramáticos. — — — —

Contudo, é pela consideração dessas figuras,^k de suas divisões e subdivisões, que se formaram tantos sistemas de retórica, quer [*of retorick both*]^l antigos, quer modernos. São, em geral, livros bastante tolos e nada instrutivos; contudo, como seria muito estranho que um sistema de retórica desconsiderasse por completo figuras em que tanto se aguçou a sagacidade humana, faremos umas poucas observações sobre elas, embora não como os escritores usualmente o fazem.

Sempre que uma expressão é usada de modo diferente do usual, ela deriva ou das palavras da expressão ou do modo como são usadas. | {O primeiro caso produz aquilo que os antigos chamam tropos, que se dão quando uma palavra τρεπεται^m tem a sua significação original transformada. O segundo produz o que é mais devidamente chamado de figuras de linguagem.

^n"Hudibras diz com justeza[3]

> *for all the Rhetoricians Rules*
> *are but the naming of his tools.*

[pois todas as regras retóricas / apenas nomeiam a sua função.]

---

^k *however*: suprimido.   ^l As três últimas palavras substituem *of*.   ^m *for*: suprimido.
^n o restante dessa passagem é da mão B.
[3] Butler, *Hudibras*, I.i.89-90;
  For all a Rhetoricians Rules
  Teach nothing but name his Tools.
Esses versos, dos mais citados no poema, são repetidos por Butler em "*A Mathematician*", em seu *Characters* (1759; ed. C. W. Daves, 119).

É impossível determinar os diferentes limites das figuras antigas: assim — quando se diz que o grito dos demônios encurvou o inferno,[4] pode-se, por motivos análogos, chamar essa figura de hipérbole, metonímia ou metáfora.}

Repetindo, se a figura é derivada das palavras, é por serem elas novas e não de uso comum, ou por serem usadas em sentido diferente do comum. Ninguém se arriscaria a formar palavras inteiramente novas e não associadas às já em uso. Sendo elas meras criaturas imaginárias, jamais poderiam ser compreendidas. As palavras novas são formadas a partir de palavras do uso comum, de palavras arcaicas de novo postas em uso ou tomadas de empréstimo de outra língua. A língua de que mais costumamos [*we are most <used°>*] fazer empréstimos é o latim, pois supomos que é da condição de cavalheiro a compreensão dessa língua, tornando-se nossas palavras facilmente entendidas.[p] Considera-se, em geral, que palavras dessa espécie emprestam dignidade ao escrito, pois mostram a erudição do autor; além disso, o que é estrangeiro sempre chama a atenção. Contudo, como já demonstramos, essas palavras estrangeiras só devem ser acolhidas quando necessárias para responder a um fim não alcançado pela palavra nativa correspondente. Não é preciso insistir em que são prejudiciais à língua em muitos sentidos.

Palavras arcaicas são com freqüência introduzidas em narrativas ou descrições graves e solenes, às vezes por responderem melhor ao propósito em questão, como, por exemplo, quando o Sr. Pope diz

---

° *conjectural; apt ?*   [p] *They common:* suprimido.
[4] *Paraíso Perdido,* i.542. Milton escreveu "*shout*", não "*shreek*".

*the Din of Battle*⁵ [o fragor da batalha], em vez de *the Noise* [ruído] *of Battle* e, às vezes, simplesmente porque tendemos a achar que tudo o que é antigo é venerável, seja-o | ou não. Também achamos que nossos antepassados eram pessoas muito mais sóbrias e solenes do que nós e, por analogia, tudo o que se relaciona a eles nos conduz à idéia de seriedade e solenidade. Spenser tratou desse tema em todas as suas obras; seu estilo é bem mais antiquado que o de qualquer escritor seu contemporâneo, do que Shakespeare ou Sydney.

Para alguns, as palavras compostas emprestam à língua um tom majestoso; observamos, porém, que, em geral, elas são mais usadas pelos autores medianos do que pelos melhores. Em Lucrécio, Catulo e Tibulo há muitas palavras desse tipo, o que jamais encontramos em Virgílio ou Horácio. { Vi, certa vez, uma ode grega escrita por um colega de faculdade: em composições como essa, o nome Vernon⁶ é mais freqüente do que os de Ésquilo ou Homero.}*q* Milton usa muito pouco tais termos; Thomson, de sua parte, só se dá por satisfeito quando emprega dois ou três. |*r* Não parece haver grande mérito em simplesmente juntar duas ou três palavras, salvo quando elas são mais concisas, como em "o vale violeta-esmaltado", de Milton,⁷ expressão mais concisa que "o vale esmaltado de violetas"*s*.

---

q esta frase, pela mão B, seguiria provavelmente classe de autores.   *r But*: suprimido.
s No MS se lê *valley* em lugar das duas últimas palavras.
⁵ *The Dunciad* (1743), iii. 269: *"Dire is the conflict, dismal is the din"* [Lúgubre é o conflito, funesto o fragor].
⁶ O almirante Edward Vernon tomou a indefesa Porto Belo em novembro de 1739, quando Smith estudava em Glasgow; mas a frase sugere seus dias em Oxford como bolsista da Snell em Balliol, 1740-46. Shenstone (*The School-Mistress*, 1742) louva "a alma patriótica de Vernon", exemplo da "generosidade do valor".
⁷ *Comus*, 232: *"the violet-embroidered vale"* [o bordado violeta do vale].

Por outro lado, ninguém por certo apreciaria a palavra *uncomattible* [inacessível], usada por Colley Cibber, ou *pull-off-the-crown-of-Christ-heresy*ᵗ [o-arrancar-herético-da-coroa-de-Cristo], empregada pelos separatistas [*seceders*].⁸

Quando a alteração da palavra é em seu significado, ela resulta de se lhe dar um sentido com o qual tem alguma semelhança ou analogia, ou um significado que, embora não tendo semelhança com ela, de algum modo lhe está associado. Assim sucede quando dizemos: a catapulta e as flechas da fortuna adversa [*the slings and arrows of adverse Fortune*].⁹ Há alguma conexão entre as aflições da desfortuna e as catapultas | e flechas de um inimigo. {Paronomásia retórica e gramatical} Mas quando dizemos que alguém bebe um copo [*drinks off a Bowl*ᵘ], em vez de uma bebida, aqui não há a menor semelhança entre o copo e a bebida, mas há uma íntima conexão entre as duas palavras. Os retóricos denominam o primeiro caso de *metáfora* ou *translatio*ᵛ, e o segundo eles chamam de metonímia. Há várias diferenças em cada uma dessas figuras, que não mencionaremos aqui {e ao usarmos essas palavras, será no sentido acima exposto.}

ᵗ Inserido pela mão B na página oposta: *off Christs head crown plucking Heresy* [a heresia que arranca a coroa da cabeça de Cristo]. ᵘ *o*: suprimido. ᵛ MS trantatio.

⁸ *The Lady's Stake*, ou *The Wife's Resentment* (1707), de Colley Cibber, I.i: Lord Wronglove fala dos "prazeres um tanto mais aceitáveis". Tom Brown usou a palavra num diálogo de 1687.
Os separatistas eram os membros da igreja Separatista que, sob o comando de Ebenezer Erskine, em 1733, romperam com a Igreja da Escócia, em protesto por sua relação com o Estado, como igreja oficial. A frase, referida em duas formas, lembra as insígnias de um movimento anterior que se rebelara contra a usurpação pelo poder secular da realeza de Cristo, "os direitos da Coroa do Redentor": os pactuantes escoceses entre 1660 e 1690. Na frase acima, é controvertido se a "heresia" está na dissidência ou na usurpação.

⁹ *Hamlet*, III.i.58; se lê: *outrageous fortune* [fortuna ultrajante].

É evidente que em toda metáfora tem de haver uma alusão que ligue um objeto a outro. Como nossos objetos são de duas categorias, a intelectual e a corporal, há aqueles que percebemos com a mente e os que captamos com os nossos sentidos. A metáfora pode ser | de quatro espécies distintas. A primeira se dá quando a idéia que usamos é tomada por empréstimo de um objeto corporal e aplicada a um objeto intelectual;[w] a segunda consiste em aplicar um objeto intelectual a um objeto corporal;[x] a terceira se dá entre dois objetos corporais e a quarta, entre dois objetos intelectuais. "A flor da idade" é uma metáfora [meta<phor>] da terceira espécie.[y] "Anseio de aprovação" é um [a<n>] exemplo do quarto[z] tipo. A "sede de fama" é um exemplo do primeiro tipo, entre um objeto corporal e um intelectual. {A "sede de fama" é a transposição de uma palavra que denota uma necessidade corporal para outra, de natureza mental, igualmente brutal e grosseira.}[a] E, quando se diz, na língua escrita, *The fields rejoiced and were glad, The floods clapt their hands for joy*[10] [Os campos se rejubilavam e estavam felizes, Alegres, as águas aplaudiam], é um exemplo do segundo tipo.[b]

É evidente que nenhuma dessas metáforas tem beleza alguma, a menos que seja adaptada de modo a dar ao objeto a ser descrito a devida força de expressão e, ao mesmo tempo, o faça de maneira incisiva e interessante. Quando isso não se dá, elas se tornam bombásticas por um lado, ou burlescas, por outro. Quando Lee faz seu Alexandre dizer: "deixe entrar o furacão, ou você desaparecerá

---

[w] Substitui *corporeall*. [x] Substitui *intellectual* (escrito entre as linhas, e depois riscado). [y] No MS há vestígios de hesitação entre *3d* e *4th*; *3d* parece ter sido a segunda alternativa. [z] Modificado de *3d*. [a] Mão B. [b] Sentença espremida no espaço deixado em branco antes do parágrafo seguinte.
[10] Uma adaptação combinada de 1 *Chronicles*, xvi.32, e do Salmo xcviii.8.

como poeira" [*clear room there for a whirlwind or I blow you up like dust*¹¹]; {*Avaunt and give a Whirlwind room or I will blow you up like dust*}ᶜ, a comparação não é adequada porque a força de um furacão é muito mais terrível do que a fúria mesmo de um Alexandre, ainda que ela seja igualmente perigosa para alguns. Homero tem metáforas próximas do cômico, por exemplo, quando declara que Diomedes se parecia com um burro¹² puxado por crianças ᵈ. Thomson parece errar muito a respeito {de expressar além do que sentia}; sua descrição do cavalo muito bem [o mostra]. | {Compare-se o cavalo de Thomson com o de Virgílio, que lhe serve de modelo.}¹³ Virgílio, ao contrário, é sempre justo e exato em suas metáforas. Também Mil\<t\>on as mantém dentro de justos limites. Quando compara as grades das portas do inferno com o trovão,¹⁴ a metáfora é justa, mas se houvesseᵉ feito a mesma comparação com os portões de uma cidade, a metáfora já não

v. 66

ᶜ Mão B.   ᵈ As sete últimas palavras foram inseridas pela mão B no espaço deixado em branco; assim como as duas interpolações seguintes.   ᵉ *said*: suprimido.

¹¹ *The Rival Queens*, ou *The Death of Alexander the Great*, de Nathaniel Lee (1677), III.i.45-7: Roxana diz:

> *Away, be gone, and give a whirlwind room,*
> *Or I will blow you up like dust; avaunt:*
> *Madness but meanly represents my toyl.*

[Fora, dê no pé, deixe entrar o furacão, ou desaparecerá como poeira; fora!: A loucura é a representação torpe do meu trabalho]

Em V.i.349, o moribundo Alexandre diz : "como tempestade, desabo sobre ele" [*like a Tempest thus I pour upon him*].

¹² *Ilíada*, xi. 558: Ajax comparado a um burro, espancado por crianças em um milharal.

¹³ *Seasons*, primavera 808-20; adaptado das *Geórgicas* iii. 250-4. A passagem integral de Thomson, 789-830, corresponde a *Geórgicas*, iii. 212-54.

¹⁴ *Paraíso perdido*, ii. 880-2.

v. 67

seria correta, e <menos> ainda se se tratasse da porta de uma casa, embora talvez o barulho tivesse sido tão grande como no primeiro caso. Nesse ponto Homero não é sempre tão exato; sua comparação de Ajax com um moscardo que constantemente importuna a leiteira[f] beira o burlesco;[15] como também, naquela outra passagem em que compara Diomedes a um <burro> puxado pelos meninos e que sempre arranca algum cardo no caminho.

O que foi dito <sa[a] id >sobre a correção ou a propriedade das metáforas se aplica igualmente a outras figuras, como metonímias, símiles, alegorias e hipérboles. Como já vimos, as metáforas estão próximas das metonímias. As alegorias também estão intimamente ligadas a elas, tanto que as metáforas são chamadas de alegorias contraídas, e alguns chamam a alegoria de metáfora difusa. Se Spenser fosse usar[g] a comparação de Shakespeare, das flechas do inimigo com a aflição da desfortuna, anteriormente mencionada, teria [*would*[b]] descrito a fortuna sob uma certa roupagem, atirando

v. 68

dardos nela e naqueles sob o seu poder.

Podemos ainda observar que duas metáforas[i] nunca devem se seguir nem se mesclar, e não podem ser ambas justas. Shakespeare é, com freqüência, acusado desse erro, como no verso que se segue ao que citamos anteriormente, em que ele prossegue assim: *or bravely arm ourselves and stem a sea of troubles* [ou enfrente um mar de infortúnios]. Nesse verso há um completo absurdo, pois não faz sentido

---

[f] As últimas três palavras foram inseridas pela mão B.   [g] Substitui *describe*.
[h] Teria começado a escrever *wound* ?   [i] Substitui *hyperbolls*.
[15] JML considerava a *Odisséia*, xxii.300 ss, a aproximação mais correta a essa alusão confusa. Os pretendentes, em pânico, comparados a vacas importunadas pelo moscardo, na primavera. — A leiteira é um ato falho freudiano. Diomedes aparece em lugar de Ajax; ver nota 12.

se armar^j para lutar contra as ondas. {Em edição posterior, o mar de problemas se converteu em cerco [*siedge*^16], mas a primeira versão é tão fiel ao estilo de Shakespeare que não receio afirmar que ele assim a escreveu.}^k Thomson cometeu vários lapsos dessa natureza, ainda que muito menos que Shakespeare. Acho que <há> três ou quatro nos quatro primeiros versos de seu *Seasons*. No primeiro verso, a primavera^17 é tratada como uma qualidade agradável no ar, mas, no seguinte, é transformada em uma pessoa e | faz-se que ela *irrompa, ao som da música* [*descend, to the sound of musick*], o que acho difícil de entender, bem como no terceiro, *encoberto por uma chuva de rosas* [*Veild in a shower of dropping roses*]. Não percebo que^l tipo de véu uma chuva de rosas poderia formar ou que conexão tal chuva pode ter com a primavera. Esses versos, que acredito poucos [*few*^m] compreendam, costumam ser admirados. Suponho que assim sucede porque poucos se dão ao trabalho de considerar o significado real das várias expressões empregadas pelos autores, contentando-se com a sonoridade das expressões pomposas.

69

---

^j As três últimas palavras substituem *arming himself*.   ^k Mão B no v. 69.
^l *a shor.* suprimido.   ^m No MS se lê *view*.
^16 *Hamlet*, III.i.59-60: "*Or to take arms against a sea of troubles / And by opposing end them*". [Ou combata um por certos pontos e, por combatê-lo, os destroce]. Siedge: *Pope's emendation* (1725).
^17 *Spring*, 1-4:

>   *Come, gentle Spring, ethereal mildness, come;*
>   *And from the bosom of yon dropping cloud,*
>   *While music wakes around, veil'd in a shower*
>   *Of shadowing roses, on our plains descend.*

[Vem, suave primavera, etérea brandura, vem; / E do fundo da nuvem gotejante, / Enquanto a música desperta, encoberta em uma chuva / de rosas efêmeras, irrompe em nossas terras].

De todas as figuras, a hipérbole é a mais inexpressiva; na verdade, não tem beleza em si. Quando sucede que ela a tenha, assim decorre de alguma outra figura com que está ligada. Dizer que um homem mede uma [ⁿ] milha não seria admirado como uma expressão imponente; no entanto, ao comparar Turno e Enéias, prestes a se confrontar, a duas imensas montanhas,[18] Virgílio concede aos dois heróis uma grandeza equivalente, e a hipérbole assume o mesmo fundamento de uma metáfora.

> { *Quantus Athos aut quantus Eryx aut ipse coruscis cum tonat*[19] *Ilicibus quantus gaudetque nivali vertice assurgens Pater appeninus in auras* }[º]

Quando Virgílio compara as naus antes da batalha de Actium[20] às Cíclades arrancadas de suas bases e flutuando no mar, a grandeza da idéia das ilhas desenraizadas e a flutuar torna a hipérbole justa e agradável. Mas a beleza teria sido perdida, embora a hipérbole não fosse tão boa e o fato mais próximo da verdade, se tivesse sido dito que as naves tinham meia milha de largura.

Ao lado dessas figuras, várias outras espécies são mencionadas, como a paronomásia, que se dá quando não nomeamos mas descrevemos uma pessoa, por exemplo, quando falamos no legislador judeu em lugar de Moisés,[p]   quando chamamos

---

ⁿ No MS *as*, com o *s* riscado.   º Mão B.   ᵖ Lacuna de seis letras.
[18] *Eneida*, xii. 701-3.
[19] A passagem correta na *Eneida* é: *Quantus Athos aut quantus Eryx aut ipse, coruscis/ Cum fremit ilicibus, quantus, gaudetque nivali/ Vertice se attollens pater Appenninus ad auras.*
[20] A passagem da batalha de Actium (*"pelago credas innare revulsas / Cycladas..."*) está na *Eneida*, viii. 692, e foi imitada na história de Dio Cássio, xxxiii.8.

um orador de Cícero, um bravo guerreiro de Alexandre etc. Figuras de linguagem também se dão quando falamos impropriamente em um tinteiro de latão, uma caixa de prata etc., e, em geral, quando falamos de uma maneira diferente da maneira usual. Mas as deixaremos de lado e trataremos do segundo tipo de figuras.⁹

---
⁹ Segue-se uma página em branco (72).

7ª *Conferência*ᵃ

1º de dezembro de 1762, quarta-feira

Além dos exemplos de fig<ura>s e tropos de que tratamos na conferência anterior, há outros que consistem em trocar o significado da palavra ou a ordem das palavras. São as *figurae verborum*ᵇ e as *figurae sententiarum*.¹ Quando usamos um gênero em lugar de outro, seja o feminino [*fem<inine>*] em lugar do masculino [*mascu<line>*] ou do neutro, temos aí uma *figura verborum*. As *figurae senten<tiarum>*, por outro lado, são as frases imperativas, interrogativas ou exclamativas. Mas estas, como já observamos, não têm beleza própria, e são agradáveis e belas apenas quando combinam com o sentimento e exprimem da maneira mais clara o modo como o falante se sente. | Quando a forma comum da falaᶜ descreve bem aquilo que queremos dar a conhecer ou comunica nossos sentimentos de modo adequado, ainda assim talvez não exprima com a clareza e a vivacidade necessárias a maneira como os vemos. Se, nesse caso, o modo figurativo [*fig<urative>*] de falar se prestar melhor ao nosso propósito, certamente devemos preferi-lo a outros. Observe-se, porém, que as mais belas passagens são geral-

---

ᵃ No MS: 6.   ᵇ No MS, somente essa expressão está sublinhada.   ᶜ *is to be chosen* foi substituída por *most expressive in every*, que é então suprimida.
¹ Ver v. 55 n. I atrás e a Introdução.

75 mente as mais simples. Longino considera o escrito mais sublime de Demóstenes a passagem em que ele descreve a confusão em Atenas depois da batalha de | Elat<éia>, ainda que nela não haja um só tropo ou figura.² Com muita freqüência, as figuras parecem diminuir, em vez de aumentar, a beleza de uma passagem excelente. Duas das mais belas passagens de toda a obra de Pope são aquelas em que ele descreve o estado de espírito de um índio sem instrução e aquela em que considera as várias escalas e categorias dos seres do universo.

{ *Lo the Poor Indian whose untutored mind*
Sees God in clouds and hears him in the Wind etc.³

[Veja o pobre índio bruto / Que descobre Deus nas nuvens e o escuta no vento]

Não fora por uma questão de rima, teria sido melhor que as palavras *watery waste* tivessem sido substituídas por *Ocean*.

---

² Demóstenes: *De Corona*, 169. Esse relato da inquietação dos atenienses ante a notícia da ocupação de Elatéia por Filipe em 339 a.C. foi admirado por vários críticos: Hermógenes, e Longino: *Do Sublime*, X.7; cf. ii. 225 n. 3 adiante.
³ *Essay on Man*, i. 99-112; no verso 100 se lê "*or hears him* [ou o escuta]..."; o verso 106 é: "*Some happier island in the watry waste*" [Uma ilha mais venturosa na esterilidade líquida] para rimar com "*embrac'd*".
"*Behold above around and underneath...*" [olhe para cima, em torno e abaixo...]: a passagem sobre a "*vast chain of being*" [a ampla cadeia dos seres] (i.233 ss.) é a seguinte:

See, thro' this air, this ocean, and this earth,
All matter quick, and bursting into birth.

[Vejam, pelo ar, pelo oceano, e pela terra / Tudo rápido se move, e anseia por nascer.]

> *Behold above around and underneath*
> *all nature full and bursting into birth etc.* }[d]

Na última estrofe, não há nenhuma expressão figurada, e as poucas da primeira nada lhe acrescentam. — —

Por outro lado, é na conversa mais baixa e vulgar que as figuras abundam. No linguajar do mercado de Billingsgate elas são freqüentes.[e] Sancho Pança e gente de sua laia falam em provérbios,[f] cheios de figuras. Observe-se que um provérbio sempre contém pelo menos uma metáfora e, com freqüência, duas.

Em suma, as figuras de linguagem não acrescentam beleza ao estilo: só as admiramos quando a expressão se conforma ao sentimento e à emoção do falante.

Mas o mesmo sentimento pode, com freqüência, ser expresso de modo natural e agradável e ainda assim bem diverso de acordo com as circunstâncias vividas pelo autor. A mesma história pode <ser> considerada ou como um simples fato, sem o propósito de provocar nossa compaixão, ou [ela] de modo comovente, ou, por fim, de maneira jocosa, conforme o grau em que ela se liga ao autor. [g] Há muitos personagens que podemos igualmente admirar, como igualmente bons [go<o>d] e amigáveis, embora bastante diferentes. Seria, portanto, absurdo censurar o personagem de boa índole porque ele queria a severidade de alguém mais[h] rígido. Um homem de sentimento e penetração superiores não há de ser condenado porque concorda com a opinião do grupo com a mesma facilidade que um outro de temperamento mais brando (cujo[i] caráter é, por

---

[d] Mão B. [e] No MS: *off*. [f] *are*: suprimido. [g] *As*: suprimido; *The v* escrito no lado oposto, no v. 76. [h] *ru*: suprimido. [i] Substitui *a (um)*.

esse motivo, muito mais aceitável). Outros traços de caráter bastante meritórios não podem ser censurados por pretenderem atingir uma perfeição que admiramos, porque talvez não sejam [are^j] coerentes entre si e dificilmente se encontrem na mesma pessoa. Essa [the^k] variedade de traços é para nós um bom passatempo, forma um dos grandes prazeres da vida social, e poucos serão aqueles tão tolos a ponto de censurá-los ou tomá-los como defeitos.

Da mesma maneira, os vários estilos, em vez de serem condenados pela falta de belezas talvez incompatíveis com as que eles possuem, podem ser considerados^l bons em sua categoria e adequados à circunstância de seus autores. ^m Essa observação confirma o que já notáramos antes: a expressão deve se ajustar à mente do autor, pois esta é, sobretudo, regida pelas circunstâncias em que ele se vê. {O estilo de um autor, em geral, porta a marca do seu caráter. Assim, a^n   de   e a   [of] da modéstia ornada de   Addison ^n, a insolência^o atrevida e petulante de Warburton e^p   de ^p mostram-se evidentes em suas obras e indicam o próprio traço de caráter do homem.}

O escritor didático e o historiador raramente fazem uso de figuras arrojadas, das quais o orador, com freqüência, tira proveito. O objetivo [end^q] que têm em mente não é o mesmo, e, por conseguinte, os meios pelos quais esperam alcançá-lo também são diferentes.

Observe-se que o trabalho do orador ou do escritor didático se divide em duas partes: numa, apresentam a sua proposição e, na

---

^j Substitui *will*.   ^k Substitui *these*.   ^l As três últimas palavras foram acrescentadas no espaço em branco.   ^m *And*: suprimido.   ^n- ^n No MS, cinco lacunas, cada uma equivalente a cerca de sete letras.   ^o As últimas 15 palavras foram escritas pela mão B; *pert and flippant insolence* substitui *flippant unsol* (Mão A). ^p- ^p No MS, duas lacunas com cerca de quatro letras cada.   ^q Substitui *thing*.

outra, a comprovam. O historiador, por outro lado, tem somente uma tarefa, que é a de conhecer a proposição. Ele apenas narra os fatos, e, se fizer uso de alguma prova, <esta> será somente a citação de algum autor em uma nota ou entre parênteses. | Daí que, embora as circunstâncias de um orador e de um escritor didático sejam bem diferentes, ainda assim é bem maior a semelhança entre seus estilos do que até mesmo[r] entre o estilo deste último e o dos historiadores.

De fato, o orador e o historiador trabalham em circunstâncias bem distintas. O ofício de um é apenas narrar fatos que, (which[s]) com freqüência, estão muito distantes do seu tempo, e nos quais ou se esforça por parecer ou não está de modo algum interessado. O orador, por outro lado, trata de temas nos quais ele ou seus amigos estão interessados; é portanto <seu> ofício parecer, caso não o esteja de fato, profundamente interessado no assunto e usar todo seu talento para prová-lo. Os estilos de ambos não poderiam ser mais diferentes. O orador insiste em cada particularidade, exibe-a em cada ponto de vista, e sustenta cada argumento de todas as formas possíveis. O que o historiador mal teria conseguido dizer em uma única sentença é, por esses recursos, transposto em uma longa série de pontos de vista sobre o mesmo argumento. Com freqüência o orador dá ênfase à força do argumento, à justiça da causa ou a qualquer outra coisa que possa dar suporte ao seu objetivo; e o faz em seu próprio nome. Como o historiador, por seu lado, não se empenha para mostrar que lado lhe parece mais justo, mas atua [*acts*[t]] como se fosse um narrador imparcial dos fatos, não utiliza

---

[r] Acrescentado na margem. [s] *in which their of*: trecho suprimido, exceto *which*.
[t] Substitui *to act*.

nenhum desses recursos para influenciar seus leitores. Ele nunca se apóia em nenhuma circunstância e, como não toma partido algum, não insiste em certos argumentos, nem usa exclamações em seu próprio nome. {Quando o faz, deixa de lado o seu caráter de historiador e assume o de orador. Entre os historiadores antigos, lembro-me de três exemplos de exclamações na primeira pessoa: a de Veleio Patérculo[4] sobre a morte, a outra em Floro sobre a Eloqüência, de Cícero, e a terceira, no final de *A vida de Agrícola*, de Tácito, sobre o caráter desse romano [*on the character of that Roman*[u]]. Na *Eneida*, Virgílio faz somente três exclamações: uma sobre o amor de Dido, outra sobre a morte de Palas e uma terceira sobre a de Niso e Euríalo: *Felices animæ si quid mea carmina possunt.* [Almas felizes, se meus versos têm algum poder].}

Como as circunstâncias[v] do escritor didático estão mais próximas[w] às do orador,[x] seus estilos guardam [*bear*[y]] maior semelhança entre si. O orador, muitas vezes, deixa de lado o estilo impositivo e oferece seus argumentos de modo simples e modesto, sobretudo quando seu discurso se dirige àqueles de melhor | julgamento e nível social mais elevado. O escritor didático, certas vezes, assume

---

[u] As últimas seis palavras e a frase que se segue a elas foram escritas pela mão B.
[v] *bear*: suprimido.   [w] *resemblance*: suprimido.   [x] *so his stile*: suprimido.   [y] No manuscrito: *bears* sem o *s*.
[4] Caio Veleio Patérculo, *Hist. Rom.* ii.66; Aneu Floro, *Epítome*, ii.16 (O funeral de Cícero justaposto à sua fama como orador); Tácito, *Agricola*, xlv. 3; *Eneida*, iv.65–7 ("*heu! vatum ignarae mentes ...*" [ai de mim! espíritos ignaros dos arúspices ...]), cf. iv. 408–10 (Dido insultada, "*quis tibi tum ...*" [qual era então teu ...]; x. 501–2 ("*nescia mens hominum ...*" [o espírito humano ignorante do...]), e Pallas afrontada "*o dolor atque decus magnum ...*" [que dor, que grande glória...] (507–9); ix. 446–9 (em lugar de "*Felices animae*", leia-se "*Fortunati ambo!*" [Afortunados são os dois!]).

um estilo retórico, embora possa ser questionado se é o mais justo. Muitas vezes, Cícero assim o faz. Não só nos escritos compostos dialogicamente, mas ao falar em seu próprio nome, utiliza exclamações retóricas, insiste no mesmo argumento e o reitera de diversas maneiras. Muitos outros escritores[z] desse tipo geralmente fazem assim como ele. Aristóteles, entre os antigos, e Maquiavel,[a] entre os modernos, são talvez os únicos que seguiram estritamente o estilo próprio ao escritor didático. Para ganhar o assentimento de seus leitores, apenas confiam na força de seus argumentos e na inventiva e novidade de seus pensamentos e descobertas.

Tamanha é a variedade de estilos que mesmo aqueles que são mais próximos entre si guardam uma grande diferença. Não há dois estilos mais próximos entre si do que o claro e o simples, os quais, entretanto, estão longe de ser idênticos.[5]

Um homem simples é aquele que não se preocupa com as formalidades usuais e as formas de boa educação. Dá sua opinião abruptamente e afirma o que afirma sem dar razões para | isso; se oferece algum tipo de razão é apenas para mostrar como ela é plena e evidente e expor a estupidez dos que assim não a percebem. {Jamais se perturba ou se aborrece quando o contraditam, mas se esforça em mostrar que isso resulta de sua confiança em sua própria capacidade de julgamento superior. Nunca se entrega à alegria ou à tristeza; tais reações estariam abaixo da dignidade e segurança mental que aparenta. Seu coração não tem lugar para a piedade; a admiração não se ajusta a seu saber; o desdém combina melhor com

---

[z] *likewise:* suprimido. [a] Mão B, em substituição a *Dr. Mandeville*, escrito pela mão A.
[5] Sobre os caracteres, ver Introdução, p. 42.

sua auto-suficiência}. Não se empenha em agradar; pelo contrário, aparenta uma espécie de austeridade e dureza em suas ações, a ponto de, com astúcia, evitar situações em que o mais cômodo e natural é o agir formal. É de tal modo avesso ao decoro e às formalidades, que aparenta o contrário e se mostra mais austero do que seria por natureza. {Despreza a moda em todos os sentidos, e a ela não se submete quer no vestir, na língua, ou nos costumes, mas se aferra de modo manifesto aos seus próprios hábitos. O humor não é apropriado à sua seriedade, assim como as antíteses ou expressões semelhantes.*ᵇ*} | Sua tendência é a de atribuir motivos escusos para o comportamento dos outros, mesmo que não tenham consciência dos erros que cometem. {Emite seus juízos sem dó nem piedade.}*ᶜ*. Em conversas comuns, reflete o suficiente para dar sua opinião e não se esforça em saber a dos outros. Este é o tipo de caráter que, em geral, se atribui aos clérigos e às pessoas maduras.

87

Esse modo de ser é adequado aos de talento superior, que têm maiores chances que os outros, ou aos mais experientes, mas é geralmente evitado pelos jovens, a quem a modéstia e a falta de autoconfiança são mais pertinentes do que a presunção arrogante do caráter em questão, o qual, mesmo que a ele se somem a idade e o saber [*Knowledgeᵈ*], torna-se objeto do nosso respeito [*respect ᵉ*] e consideração e não do nosso amor.

88

O homem simples, ademais, não cuida de fato em se apresentar com todas as marcas aparentes de polidez e educação que as pessoas maliciosas geralmente ostentam; porém, não hesita em usá-las

---

ᵇ Esta sentença começa na margem interna inferior do v. 85, e termina (cinco últimas palavras) no topo do v.86.   *ᶜ* Mão B.   *ᵈ* No MS: *age, knowledge and.*   *ᵉ* Substitui *esteem regard.*

quando essas pessoas exprimem seus sentimentos genuínos com naturalidade, sem repressão. Parece estar sempre querendo agradar, desde que tal desejo não o leve a agir com falsidade. Às vezes, a modéstia e afabilidade com que se comporta, sempre disposto a aceitar | atitudes que não pareçam dissimuladas, mostram às claras a bondade de seu coração. Não está sempre pronto a dar uma opinião e, quando isso ocorre, é com aquela modéstia despretensiosa que faz que, em suas conversas, a falta de confiança em seu próprio julgamento o leve a fornecer todos os argumentos para tal parecer [*reasons he has to be of that mind*ᶠ], a mostrar que não afirma baseado apenas em sua opinião. O desdém jamais ocupa sua mente; é mais propenso a um bom que a um mau julgamento sobre o desempenho e a conduta dos outros. Sua generosidade faz com que nunca suspeite da falsidade alheia. Está sempre aberto à persuasão e jamais se perturba quando o contradizem, não por teimosia, mas por desconfiar de sua própria capacidade. {Com freqüência, isso o leva a falar na primeira pessoa para mostrar que não se tem em alta conta e, às vezes, a uma tagarelice infantil.} É mais dado à admiração e à piedade, à tristeza e à compaixão, que combinam bem com a suavidade de seu temperamento, do que aos afetos opostos. É este modo de ser que, freqüentemente, encontramos nos jovens, e que lhes cai tão bem. Homens de idade, em geral, não apresentam esse caráter, o qual, mais que a estima e a consideração, converte alguém em objeto deᵍ amor e afeição. — — —

| Se o caráter de um homem franco e o de um homem simples são muito diferentes, espera-se que seus estilos sejam também

89

90

91

ᶠ As últimas oito palavras substituem *arguments he can think of*.   ᵍ *regard, than of love*: suprimido.

diversos. – Swift pode servir como exemplo de um estilo franco, e Sir Wm. Temple, de um estilo simples. Swift nunca apresenta algum fundamento para suas opiniões, mas as afirma com ousadia, sem a menor hesitação; quando se espera que apresente alguma razão, surgem apenas expressões como "sempre fui de opinião que", etc., "porque", etc., "parece-me", que se encontram no início de suas *Considerations on the present state of affairs*.[6] Seu desinteresse pelos ornamentos da língua é tal que parece ignorá-los mesmo quando se fazem necessários; desse modo, não raro descarta pronomes e outros elementos necessários para que a sentença se complete e que, se utilizados, o induziriam à cadência uniforme que ele evita com destreza. Isso, entretanto, torna seu estilo muito fechado e, em conseqüência, nenhuma palavra pode ser ignorada, e uma em cada duas deve ser fortemente acentuada para atrair a atenção do leitor, pois a perda de uma única comprometeria o todo. Por isso, é preciso ler seus escritos com mais entusiasmo e atenção do que dedicamos à maioria dos outros. Em Shaftesbury, Bolingbroke e outros escritores que buscam essa cadência uniforme, há muitas palavras supérfluas, que se confundem entre si por ser mínima a sua importância para o sentido do período. Swift nunca introduz (em seus escritos sérios) qualquer tipo de figura, pela mesma razão que o faz evitar a cadência harmoniosa e suave. Jamais expressa uma paixão, mas a afirma com uma seriedade ditatorial.[b]

---

[b] Seguem-se três linhas em branco.
[6] "*Some free thoughts upon the Present State of Affairs*" – maio de 1714, publicado em 1741.

Temple, por sua vez, não é fanático por adornos, mas, quando são naturais, não os rejeita; seu estilo não tem a dureza de Swift, nem a regularidade elaborada de Shaftesbury.*ⁱ* Nunca <expressa>*ʲ* as opiniões mais comuns e mais aceitas, e sim as mais <?> prováveis, como que dizendo que | perspicácia e julgamento sólido nunca, ou raramente, andam juntos, o que vem à baila em sua caracterização dos holandeses. — Não evita o estilo figurativo sempre que este combine com seu tema, como na comparação entre a vida de um comerciante e a de um [*a ᵏ*] soldado — {na qual há muitas antíteses. Swi<f>t nunca emprega antíteses em seus escritos sérios, pois estas recendem demais ao paradoxal e ao humor para combinar com a sua seriedade.} — Temple faz uso de maior número de palavras obsoletas do que se poderia esperar de um autor de sua época. Já Swift nunca as emprega. O conhecimento do mundo que <ele> manifesta e que usa principalmente para satirizá-lo e expô-lo ao ridículo, não lhe permitiria utilizar nada que se afastasse do gosto de sua época. Temple, entretanto, é levado a isso pela noção de que tudo que diz respeito aos nossos antepassados tem uma simplicidade maior que a do nosso tempo, como nós*ˡ* eles formavam uma sociedade de homens mais simples e honestos. | Seu apreço por um estilo simples e modesto o leva (de maneira diversa da de Swift) a usar a primeira pessoa com muita freqüência, bem como a incorrer em redundâncias e cavilações. A descrição que faz de*ᵐ*   pode servir [*se<r>ve*] como exemplo dessas últimas. Quando diz "*A terra* holandesa é melhor que o ar, o amor ao interesse é mais forte que o amor à

94

95

ⁱ In: suprimido.   *ʲ* Espaço em branco no MS, suprido conjecturalmente. *ᵏ the* escrito acima.   *ˡ* para *if.*   *ᵐ* No MS, lacuna de onze letras.

honra"⁷, isso não passa de cavilação com as palavras *terra* e *lucro, ar* e *honra* [*earth and profit, air and honour*]. Em Xenofonte, e na maioria dos escritores que se lhe assemelham, são freqüentes os chistes que nos surpreende encontrar em escritores tão sérios.

---

⁷ *Observations upon the United Provinces of the Netherlands* (1673), cap. 4. Ver i. 200 n. 12.

8ª Conferência^a

Sexta-feira, dezembro, 1762

Na conferência anterior, fiz algumas observações sobre os tropos e as figuras, e procurei mostrar que não é o seu uso, como imaginavam os antigos retóricos, que promove a beleza do estilo. O que de fato gera essa beleza são as palavras que representam clara e corretamente a coisa a ser descrita, que transmitem a qualidade que o autor lhe atribui e deseja comunicar [ao seu ouvinte] por simpatia aos seus ouvintes; assim, a expressão tem toda a beleza que a língua é capaz de acumular. Procurei também mostrar que a forma do estilo não deve se restringir a um aspecto em particular. A visão do autor | e os meios que ele emprega para realizar aquele fim devem fazer o estilo variar, não apenas na [*in*^b] descrição de objetos diferentes ou na manifestação de opiniões diversas,^c mesmo quando eles são os mesmos; como o ponto de vista será diferente, assim também será o estilo. Além disso, busquei mostrar que [*that*],^d quando todas as outras circunstâncias se assemelham, o caráter do autor deve fazer [*make*] a diferença. Um autor de temperamento sério descreverá um objeto de forma bem diferente de um mais leviano; um homem franco terá^f um estilo muito diferente que o do

---

^a No MS, 7.   ^b *the*: suprimido.   ^c Substitui *sentiments*.   ^d *not only the*: suprimido.
^e Substitui *vary*.   ^f *he*: suprimido.

homem simples. – Não temos predileção por um deles, mas muitos nos agradam sem distinção. Os sérios e mal-humorados em excesso, a ponto de não serem afetados por nenhum objeto engraçado, não são admirados; tampouco os que são leviano a ponto de perder a cabeça à toa. Mas não é no ponto intermediário entre esses dois tipos de caráter que se encontra um outro único tipo agradável, pois muitos outros que de certo modo participam dos dois extremos são igualmente objeto de nossa predileção. O mesmo se passa com relação a um comportamento esperto e um outro tolo, e a todos os outros extremos opostos do caráter dos homens.

Todos esses⁸ caracteres, mesmo que bons e agradáveis, por serem diferentes devem, contudo, ser representados em estilos bem diversos, ainda que todos possam ser bem prazerosos. | E aqui também pode ser aplicada a regra de que uma pessoa deve se ater ao seu caráter natural: um homem alegre não pode tentar ser sério, nem o sério tentar ser alegre, mas cada um deve manter equilibrados o caráter e o modo de ser que lhe são naturais, e se impedir de chegar àquele extremo vicioso ao qual é mais inclinado.

Procurei ilustrar essa diferença de estilo oriunda do caráter do autor pela comparação entre os estilos de dois renomados escritores ingleses, Swift e Sir Wm. Temple, um como exemplo de estilo franco, o outro de estilo simples. Ambos são muito bons escritores; Swift, como observei, é notável por sua propriedade e | precisão; Temple talvez não seja tão preciso assim, mas pode ser tão agradável e bem mais instrutivo que Swift. Farei agora algumas observações a mais sobre o estilo do Dr. Swift.

---

⁸ *different*: suprimido.

Talvez não haja escritor mais lido pelo grande público do que ele, embora o seu real valor só tenha sido reconhecido tardiamente [*very late*]*ᵇ* por muito poucos, em particular neste país. Ele é lido sob a mesma perspectiva e com as mesmas expectativas com que lemos *Tom Brown*[1] etc. Ambos são considerados*ⁱ* escritores da mesmíssima classe. As obras [*work<s>*] mais sérias de Swift, quase nunca lidas, são consideradas tolas e superficiais, e suas outras obras são apreciadas somente por seu humor.

Procuremos então descobrir as causas desse gosto comum. Em primeiro lugar, as opiniões de Swift sobre questões religiosas de modo algum combinam com | as que, desde tempos atrás, têm prevalecido neste país. De fato, ele não simpatiza com tiranias religiosas ou civis, e manifesta sua aversão [*abhorr[r]ence*] a elas em várias ocasiões; por outro lado, nunca demonstra entusiasmo pela liberdade civil ou religiosa, como é moda nos dias de hoje. Isso não combinaria com seu caráter, pois o homem franco que aparenta ser jamais se submeteria a tão forte adesão. A inconstância de opinião [*mind*]*ʲ* e a liberdade de pensamento agora em moda exigem*ᵏ* a contrapartida de manifestações mais calorosas e sérias do tipo que ele nunca se permitiu.

Outra circunstância que pode confirmar esse ponto de vista é que o pensamento da maioria dos gênios deste país tem, nos tempos recentes, se voltado [*<inclined>*]*ˡ* para*ᵐ* um raciocínio abstrato e

101

ᵇ talvez *late*, ou *his fate*; *very* foi acrescentado acima da linha, talvez por antecipação.
ⁱ them: suprimido.   *ʲ* No MS: *me*.   *ᵏ more*: suprimido.   *ˡ* Suprido conjecturalmente.
ᵐ the: suprimido.

[1] Tom Brown (1663-1704), escritor prolífico de diálogos satíricos, panfletos, ficção e poesia; traduziu, dentre muitas outras, as obras de Scarron (1700).

102 especulativo, que pouco influi no aperfeiçoamento de nossa prática. {Mesmo as ciências empíricas da política e da moral ou ética vêm sendo tratadas, ultimamente, de maneira por demais especulativa.}[n] Swift parece ter ignorado essas disciplinas, ou, o que me inclino a crer, não as considerava de grande valia. O seu caráter comum de homem franco o afastava desse tipo de pensamento; sua tendência era a de praticar o que fosse de utilidade imediata. Em conseqüência disso, todas as suas obras tinham a ver com o momento em que as escrevia [*present time*[o]], fosse ridicularizando alguma depravação ou asneira, ou desmascarando alguém.[p] Não podemos agora nos deter no verdadeiro espírito desses escritos; além do mais, como já disse, esses pensamentos isolados não combinam com o gosto atual, que se deleita apenas com especulações gerais e abstratas.

103 | É possível que a linguagem de Swift tenha provocado o desdém com que as suas obras sérias, bem como ele próprio, foram tratadas. Neste país, a maioria de nós sabe bem que a perfeição da linguagem é muito diversa daquilo que é comumente falado.[q] A idéia que temos de um bom estilo é quase o contrário daquilo que costumamos ouvir. Por isso achamos [*con<c>eive*][r] que quanto mais um estilo se afasta da maneira comum de falar, [*the*], mais próximo ele fica[s] da pureza e da perfeição que temos em mente. Shaftesbury, que mantém grande distância da língua que comumente ouvimos, é, por essa razão, universalmente admirado. Thomson,

104 que talvez fosse da mesma opinião, é igualado a {Milton}[t], que, além dos outros encantos do seu estilo, tem também a qualidade

---

[n] Mão B. [o] *being*: suprimido. [p] *These*: suprimido. [q] *And*: suprimido. [r] *whatever is most*: suprimido. [s] [*the*] *it is* substitui *to be*. [t] *Milton W* escrito pela mão B no topo do v. 103.

de não forjar expressões afetadas, mesmo quando se mostra" mais sublime. Swift, por outro lado, embora o mais franco, bem como o mais próprio e preciso dos escritores ingleses, é considerado nada além de medíocre; cada um de nós acha que ele poderia ter escrito tão bem quanto outros, e o que achamos da sua linguagem nos faz pensar da mesma maneira sobre o teor dos seus escritos. Essa opinião, contudo, não parece ser ^{v} bem fundada. Quatro^2 requisitos fazem um bom escritor: 1) Que tenha pleno conhecimento dos seus temas; 2)^w Que saiba dispor os elementos de seu tema em sua ordem correta; 3) Que retrate | <ou> descreva suas idéias sobre os diversos assuntos de modo apropriado e de maneira expressiva; esta é a arte de retratar ou de imitar (ao menos, assim a chamamos).

Ora, vemos que Swift atingiu essa maestria. Todas as suas obras mostram um conhecimento comple<to> do seu tema. De fato, jamais introduz algum estrangeirismo em sua escrita para ostentar erudição; e, por outro lado, nunca omite o que se fizer necessário. Suas normas [*rules*^{x}] de boa conduta^3 e seus preceitos para os serviçais mostram um conhecimento de dois tipos de caracteres opostos, que só pode ter sido obtido pela observação atenta de muitos anos. {Teria sido impossível para quem não tivesse realizado tal observação mencionar tantos detalhes.}^{y} O mesmo se mostra em todos os seus escritos políticos, a ponto de se imaginar que os seus pensamentos tenham se voltado para esse campo. — —

---

^{u} *the*: suprimido. ^{v} *at a*: suprimido. ^{w} *that he paint if we may so, the ideas of*: suprimido.
^{x} substitui *directions*. ^{y} Mão B.

^{2} Leia-se "três", embora o escriba possa ter omitido um.
^{3} *A Treatise on Good Manners and Good Breeding* (in *Remarks on the Life and Writings of Swift*, do conde de Orrery, 1752); *Directions to Servants* (1745).

Aquele que tem um conhecimento tão abrangente daquilo de que trata irá naturalmente dispô-lo na ordem mais apropriada. Isso Swift sempre faz. Não atinamos com disposição melhor para nenhum elemento. Percebe-se à primeira vista^z que ele expõe cada pensamento da maneira mais apropriada, com a mais intensa autenticidade. Assim sendo, não se pode imaginar que um escritor com todas essas qualidades e perfeição não crie o melhor dos estilos para se expressar^a com propriedade e precisão. {Nós [*we*^{b}] já observamos que ele assim o faz quando fala em seu próprio nome e quando assume o caráter de outro, como é bastante evidente em seu *Gulliver* ou^4 — — }.

Apesar de tudo isso, talvez pelas razões já dadas, as suas obras mais sérias não são muito consideradas. É o seu talento para ridicularizar que é mais comumente, e, creio, com justiça, admirado. Devemos, portanto, considerar até que ponto esse talento se harmoniza com o caráter geral que lhe atribuímos, e se ele o exerceu com a mesma exatidão dos outros temas por nós mencionados. Antes, porém, será preciso fazer algumas observações sobre [*the*] esse talento.^{c} {Supõe-se que Leibnit^d e, depois dele, o Sr. Locke^5 ficavam excitados diante de algum objeto maligno; mas, a partir do que se segue, verificaremos que não é assim que as pessoas reagem.}

O que é grandioso ou nobre desperta admiração e assombro; por outro lado, o que é insignificante ou maligno provoca des-

---

^{z} *and:* suprimido; *strenght…sight* substitui *precision, was observed on a former occasion* e, então, *and* foi suprimido. ^{a} *and that:* suprimido. ^{b} No MS: *whe*. ^{c} substitui *subject*. ^{d} *sc*, escrito com tinta diferente acima de um trecho inicial em branco.
^{4} Espaço preenchido com "Drapier", o que causou dificuldades para a mão A também em i.120, e com "Dyer", pela mão B.
^{5} Leibniz, Locke: ver Introdução.

prezoᵉ. Um objeto grandioso ou um objeto maligno, por si sós, nunca provocam o riso. É a mistura e combinação dessas duas idéias que o desperta.

| {ᶠ O ridículo se instaura quando aquilo que, em muitos sentidos, é grandioso, ou assim parece ser, ou se supõe ser [*or is expected to be so* ᵍ], tem em si algo de maligno ou desprezível ʰ, ou quando deparamos com alguma coisa realmente maligna com pretensões e sinais de grandeza.} Ora, isso pode ocorrer quando um objeto que, em muitos sentidos, é grandioso nos é apresentado e descrito como maligno [*is represented to us and described as mean*ⁱ]; vice-versa, quando um objeto grandioso se encontra, por assim dizer, acompanhado de outros que são malignos; e vice-versa, quando ʲ ficamos desapontados porque algo que imaginamos ser ou grandioso ou maligno revela-se o contrário. Cada uma dessas combinações de idéias diversas produz um tipoᵏ ou uma forma de ridículo diferente.

108

Se representarmos um objeto que normalmente concebemos como grandioso <ou> como sem dignidade e transformarmos suas qualidades em seu oposto, a mistura das idéias nos faz rir, embora nenhuma das duas em separado o faça. Em conseqüência, o ridículo nos é transmitido pelas combinações burlescas ou falsamente heróicas. Pela mesma razão, ademais, as circunstâncias em que algo se encontra, se houver uma grande contradição entre os objetos, provocam-nos o riso. Um homem alto ou um homem baixo, por si sós, não são objeto de riso; mas um homem muito alto no meio

109

ᵉ *or disdain*: suprimido.   ᶠ *Ridicule proceds*: suprimido.   ᵍ As últimas seis palavras foram inseridas na margem.   ʰ As três últimas palavras substituem *noble*.
ⁱ As últimas oito palavras substituem *but has some particulars that are/do about it as presented* (estas últimas cinco palavras foram escritas entre as linhas e, depois, suprimidas).   ʲ *one that*: suprimido.   ᵏ *or stile* : suprimido.

de um grupo de anões, como Gulliver e os liliputianos, ou um homem baixo em meio a vários homens altos, como Gulliver em Brobdingnag, são =mente [=ly^l] ridículos. Não há nisso nenhum fundamento real para o riso além da estranha associação de idéias grandiosas a idéias mesquinhas ou insignificantes. {Nesse, e em casos semelhantes, o grupo de figuras e não uma em particular é o objeto do ridículo^m. O ridículo em *The Rape of the Lock* deriva da condição ridícula dos próprios personagens, mas o que se encontra em *The Dunciad* se deve inteiramente às circunstâncias em que as pessoas se vêem. Dois homens quaisquer, os próprios Pope e Swift, pareceriam tão ridículos quanto Curl[6] e Lintot^n se fossem descritos a disputar as mesmas corridas.} Rimos contra nossa vontade ao ver Sócrates, em *As Nuvens*,[7] de Aristófanes, ocupado em medir a extensão do pulo das pulgas pelo tamanho das suas patas; ou suspenso em uma cesta fazendo observações. Se o filósofo tivesse [*had been* <*seen*>^o] se ocupado desse modo, ele [*he*^p] teria parecido ridículo, e o grande contraste das idéias faz com que a mera suposição assim o pareça.

110 | {O humor de alguns comediantes franceses como ^q baseia-se nesse princípio. Em *Fousque*,[8] o personagem do amante só

---

^l *utterly* (?), *equally* (?)   ^m *In this ... Ridicule* : Mão B.   ^n Inserido pela mão B num espaço em branco.   ^o *been* foi modificado para *seen* por haplografia.   ^p No MS: *the*, com a letra *t* riscada.   ^q No MS, lacuna de seis letras.

[6] Edmund Curll e Bernard Lintot, os livreiros que aparecem nas versões de 1729 e de 1743 do poema "*The Dunciad*", de Pope, principalmente no Livro ii.
[7] Versos 143-52.
[8] Sem dúvida, primeiro título da peça que, em sua segunda versão, se chamou *Fouguer* (i.115 n.16). Os comediantes italianos, os *Gelosi*, aos quais era permitido encenar *commedia dell'arte* em Paris, depois apresentaram paródias de tragédias etc. Foram expulsos entre 1697-1716, por ter-se esgotado sua

se torna ridículo por causa das circunstâncias.} Na temporada de Paris, os comediantes italianos, como eram conhecidos, assim que uma tragédia solene ou séria estreava nos teatros, apresentavam a mesma peça, isto é, os mesmos incidentes [*incidents^r*] ocorrendo com personagens absolutamente opostos aos da tragédia em questão. Generais e imperadores se transformavam em burgueses ou viravam [*turn^s*] mecânicos; no caso, o ridículo se deve ao contraste <entre> a idéia nobre associada a incidentes ocorridos com personagens grandiosos e a ocorrência dos mesmos incidentes com pessoas de nível muito mais baixo. Quando o que esperamos encontrar [*find^t*] de nobre e grandioso se transforma em seu contrário, somos induzidos ao riso, e vice-versa. Uma porca chafurdando na lama é, certamente, repugnante; mas ninguém ri de tal cena, que combina com a natureza do animal. O caso já seria outro se, depois, víssemos a porca numa sala de visitas. Por outro lado, um pobre cavalo magrela e ossudo provoca o riso porque {esse nobre animal parece reivindicar a nossa admiração}, esperamos algo de grandioso e nobre da aparição do animal. Não se ri de uma cena desagradável, já que não <há> aí contradição, a menos que tenhamos sido levados a esperar por uma cena bela, mas rimos de um quadro desagradável pela expectativa de que a arte seja exercida com nobreza.

III

É principalmente dessas combinações que o ridículo se origina; rimos também daquilo que desprezamos, mas de [*in^u*] outra maneira. Um dândi caminhando pela rua, olhando em

---

^{r} *tur.* suprimido. ^{s} No MS: *ton*, veja nota r' ^{t} *of a gra.* suprimido. ^{u} Substitui *from*. licença; posteriormente ainda, fundiram-se com a Opéra-Comique. Regnard, Dufresny, Marivaux, entre outros, escreveram para eles.

volta e esperando encontrar quem o admire é objeto de um riso mais sério; mas, nesse caso, o riso que provoca o objeto que desprezamos se mescla com uma certa raiva. Se, porém, o mesmo dândi escorregasse e caísse na sarjeta, o cavalheiro sério ririaᵛ por motivo diferente, qual seja, o da <*at*> situação ridícula em que se vê um sujeito tão refinado – justamente aquela que, no fundo, desejavam para ele. Alguns filósofos⁹ como   ʷ, tendo observado que, às vezes, o riso é provocado pelo desprezo, fizeram deste a origem de todas as percepções ridículas. Entretanto, rimos com freqüência de objetos nada desprezíveis. Um homem alto no meio de homenzinhos, e vice-versa, faz-nos rir, embora não desprezemos nem um nem outros. Coisas sem a menor conexão entre si, mas que nos suscitam idéias estranhamente contraditórias, nos levam a rir. Lembro-me de uma ocasião em que um rato [*once a mouse*ˣ], correndo de um lado para o outro numa capela, arruinou o efeito | de uma preleção excelente. Quaisquer desses acidentes triviais incitam-nos o riso quando ocorrem em situações solenes ou importantes, como um funeral. É por essa razão que nos divertimos quando encontramos aquelas [*those*ʸ] frases que costumamos associar a objetos nobres empregadas com relação a objetos desprezíveis e insignificantes. É daí que surge a condição ridícula dos paradoxos (ou o emprego de passagens inteiras de um autor em uma espécie de transposição para temas muito diferentes dos originais, e centões em que se reúnem frases diversas.) Nada nos faz rir mais do que *Story of*

ᵛ *at his* escrito acima da linha, depois suprimido.   ʷ no MS, lacuna de quatorze letras.   ˣ a ordem original *a mouse, once* foi modificada por números sobrescritos.   ʸ Substitui *any*.

[9] "Alguns filósofos": talvez Hobbes, ver i.107 e Introdução p. 49.

the Marriage, no centão de Apuleio,[10] em que o sóbrio e casto Virgílio é levado a falar em suas próprias palavras sobre um tema muito diverso e em uma linguagem pouco casta. {Todo o ridículo do *Virgil Travesti*[11] de Scarron do mesmo modo se origina das graves[z] e solenes aventuras de Enéias, contadas na mais ridícula das linguagens e com expressões de mesquinharia trivial.} Os poetas latinos modernos, Vida, Sanazarious,[12] etc. são paródias de alguns dos antigos poetas latinos. Esses poetas [*they* [a]], não tratando de temas triviais, mas de importância, não provocam nosso riso, mas são tediosos e cansativos. Os poetas ingleses são mais originais, e não costumam tomar emprestado material alheio; tais atos seriam considerados furtos; por esse motivo, não são tão tediosos. O *Splendid shilling*[13] nos diverte pelo aspecto ridículo[b] que assume a linguagem de Mi<l>ton, ao ser usada para louvar os encantos de um *shilling.* {A incongruência da linguagem quanto ao tema é aqui [*here* [c]] tão efetiva quanto em obras de tipo diverso como o *Virgil Travesti.*} Mas o fato de uma passagem ser parodiada não quer dizer que ela seja insignificante. Muito ao contrário, já que, quanto mais sublime e pomposa seja ela, tanto[d]

114

---

[z] *Langu*: suprimido.   [a] Substitui *but.*   [b] *of m*: Suprimido.   [c] *also* (previamente inserido acima da linha): suprimido depois de *here.*   [d] *more ridicu*: suprimido.
[10] i.e. Ausonius, *Opuscula,* Lib. xvii: *Cento nuptialis.*
[11] Paul Scarron, *Virgile travesti* (1648-52).
[12] Jacopo Sannazzaro (1456-1530). Os poemas latinos, *Elegiae* e *Epigrammata,* são líricas pessoais. As *Eclogae piscatoriae* põem os pescadores em lugar dos pastores nas pastorais. *De partu Virginis* trata do nascimento de Cristo em estilo épico clássico; criticado por Dubos em suas *Réflexions critiques* (1719), I.xxiv.
[13] *The Splendid Shilling: an Imitation of Milton,* por John Philips (em *A Collection of Poems,* 1701), iniciou a voga da aplicação do estilo e verso de Milton a temas banais: assim sucede nos seus próprios *Cerealia* (1706) e *Cyder* (1708), no *Wine,* de John Gay (1708), no *Fanscomb Barn,* da condessa de Winchilsea. Em 1709, apareceu um protesto escrito em versos no estilo de Milton: *Milton's Sublimity Asserted.*

115   maior será o contraste quando seu estilo for aplicado a temas | triviais. Vemos, assim, que o solilóquio de Hamlet,[14] a última fala de Catão, sofreram mais paródias que quaisquer outras que eu conheça, e, na verdade, muito boas. Pelo mesmo motivo, paródias das *Escrituras*, embora profanas, são ao mesmo tempo ridículas.

{Jogos de palavras, que constituem a pior espécie de humor,[15] só são engraçados ou agradáveis quando há algum contraste entre as idéias que provocam; uma mera ninharia nunca é agradável.}

Há duas espécies de escrita cômica, decorrentes de dois tipos de circunstância. Uma se dá quando são descritos personagens ridículos em si mesmos, e a outra, quando ridículas são as circunstâncias e não os personagens. O^c   no   de   é um exemplo da primeira espécie, e o amado de^e   em *The Fouguer*[16] de   ^f

---

^c-^e No MS, cinco espaços em branco correspondentes a cerca de dez letras cada.
^f No MS, lacuna de quatro letras.

[14] *Hamlet*, III.i.56-88; *Cato*, de Addison, V.iv, referindo-se tanto ao discurso quando da morte de Catão quanto aos versos pronunciados sobre ele por Lúcio, 105 17.

[15] A frase já soa proverbial, como de fato ficou. Remonta a Dryden: "a espécie mais baixa e grosseira de humor, que chamamos *clenches* [trocadilhos]" (*Defence of the Epilogue*, 1672, §20). A palavra *pun* [trocadilho] que, aos poucos, a partir de 1660, substituiu *clench* ou *clinch*, era, desde o começo, usada pejorativamente. O *Spectator*, 61 (10 de maio de 1711), de Addison, a atacava. As suas restrições no *Spectator*, 279 (19 de jan. 1712), sobre os trocadilhos do demônio no *Paraíso perdido* vi, foram rebatidas por John Oldmixon, em *The Arts of Logick and Rhetorick* (1728), 18: "Milton, é evidente, pensava que não poderia tornar os demônios piores, a não ser os tornando autores de trocadilhos", do mesmo modo como os pintores sérios lhes emprestam chifres e cauda. "De todas as formas de baixeza que são produzidas por meros chistes verbais, essas são as que têm menos a alegar em seu favor, pois, como dependem apenas de sons, a mudança de uma sílaba provoca o seu desaparecimento", escreveu Johnson no *Rambler*, 140 (20 de julho de 1751).

[16] Confira antes i.110 n.8. Essa comédia não foi identificada.

é um exemplo da última espécie. Todo | o humor de Congreve consiste no ridículo de seus símiles,¹⁷ como ao comparar duas pessoas enlameando-se uma à outra a duas maçãs assadas, ou a jovem recém-chegada à cidade, boquiaberta ante tudo, semelhante à porta da casa paterna [*her fathers house* ᵍ].

Observe-seᵇ que todas essas espécies de ridículo – o burlesco, a rima malfeita, o falso heróico, as paródias, os centões, os trocadilhos, as chicanas, e mesmo aquele tipo de comédia que ridiculariza os personagens não por seus defeitos reaisⁱ mas <*but*> pelas circunstâncias em que se encontram – são <*are*>ʲ formas de palhaçada indignas de um cavalheiro educado; | e quem quer que exerça seu humor desse modo deixa de lado o caráter de cavalheiro para assumir o de um bufão. A única espécie de ridículo que engendra humor verdadeiro e genuíno é aquela em que as fraquezas reais na conduta dos homens são expostas sob um ângulo ridículo. Essa é de todo condizente com o caráter de um cavalheiro,ᵏ pois que tende à reforma dos costumes e é benéfica à humanidade.

ᵍ antes de *house*, palavra ilegível (*pony?*): suprimida; depois de *house*, o trecho a seguir foi suprimido: *Lucian has chosen the one of these 2 sorts of comick subjects and Swift the other.*
ʰ *that I mentioned*: inserido por cima e depois riscado.   ⁱ *and of*: suprimido.
ʲ substitui *use*.   ᵏ *it is the*: suprimido.

¹⁷ Witwoud, *The Way of the World*, IV.viii ("...começaram a espocar ofensas como duas maçãs assando ao forno"); Belinda, *The Old Batchelor*, IV.viii ("Imaginava-a como a frente da casa de seu pai; seus olhos eram as duas janelas e sua boca, a grande porta, hospitaleiramente aberta ..."). Mas o "humor" não é de Congreve; ele cria dois personagens cômicos cuja afetação consiste em um pretenso humor. Witwoud, em certa passagem, dá um recital de símiles (II.iv), até que Millamant exclama: "Basta de comparações!" Para estabelecer uma diferença, confira *Concerning Humour in Comedy* (1696), de Congreve.

{São dois os objetos do ridículo: aqueles que, aparentando grandeza ou criando essa expectativa, são desprezíveis, ou os que, sendo grandes, têm parte vis – ou os que, simulando beleza, são, de fato, deformados.}[1]

---
[1] Mão B, no rodapé do v. 116.

9ª Conferência^a

6 de dezembro Segunda-feira

Sr. Smith

Assim como há dois tipos de objetos que despertam nossa admiração, um objeto grandioso ou um objeto belo, e dois que provocam nosso desprezo, os insignificantes e mesquinhos, ou os que, em si mesmos, são deformações desagradáveis, existem também formas de ridículo resultantes de combinações desses diferentes objetos. Em primeiro lugar, quando objetos mesquinhos são apresentados como grandiosos, e, em segundo, quando objetos grandiosos, ou os que simulam assim ser ou se espera que sejam, são ridicularizados <*ridiculed*>^b pela exibição de <*the*>^c sua mesquinhez e insignificância. Swift escolheu o primeiro desses tipos, e Luciano, o segundo.

| Os caracteres desses homens diferentes naturalmente os levariam a escolher esses temas opostos. A melancolia de Swift, somada às decepções e atribulações sofridas no decorrer de sua vida, incorporaria <*would make contempt*>^d o desprezo ao seu caráter; e os desatinos que mais o exasperavam seriam os mais contagiados pela alegria e leviandade.^e Esse era um aspecto tão dominante em

---

^a No MS: 8ª.   ^b Substitui *exposed*.   ^c Substitui *their*.   ^d *induce him to contemn*: suprimido.   ^e *tho*: suprimido.

seu caráter, que nos dizem que evitava cuidadosamente tudo que dissesse respeito às formas comuns de civilidade e boa educação. Quando via aqueles que pouco tinham a recomendá-los não só serem bem considerados, e passar a vida recebendo elogios, como até mesmo serem preferidos a ele^f, mais prezava seu próprio bom senso e ponto de vista, que julgava muito superiores aos<*that*>^g das pessoas comuns; certamente | seria <*be*>^h impelido a expor ao máximo tais^i desatinos e tolices. Por isso, observamos que todas as suas obras menos sérias são escritas com a finalidade de ridicularizar algum dos desatinos festivos do seu tempo. São elas, em sua essência, voltadas contra os dândis, os galanteadores, as beldades e outras figuras em que predominam desatinos festivos em vez de outros mais sérios; estes últimos, ele jamais ataca em qualquer de suas obras, exceto em *História de um tonel*, escrita quando muito jovem. Bastante diferente das demais, é, também, muito menos correta do que as que escreveu mais tarde na vida. — — — —

Observamos que Luciano jamais usa o tipo de ridículo que, pela escolha das palavras, pode ser lançado sobre qualquer tema; sua linguagem é sempre correta e adequada, e jamais emprega floreios, sempre escrevendo da maneira mais adequada à natureza do tema. Assim como seu temperamento melancólico o levava a escolher os desatinos mais festivos dos homens^j como alvos do seu talento para o ridículo, o caráter de homem simples que aparentava o impedia de nos fazer rir <*making us laugh*>^k em demasia de qualquer tema, por mais ridículo que o tornasse. Isso ele faz quando fala em seu

---

^f *whom:* suprimido.   ^g *that:* suprimido.   ^h No MS: *by*.   ^i As últimas quatro palavras substituem *such; and* suprimido antes do próximo *and*.   ^j *for the field:* suprimido.   ^k *ing:* suprimido; *making us*, acrescentado acima da linha.

próprio nome. Entretanto, ao lançar boa dose de ridículo sobre qualquer tema, o faz através de outros, como nas *Viagens de Gulliver* e nas *Dyers Letters*.¹ Mesmo nessas obras, só usa expressões apropriadas ao tema. A maneira mais comum com que [*he^m*] ridiculariza qualquer assunto através de um personagem é fazendo-o expressar admiração e apreço pelas coisas que expõe. Como o ridículo | provém da combinação" de idéias de admiração e de desprezo, fica evidente que não poderia ter escolhido método mais eficiente para expor ao ridículo pessoas fracas ou tolas do que fazer alguém demonstrar a maior admiração por elas, quando então o contraste fica mais forte. Nas obras que parecem mais tolas e frívolas, como *Song of Similies*¹ e aquela outra sobre Ditton e Whiston, ele demonstra° a insensatez que então prevalecia de maneira explícita.ᵖ — —

Se julgarmos o homem por suas obras, Luciano foi o extremo oposto. Era de temperamento alegre e jovial, pleno de frivolidade. {Adepto do epicurismo, ou melhor, do cirenaísmo, todos os seus princípios são adaptados aᵠ um *modus vivendi* confortável, alegre, e

---

ˡ Dyers Letters: inserido pela mão B na lacuna deixada.   *ᵐ thre:* suprimido.   *ⁿ of:* suprimido.   *° Modificado de ridicules.*   *ᵖ Segue-se uma linha em branco.*   *ᵠ prove:* suprimido.

¹ Esses dois poemas já não são atribuídos a Swift. A new song of *new similies* apareceu em *Miscellanies in Verse* (1727) de Pope-Swift, iii. 207-12, e está incluído em *Poetical Works*, de John Gay, ed. G. C. Faber (1926), 645-6, e ed. V. A. Dearing e C. E. Beckwith (1974), 376-8. – O escatológico poema de dezesseis linhas, *Ode for Musick: On the Longitude*, recitativo e ritornelo, incluído em *A New Method for discovering the Longitude both at Sea and Land* (1714), de W. Whiston e H. Ditton, circulou em Londres em abril de 1715 e foi publicado na chamada *Miscellanies: The Last Volume* (1727). Já foi atribuído a Swift, a Pope e a Gay, e foi incluído nas *Works* (1824) de Swift, xiii.336, mas seu autor é desconhecido. Gay escreveu uma brilhante sátira em prosa sobre o excêntrico Whiston em *Miscellanies*, Vol. 3 (1732), 255-76: *A True and Faithful narrative*.

o mais prazeroso possível. E, como a vida é[r] curta e passageira, estabelece como máxima que não devemos desprezar a felicidade que se nos apresenta pela expectativa de uma felicidade maior no futuro, mas aproveitar todas as oportunidades. A amizade e os laços sociais são, para ele, a principal fonte de prazer e, conseqüentemente, o que deve ser mais cultivado.} Os personagens de Swift[2] eram os que mais o agradavam. Homens sérios, com um toque [<a thing>][s] de leviandade ou insensatez em seu caráter, eram os que ele mais desprezava, assim como aqueles que cometiam desatinos dando-se um ar de importância eram os mais desprezíveis sob o olhar melancólico de Swift. Em conformidade com suas mentalidades diferentes, eles escolheram personagens diferentes para ridicularizar. Swift, como já dissemos, só expõe os fúteis dândis, os finos cavalheiros, os galanteadores e as beldades, e quem quer que se dedicasse a[t] atividades sem nenhum significado ou importância na vida. {Luciano só cria personagens torpes e apresenta os objetivos mais mesquinhos dos homens, como os do avarento e do ambicioso.}[u] Luciano, por outro lado, optou por ridicularizar os personagens mais solenes e respeitáveis, como deuses, deusas, heróis, senadores, | generais, historiadores, poetas e filósofos, atribuindo-lhes os desatinos mais graves. Todos os seus diálogos são sobre tais personagens, e os escritos em que fala em seu próprio nome giram em torno desses desatinos. Seu diálogo *De luctu*[3] servirá como exemplo tanto do seu tema como de sua maneira de tratá-lo. Ele nunca emprega

---

[r] *of a*: suprimido.   [s] *light*: suprimido.   [t] *ligh*: suprimido.   [u] *Mão* B.

[2] A antítese exige Luciano, não Swift.

[3] *On Funerals* (LCL iv. 112-31), sátira sobre manifestações supersticiosas de pesar inspiradas pelos mitógrafos Homero, Hesíodo e outros.

ditos espirituosos derivados da linguagem, nem qualquer floreio desse tipo, mas apenas aquilo a que é levado naturalmente pelo tema. Jamais se desvia de sua matéria; sua imaginação fértil sempre lhe fornece material suficiente sobre cada assunto, sem que seja obrigado a lançar mão de outro, talvez pouco ligado ao principal. | Seu objetivo de surpreender e divertir o leitor às vezes o leva a digressões aparentes, para que seu retorno ao tema, após nos manter em suspense, seja mais divertido. Um modo pelo qual costuma fazê-lo é colocar a comparação antes do assunto à qual se refere. Assim, expõe os efeitos fatais da febre em Abdera antes[v] de queixar-se da quantidade de historiadores na Grécia daquele tempo. E o mesmo pode ser visto na comparação entre Diógenes derrubando o seu tonel e a sua própria labuta. { Com freqüência, introduz a ilustração antes daquilo a que ela se aplica, pois isso normalmente é o mais divertido, como por ex. no começo de suas normas para a escrita da história[4] [w] Um autor mais sério teria seguido a ordem natural.}[x]

Devido aos diferentes propósitos de Swift e Luciano, eles formam[y] um sistema de zombaria completo. Quase nenhum desatino do tipo mais festivo é ignorado por Swift, e[z] quase nenhum dos mais sérios é omitido por Luciano. | Qualquer um [*Either*[a]] dos dois, por si só, poderia nos induzir a uma predisposição favorável aos desatinos contrários aos que ridiculariza; mas, em conjunto, formam um sistema de moralidade de que se pode extrair, para os

---

[v] *to the historicall:* suprimido.   [w] No MS: lacuna de nove letras.   [x] Mão B.
[y] *exhausted all the:* suprimido.   [z] *as few:* suprimido.   [a] Substitui *Any one.*
[4] *How to write History* (LCL vi. 2-73), ataque contra a multidão de cronistas da guerra contra os partos (162-5 d.C).

diversos caracteres humanos normas de vida mais sólidas e justas do que dos muitos sistemas de moralidade existentes.

Nem todo o conjunto da obra de Luciano se restringe a temas de natureza jocosa; muitos dos seus escritos, nos quais recomenda as diversas virtudes, são de teor sério. São todos excelentes; o estilo deles é tão agradável quanto o de suas outras obras; sempre se atém a seus temas sem que necessite elogiar as virtudes em geral a fim de recomendar uma em particular (como tem sido moda ultimamente) para que o tratado tivesse a aparência de um sistema completo e alcançasse o tamanho de um livro de bolso. Em resumo, não há autor que ofereça mais ensinamentos verdadeiros e bom senso do que Luciano.[b]

| {Espalhados por sua obra, há vários ensaios bem ao estilo do Sr. Addison, em que ele ilustra a virtude que recomenda com todo o encanto da composição séria, sem que entretanto se afaste da consideração de sua natureza particular; tampouco os inicia[c] com declamações vagas e gerais apropriadas a qualquer virtude, as quais revelam que um autor não conhece bem o seu tema. Sob esse ponto de vista, ele pode ser um excelente modelo para aqueles que se dedicam ao ensino dos princípios morais, em contraposição ao que tem prevalecido em nosso tempo.}[d]

---

[b] No MS, em letras garrafais. [c] *those:* suprimido. [d] Mão B, v.124 -v.125.

10ª *Conferência*ª

Segunda-feira, 13 de dezembro, 1762

Talvez não exista escritor inglês mais divertido [*more of this Gaiety*]^b que o Sr. Addison, embora^c não tanto quanto Luciano. Esta é a principal característica de toda a obra em prosa de Addison: com freqüência, à maneira de Luciano, inicia seus textos narrando uma história antes do seu tema, como em seu discurso para as damas do partido conservador [*Tory Ladies*] no *Freeholder*;[1] mas [*but he*^d] nunca o leva tão longe quanto Luciano, nem com tantos detalhes. Talvez isso se deva, segundo dizem, ao^e seu grande recato em relação aos fatos cotidianos {e que se manifesta de fato em toda a sua obra};^f coisa que Luciano parece quase não ter, conforme várias histórias que conta sobre si mesmo, como a de ter mordido o polegar do impostor Alexandre. {Ele conta esse incidente cômico esta sua biografia desse embusteiro,[2] divertida como poucas.}^g

---

ª No MS: 9.   ^b *of S*: suprimido.   ^c Substitui: *tho he*.   ^d *but he* substitui *he never howe*.
^e *that*: suprimido.   ^f Mão B, v.125, rodapé.   ^g Mão B, sob *His modesty ... does*, escrita por Mão A.

[1] *The Freeholder: or political essays.* 23.12.1715 a 29.6.1716, 55 números, freqüentemente reimpressos em um volume, ed. J. Leheny (1979). Futuros leitores poderão ver neles a natureza do tempo em que foram escritos (55).

[2] Luciano conheceu o pseudo-sacerdote Alexandre de Abonuteicos, que, como "profeta" de Asclépio, transmitia mistérios e teve uma grande quantidade de adeptos de 150 a 170 d.C; sua sátira sobre ele é uma das mais mordazes que escreveu (LCL iv; referência à p. 145).

{A moderação [*His modesty...*] de Addison o impede de usar os[b] rasgos ousados e extravagantes [*extrava<ga>nt*] de humor de Luciano (por exemplo, ele jamais poria uma fala burlesca na boca de um morto ou de um deus),[i] ou de se dirigir aos outros de modo sarcástico e mordaz em seu próprio nome, como Swift}. Seu estilo floreado leva-o naturalmente ao [j] uso freqüente de figuras de retórica em seus ensaios, sobretudo metáforas, símiles e alegorias. Ao usá-las, porém, sempre demonstra a modéstia de seu caráter. Pode parecer estranho como, em particular, o uso de alegorias pareça compatível com essa modéstia que lhe é atribuída {pois são as figuras[k] mais ousadas e mais fortes}, mas a maneira como são introduzidas demonstra que não há nada de forçado ou incômodo em sua elaboração. Muitas vezes ele as introduz sob a forma | de sonho,[3] e, ao mesmo tempo, as mostra no curso do pensamento que o levou a tais concepções, fazendo que, assim, imaginemos terem surgido naturalmente, por força das circunstâncias em que se encontrava, sem nenhum esforço. {Como quando compara os diferentes caracteres dos homens a diferentes instrumentos musicais.}[4]

Da mesma forma, seus símiles sempre se representam como naturalmente se mostram. Essa modéstia que lhe atribuímos[l] faz com que também apresente seus sentimentos da maneira mais des-

---

[b] *strong and*: suprimido.   [i] *and at the same time*: suprimido.   [j] *use*: suprimido.
[k] *of*: suprimido.   [l] *prevents his*: suprimido.
[3] Escritos de Addison sobre a alegoria: *Guardian* 152; *Spectator* 55, 63, 183, 315, 464. Para sonhos e visões, que, como é sugerido, muitas vezes servem de veículo, cf. *Guardian* 106, 158; *Tatler* 81, 97, 100, 117, 119, 120, 123, 146, 154, 161; *Spectator* 110, 159 (Vision of Mirzah), 275, 487 (ensaio sobre os sonhos), 505, 558-9.
[4] *Tatler* 153.

pretensiosa, levando-o a preferir narrar o que viu e ouviu em vez de emitir opiniões pessoais; ao mesmo tempo, não parece ansioso por^m descrever circunstâncias agradáveis e curiosas, bem de acordo com a modéstia natural de seu temperamento. Não [He^n neither] costuma presumir, como Shaftesbury e Bolingbroke, nem impor, como Swift. {Shaftesbury e Bolingbroke ostentam sua^o dignidade superior etc.; Swift, o seu julgamento superior.}^p Pela mesma razão, Addison não escreve com a precisão e a agradável justeza deste último, nem suas frases têm a cadência uniforme que é uma constante nos dois primeiros.^q Seus períodos não são nem compridos nem curtos, mas do tamanho adequado a seu caráter de homem modesto, que se expressa de modo espontâneo, em períodos de tamanho moderado e tom uniforme. Em geral, consistem em três, quatro, ou cinco frases que, de tão uniformes, parecem meio monótonas. Um homem modesto nunca usará sentenças longas, que ou são adequadas para a declamação, que ele nunca emprega, ou provocam a confusão de idéias que não lhe é atribuída; não usa frases curtas, que soariam mordazes e grosseiras, nem a linguagem arrogante de um temperamento impositivo. {Como não considera tudo o que diz de importância capital e regra infalível, seus ensaios são bem mais descontraídos que os do Dr. Swift, para quem cada palavra escrita é importante; o Sr. Addison muitas vezes apresenta o mesmo pensamento nas várias orações de um período, apenas mostrando-o sob um enfoque diferente, [and is^r], e o modo como emprega as palavras e as repetições de sinônimos demonstra a sua imprecisão.

i. 130

129

130

---

^m *choose out*: suprimido. ^n *has*: suprimido. ^o *dignity*: suprimido. ^p Mão B.
^q *the language*: suprimido. ^r-r *and is ... view*: Mão B.

i. 131

Um exemplo disso é a conclusão do seu ensaio "Os prazeres da imaginação",⁵ se examinado sob esse ponto de vista.ʳ}

131 Muitas vezes cita poetas, o que dá a seus escritos um ar de alegria e bom humor. Essa alegria, aliada à modéstia que transparece em sua obra, faz dele um escritor polido e elegante. Suas descrições não são tão animadas quanto as de Luciano, e isso talvez se deva tanto à sua modéstia como a uma imaginação menos vivaz. Parece ser esse o caso quando se compara qualquer uma de suas descrições com a de Júpiter carregando Europa, em Luciano,⁶ extraordinariamente animada, e tão completa quantoˢ as palavras podem expressar.ᵗ

ˢ *any thing can*: suprimido.   ᵗ o resto do 131 e o 132 ficaram em branco.
⁵ Os prazeres da imaginação são o tema da *Spectator* 411-21 (21 de junho-3 de julho, 1712).
⁶ *Dialogues of the Sea-Gods* (são 15, e constituem uma obra mais curta que o superior *Dialogues of the Gods*), baseado em Homero, poetas pastorais e pinturas: LCL vii. 178-237. Referência ao nº 15.

11ª Conferência[a]

Quarta-feira. Dez:

Em[b] uma de nossas conferências anteriores, caracterizamos alguns dos melhores prosadores ingleses, comparando seus estilos diversos. O resultado disso, bem como as regras que estabelecemos, é que o estilo perfeito consiste em expressar, da maneira mais concisa, apropriada e precisa, o pensamento do autor, e isso do modo que melhor demonstre o sentimento, a paixão ou o afeto que ele vivencia, ou finge vivenciar, e que pretende comunicar ao leitor.

Isso, vocês dirão, não passa de bom senso, e de fato não passa disso. Mas, se prestarmos atenção, todas as regras da crítica e da moralidade, quando remontadas às suas origens, provam ser princípios de bom senso aceitos por todos; o que cabe a essas artes é aplicar tais regras aos diferentes temas e mostrar suas conclusões[c].
[d] | Foi com esse intuito que fizemos essas[e] observações sobre os autores já mencionados. Mostramos até que ponto seguiram uma regra que tanto se aplica à conversação e ao comportamento quanto à escrita. Pois o que faz de um homem um companheiro agradável é a manifestação espontânea de seus sentimentos, a demonstração

---

[a] No MS: 10. A data deve ser de 15 de dezembro.   [b] No MS: *Ino.*   [c] Substitui: *effect.*   [d] 134 em branco.   [e] *use of the wri:* suprimido.

apropriada de sua paixão ou afeto e opiniões tão agradáveis e naturais que nos sentimos inclinados a concordar com elas. Quem se revelar sábio nas conversas e no comportamento não fingirá ter um caráter que não lhe é natural; se for sério, não fingirá alegria, se for alegre, não fingirá seriedade [*grave*]. *f* Apenas controlará seu temperamento natural, mantendo-se dentro de limites justos [*restrain with just bounds*]*g*, eliminando todo exagero, criando um tom agradável a todos que o cercam. Contudo, não se conduzirá de forma que não seja própria de seu temperamento, embora isso talvez seja mais desejado em abstrato.

136 | Da mesma forma, o que [*In like manner what is that*ʰ] torna o estilo agradável é a expressão justa e apropriada*i* de todos os pensamentos, de tal maneira que reflita a paixão que provocaram no autor, para que tudo pareça natural e fácil. Ele nunca parece agir artificialmente, mas fala de uma maneira apropriada não só ao tema como também à tendência natural de seu caráter.

Os três autores de que já falamos parecem ter seguido essa regra. Cada um fala com estilo próprio, de acordo com seu caráter. Conseqüentemente, vemos que há uma certa uniformidade de estilo, não há passagens que se destacam*j* muito e seus admiradores não 137 têm trechos preferidos, que decoram | e repetem com admiração, como se fossem poemas.*k* Esses autores não procuraram o que consideravam a perfeição máxima de estilo, apenas a perfeição mais adequada a seu gênio e temperamento.

---

f substitui: *gay* (Mão B).   *g* as últimas quatro palavras substituem *curb in impetuosity*.
h as últimas seis palavras substituem *But as their are not natur*.   *i* *with*: suprimido.
j *non whi*: suprimido.   *k* *they*: suprimido.

Porém, existe um outro autor inglês¹ que, embora muito inferior a esses três, teve, até bem pouco tempo atrás, uma reputação bastante superior à deles, pela mesma razão que tiveram Thomson e outros como ele. Essa razão, como já mencionamos antes, era a ignorância da verdadeira correção da linguagem. Creio nem ser preciso dizer que falo de Lord Shaftesbury.

Esse autor não parece ter seguido a regra de que falamos antes, mas ter concebido uma idéia de beleza desligada do seu | próprio caráter, pela qual se propunha a nortear seu estilo.

138

Examinando o caráter e as circunstâncias desse nobre, perceberemos facilmente o que o levou a essa conduta. Era ligado ao pai e foi educado por um preceptor sem^m fortes ligações religiosas, que pregava independência de pensamento e liberdade de consciência em todas as questões religiosas ou filosóficas, sem seguir qualquer pessoa ou opinião. Se os seus amigos se mostrassem^n inclinados por alguma seita, esta seria a dos puritanos, em detrimento da igreja estabelecida, já que os preceitos daquela eram mais adequados à liberdade de consciência que tanto defendiam. O próprio Shaftesbury, pelo que depreendemos de suas cartas¹, parece ter sido de compleição frágil e doentia, e estava sempre | ᵒenfermo, ou temendo adoecer. Tal condição física é muito, ou mesmo quase sempre, ligada a uma condição mental semelhante. Raciocínios abstratos e pesquisas profundas são muito fatigantes para pessoas assim delicadas. ᵖ Sua fraqueza física e mental impede que participem das

139

---

¹ Mão B (?) escreveu *no* acima de *English*. ᵐ *particular*: suprimido. ⁿ *any wise*: suprimido. ᵒ *particular character which he always*: suprimido. ᵖ *and as*: suprimido.
¹ As cartas de Shaftesbury foram publicadas em 1716 e 1721.

atividades normais dos homens comuns. O amor e a ambição são violentos demais para se enraizar em tais constituições, em que as paixões não são muito fortes.*q* Como a debilidade de seus apetites e paixões as impede de serem arrebatadas da forma normal, não encontram grande dificuldade em moldar sua conduta conforme as regras que propõem a si mesmas.

140 |*r* Trata-se de pessoas mais propensas a cultivar as belas-artes, matérias de gosto e imaginação. Estas exigem pouco esforço e, ao mesmo tempo, oferecem diversão muito apropriada a seus*s* temperamentos e capacidade. Dessa forma, verificamos que Lord Shaftesbury, embora não fosse dado a grandes raciocínios, nem muito talentoso para as ciências abstratas, tinha*t* um gosto bem apurado em relação às belas-artes e a matérias semelhantes. {Dizem que fez bonito como orador em ambas as casas do Parlamento,[2] embora nada extraordinário, mas nunca se distinguiu em debates ou considerações sobre temas políticos}. De filosofia natural, parece não ter conhecimento algum,[3] demonstrando grande ignorância em relação a seus progressos e desprezo por seus adeptos. A razão disso

---

q and: suprimido.   *r* O v. 139 tem um falso início: *The fine arts and matters of taste and imagination are w.*   *s way*: suprimido.   *t yet*: suprimido.

[2] Foi representante de Poole de 1695-8. Na Câmara dos Lords, apoiou ardentemente a causa dos *Whigs*, e, apesar de doente, assistiu ao debate sobre o tratado de partição, viajando de Somerset a Londres em um dia, a chamado de Lord Somers. Sozinho, insistiu na dissolução no último ano do reinado de William. Foi o autor do anônimo *Paradoxes of State relative to the present juncture ... chiefly grounded on His Majesty's princely, pious and most gracious speech* [i.e. em 31 de dez. de 1701] (1702).

[3] Que o fato de Shaftesbury não se manter a par dos recentes progressos em *Natural Philosophy* ter sido criticado por Smith não será surpresa para quem tenha lido sua carta para a *Edinburgh Review* de 1756 (EPS 242-54).

é, decerto, que esse assunto não oferecia a diversão exigida por seu temperamento, e o componente matemático, em particular, requeria | mais atenção e pensamento abstrato do que, em geral, pessoas frágeis conseguem demonstrar. Os prazeres da imaginação, por serem mais fáceis de atingir e de natureza delicada, agradam mais a eles. {Tamanho é o desprezo que ele demonstra por tais disciplinas que só pode ser atribuído a uma profunda ignorância.}

Homens desse tipo, quando se voltam para a religião, costumam demonstrar muito entusiasmo e grande disposição para contemplações místicas sobre a natureza de Deus, sua perfeição e tópicos similares. Mas a delicadeza de seu temperamento, aliada à sua formação, imprimiu em Shaftesbury uma tendência diferente. Como dissemos, a religião revelada que ele conhecia melhor era a dos puritanos. O modo grosseiro de se comportarem, a pouca decência ou aparência | de devoção de suas práticas entraram em choque com seu temperamento delicado e refinado, e " acabaram por afastá-lo de toda religião revelada. Os sistemas interesseiros e restritos de Hobbes e ᵛ não se adunavam à delicadeza dos seus sentimentos. A filosofia escolástica era ainda mais desagradável. A futilidade, os sofismas, o barbarismo e a mesquinharia de seus métodos eram-lhe muito óbvios e desagradáveis. Isso fez com que almejasse produzir para si um sistema mais adequado às suas próprias tendências e ao seu temperamento. A afinidade e o grande [*great*]ʷ conhecimento da Antigüidade e das línguas antigas, adquiridos muito cedo na vida, levaram-no [*inclined him*]ˣ a empregá-las nessa pesquisa. O sistema mais apropriado à sua natureza era o

---

" *in*: suprimido.   ᵛ No MS, lacuna de cinco letras (deve se tratar de uma referência a Locke, "preceptor" de Shaftesbury).   ʷ *mastery he*: suprimido.   ˣ Substitui *lead*.

dos platônicos. As noções refinadas, tanto de teologia quanto de filosofia, muito lhe agradavam, e, em conseqüência, sua filosofia e teologia são iguais às deles, apenas um tanto modernizadas e adaptadas ao gosto da época. Nelas encontramos algo da filosofia de Hobbes e de seu próprio preceptor, Locke. Como este último era muito diferente de seu pupilo, sua filosofia não lhe agradava, por ser muito metafísica e incapaz de entretê-lo. Contudo, embora menospreze esses filósofos, ainda assim às vezes se vale deles para formular seu próprio plano.

144 | {Eis então o empreendimento de Lord Shaftesbury: derrubar os antigos sistemas de religião e filosofia, como Hobbes já havia feito, e mais,[y] criar um novo sistema , algo que aquele jamais tentara. Vejamos como o executou, em que estilo e de que maneira.}[z]

É esse o tema dos escritos de Lord Shaftesbury. Consideremos agora até que ponto seu estilo[a'] é apropriado ao mesmo caráter que o conduziu a esse sistema filosófico.

A debilidade física, por impedir a violência de suas paixões, não o predispunha a ter um temperamento particular[b'] para alçar grandes vôos. Seu estilo, por natureza, não se restringiria a um único modelo. Portanto, como nenhuma inclinação particular o levava a ter um estilo determinado, era presumível que formasse um modelo ou idéia de perfeição para lhe servir de referência. {Suas cartas, em que seria de esperar que encontrássemos mais aspectos marcantes de seu caráter do que em seus outros escritos, não são nem de longe tão estimulantes quanto as de Swift e Pope, ou as de Cícero[c'] e as dos nobres romanos com quem este se correspondia.

---

[y] *to:* suprimido.   [z] Mão B.   [a'] *and:* suprimido.   [b'] *Shape:* suprimido.   [c'] *Corres:* suprimido.

São entretanto repletas do que aqui chamamos de sentimentos (isto é, exames de consciência), mas não refletem as circunstâncias em que se encontrava o escritor no momento em que as escreveu. Também não continham nenhuma reflexão especialmente apropriada à época e às circunstâncias.}

Por não ser dado a grandes raciocínios, contentava-se em destacar com linguagem floreada o que era deficiente em conteúdo. | Esse aspecto, aliado ao seu temperamento refinado, levou-o a escolher um estilo pomposo, grandiloqüente e ornado. Seus conhecimentos sobre os antigos levaram-no a imitá-los, sobretudo Platão. Assim como copiou sua teologia e, em grande parte, a sua filosofia, também parece ter imitado seu estilo, ajustando-o para torná-lo mais adequado à sua época. Teocles, em sua *Rapsódia*,[4] é uma cópia fiel de Sócrates. Contudo, como o humor de Sócrates é muitas vezes demasiado grosseiro e seu sarcasmo muito mordaz para a época, isso foi atenuado para que criasse um | Teocles bastante polido, com humor condizente com o caráter de um cavalheiro.

{De fato, ele [*He has indeed*] teve mais êxito que o esperado nessa experiência de criar um estilo e ainda se saiu melhor que qualquer outro em sua concepção de um método de conduta. Um escritor pode rever e corrigir tudo que não combine com o caráter que deseja manter. No cotidiano, porém, podem ocorrer muitos imprevistos que o fariam perder esse caráter assumido se não fossem percebidos de imediato.

Um escritor nunca é obrigado a manter sem premeditação o caráter assumido; entretanto, reações não condizentes com o mesmo

---

[4] *The Moralists, a Philosophical Rhapsody* (1709), Tratado v, em *Charateristicks* (1711).

às vicissitudes da vida cotidiana revelam no ato a sua falsidade [*the affectation will be betrayed.*}[d]

O caráter que desejava ter era o de uma dignidade polida, e como isso parece se realizar melhor por uma dicção grandiloqüente e pomposa, foi esse o estilo que escolheu. E levou isso a tal extremo que, mesmo sendo o tema nada grandioso, seu estilo é tão pomposo quanto o que aplica aos temas mais sublimes. O principal ornamento da língua estudado por ele foi o da cadência uniforme, que muitas vezes emprega[e] em detrimento da precisão e da propriedade, por certo mais importantes. {Isso é tão essencial para ele que, muitas vezes, faz uma parte de sua sentença ecoar a outra e, com freqüência, [f] alinha uma grande quantidade de sinônimos para que as partes terminem de maneira uniforme.}[g]

{Em seus diálogos mais longos, Sócrates sempre indica com clareza suas transições de um tema a outro. Porém, como isso parecia muito formal, Shaftesbury optou por fazê-lo pela maneira mais refinada e mais fácil — iniciar um novo parágrafo —, e insiste em ter motivos para tal, embora [*even* <*tho*>[h]] nos seja difícil perceber a eficácia disso.

É essa a maneira de fazer transições tão em voga nos tempos atuais; por mais vantagens que ofereça quanto à elegância, fica a dever quanto à clareza.

Nos diálogos de Platão, Sócrates sempre diz: tendo considerado tal coisa, passemos agora a esta outra.}

Na escolha do seu tema, ele procedia [*he*[i] *was*] de modo quase igual ao de Luciano. Sendo o propósito de ambos subverter a trama

---

[d] Os dois últimos parágrafos *He has... betrayed* começam no v. 144, oposto a *grand and ornate Stile*; o segundo parágrafo é pela mão B. [e] *when*: suprimido [f] *makes*: suprimido [g] No v. 145, interpolações; ver Introdução, p. 21. [h] modificado de *tho*. [i] *has*: suprimido.

da teologia e da filosofia em vigor, diferiam contudo em um ponto: | Luciano não tinha a intenção de apresentar uma outra em seu lugar, ao passo que Shaftesbury não apenas ^{j} pretendia <destruir> a *estrutura* como planejava substituí-la. Julgava, com razão, que isso se daria mais facilmente e mais ao gosto da época pelo ridículo do que pela contestação. Porém, mesmo nas obras em que se propõe a caçoar e rir do adversário, o faz com a mesma ^{k}linguagem pomposa que emprega em outros escritos. Dessa forma, quase nunca provoca riso; apenas duas vezes no *Characteristicks* inteiro: uma na introdução a ^{l} e outra na descrição de uma partida de futebol mais adiante. Seus símiles e suas metáforas são muitas vezes engenhosos, mas tão prolongados que se tornam^m cansativos, tanto para ele quanto para o leitor {como a do índio}. No tratado em que ridiculariza o Sr. Hobbes, não há uma passagem sequer que provoque riso. O livro do Sr. Hobbes nos faria rir, mas expô-lo ao ridículo jamais nos afetaria.⁵

{Assim como todos os imitadores [*Copiators^n*] exageram o modelo, assim como uma pintura é reconhecida como cópia por ser maior que o original, assim também quem copia um comportamento ou estilo exagera seu imitar. Quem finge alegria é sempre quem ri mais alto e por mais tempo em qualquer grupo. Da mesma forma, Shaftesbury, afetando ser pomposo, com freqüência^o se excede, empregando fina dicção em temas que não combinam com ela.

---

^{j}*judged*: suprimido. ^{k}*gravity and* [lacuna] *as wh*: suprimido. ^{l} No MS: lacuna de dez letras. ^{m} *tediou*: suprimido. ^{n}Modificado de *Copyators*. ^{o} *appli*: suprimido.

⁵ *Miscellaneous Reflections*, I.i (*Characteristicks*, Tratado vi, 1711) Ibid. I.ii, controvérsia filosófica comparada a uma partida de futebol. Ibid. V.iii, o índio. *The Moralists*, II.iv, deboche de Hobbes; cf. III.i, e *Sensus Communis: An Essay on the freedom of Wit and Humour* (1709), Tratado ii, em *Characteristicks*, II.i.

Pelo estilo e perfeição de seus períodos, um estrangeiro que não compreendesse muito bem a língua imaginaria que o tema mais trivial fosse algo de sublime.}

Esse nobre homem [*This nobleman*[p]] às vezes até se permite ser burlesco; seu estilo pomposo, aliado aos pensamentos humorísticos, torna-o quase inevitável. No entanto, esse tipo de ridículo tem sempre um aspecto de bufonaria, e ele certamente se afasta bastante da dignidade polida que procura manter quando se permite uma espécie de humor nada condizente com o caráter de um cavalheiro. – Mais ainda, esse dedicado defensor do re<finamento> e da justeza de pensamento até mesmo, de vez em quando, permite-se fazer trocadilhos, e dos mais tolos, como onde [q].

v. 148 | {Quando Shaftesbury se dispõe a manifestar arrebatamento, é sempre de forma desmedida, prolongada e sem nenhum resquício de razão, como, por exemplo, no discurso ao sol em sua *Rapsódia*,[6] onde não há nenhuma circunstância digna de admiração racional. Não há aí comparação com a passagem mais arrebatadora de Virgílio, seu elogio à vida rural nas *Geórgicas*.[7]

> *O Fortunati nimium sua si bona norunt*
> *Agricolae* etc. etc.

Aqui, cada circunstância, cada palavra, descreve com força e energia a felicidade do campo e censura o brilho fácil e o tumulto da vida citadina. Virgílio, quando arrebatado, não enlouquece.}[r]

---

[p] *This Nobleman* substitui *He even*. [q] No MS, lacuna de seis letras. [r] Mão B.

[6] *The Moralists*, III.i.

[7] *Geórgicas*, ii.458-9: leia-se "O fortunatos ... norint / Agricolas".

12ª Conferência[a]

Sexta-feira, 17 de dezembro, 1762

DA COMPOSIÇÃO

Antes de[b] falarmos sobre as diferentes partes e tipos de composição, será apropriado apresentar-lhes o método que seguiremos.

Todo discurso propõe ou simplesmente relatar um fato ou provar uma proposição. No primeiro caso [*is the end*[c]], é chamado de narrativa. No segundo, ele é a base de dois tipos de exposição: a didática e a retórica.[1] A primeira tem como finalidade apresentar-nos os argumentos dos dois lados de uma questão sob seu aspecto verdadeiro, cada um com sua própria dimensão de influência, e visa persuadir na medida em que os argumentos em si[d] pareçam[e] convincentes. Já a retórica tenta persuadir-nos por todos os meios; e, com esse intuito, exagera todos os argumentos de um dos lados | e enfraquece ou oculta os que sejam contrários à posição que defende. A persuasão,[f] principal desígnio da retórica, é a finalidade secundária da didática. Esta última procura persuadir apenas na medida em que a força dos argumentos prevaleça, sendo seu objetivo principal o da transmissão do saber. Na retórica, a persuasão é a

---
[a] No MS: 11ª   [b] *shall*: suprimido; *Before*: inserido depois.   [c] Inserido acima da linha.   [d] *realy* (?): suprimido.   [e] Substitui *lead us to*.   [f] Substitui *That*.
[1] Cf. i.152 adiante, e a Introdução, p. 36.

finalidade principal, e a transmissão do saber só é considerada na medida em que seja útil à *ᵍ* persuasão, e nada além disso.

{Se alguém quisesse expor alguma questão controversa, como a disputa de dois príncipes sobre o direito a um trono, apresentaria as alegações de cada adversário da maneira mais clara possível, e buscaria seus fundamentos nos costumes e nas leis do país, sem demonstrar, ou, ao menos, sem parecer fazê-lo, inclinação alguma por nenhum dos dois. Mas, se fosse defender a causa de um dos competidores perante uma suprema corte ou um outro príncipe (como Edward foi designado para julgar a contenda entre Bruce e Balliol)², provavelmente não consideraria de seu interesse, nem seria seu dever,*ʰ* colocar a causa abertamente diante dele; daria toda a força possível aos argumentos que apoiassem o seu lado, e atenuaria ou omitiria os que a ele se opusessem.}

*ⁱ*Há dois tipos de fatos: o externo, de práticas alheias à nossa vontade; o outro, interno, compõe-se dos pensamentos,*ʲ* dos sentimentos ou do desejo dos homens, da matéria que habita nossas mentes. O*ᵏ* desígnio da história, composto de ambos, é relatar os acontecimentos*ˡ* singulares | que ocorrem nas diferentes nações, e os desígnios, motivações e opiniões dos*ᵐ* homens mais notáveis de uma época, na medida em que são necessários

151

ᵍ their: suprimido.   *ʰ give*: suprimido.   *ⁱ We shall begin with the narrative or Historical*: suprimido.   *ʲ or*: suprimido.   *ᵏ Subje*: suprimido.   *ˡ fact*: suprimido.   *ᵐ those men who were concerned in bringing about*: suprimido.

² O interesse pela Grande Causa (1292) na Escócia do início do século XVIII é demonstrado, entre outras coisas, pela popularidade do épico de John Harvey, *The Life of Robert Bruce, King of Scots* (1729; reeditada várias vezes; em 1769, como *The Bruciad: an epic poem*). Documentos da Causa: *Edward I and the Throne of Scotland*, ed. E. L. G. Stones e G. G. Simpson (1978).

para explicar as grandes mudanças e revoluções dos Estados de que irá tratar.

Em nossas observações a esse respeito, farei a seguinte divisão: em primeiro lugar, consideraremos quais fatos devem ser narrados; em segundo, a maneira de narrá-los; terceiro, sua organização; quarto, o estilo conveniente; em quinto, e por fim, abordaremos os autores[n] mais bem-sucedidos em todos esses campos. {Por haver dois tipos de objetos passíveis de descrição, trataremos primeiro da descrição dos objetos simples, começando pelos objetos simples visíveis, passando então aos objetos simples invisíveis. Em seguida, consideraremos as descrições de objetos compostos visíveis, como a ação, e de objetos compostos invisíveis, como o caráter, e, por último, o estilo histórico ou descrição de ações e caracteres. — Ao tratar deles, observarei cinco aspectos etc.}[o] {Passaremos então às composições didática e retórica.}[p]

Os escritores antigos fizeram quase a mesma distinção. Dividiram a eloqüência em três partes, de acordo com os três tipos mais usuais entre eles. À primeira denominaram demonstrativa; à segunda, deliberativa; e à terceira, judiciária [*Judicial*[q]]. {É mais por respeito à Antigüidade do que por consideração à beleza ou utilidade da própria coisa que menciono as antigas classificações da retórica.}[r]

A demonstrativa é assim chamada não por ser do tipo usado em demonstrações matemáticas, mas porque sua finalidade precípua era demonstrar ou chamar atenção para a eloqüência de um orador. Foi esse um dos primeiros tipos de eloqüência. Discursos dessa natureza

152

---

[n] *best in those*: suprimido.   [o] Mão B, topo do v.150: talvez conste depois de *intended to relate* no final do parágrafo anterior.   [p] Mão B, no topo do v. 151.
[q] no MS: *Jundicall*.   [r] Mão B.

tinham como objetivo a mera exibição nas assembléias gerais do povo, e eram por isso chamados de πανηγυρικοι.ˢ Os temas eram, em geral, ᵗ o elogio ou a crítica de certas pessoas, comunidades ou ações, exortando as gentes a apoiar ou a evitar certas condutas. Por ser mais seguro aprovar do que condenar homens ou ações, os discursos eram em geral elogiosos,ᵘ e, por isso, o que chamamos de elogio passou a se denominar panegírico.

A eloqüência deliberativa era empregada em conselhos e assembléias sobre assuntos de Estado importantes; a judiciária era usada perante tribunais de justiça.

ᵛAo tratar desses discursos, procederei da mesma forma proposta para os discursos históricos. Tratarei, em primeiro lugar, dos fatos, em segundo, da maneira de abordá-los, em terceiro, da sua organização, em quarto, do estilo, e, em quinto, dos escritores.

{Iniciaremos com a narrativa histórica, cuja parte mais simples é o relato de um único fato. Os fatos são ou externos ou internos. Elucidadas as diferenças entre eles, passaremos a mostrar como devem ser apresentados, organizados, e a melhor forma de transmitir o seu significado. Depois disso, trataremos da expressão dos sentimentos e, por fim, da descrição do caráter. A história abarca tudo isso; portanto, trataremos dela a seguir.ʷ}

Iniciemos, então, pelos fatos que devem ser descritos ou relatados. Estes, como já observamos, são ou externos ou internos. |Começaremos pelos primeiros, por serem mais simples e fáceis

---

ˢ *As*: suprimido.   ᵗ *either*: suprimido.   ᵘ *on*: suprimido.   ᵛ *I shall follow this order in*: suprimido; *this dis* seguido por lacuna de uma linha e meia, a que se segue *and begin with the demonstrative, as it the most Simple and*: suprimido.   ʷ *ut supra*: acrescentado no rodapé.

de conceber. O Sr. Addison observa que[x] os fato<s> podem ser agradáveis por serem grandiosos, novos ou belos.³ Como os fatos[y] agradáveis costumam produzir a melhor impressão, trataremos deles em primeiro lugar, e poderemos então aplicar sem dificuldade as regras estabelecidas a objetos de outros tipos. A idéia <de> um fato[z] grandioso pode ser transmitida[a] de duas maneiras: descrevendo-o pela enumeração de suas características, ou relatando o efeito que provoca sobre quem o presencia. {A primeira forma — descrever o fato em si por partes —, chamo, pois é necessário dar nome às coisas, de descrição direta, e a outra, de indireta.}[b] Milton⁴ emprega o primeiro método[c] em sua descrição do Paraíso e o segundo no relato que Adão faz ao anjo sobre o que lhe causa a presença de Eva.   [d]Emprega o primeiro novamente quando descreve a vista do lago em chamas diante de Satanás. Shakespeare usa a segunda maneira na descrição do Penhasco de Dover, no *Rei Lear*.⁵

Com freqüência, a maneira de descrever um objeto[e] faz parecer agradável o que é desagradável. | Certamente, nada haveria de belo no retrato de uma esterqueira; o objeto não é agradável, nem pode

155

---

[x] *a*: suprimido.   [y] Substitui *objects*.   [z] Substitui *An object* (não suprimido).
[a] Substitui *described*.   [b] Mão B.   [c] Substitui *kind*.   [d] No MS: lacuna de seis letras.   [e] *is of*: suprimido.

³ *Spectator*, 412: "the Sight of what is *Great, Uncommon*, or *Beautiful*". Ibid. 413: os efeitos imaginários agradáveis do "Grandioso, Novo ou Belo". Cf. as seções iniciais de *Astronomy* (EPS 33-47) sobre deslumbramento, surpresa e admiração.

⁴ *Paraíso perdido*, iv. 205 ss. (mas é o Éden "visto" por seu inimigo, Satanás); viii. 596 ss; i. 59 ss.

⁵ *Rei Lear*, IV. vi. 11 24; porém a vista imaginada visa provocar um efeito sobre Gloucester. A descrição foi muito discutida no século XVIII, p. ex., por Johnson (*Life*, de Boswell, ed. Hill-Powell, ii.87); Addison, *Tatler* 117.

haver nada de extraordinário em pintá-lo. {lembrem-se da parte mecânica que} Pela mesma razão, isso seria absolutamente insuportável em se tratando de prosa. Talvez fosse tolerável se descrito em boa linguagem e versos fluentes, pois demonstraria a arte do escritor. Talvez agradasse ainda mais sob a forma de paródia, mas, nesse caso, tampouco o prazer advém do objeto em si, mas da consideração pela engenhosidade^f do artista em utilizar expressões grandiloqüentes e sublimes para descrever | tal objeto de modo preciso. Mesmo em se tratando de paródia, o uso de expressões grandiloqüentes ou similares, que não pareçam facilmente aplicáveis ao tema, agrada-nos pelo mesmo motivo. Assim, a descrição do Sr. Grey^g da entrada do arlequim em cena[6] será sempre agradável. A arte necessária para adaptar o estilo e a versificação de Spender a^h um objeto tão diferente suscita uma ótima opinião sobre a capacidade e a habilidade do escritor. Se fosse em prosa, nada haveria de agradável, pois a beleza, em que consiste toda a arte do autor se teria perdido.

Novos objetos jamais são de descrição agradável apenas por serem novos. Para que nos deleitem, é preciso que neles haja algo | mais^i que a simples novidade. Objetos novos podem ter algo de agradável quando ^{j} realmente os vemos e os temos diante dos olhos, pois talvez então nos maravilhem.^{k} O objeto inteiro é percebido de imediato^l. Em

---

^{f} Substitui *art*. ^{g} Mão B inseriu *Greys* na lacuna finalizada por um *s* deixada pela mão A. ^{h} *such a su*: suprimido. ^{i} *broibe* (?): suprimido. ^{j} No MS: *they*. ^{k} *and*: suprimido. ^{l} *the o*: suprimido.

[6] Nem Grey nem Gray. Talvez tenha sido um lapso auditivo com Richard Graves (1715-1804), cujo amigo William Shenstone restabeleceu a moda de imitar Spenser com *The Schoolmistress* (primeira versão em 1737) e escreveu sobre o assunto em cartas a Graves na década de 1740. Mas nada desse tipo consta dos poemas de Graves em *Collection of Poems* iv e v (1755-8), de Dodsley. | O arlequim aparece em inúmeras peças e pantomimas da época.

descrições, porém, a idéia é apresentada aos poucos, o objeto é revelado vagarosamente, de modo que a novidade não causa grande surpresa. O Sr. Addison observa que não há autor <mais> prolífico em descrições desse tipo do que Ovídio.[7] Nas *Metamorfoses* [*meta<mor>pho[r]ses*[m]] cada mudança ocorrida[n] é descrita em todas as suas etapas; ficamos sabendo de homens com cabeças e patas de ursos, de mulheres que começam a se enraizar no solo, com folhas brotando de seus[o] cabelos e mãos.[8] O Sr. Addison parece satisfeito com essas descrições, | que a mim [*to me*[p]] não me parecem nada agradáveis, tanto pelo motivo já mencionado, como por serem tão fora do comum a ponto de sua inverossimilhança nos chocar.[q] De minha parte, quando vejo Titono[9] retratado com asas e pernas de gafanhoto, não extraio nenhum prazer desse objeto desnaturado e inconcebível. Entretanto, a novidade aliada a qualquer outra qualidade que torne o objeto agradável aumenta o prazer que sentimos com a sua descrição.[r]

---

[m] *give*: suprimido.   [n] *to t*: suprimido.   [o] No MS: *these*.   [p] *but to me* substitui *for my part*.   [q] *our belief*: suprimido.   [r] v. 159 em branco.

[7] O *Spectator* 417 define a arte de Ovídio nas *Metamorfoses* como a contínua e oportuna exploração da *novidade*; cf. as notas de Addison sobre sua tradução das *Metamorfoses* ii-iii em *Works* (edição de Bohn), i.139-53.

[8] Exemplos comentados por Addison: *Met*. ii.477 (Calisto transformada em ursa pela ciumenta Juno, e depois por Júpiter, na constelação denominada Ursa); ii. 367 ss. (Cicno, em cisne); ii. 657 ss. (Ociroe, em égua); ii. 346 (as irmãs de Faeton, as Helíades), i. 548 ss. (Dafne), também x. 489 (Mirra), todas transformadas em árvores; ii. 542 ss. (Coronis, em corvo); iii. 198ss. (Acteon, em cervo).

[9] Titono transformado por sua amada Eos (a alvorada) em gafanhoto como a única maneira de livrá-lo da decrepitude humana, tornando-o imortal: cf. o comentário de J. G. Fraser sobre Apolodoro, *Bibliotheca*, III.xii.4 ss. sobre o escoliasta à *Ilíada,* xi.1 (LCL ii.43). Pinturas como as que podem ter sido vistas por Smith não foram identificadas.

13ª Conferência[a]

Segunda-feira, 20 de dezembro, 1762

Sr. Smith

Chama-se método direto a maneira de mostrar a qualidade de [*expressing any quality of* [b]] um objeto pela descrição das várias partes que o compõem. Quando, por outro lado, isso se faz pela descrição dos efeitos desse objeto em quem o vê, temos então o método indireto. Este, em geral, é de longe o melhor. Por essa razão, as descrições shakespearianas são muitíssimo mais animadas que as de Spenser. Por escrever diálogos, Shakespeare sempre podia fazer seus personagens relatarem os efeitos de qualquer objeto sobre eles. Spenser emprega a descrição direta,[1] descrevendo dessa forma vários objetos, o que nenhum outro autor tentou fazer. {Foi obrigado a adotar esse método porque seus personagens eram alegóricos, sem existência nem forma, senão as que lhes atribuía.}[c] Píndaro, Homero e

---

[a] No MS: 12.   [b] As últimas quatro palavras substituem *describing*.   [c] Mão B.

[1] Isso não leva em conta (o que seria relevante à distinção feita por Smith) o hábito de Spenser de apresentar objetos conforme percebidos por um determinado espectador; daí a predominância de formas verbais como *vê* e *parece*, e a freqüente discrepância (dramática e moral) entre aparência e realidade em *The Faerie Queene*.

i. 161   Milton² jamais tentaram descrever a música | de modo direto; sempre o fazem descrevendo seus efeitos sobre alguma outra criatura. Píndaro³ relata-lhe os efeitos não apenas sobre os seres humanos, mas vai até o Céu e ao Tártaro em busca de objetos que fortaleçam a sua descrição. {O Sr. Hervey⁴ imitou lindamente [*in an extremely beautifull manner* ᵈ] a passagem aqui mencionada, porém, embora as circunstâncias sejam tão bem ou até mais bem detalhadas quanto em Píndaro, a beleza fundamental se perde quando ele omite os efeitos da música sobre o próprio Júpiter, um raio caindo-lhe da mão enquanto, ao mesmo tempo, a[s] águia[s] pousa[m] nela. Em *O mercador de Veneza*⁵, a música é descrita pelos efeitos que produz. O homem que não tem música dentro de si}ᵉ. Mas aquilo que nenhum desses grandes homens jamais tentou, Spenser não só tentou como o fezᶠ com êxito: o relato do cavalheiro da temperança destruindo o pavilhão da alegria.⁶

A descrição ou expressão de objetos internos invisíveis é muitíssimo mais difícil. Imaginamos que seria fácil representar um objeto externo por qualquer das duas maneiras mencionadas, mas descobrimos que é preciso muita habilidade para fazê-lo com per-

---

ᵈ as cinco últimas palavras substituem *very excellently.*   ᵉ A segunda sentença é um acréscimo posterior feito por Mão A; a terceira é de Mão B.   ᶠ *it:* suprimido.

² Sobre Milton, as exceções seriam a conclusão de *L'Allegro*, a *canzone At a Solemn Music*, ou a música celestial em várias passagens de *Paraíso perdido*. Cf. S. Spaeth, *Knowledge of Music*, de Milton (Princeton, 1913).

³ *Pythian Ode*, i. 1 ss.

⁴ John Harvey (ver anteriormente, i.150 n. 2), *A collection of miscellany poems and letters, comical and serious* (1726), 62-4, "To Sir Richard Steele".

⁵ Ver i.71-88.

⁶ *The Faerie Queene*, II.xii.70-1. Segue-se a destruição do pavilhão da alegria por Guyon, 83 ss.

feição. | Porém, por mais complicado que seja descrever objetos externos, que são os objetos dos nossos sentidos, ainda mais difícil deve ser descrever os internos, que habitam a própria mente e não são objeto de nenhum dos sentidos. Não podemos dividi-los em partes, nem há alguma cuja descrição transmita a noção desejada. {Se a maneira mais fácil de descrever um objeto é por suas partes, como, então, descrever aquilo que não se divide?}[g]

As causas desses fatos ou objetos internos são, também, ou internas ou externas. As internas são disposições da mente que nos tornam capazes de sentir determinadas paixões ou emoções; e as externas são determinados objetos que produzem esses efeitos em uma mente assim predisposta. {Só há dois modos de descrevê-las: pelos efeitos que produzem sobre o corpo ou sobre a mente, ambos indiretos.}[b] A mente não transtornada por paixões violentas, mas calma e serena, habitada por certa alegria, porém atenta, é a | mais propensa à admiração. É nesse estado que os poetas irrompem em expressões arrebatadas sobre os prazeres da vida campestre. A cena calma e tranqüila que ela proporciona seria então muito agradável. Se qualquer objeto belo nos é apresentado nessas circunstâncias, permanecemos imóveis onde estamos, os braços pendentes de lado; se a emoção for muito forte, cruzamos os braços sobre o peito, inclinamo-nos para a frente e esticamos o pescoço, os olhos fixos no objeto e a boca entreaberta. À emoção[i] que sentimos junta-se um *quantum* de desejo e esperança[j] em relação ao objeto, levando-nos a nos chegar a ele,[k] imaginando | que a proximidade propiciará desfrute melhor. {Uma cabana vista a certa distância é um objeto

---

[g] Mão B.   [h] Mão B.   [i] *passion*: suprimido.   [j] Números escritos acima modificam a ordem original *hope and desire*.   [k] *in hopes*: suprimido.

agradável, e tendemos a imaginar (por vezes contrariando a experiência) que os que lá habitam são inocentes e felizes.}[1] Essa[m] emoção se manifesta com mais freqüência naqueles dotados de um temperamento fácil de agradar, mas não em quem predominam a vaidade e a presunção: tais pessoas preocupam-se tanto consigo próprias que outros objetos não as afetam muito.

Qualquer objeto novo nos provoca surpresa, em especial os grandiosos e importantes. Esse efeito, à diferença do outro, não nos prende ao lugar; com as mãos estendidas e os olhos arregalados, dali nos afastamos. O estado de espírito mais apropriado a isso é quando   .[n] Se o objeto é grandioso, ficamos imóveis; não desejamos nos aproximar, como sucede no primeiro caso, mas nos distanciar. A isso chamamos admiração. Dela não fazem parte esperança nem desejo, mas terror e respeito reverentes que resultam no temor ao desprazer. {A surpresa é mais violenta no primeiro instante, porém a admiração cresce aos poucos, chega ao auge e de novo diminui.} O estado de espírito que mais nos inclina a isso é[o]

Outras paixões afetam o corpo com violência ainda maior e o corrompem de diferentes maneiras. Isso não significa que todas devam ser descritas, mas apenas as mais notáveis e marcantes.[p] Todas as paixões procedem de diversos estados de espírito e circunstâncias externas. Seria, porém, algo infindável e inútil examinar todas essas variadas emoções e paixões. Infindável porque, embora as paixões simples não sejam [are[q]] numerosas, ainda assim são compostas de tantas maneiras diferentes que o número das mistas seria quase infinito. Inútil, pois, mesmo que examinássemos todas

---

[1] Mão B.   [m] *passion:* suprimida.   [n] No MS: lacuna de seis letras.   [o] No MS: seguem-se duas linhas e meia em branco.   [p] *the no:* suprimido.   [q] Substitui *be.*

as diversas emoções, ainda assim as diferenças de caráter, idade e circunstâncias fariam variar de tal forma os seus efeitos que nossas regras se tornariam absolutamente inaplicáveis. Mezêncio, Evandro e a mãe de Euríalo[7] são afetados pela mesma emoção, a tristeza, que manifestam de formas diferentes. Mezêncio[r] ao mesmo tempo[s] {Em Mezêncio, tirano feroz abandonado pelos súditos e perseguido pela vingança dos céus, ela se manifesta por fúria obstinada e desespero.   [t] A tristeza de Evandro era fraqueza perfeita, natural a um ancião de vida inocente e simples.}[u] Evandro é afetado por uma tristeza manifesta e simples. A mãe de Euríalo demonstra uma espécie de tristeza vivaz,[v] comum às mulheres de certa idade, cujas paixões[w] (ao contrário das dos homens) parecem tornar-se mais fortes e mais intensas. | {O diversificar-se da mesma emoção nos diferentes caracteres é bem ilustrado nos sentimentos dos nossos primeiros ancestrais ao deixarem o paraíso[8] — Eva lamenta deixar as flores, os caminhos e, principalmente, o pavilhão nupcial — Adão, em passagem sublime, as paisagens onde conversara com Deus.}[x]

O acréscimo de certos objetos que tendem para o mesmo ponto é muitas vezes de grande eficiência. *L'allegro* e *Il penseroso* de Milton são[y] muito favorecidos pelos vários personagens adicionais que entram em cena. — Esses objetos adicionais podem ser de três tipos: em primeiro lugar, os que são imediatamente afetados pelos objetos principais e tendem a fortalecer o projeto; em segundo, os que não

167

---

[r] *is that of one*: suprimido.   [s] *ra* ("rages"?), depois, quase duas linhas em branco.
[t] No MS, lacuna correspondente a seis letras.   [u] Mão B.   [v] *conterary to*: suprimido.
[w] *their passions* substitui *they then*.   [x] Mão B.   [y] *all*: suprimido.
[7] *Eneida*, x.833-908; sobre o caráter odioso de Mezêncio, viii.481 ss. Evandro: xi.148-81. O morto Euríalo interpelado pela mãe magoada: ix.475-502.
[8] *Paraíso perdido*, xi.268-85 e 315-29, respectivamente.

são produzidos pelo objeto principal, mas estão ligados a ele, são do mesmo tipo que este e tendem a provocar [*tend to produce*] a mesma emoção; em terceiro, os que não são afetados pelo objeto nem ligados a ele mas são,*ᵃ* de algum modo, apropriados para o projeto principal e tendem a provocar a mesma emoção. Quando Virgílio [*Vi<rgil>*]*ᵇ* descreve uma torrente despencando rochedo abaixo, | reforça a cena pela descrição de um viajante atônito e surpreso ao [*onᶜ*] ouvir o seu fragor.[9] O próprio rochedo, escarpado e íngreme, sobranceando o solo, é um objeto muito agradável em uma cena campestre. Ticiano costumava acrescentar uma cabra escalando esses rochedos em suas paisagens*ᵈ* aprazíveis, o que tornava os rochedos muito mais agradáveis [*this added greatly to the agreablenes of the Rocksᵉ*]; mas, quando desenhava um pastor deitado no chão distraindo-se com os movimentos da cabra, aumentava ainda mais a alegria e o prazer proporcionados pelo quadro. O zumbido de um enxame de abelhas e o arrulho de uma pomba-rola despertam idéias agradáveis e tranqüilizadoras, porém o efeito é bem mais intenso quando Virgílio descreve Melibeu[10] adormecendo, acalentado pela suavidade desses sons. Esses são exemplos | do primeiro tipo, em que os objetos adicionais são afetados pelo principal. *ᶠ* (Observemos aqui que, sendo o objeto principal um elemento inanimado ou irracional, temos uma paisagem, e, quando as figuras humanas são o objeto principal, temos uma história.) O segundo método

---

ᶻ and tend to pro: suprimido erroneamente.   *ᵃ of the:* suprimido.   *ᵇ* No MS, espaço em branco.   *ᶜ* Escrito por cima de *at*.   *ᵈ objects:* suprimido.   *ᵉ* As nove últimas palavras substituem *of itself is a pleasant object*.   *ᶠ for:* suprimido.

[9] Talvez *Eneida*, ii.304-8: mas "stupet inscius ... pastor", não "viator". A comparação imita a *Ilíada*, iv. 452 ss.

[10] *Éclogas*, i. 54-6.

é empregado por Milton em *L'allegro*. A camponesa cantando pelo caminho e o ceifador afiando a foice[11] etc. não são parte integrante da paisagem[g] descrita, mas estão[h] ligados a ela e tendem a provocar a mesma[i] emoção. {Salvator} Rosa[j] desenhou muitas paisagens[k] com rochedos, cascatas, bosques e montanhas. Nelas, muitas vezes expõe um filósofo meditando à sombra de uma[l] montanha, um mágico à entrada de uma caverna ou um eremita entre desertos e florestas. Nessas paisagens, nem o filósofo [Philosop<h>er>] está contemplando a montanha, nem o mágico a caverna, nem o eremita o deserto. Contudo, esses objetos estão interligados e provocam a mesma emoção. {Um filósofo lendo um livro}[m] O filósofo exacerba a majestade terrível da montanha, o mágico, o horror sombrio da caverna. O eremita tende a exacerbar as emoções provocadas pela visão de um deserto. – A solidão evoca a idéia de algo | muito terrível. Costumamos imaginar a presença de seres superiores em tais lugares e, quando não os vemos, adivinhamos sua invisível presença. Fadas, ninfas, faunos, sátiros, dríades e divindades que tais eram todos habitantes da[n] floresta. {Se porventura aparecem na cidade, é na calada da noite, na solidão} [*If ... is*[o]]. É nesses lugares que concebemos toda comunicação com seres superiores; inspirações e revelações proféticas surgem sempre da solidão. Não foi nos palácios de Tróia, mas na solitária montanha de Ida, que as deusas se apresentaram a Páris. Dessa forma, eremitas e outras figuras religiosas são acréscimos condizentes com essas regiões

---

[g] *bef:* suprimido.   [h] *of the:* suprimido.   [i] *idea:* suprimido.   [j] Inserido pela mão B no espaço deixado em branco.   [k] *of:* suprimido.   [l] *object:* suprimido.   [m] Mão B.   [n] *des:* suprimido.   [o] *if ... is* escrito pela mão A; o restante é da mão B.

[11] *L'allegro*, 65-6.

solitárias quando desejamos provocar emoções[p] impressionantes e sombrias.

{Poussin acrescentou a história de Píramo [*Pyr\<amus\>*] e Tisbe à sua pintura noturna, como se fosse da mesma feição que o resto do quadro, mas ali não há conexão alguma, e a impropriedade gera um efeito um tanto desagradável. Fez o mesmo em[q] outras obras, onde inseriu a história de Fócion. Esse procedimento, em que não há nenhuma conexão, parece apropriado para pinturas históricas, porque[r]}

172 | {Passemos agora a algumas regras gerais para a descrição dos objetos, sendo a primeira delas que a totalidade [*1st The whole*[s]]} dos objetos descritos deve ter como tendência o despertar de uma única emoção, sem o que não se alcançará a finalidade desejada. Onde o desígnio principal é provocar diversão e alegria, nada sombrio ou horrível deve ser introduzido; por outro lado, onde se deseja criar sentimentos fortes e terríveis, o todo deve tender para isso. *L'allegro* e *Il p* {*penseroso*}[t] de Milton seguem rigorosamente essa regra. Thomson parece tê-la rompido [*to have*[u] *broke throw it*] muitas vezes. Seu plano de retratar as estações do ano leva-o,[v] com freqüência, a descrever objetos de naturezas diferentes e opostas. Assim sendo, suas descrições, embora por vezes bastante boas, não atingem seu alvo, não provocando nenhuma emoção forte.[w]

173 | [*2d Another thing that is ...*] Segunda regra: a descrição deve ser curta, e não longa e tediosa. Surge, então, uma dificuldade: como

---

[p] *of:* suprimido.   [q] Substitui *with.*   [r] *—cause* aparece isolada no topo do v. 171. Lacuna de seis letras no MS.   [s] *1st The whole* repetido no início do 172.   [t] Mão B.   [u] *brought:* suprimido.   [v] *in:* suprimido.   [w] O trecho *They ought all to have been arranged in such an order as not to have contrasted one another but tended to the same end* escrito no início do 173, foi suprimido. Cinco linhas em branco antes de *2d Another thing that is ...*

ser conciso e, ao mesmo tempo, apresentar circunstâncias que dêem vivacidade e força a uma descrição? Isso muitas vezes se realiza pela escolha das circunstâncias mais curiosas e | marcantes, que talvez evoquem outras ao leitor. Assim o fez Virgílio muitíssimo bem ao descrever a morte de um comandante de Argos, onde este diz:

174

Sternitur[x] *et Dulces moriens meminiscitur Argos* — Um poeta menor teria feito o personagem expressar toda a ternura que alguém que está morrendo desperta no leitor,[12] como Thomson, na descrição de um homem morrendo na neve[13] [*in the snow*].

| {A terceira diretiva seria que não só [*we should not only* [y]] as circunstâncias devem formar um todo, como também é muitas vezes apropriado escolher circunstâncias específicas e curiosas. O pintor, ao desenhar uma fruta,[z] torna a figura admirável se não se limita a lhe dar forma e cor mas também representa a penugem fina que a recobre. O orvalho nas flores, da mesma maneira, dá à figura uma notável verossimilhança. Do mesmo modo, na descrição, podem-se escolher alguns mínimos detalhes que contribuem para a emoção geral e, ao mesmo tempo, não costumam ser notados. Esses detalhes sempre provocam um efeito considerável.}[a]

v. 172

A concisão também pode ser alcançada pela força das imagens se cada parte da sentença representar pelo menos uma circunstância

175

---

[x] *in humum:* suprimido.   [y] *choose out:* suprimido.   [z] *ine:* suprimido.   [a] A nota v. 172 foi inserida depois de *in the snow* por um sinal de inclusão.

[12] Em O ferimento de Antores, *Eneida*, x.781-2, se lê:
        sternitur infelix alieno vulnere, caelumque
        aspicit et dulcis moriens reminiscitur Argos.
[O infeliz é abatido por um golpe dirigido contra outro / Olha o céu e, ao morrer, lembra-se de sua doce Argos.]
[13] *Seasons*, Winter, 276-317 (como nas edições de 1730-46.)

diferente, ou, se possível, duas ou três. Isso torna a descrição mais viva. Assim, no *Il penseroso* e no *L'allegro* de Milton, quase todas as palavras tendem a transmitir uma idéia adequada ao tema, e o mesmo observamos no relato de Virgílio sobre a morte de um cavalo durante a peste.[14]

{Uma outra diretriz é destacar uma circunstância curiosa; se ela não costuma ser notada, terá um efeito positivo. Assim, muito nos agradam pinturas de flores ou frutos em que aparecem penugem ou orvalho, que normalmente não notamos, embora as flores e os frutos devam a eles o seu brilho}[b]

---

[b] Segunda parte do v. 175: Mão B.

[14] *Geórgicas*, iii.498-502. Cf. a morte do touro em iii.515 ss.

14ª Conferência[a]

Quarta-feira, 22 de dezembro, 1762

Sr. Smith

Tendo apresentado algumas regras gerais para a descrição de objetos, tratarei agora de outras que se aplicam especificamente a diferentes tipos de objetos. São, na verdade, as regras gerais aplicadas a casos particulares, segundo o bom senso de cada um, independentemente de conhecê-las ou não.

Os objetos podem ser materiais ou imateriais. – Os objetos materiais podem ser naturais ou artificiais. Os objetos naturais podem ser considerados de dois tipos. Em primeiro lugar, os que existem em um mesmo momento; em segundo, os que existem em uma sucessão de incidentes.

I. Ao descrever os objetos naturais [*natural objects*][b] que existem em seu todo no mesmo momento, como as paisagens, não é preciso organizá-los, e podemos descrevê-los na ordem que mais nos convier. Milton faz isso na descrição do paraíso[1] e em *L'allegro* e *Il penseroso*. Quando os autores tentam organizar os objetos em tais descrições, o leitor procura organizá-los do mesmo[c] modo na idéia

---

[a] No MS: 13. [b] Substitui *Corporeal*. [c] Grafado por cima: *like*.
[1] *Paraíso perdido*, iv. 205 ss. Cf. atrás i. 154 n. 4.

que forma da coisa descrita, o que é bastante difícil, já que não há palavras que transmitam uma idéia precisa dessa organização sem a ajuda de um esquema. {Tais descrições exigem tanta atenção e esforço mental quanto uma demonstração matemática.}*d* Plínio fez uma descrição como essa de sua casa de campo,² com grande riqueza de detalhes. Porém, não obstante sua grande precisão, seus comentaristas não concordam com a posição dos vários objetos descritos, e cada um imagina uma disposição diferente. Além disso, creio que, se alguém desprovido de preconceito lesse a descrição, imaginaria uma disposição*e* dos diversos objetos em sua mente diferente das anteriores. {Os últimos sofistas muitas vezes lançam mão de descrições desse tipo. Como Aquiles Tácio*f* e outros, fazem muitas descrições, dizendo que à direita havia um bosque, à esquerda um rochedo, e assim por diante.}

O Sr. Balzac*g*, imitando Plínio, descreveu sua casa de campo e a*h* disposição de vários objetos dentro dela.³ Creio que se o Sr. Balzac*i* alcançar a posteridade e tiver comentadores, estes, como os de Plínio, tampouco concordarão entre si. O conde de Buckingham fez uma descrição muito precisa de sua casa e seus jardins em carta ao Sr. Pope.⁴

---

d Mão B.   *e diferente:* suprimido; *numbers written above confirm the changed order*   *f* No MS: *Statius*; a mão A escreveu *Hercules*, a mão B substituiu *Achilles* mas deixou *Statius*; a frase seguinte é da mão B.   *g* Correção de *Blenac* pela mão B.   *h sev:* suprimido.   *i* No MS: *Blenacs*.

² *Letters*, V. 6. Para Aquiles Tácio, ver i.184, nota 10, adiante.

³ Jean-Louis Guez de Balzac (1597-1654): *Lettres* (1624), I. xxxi, set., 1622, a Jacques de La Motte Aigron; I. 15, na tradução para o inglês de W. Tirwhyt (1634).

⁴ John Sheffield, duque de Buckingham, *Works* (1723), ii.275-87, carta ao duque de Shrewsbury, com cópia enviada a Pope. Pope respondeu com um pouco de zombaria, dando-lhe uma descrição detalhada de Stanton Harcourt, onde passava o verão de 1718, e enviou uma descrição fantasiosa quase idêntica

Entretanto, embora seja muito exata e vivaz, quem for a Buckingham House verá que é diferente do que imaginou pela descrição.

Quando, portanto, descrevemos um objeto natural que pode ser apreendido à primeira vista, não nos preocupamos com a disposição, já que o leitor seguirá seu próprio gosto; nossa organização [*arrangement*[j]] não o impressiona, pois, na ausência de um esquema, não há palavras que transmitam a justa noção da coisa descrita.

2. Se as[k] circunstâncias relativas ao objeto a ser descrito não estiverem presentes no mesmo momento, devem ser relatadas na ordem em que[l] se sucedem, sem que se imponha uma ordem ao leitor. Assim fez Virgílio em sua descrição da peste.[5]

3. Os objetos artificiais ou são inteiramente criados pelo homem ou são imitações das obras da natureza. Para descrever os primeiros {em se tratando de descrições poéticas}, a descrição indireta é a melhor. É mais fácil imaginar essas obras pelos efeitos que provocam no espectador do que pela descrição de suas diversas partes. O Sr. Addison descreve de modo indireto a Basílica de São Pedro[6] em Roma, e fazemos uma idéia mais exata do tamanho e das proporções do prédio do que se ele tivesse descrito cada parte com sua dimensão exata. {sem um esquema}[m]

4. Por outro lado, se os objetos forem imitações da natureza, detalhes minuciosos nunca serão demais, | pois a boa qualidade dessas produções consiste em sua simetria exata e em sua estabilida-

---

[j] Substitui: *description*.   [k] *objects*: suprimido.   [l] Substitui *what*.   [m] Mão B.

a Lady Mary Wortley Montagu: publicada em *Works*, de Pope (1737), e em *The Correspondence of Alexandre Pope*, ed. G. Sherburn (1956), i.505-11.

[5] *Geórgicas*, iii. 478-566; cf. i. 175 n. 14, atrás.

[6] *Remarks on several parts of Italy* (1705; ver a edição de Bohn de *Works*, i. 417-18).

de [*stableness*ⁿ]. A descrição de Luciano da pintura⁷ de Apeles° que retrata as bodas de Alexandre e Roxana é admirável porque oferece uma noção completa de todo o quadro. Porém, se tivesse escrito [*if he had wrote*ᵖ] com o objetivo de descrever a pintura, e não a tivesse mencionado apenas para ilustrar outro tema, é o próprio Luciano quem nos diz que teria sido muito mais minucioso quanto às várias partes, e não teria apenas feito um relato sobre o esquema geral do quadro, mas também sobre as linhas principais e o colorido de cada figura sua.

5. Objetos internos, como paixões e emoções, só podem ser bem descritos por seus efeitos, que, por sua vez, serão internos | ou externos. – A melhor regra com relação a esse tópico é a seguinte: se a paixão for muito violenta e perturbadora, é melhor descrevê-la por seus efeitos externos, que devem ser enumerados por completo e da maneira mais impactante e expressiva possível. {Os sentimentos que uma paixão violenta provoca são por demais tumultuosos e transitórios para serem descritos}ᑫ – Por outro lado, quando a paixão é menos violenta, temos de lançar mão dos efeitos internos, pois os externos não são fortes nem impressionantes o suficiente para ressaltar o estado de espírito da pessoa eʳ caracterizar essa paixão.

ⁿ As três primeiras letras foram escritas por cima, de modo ilegível: *nobleness*? Mas é necessário um sinônimo para *exactness*; ver penúltima linha do 185, adiante.
° *Apelles*: acrescentado pela mão B na lacuna deixada, terminada em 's.   ᵖ Substitui *been writing*.   ᑫ Mão B.   ʳ *distinguish*: suprimido.

⁷ Não Apeles, mas Aécio, cuja pintura mais célebre, as bodas de Alexandre e Roxana, é examinada por Luciano em *Herdotus or Aëtion*, i.e., as virtudes do historiador versus as do pintor (LCL Vi.141-52). Daniel Webb, em *An Inquiry into the Beauties of Painting: and into the Merits of the most celebrated Painters, ancient and modern* (1760), 193-5, se inspira em Luciano ao contrastar a audácia e inovação de pintores antigos com o amontoado de minúcias nos trabalhos dos modernos.

— A enumeração de circunstâncias, nesse caso, não deve ser nem completa nem detalhada demais. Muitas vezes, um grande número de circunstâncias inexpressivas faz menos efeito do que apenas uma ou duas bem escolhidas [*well chosen*ˢ]. Foram bem diferentesᵗ as descrições que Virgílio fez das reações de Dido e Enéias ao se separarem.⁸ A ᵘangústia amargurada de Dido é admiravelmente ressaltada [*pointed*ᵛ] por uma grande variedade de circunstâncias externas muito bem escolhidas. Já a tristeza de Enéias, não sendo tão profunda, manifesta-se por umas poucas circunstâncias bem escolhidas, todas elas internas. Desvelar a causa da paixão por vezes éʷ proveitoso, mas raramente basta para caracterizá-la sem que se lhe adicionem alguns de seus efeitos.

Tanto Homero quanto Virgílio descrevem o prazer de Latona ao ver sua filha ser a preferida entre as oréades, [*by a single expression*ˣ] empregando uma única expressão queʸ sugere de imediato o seu estado de espírito. — | Observemos que a descrição de Virgílio é um pouco mais exata que [*than*ᶻ] a de Homero.⁹ Este último apenas diz que elaᵃ γεγηθεν φρηνα, expressão que costuma empregar para denotar qualquer tipo de prazer, e muitas vezes aplica com um sentido muito diferente, como, por exemplo, quando diz γεγηθεω δε ποιμην. Virgílio, por sua vez, ressalta de forma muito delicada o prazer de Latona. Emoções finas e delicadas

---

ˢ *ones*: suprimido.   ᵗ Preenchido conjecturalmente.   ᵘ *violent Grief and*: suprimido.
ᵛ No MS: *painted*.   ʷ *well*: suprimido   ˣ Inserido pela mão B no espaço em branco.
ʸ *is alto*: suprimido.   ᶻ No MS: *then*.   ᵃ *was*: suprimido.
⁸ *Eneida*, iv. 362-87 e 333-61, respectivamente.
⁹ *Eneida* i. 502. "Latonac tacitum pertemptant gaudia pectus", baseado na *Odisséia*, vi. 106 (γέγηθε δέ τε θρένα Λητώ ; *Ilíada*, viii.559 apresenta a mesma expressão com ποιμήν.

não eram nem muito sentidas nem muito notadas no*ᵇ* tempo do poeta grego*ᶜ*.

6. Ao descrever objetos naturais, não devemos introduzir duas circunstâncias tais que uma esteja incluída na outra. {Essas circunstâncias que necessariamente insinuam uma à outra são chamadas de sinônimos.}*ᵈ* Os sofistas modernos, como Hércules Tácio*ᵉ* e *ᶠ*Apuleio, muitas vezes cometem esse erro.¹⁰ Dizem que o homem que se inclinou para a frente | tinha um pé adiante do outro; se inclinou a cabeça para um lado [para um lado], dizem que inclinou o corpo para o outro.*ᵍ* A segunda circunstância está incluída na primeira e é facilmente dela deduzida. Provavelmente, foram levados a esse modo de descrever as coisas por constatarem que os autores cujas descrições eram mais*ʰ* admiradas o seguiam. Porém, não levaram em consideração que esses autores descreviam imitações da natureza, e não objetos naturais. Essas descrições foram muito empregadas <*used ⁱ*> no tempo de Trajano e dos Antoninos, e nelas, como já observamos anteriormente, a qualidade reside em relatar cada detalhe, já que a superioridade da obra consiste em sua exatidão e simetria.

|O abade du Bos,¹¹ em sua descrição da estátua do escravo que descobriu uma conspiração entre os romanos, detalha cada

---

ᵇ Substitui *by*. *ᶜ* *Homero:* suprimido. *ᵈ* Mão B. *ᵉ* i.e. Aquiles Tácio. *ᶠ* No MS, lacuna correspondente a quatorze letras. *ᵍ* *when:* suprimido. *ʰ* *to be:* suprimido. *ⁱ* Preenchido conjecturalmente.

¹⁰ Aquiles Tácio (que confundiu o escriba também em i.178, atrás) foi, no século II d.C., autor do romance *Leucipa e Clitofonte*, notável pela minúcia de suas descrições de objetos e pessoas. Seu contemporâneo Apuleio escreveu a sátira *O asno de ouro*, baseado em *Lúcio, o asno*, talvez de Luciano.

¹¹ *Réflexions Critiques sur la poésie et sur la peinture* (1719), i. sec. 38. Dubos cita Tito Lívio, ii. 4; Juvenal, viii. 266. A figura é "le *Rotateur"* ou *"l'Aiguiseur"*, o Amolador. Thomas Nugent (tradução de 1748) cita Juvenal na versão de G. Stepney.

atitude particular; se fosse apenas descrever a postura do próprio escravo, diria que ele estava de pé,^j escutando a conversa dos romanos enquanto parecia^k trabalhar, embora, na realidade, já não trabalhasse mais.

7. Devemos não só evitar as circunstâncias ditas sinônimas como também aquelas contrárias à natureza do objeto descrito. Assim, quando um poeta moderno^l descreve uma montanha sob a perspectiva de quem a visse do mar, à distância, e diz que ela lhe parece negra, isso não corresponde à realidade, pois ela seria de um branco-azulado por influência da atmosfera. | Aqueles que, embora mal [*ill^m*] preparados e conhecendo pouco o objeto em questão, se sentem compelidos a descrevê-lo são os mais propensos a incorrer nesse erro.

8.^n Seria desnecessário alertar os senhores contra o emprego^o de epítetos contraditórios ou inaplicáveis ao objeto, não fosse o fato de alguns dos maiores escritores ingleses incorrerem com freqüência nesse erro. O Sr. Pope muitas vezes emprega adjetivos que não combinam em nada com os substantivos, como quando fala no *horror castanho dos bosques*.[12]

188

---

^j *in the*: suprimido.   ^k *not*: suprimido.   ^l *modern Poet* inserido por Mão B no espaço em branco.   ^m no MS: *all*.   ^n no MS: 7.   ^o *circumsta*: suprimido.

[12] Em *Eloisa to Abelard*, 169-70, se lê:
    Deepens the murmur of the falling floods,
    And breathes a browner horror on the woods.
[Enrouquece o canto das cascatas / E ensombra o bosque de um horror castanho.]
A expressão é extraída de Dryden: "... *the lambent easy light / Gild the brown horror, and dispel the night*" (*The Hind and the Panther* 1230-1); "...*a wood / Which thick with shades and a brown horror stood*" (*Eneida*, vii.40-1). Cf. *The First Book of Statius his Thebais*, de Pope (1712), 516: "*Thro" the brown Horrors of the Night he fled*". A sinestesia de Thomson já foi criticada antes em i. v. 68.

{ *deepens the murmurs of the falling floods
and shades a browner horror ore the Woods* }*ᵖ*

'Castanho' ligado a horror não transmite idéia alguma. Thomson incorre nesse tipo de erro com muita freqüência, e Shakespeare, quase sempre.

ᵖ Mão B.

15ª Conferência[a]

Sexta-feira, 24 de dezembro, 1762

Sr. Smith

Tendo feito algumas observações sobre as descrições [sobre a descrição] dos objetos em geral, e dado algumas diretrizes para a descrição de objetos simples, [*whether*[b]] internos e externos, passemos agora a algumas observações sobre a maneira adequada de descrever objetos mais complexos. São eles ou os caracteres dos homens ou suas ações e condutas mais grandiosas e impor|tantes. Começarei pelos primeiros, pois é do caráter e da disposição do homem que se originam, sobretudo, a sua conduta e comportamento peculiares; além disso, a maneira de descrevê-los será melhor compreendida se antes considerarmos suas causas.

O caráter[1] pode ser descrito direta ou indiretamente. Quando o descrevemos diretamente, relacionamos as várias partes que o constituem e a composição de cada paixão ou estado das pessoas. Para fazê-lo com certo grau de perfeição, é preciso grande habilidade, alto poder de penetração, observação apurada e um conhecimento quase perfeito da natureza humana. Por conseguinte, verificamos

---
[a] No MS: 14ª.   [b] No MS, *whather*.
[1] Sobre o caráter, ver Introdução, p. 35.

que muito poucos autores antigos tentaram essa proeza. Foi dessa maneira que Salústio descreveu o caráter de | Catilina.² Tácito, embora raramente tenha o propósito explícito de descrever um caráter, ainda assim costuma fornecer algumas linhas gerais, ilustrando-as depois com reflexões sobre a conduta de cada um e a dificuldade para descobrir e explicar os motivos que a engendraram.

Isso, a menos que muitíssimo bem executado, quase nunca é suficiente para dar uma noção exata de um caráter; as características gerais, por si sós, não servem para distinguir um caráter de outros talvez muito diferentes. Não é tanto o grau de virtude ou vício, de retidão ou desonestidade, coragem ou timidez que distingue um caráter, mas os matizes que essas qualidades foram adquirindo no seu processo de formação.

ʿ{Turrene e Saxe³ talvez se equiparassem em coragem, mas a atividade de um e a cautela do outro tornavam seus caracteres bem diferentes. Em nosso próprio país, Cromwell e Montrose, que viveram na mesma época, tinham, creio, a mesma perícia militar, mas a audácia desabrida do primeiro e o temperamento desconfiado e astuto do outro os diferenciavam bastante.

Os homens não diferem tanto nos graus de virtude e sabedoria como nos matizes peculiares que essas qualidades possam receber dos outros elementos de seu caráter}ʿ

ʿ-ʿ Interpolação no v. 189; a última sentença foi escrita pela mão B.

² *Bellum Catilinae* v. Esse esboço é comparado ao de Cícero em *In Catilinam*, em i.194, adiante.

³ Henri de la Tour d'Auvergne, visconde de Turenne (1611-75), descrito pelos franceses pré-napoleônicos como o maior comandante dos tempos modernos; neto de William I, príncipe de Orange. Hermann Maurice, conde de Saxe (1696-1750). Eram dois dos três únicos marechais da França pré-revolucionária: Turenne, a partir de 1660; Saxe, a partir de 1744. Pope inclui Turenne,

O abade*ᵈ* Rhetz é um dos mais importantes escritores modernos que seguem esse método; suas descrições de caracteres, com exceção de algumas, são todas traçadas assim. Seu método consiste em apresentar, em suas devidas proporções*ᵉ*, as diversas paixões e tendências e as aversões e desejos do caráter descrito, cada característica conduzindo às outras.

{O cardeal de Retz seguia o método de descrever o caráter tal como existente na pessoa, e nisso talvez sobrepujasse qualquer outro, não fora um quê de afetação e demasiada sutileza. Por exemplo: quem pode entender sua estranha descrição do caráter de Ana da Áustria?[4] Também o da *mademoiselle* Chevreuse é desfigurado por sua conclusão}*ᶠ*

ᵈ M. la Bruyers escrito acima e depois suprimido.   *ᵉ* substitui *degrees in*.   *ᶠ* Mão B. "como um deus", entre seus heróis mortos (ele foi morto em Sasbach) no *Essay on Man*, iv. 100, e Retz o louva nas *Mémoires* (edição de 1723, i. 218). Cf. TMS VI. iii. 28.

[4] Jean François Paul de Gondi, cardeal de Retz (1614-79): *Mémoirs*, 1717. Mãos A e B relatam suas descrições das duas damas. Ana da Áustria tornou-se rainha da França ao se casar com Luís XIII em 1615. A nota pela mão B corrige a suposição suprimida pela mão A, "madame de Nivers", que é difícil de explicar, a não ser que a duquesa de Nevers, da corte de Luís XIV, tenha sido, de alguma forma, envolvida na confusão. O retrato da rainha é o primeiro de uma *galerie de portraits*, de um total de dezessete; consiste em uma série de doze pares de qualidades comparativas do seguinte tipo: "*Elle avoit plus d'aigreur que de hauteur, plus de hauteur que de grandeur, plus de manière que de fond ...*" A breve caracterização da *demoiselle* de Chevreuse termina com o gracejo que é criticado: "*La passion lui donnoit de l'esprit et même du serieux et de l'agréable, uniquement pour celuis qu'elle aimoit; mais elle le traitoit bien-tôt comme ses juppes, qu'elle mettoit dans son lit, quand elles lui plaisoient, et qu'elle brûloit par une pure aversion deux heures après*". Sua mãe, em uma descrição mais longa logo antes, levava os amantes muito mais a sério: desprezava todos os escrúpulos e "*devoirs*" exceto "*de plaire à son amant*" (ed. de 1723; 214, 221, 220).

192   Essa maneira de escrever requer observação muito apurada, e, como não pode nos dar uma idéia justa do caráter descrito senão ressaltando particularidades muito específicas e minuciosas, com freqüência levou os autores a um refinamento*g* excessivo. O abade muitas vezes incorreu nesse erro, e Tácito também recorre a causas mínimas e triviais para explicar a conduta de certas pessoas. — Muitos dos caracteres traçados pelo abade são inteiramente *ininteligíveis;* alguns devido a   *b* e outros por uma afetação inoportuna. Sua descrição do caráter da rainha da França é um exemplo do primeiro caso,⁵ e o caráter de *i*, do segundo. Quem consegue entender alguma coisa desse caráter?, reclamei ao ler [*on reading*ʲ]o primeiro. O segundo, por outro lado, ficou inteiramente arruinado e*k* quase desprovido de sentido pelo gracejo malposto com que termina. ————

193   Na descrição indireta de um caráter, não enumeramos seus diversos componentes, mas relatamos seus efeitos sobre o comportamento e a conduta da pessoa. — Bem, o que logo notamos ao ver uma pessoa pela primeira vez não é a predominância de algum aspecto de seu temperamento, mas o que chamamos de seu ar; é isso que primeiro provoca uma impressão favorável ou desfavorável. Esse ar, porém, é de natureza tão singela que sequer pode ser descrito, e, por conseguinte, ninguém tentou fazê-lo. — Temos, portanto, de recorrer aos efeitos mais particulares do caráter, e isso pode ser feito ou por assinalar a tendência geral de

---

g both: suprimido.   *b* No MS: lacuna correspondente a cerca de doze letras.
i No MS: *Madame de Nivers* suprimido e, depois, lacuna de quatorze letras.
ʲ on feading (?): suprimido.   *k rendered*: suprimido.
⁵ Ver atrás nota 4.

conduta seguida por uma pessoa, o que podemos chamar de método geral, ou pela apresentação de detalhes particulares, mostrando como ela agiria em determinadas circunstâncias: é o que chamamos de método particular.

Foi pelo método geral que o Sr. La Bruyer[6] compôs a maioria de seus caracteres. — Essa maneira difere da maneira direta, por não relatar os princípios gerais que regem a conduta dos homens, mas o modo como esses princípios, quando ativados, influenciam a conduta geral. {Podemos tomar como exemplo do seu estilo predileto a descrição de La Bruyère do caráter de um homem insatisfeito. Teofrasto[7] provavelmente a teria feito da mesma maneira}[1] A diferença entre esses dois métodos ficará mais clara se compararmos a descrição do caráter de Catilina, por Salústio, com a de Cícero. A primeira é de maneira direta e a segunda, indireta. Veremos também, por essa comparação, que a segunda é bem mais interessante e oferece uma visão mais completa do caráter.

194

Teofrasto foi um dos principais escritores a traçar caracteres | da maneira particular. Sempre começa pela definição do caráter a ser descrito, e depois descreve como a pessoa agiria em determinadas circunstâncias. Essa maneira, nem sempre a mais apropriada,

195

---

[1] Mão B.

[6] Jean de la Bruyère (1645-96): *Caractères de Théophraste traduits du grec, avec les Caractères ou les Moeurs de ce siècle*, 1688-94. Demófilo, o *frondeur*, ou homem *antiestablishment*, foi acrescentado na 6ª edição, em 1691 (seção "Du Souverain", X.II): *"Démophile se lamente, et s'écrie: Tout est perdu, c'est fait de l'État: il est du moins sur le penchant de sa ruine...".* Em contraste com Basilide, o *anti-frondeur.*

[7] Teofrasto (ca. 370-288/285 a.C.), discípulo e sucessor de Aristóteles. A publicação de seu tardiamente descoberto *Characters*, por Casaubon, em 1592, deu início à voga dessa forma nas literaturas ocidentais. Ver Introdução, p. 41.

geralmente é a mais interessante e agradável. La Bruyer traçou seus caracteres de muitos modos diferentes: às vezes ri da pessoa descrita, às vezes a censura, e às vezes aconselha-a seriamente. Porém, não obstante essa variedade de métodos, nenhum deles talvez seja tão agradável quanto o de Teofrasto.

{Observe-se que não seria difícil adaptar um caráter de Teofrasto à maneira de La Bruyer: as circunstâncias são tão bem escolhidas que sugerem de imediato o caráter geral. O contrário, no entanto, é bem mais difícil, pois seria complicado escolher exemplos isolados[m] que marcassem bem o caráter geral a ser descrito.}

Por conseguinte, verificamos que Teofrasto é geralmente mais lido que La Bruyer; na verdade, seu método é tão superior em relação ao prazer que proporciona que a única descrição que La Bruyer fez dessa maneira {a de Ménalque[8], o homem ausente}, embora a pior de todas, é a mais admirada. {*Mutato nomine de te fabula narratur*, disse o Sr. Herbert sobre o Sr. Smith.} Embora seja menos variada e espirituosa que as demais, mesmo assim [n] achou que fazia jus a que uma comédia fosse escrita com base nela: nenhuma das outras foi apreciada dessa maneira, embora haja poucas que não o

---

[m] *of*: suprimido.   [n] no MS: lacuna de sete letras.

[8] Ménalque, personagem mais conhecido de La Bruyère, foi acrescentado em sua 6ª edição, 1691 (seção "*De l'homme*", xi. 7). La Bruyère comentou: "*Ceci est moins un caractère particulier qu'un recueil de faits de distraction.*" Diz-se ter sido baseado no conde de Brancas. O uso por Smith da forma clássica do nome (Virgílio, *Éclogas* iii, v) sugere que ele tenha indicado aos seus alunos a tradução inglesa de La Bruyère (1699 e reimpressões). "*Absent*" tem o significado comum no século XVIII de "*absent-minded*" [distraído] (cf. *distraction* de La Bruyère); e o aluno Herbert – ver Introdução, p. 21 – com a citação das *Sátiras* de Horácio, I.i. 69-70, igualou o personagem ao seu professor. A comédia em questão não foi identificada.

mereçam também [*as well*]. {ou até mais} [*or better*]º {A comédia foi escrita pelo Sr.   ᵖ, autor de escritos cômicos de segunda categoria, bom imitador de Molière} {A ordem e organização nos retratos de La Bruyer seriam destruídas pela menor alteração de qualquer de seus elementos. Já os de Teofrasto são desordenados e sem grandes arranjos, e a circunstância final bem poderia ser a primeira}

Comparando a qualidade desses três métodos de descrição de caráter, talvez considerássemos mais agradável o de Teofrasto. Ao escrever-se uma história, porém, talvez fosse mais aconselhável descrever o caráter na mesma ordem em que seus diferentes aspectos nos ocorram naturalmente. Ou seja, primeiro fazer um relato do temperamento e das paixões predominantes no momento em que o personagem aparece no esquema do que é narrado, e depois observações esclarecedoras quanto à sua conduta e aos princípios gerais que a orientam. {fazer um relato de sua disposição e da maneira geral que o leva a agir, reservando os detalhes para a narração subseqüente}ᑫ O método particular não seria apropriado para um relato: uma quantidade de ações específicas, às vezes bem triviais, todas misturadas, presta-se mais a uma comédia ou uma sátira, e é só para elas que tal método é apropriado. As descrições de Teofrastoʳ, embora muito agradáveis, têm planos e execuções sempre tão semelhantes que se tornam cansativas [*they soon fatigue us*]. Já as de La Bruyer são muito variadas e elegantes. De todas as obras desse tipo, são as mais apropriadas para os estudiosos da arte da retórica, e vale a pena lê-las.

º Inserido depois de *well* pela mão B, que escreveu as duas notas seguintes no v. 195.
ᵖ No MS: lacuna de nove letras.   ᑫ final do v.195 escrito pela mão B.
ʳ Substitui *Telemachus*.

{Seu livro é repleto de um tipo de reflexões que tanto diferem das banais e desinteressantes quanto das paradoxais, tão em voga entre os autores atuais — as de La Bruyer são bastante óbvias à primeira vista, embora não a ponto de nos ocorrerem de imediato}[s]

198 | Os mesmos métodos [*methods*[t]] apropriados para descrever um certo caráter também se aplicam ao caráter de uma nação ou de um grupo de homens. La Bruyer[u] já descreveu os caracteres de várias nações e de algumas profissões, bem como certos modos de vida, como o de um cortesão etc., assim como descreveu o caráter de pessoas. Ao descrever-se o caráter de uma nação, o governo pode ser visto como o ar de uma única pessoa, e a situação, o clima, os costumes, como as particularidades que matizam o caráter, dando a um mesmo esboço geral [*into*[v]] aparências diversas.

Os autores mencionados são os que mais sobressaíram na descrição de caracteres. Em seus escritos históricos, Lord Clarendon também se esforçou bastante para apresentar o caráter de vários personagens à medida que vão aparecendo. Isso é feito pelo relato

199 [*by narrating*[w]] de diferentes circunstâncias do seu passado, de sua educação e da melhora ou piora de sua sorte, procurando o autor assim traçar-lhes o caráter por um modo semelhante ao método direto. Embora não tenha suficiente capacidade de penetração para sair-se muito bem nisso, o fato de conhecer pessoalmente [*being personally acquainted*] a maioria daqueles que descreve torna quase impossível que deixe de mencionar algumas circunstâncias que nos dão ao menos uma idéia razoável dos seus caracteres.

---

[s] Mão B, defronte a *fatigue us*, até o final do parágrafo anterior.   [t] Substitui *rules*; *of*: suprimido.   [u] Mão B suprimiu *La Bruyer* e escreveu erroneamente embaixo.   [v] *a*: Suprimido.   [w] Substitui *telling us*.

Há sempre algo no caráter que causará impressão naqueles que lhe são íntimos e que eles de imediato darão a conhecer aos outros.

{Um exemplo disso pode ser visto no caráter que traça dos condes de Arundel e de Pembroke.

O grande erro que nos arriscamos a cometer na descrição de um caráter é torná-la tão generalizada que não apresente idéia alguma: quem por exemplo formará uma opinião sobre Lord Falkland a partir do caráter que Clarendon lhe atribui?⁹

Para evitá-lo [*to avoid this*ˣ], devemos sempre apresentar alguma circunstância peculiar e marcante, como na descrição que Tácito fez de Agrícola¹⁰. Por ela, reconheceríamos nele um homem bom por seu aspecto, e teríamos a alegria de ver nele um grande homem. Na verdade, quem quiser honrar e perpetuar a memória de um amigo que cuide para não lhe atribuir virtudes contrárias, difíceis de serem compreendidas de imediato pela estreita mente humana}ʸ

v. 199

ˣ No MS: *the*. ʸ Mão B no v. 198 e no 199, começando defronte a *being personally acquainted*, no 199.

⁹ Edward Hyde, conde de Clarendon (1609-74): *The History of the Rebellion and Civil wars in England*, publicada em 1702-4. Sobre Thomas Howard, 14º conde de Arundel, um retrato hostil: 1702 (versão condensada), i.44-6; W. D. Macray ed., 69-71. Sobre William Herbert, 3º conde de Pembroke, um retrato favorável: i.44-6; Macray ed., i.71-3. Sobre Lucius Cary, 2º visconde de Falkland, um retrato carinhoso: ii.270-7, e também na obra de Clarendon, *Life* (1759, escrita em 1668) 19-23; Macray ed. *History*, iii.178-90. Clarendon planejava transformar o retrato de Falkland em um livro, que estaria para a *History* como o *Agrícola* de Tácito está para os *Annals* e *Histories*. Pope chama Falkland de "o virtuoso e o justo" no *Essay on Man*, iv. 99, ao lado de Turenne.

¹⁰ *Agricola*, xliv; cf. ii. 39 n. 6, adiante.

Burnet[11] é tão mordaz e sarcástico em suas descrições que se torna desagradável; ele nos dá uma impressão pior de seus amigos da que Clarendon atribui aos próprios inimigos[z]; quanto a esse último | seja qual for a opinião que dele tenhamos como historiador, certamente merece nossa estima como homem.

{Sir William Temple, em seu ensaio sobre os Países Baixos,[12] faz uma descrição completa do caráter da nação por três diferentes métodos.

A conclusão é um exemplo tanto do caráter direto quanto do indireto de uma nação, quando diz que é um lugar onde o lucro é mais importante que a honra etc. O risco de uma generalização excessiva ao descrever o caráter de uma pessoa é o mesmo que corremos quanto ao caráter de uma nação. Os ingleses, os franceses e os espanhóis podem ser igualmente corajosos; no entanto, essa coragem é por certo bem diferente em cada um desses povos}[a]

---

[z] *so that*: suprimido.   [a] Mão B.

[11] Gilbert Burnet, bispo de Salisbury (1643-1715): *History of his own Time*, 1724/1734. São exemplos Carlos II, Clarendon, Lauderdale, o primeiro conde de Shaftesbury, o segundo duque de Buckingham (Villiers), Halifax. Burnet empregou sua arte de caracterização também em suas *Lives* de Rochester, de Sir Matthew Hale e dos duques de Hamilton.

[12] Sir William Temple, *Observations upon the United Provinces of the Netherlands* (1673), cap. iv, último parágrafo, 164: "A Holanda é um país onde a terra é melhor do que o ar, e o lucro é mais importante do que a honra; onde há mais bom senso do que humor; mais boa índole do que bom humor; e mais riqueza do que prazer; em que um homem preferiria visitar a morar; onde encontrará mais a observar do que a desejar, e mais pessoas a estimar do que a amar. Mas um Estado não pode ser avaliado pelas mesmas qualidades e disposições de um determinado homem, nem elas tornam uma conversação agradável e um governo grandioso: tampouco é improvável que um grande rei pudesse não passar de um reles cavalheiro, e que um cavalheiro extraordinário fosse apenas um príncipe muito medíocre". Cf. atrás i.195 n.7.

16ª Conferência*

Segunda-feira, 27 de dezembro, 1762

Tendo, nas três ou quatro conferências anteriores, considerado o modo de descrever objetos simples, internos ou externos, e abordado algumas regras específicas para a descrição de seus diferentes tipos,[b] e tendo também falado sobre as diversas maneiras de descrever um caráter e os principais autores nessa arte, passo agora a fazer algumas observações sobre o método apropriado para descrever os atos humanos mais complexos e importantes.

Descrevem-se sempre apenas os objetos mais importantes; outros, menos interessantes, estão tão longe de ser [*so far from being*[c]] considerados dignos de[d] descrições que não é preciso dedicar-lhes muita atenção. Como nossa principal conexão é com a humanidade, são os atos humanos que mais nos interessam. Conhecemos pouco outros agentes racionais, e o que se dá entre outros animais não tem peso suficiente para atrair nossa atenção. Serão, portanto, as ações dos homens, e dentre elas as mais importantes e notáveis, a base das descrições que abordaremos. As ações e percepções que mais nos afetam, impressionam e provocam em nós considerável mal-estar

---

[a] No MS: 15ª .... *Dez. 26*. Aqui começa o vol. ii do MS.   [b] *I come*: suprimido.
[c] as últimas quatro palavras substituem *not*.   [d] *being related*: suprimido.

são os infortúnios. São sempre mais interessantes do que outras de mesma intensidade, mas de natureza agradável e prazerosa.

3 | {De onde vem essa superioridade das sensações inquietantes?} Talvez [*whether*]*ᵉ* de serem menos comuns e tão *ᶠ* mais dissonantes do tom usual da felicidade dos homens*ᵍ* por estarem muito aquém dele, ao contrário das percepções mais agradáveis, que se originam para além dele; ou talvez porque seja da nossa natureza evitar o mal-estar causado pelo que nos é prejudicial*ʰ*. Isso não é fácil de determinar, pois, embora talvez possamos dispensar as sensações agradáveis provenientes do que nos é vantajoso sem grande prejuízo para a nossa felicidade, parece absolutamente necessário que algum grau de desconforto advenha do que nos é danoso, sem o que é provável que estivéssemos completamente destruídos. Qualquer que

4 seja a | causa do fenômeno*ⁱ*, porém, é indubitável que as ações que mais nos afetam e impressionam são as que nos causam muita dor e mal-estar. Isso se dá não só em relação às nossas próprias ações, como também às de outrem. Somos afetados não só por nossos próprios infortúnios [*missfortunate*]*ʲ* como, em geral, pelos alheios, aos quais dirigimos profunda empatia. — O historiador que relatasse uma batalha e seus efeitos, sem ter um envolvimento pessoal, naturalmente se demoraria mais no sofrimento e na lamentação dos vencidos do que no triunfo e na exultação [*exultations*ᵏ] dos vencedores.

5 Deve-se notar que nenhuma ação*ˡ*, por mais comovente que seja, interessará a quem dela não participou se for apenas narrada de maneira direta, sem menção aos efeitos sofridos por seus partici-

---

ᵉ this proceeds: suprimido.   *ᶠ on that account*: escrito acima, e depois suprimido.
ᵍ than: suprimido.   *ʰ* Substitui *them*.   *ⁱ the fact i*: suprimido.   *ʲ trans*: suprimido.
ᵏ No MS: *exhulations*.   *ˡ* Substitui *object*.

pantes ou espectadores. — Imaginemos que Tito Lívio, ao relatar os combates entre os horácios e os curiácios,[1] dissesse apenas que os albanos e os romanos escolheram três irmãos de cada lado para determinar o destino das duas nações; que eles entraram em combate; que os curiácios mataram dois dos romanos, tendo sido feridos por sua vez; que o romano sobrevivente, simulando uma fuga, fez que o seguissem, alcançando assim a vitória que não conseguiria se enfrentasse os três ao mesmo tempo. Teria sido uma descrição direta, mas muito precária e desinteressante se comparada ao outro tipo, no qual são ressaltados [*pointed*[m] *out*] os efeitos dos acontecimentos sobre agentes e espectadores. A diferença se fará notar se compararmos a descrição acima com a que Tito Lívio realmente fez do mesmo[n] acontecimento. Sua descrição [*description*[o]] de Alba é outro exemplo da excelência dessa maneira de descrever. O relato da tomada de Siracusa pelos atenienses, que ocupa a maior parte do livro 7 da *História da Guerra do Peloponeso*, de Tucídides, poderia ter sido feito em poucas palavras, mas jamais se igualaria à descrição vivaz e emocionante que o autor fez daquele evento memorável. {Há muitas passagens em Tito Lívio e em outros autores que merecem ser lidas por sua qualidade, mas considero as citadas suficientes para confirmar a regra geral: quando queremos afetar profundamente o leitor, devemos recorrer ao método indireto de descrição, relatando os efeitos produzidos tanto sobre os participantes quanto sobre os espectadores.}

Já observamos que as emoções dolorosas são as que mais nos afetam, tanto na realidade como na descrição, mas, quando elas

---

[m] No MS: *painted*.   [n] Substitui *above*.   [o] Em vez de *destruction?*

[1] I.xxiv-xxv; I.xxix (destruição de Alba): "em uma hora arruinou-se o trabalho de quatrocentos anos".

se tornam muito intensas, não podem <ser> transmitidas nem mesmo pela mais apurada descrição de seus <efeitos>. Não há palavras que transmitam uma idéia adequada delas. O melhor método em tais casos não é tentar descrever indiretamente a tristeza e a aflição, mas apenas relatar as circunstâncias em que se encontravam as pessoas, seu estado de espírito antes do infortúnio e as causas de sua paixão. Conta-se que um eminente pintor, ao

8 retratar o sacrifício de Ifigênia,² mostrou uma grande tristeza em Calcas, o áugure*ᵖ*, tristeza maior ainda em <Ulisses>,*ᵍ* e atingiu o máximo de sua arte na fisionomia e na atitude de Menelau; mas, quando chegou a Agamenon, pai da vítima, nem com toda a sua perícia conseguiu expressar a dor que lhe assolava a alma. Achou mais prudente, então, velar-lhe o rosto. Da mesma forma, quando Tucídides descreve a aflição e a confusão dos atenienses ao se retirarem de Siracusa³, não tenta descrevê-las por seus efeitos sobre eles; antes, opta por relatar as circunstâncias dos seus infortúnios

9 e as causas da sua aflição, | deixando ao leitor imaginar a mágoa e a consternação profundas que os atormentavam. Dionísio de

---

ᵖ Substitui *Priest*.   *ᵍ* Espaço em branco no MS, preenchido conjecturalmente.

² A pintura mais célebre de Timantes de Citno (final do século V a.C.) é descrita por Cícero. *Orator*, xxii. 74; Plínio, o Velho, *Natural History*, XXXV. xxxvi.73: Quintiliano, II. xiii.12:Valério Máximo, viii.11; Eustácio sobre a *Ilíada*, p. 1343-60. As gradativas expressões de tristeza e o princípio artístico exemplificado pelo rosto velado do pai foram de grande interesse para quem escrevia sobre arte no século XVIII: p. ex. Daniel Webb, em *An Inquiry into the Beauties of Painting* (1760), 158, 192, 199. Timômaco de Bizâncio (século I a.C.) também retratou o incidente. S. Fazio examina o assunto em *Ifigenia nella poesia e nell'arte figurata* (1932).

³ VII. lxxx ss. Tucídides descreve o incidente como o maior de todos os eventos helênicos já registrados: para os vencedores, o mais esplêndido; para os vencidos, o mais desastroso.

Halicarnasso[4] observa que Tucídides tem mais prazer em falar dos infortúnios e das aflições de seus compatriotas do que da sua prosperidade, e até aí essa observação é justa; porém o motivo que aponta não parece provável. Diz que Tucídides ficou tão irritado por ter sido banido pelos compatriotas que fazia questão de reunir tudo que os desonrasse, ocultando todos os relatos de conduta gloriosa e vitoriosa, maculando-lhes assim a reputação[r]. Por esse motivo, prefere Heródoto a Tucídides, que discorre sobre a prosperidade e a boa sorte de seus compatriotas, para ele indícios de um temperamento mais humano e generoso. | 10
Se considerarmos, porém, os temperamentos dos dois autores, bem como a natureza do fato em si, talvez seja diferente a nossa opinião. A julgar por suas obras, tinham [*their*[s]] temperamentos muito diversos. Heródoto parece ter sido mais alegre e sem muita vivência, e tal temperamento, aliado ao [t] da velhice, o inclinaria a insistir muito mais na boa sorte e nos eventos felizes da história. Já Tucídides, não tendo idade para surtos de paixão de nenhuma espécie, e conhecendo os homens e a vida, estaria, por assim dizer, endurecido contra os frívolos e ligeiros arroubos de alegria, mas, pela bondade inata do seu coração, não ficaria insensível aos infortúnios de seus companheiros. Talvez também considerasse que esses acessos de melancolia produziriam um bom efeito sobre os leitores, enternecendo-os e humanizando-os, enquanto outros sentimentos tenderiam a torná-los insensíveis | 11

---

[r] *and*: suprimido. [s] no MS: *there*; frase entrelinhas. [t] no MS: lacuna de nove letras.

[4] *Epistula ad Pompeium*, cap. iii., em *Three Literary Letters*, ed. W. Rhys Roberts (1901), 109, 104 ss. Dionísio considera Heródoto mais hábil que Tucídides na "abertura" das obras históricas: op. cit. 107 8. Cf. ii. 18 n. 2 adiante.

aos sentimentos delicados. Por todos esses motivos [*All this may*"], podemos divergir de Dionísio.

Devemos considerar também o que foi sugerido antes, i.e., sobretudo as emoções inquietantes que nos afetam, criando em nós certa ansiedade prazerosa. O relato de uma série contínua de êxitos não nos daria tanto prazer quanto um poema épico ou uma tragédia, compostos de uma série contínua de infortúnios. Até mesmo uma comédia não nos agradaria muito se [*we*ᵛ] não fôssemos tomados pelo suspense e certa ansiedade, devido aos incidentes adversos que ocorrem e parecem ameaçar, ou até mesmo provocar, um final infeliz. Por esse motivo, também não surpreende que alguém de ótima índole tenda a discorrer sobre os aspectos mais lúgubres de uma história.

" Números escritos acima mudaram a ordem original *This may all*.   ᵛ *did*: suprimido.

17ª Conferência[a]

Quarta-feira, 5 de janeiro, 1763

Tendo feito as observações necessárias para descrever objetos únicos, internos e externos, e objetos complexos mais relevantes, como caracteres e feitos importantes dos homens, passarei agora a mostrar como isso deve ser aplicado à oratória, apresentando os objetos e o modo de descrevê-los e apontando as circunstâncias mais apropriadas[b] para fixar nosso interesse e nos persuadir a concordar com algum argumento.

Como, porém, as diretrizes específicas já estabelecidas nos levam naturalmente a considerar a melhor maneira de aplicá-las, e onde elas aparecem em conjunto, considerarei primeiro sua aplicação ao estilo histórico. Além disso, a narração é parte importante de qualquer[c] discurso. É preciso muita habilidade para narrar de modo próprio os fatos que são a base de um discurso. Será então necessário estabelecer regras para a narração em geral, isto é, para o estilo histó<rico>, antes de virmos à composição retórica.

A meta de todo discurso é narrar um fato ou provar uma proposição. Quando o desígnio é apresentar o caso com toda a clareza possível, dando a cada argumento sua devida força, e desse modo

---

[a] No MS: XVI.   [b] *to perswade*: suprimido.   [c] Substitui *the*.

persuadir apenas na medida em que se forma um juízo^d imparcial, não se trata aí do estilo retórico. Quando, porém, nos propomos a persuadir de qualquer modo, e com esse intuito aduzimos todos os argumentos favoráveis à causa que defendemos, exagerando-os ao máximo, e, por outro lado, atenuamos e fazemos pouco dos argumentos contrários, temos aí o estilo retórico.

14   Ao narrar acontecimentos [*transactions*^{e}] da forma como se passaram, de modo imparcial, estamos empregando o estilo narrativo. As composições didáticas e oratórias contêm duas partes: a proposição estabelecida e a prova apresentada para confirmá-la, seja esta uma prova rigorosa aplicada por um raciocínio justo ou uma adaptação para afetar as paixões e dessa forma persuadir a qualquer preço. O estilo narrativo, porém, consiste apenas em uma parte: o relato dos fatos. Não há proposição nem comprovação. Quando um historiador apresenta algo para confirmar a veracidade de um fato, é apenas uma citação na margem ou um parêntese, e, como isso não faz parte da obra, não pode ser considerado [*said to be*^{f}] didático. Quando, porém, ele trata de comparar evidências apresentadas como comprovação de algum fato, pesando os argumentos de ambos os lados, então assume o papel de escritor didático.

15 | Os fatos a serem narrados são sempre os mais importantes e interessantes, os que mais se adaptam ao gosto dos homens em geral. Esses fatos são, com certeza, as ações humanas, das quais as mais relevantes e notáveis contribuíram para grandes revoluções e mudanças em Estados e governos. As mudanças e acidentes ocorridos com seres inanimados ou irracionais pouco nos interessam; conside-

---

^{d} *incline*: suprimido. ^{e} Substitui *facts*. ^{f} *said to be* substitui *called any*.

ramo-los obra do acaso ou dos instintos, sem premeditação. O que mais nos interessa são desígnio e planejamento, e quanto mais os percebemos em um acontecimento, maior é o nosso interesse. Um escrito sobre terremotos ou outros fenômenos da natureza, embora repleto de incidentes variados, só interessaria a um naturalista[1] estudioso de tais assuntos, que os consideraria importantes, como sempre são para quem se aprofunda neles. Contudo, para os leitores em geral, tal escrito pareceria muito enfadonho e desinteressante. Os [g] acidentes em que objetos irracionais são atingidos nos afetam apenas por seu aspecto externo, sua novidade, sua grandeza etc., mas os que atingem a espécie humana nos interessam muito pela empatia que despertam. Participamos dos infortúnios dos homens, sofremos quando eles sofrem, alegramo-nos com eles; em resumo: é como se, de alguma forma, estivéssemos na mesma situação.

16

A finalidade de [*of* [b] *historicall writing*] escrito histórico não é só entreter (esse talvez seja o propósito do poema épico), mas também informar. Apresenta os eventos mais interessantes e importantes da vida humana, aponta suas causas, e assim nos mostra como reproduzir os bons efeitos ou evitar os maus.

17

{Caso certos princípios fossem estabelecidos e depois confirmados por exemplos, a obra então teria a mesma finalidade de um escrito histórico; sendo, porém, diferente o meio empregado, então, em vez de um relato, teria um caráter didático.} — —

Nesse aspecto, difere do romance, cuja finalidade única é entreter. Sendo essa a meta, não importa que os incidentes narrados sejam

---

[g] *affairs*: suprimido; *of naturall*: suprimido depois de *accidents*.   [b] *a*: Suprimido.
[1] A designação normal para os estudiosos de filosofia natural, nos séculos XVII e XVIII, é físicos.

17ª CONFERÊNCIA

223

18 verdadeiros ou falsos. Uma história bem inventada pode ser tão interessante e divertida quanto uma verídica: as causas dos vários incidentes narrados podem ser engenhosas e bem adaptadas aos seus diversos fins, mas como os fatos não aconteceram realmente, a finalidade do escrito histórico não será cumprida. Os fatos devem ser verídicos, [*otherwise*ⁱ] pois, do contrário, não contribuirão para nossa conduta futura, ressaltando os meios para evitar ou ensejar qualquer acontecimento. ʲ Eventos fictícios e suas causas inventadas não podem nos informar sobre o passado, nem nos orientar no planejamento do futuro.

19 Tratando-se de prefácios ou do princípio da obra, eis algumas sugestões: mostrar o propósito do autor ao escrever, se foi movido pela relevância dos fatos ou pelo desejo de corrigir as falhas ouᵏ a parcialidade de outros escritores, e também mostrar o que nos aguarda na obra. Tudo isso constituiria temas bem melhores para o prefácio ou início da obra (onde Tácito² os emprega) do que o moralismo banal com que Salústio introduz seus textos. Esses moralismos, por melhores que sejam, nada têm a ver com o assunto em questão, e poderiam aparecer em qualquer outro lugar. Principalmente no que se refere ao prefácio.

ⁱ *for*: suprimido.   ʲ *this*: suprimido.   ᵏ *ig*: suprimido.
² Isso não faz justiça à habilidade com que tanto Tácito quanto Salústio introduzem seus escritos históricos por uma observação sobre os grandes feitos do passado, a necessidade de preservá-los do esquecimento e a imparcialidade com que os historiadores os tratam: cf. *Agricola* i e *Bellum Catilinae* I.i. Mas Bolingbroke achava que introduções como as de Salústio ou Tucídides poderiam servir para *qualquer* escrito histórico: cf. sua carta a Pope, de 18 de agosto de 1724, *The Correspondence of Alexander Pope*, ed. G. Sherburn (1956), ii. 252 (publicada nas *Works* de Bolingbroke, 1754, ii. 501 8 , como "A plan for a general history of Europe"). Considerava o Tomo I da *History of Florence*, de Maquiavel, "um original nobre em sua categoria", e *Treatise on benefices*, de Paolo Sarpi, inimitável nesse aspecto.

O próximo aspecto a ser considerado, em se tratando de escritos históricos, são as causas que provocaram os efeitos a serem narrados. E aqui podemos questionar se devemos apresentar as causas mais remotas do evento ou apenas as mais imediatas. Se os eventos forem muito interessantes, atrairão tanto a nossa atenção que só ficaremos satisfeitos quando conhecermos suas causas. Se estas [*If these causes*], por sua vez, forem muito relevantes, por esse mesmo motivo precisaremos de alguma explicação sobre o que as originou. Tal explicação, contudo, pode ser menos minuciosa do que aquela sobre as causas mais [l] imediatas, e assim, gradativamente, ser diminuída a importância da causa até satisfazer o leitor.

De modo geral, quanto mais remota a causa, menos detalhada sua | descrição. Desta maneira, em sua *Guerra Jugurtina*, cuja causa imediata foi o caráter do rei Micipsa e a situação da Numídia quando de sua morte, Salústio fala pouco sobre os eventos que precederam aquele reinado. Descreve-os com menos minúcia do que os da vida de Jugurta, e, dentre esses, os que ocorreram em sua infância ou quando se encontrava no acampamento militar romano são explicados com menos detalhes do que os que precederam imediatamente os acontecimentos principais e tinham ligação próxima com eles. Se o autor tivesse se demorado mais nos eventos anteriores ao reinado de Micipsa, teria de explicar também os que o precederam, e assim *ad infinitum*. Por não atender a esse método, a introdução da história de [m] ocupa todo um infólio. Gordon[3],

---

[l] *import*: suprimido.   [m] No MS: lacuna de dez letras.

[3] Thomas Gordon (1690? – 1750), polígrafo e panfletário, traduziu as obras de Tácito (1728, 1731) com vinte e dois extensos "Discursos Políticos" sobre ele. No prefácio de sua tradução das obras de Salústio (1744, p. xxi), fala

21 tradutor de Tácito, conta que, quando começou a escrever aⁿ vida de | Oliver Cromwell, descobriu que os acontecimentos daquele período estavam tão ligados aos anteriores à Reforma, e estes, por sua vez, aos reinados anteriores, que foi obrigado a remontar à° Conquista, e, se continuasse assim, se veria obrigado a regredir ᵖaté àᵠ queda de Adão. No entanto, é sempre necessário oferecer alguma explicação para os eventos que precederam de imediato a causa principal, mas muitas vezes isso pode ser feito de modo a evitar maiores curiosidades. Assim faz Salústio, ao dizer que as causas da conspiração de Catilina[4] foram seu temperamento e caráter e as circunstâncias de sua vida, aliados à corrupção do povo [*corrupt manners of the people*]. Naturalmente perguntaremos então como aconteceu de um povo, antes tão virtuoso e sóbrio, ter decaído tanto, ao que ele responde que foi devido ao luxo
22 introduzido pelas conquistas asiáticas. Isso nos satisfaz plenamente, pois essas conquistas e suas circunstâncias, por mais interessantes que pareçam, não têm nenhum elo com o assunto em questão.

ⁿ *events in the Blac*: suprimido.   ° *Reformation*: suprimido.   ᵖ *as much*: suprimido.
ᵠ *very*: suprimido.

sobre a história da Inglaterra com que se ocupava: "Minha intenção principal era apenas escrever a vida de Cromwell, porém, como descobri que, para descrever seu tempo seria necessário descrever o tempo que o precedeu e o introduziu, e que não poderia nem começar pela Reforma sem contar muitos incidentes públicos antes dela, comecei pela Conquista e atravessei vários reinados, alguns vistos e aprovados pelos juízes mais competentes, juízes que dariam ânimo até aos menos ambiciosos. Metade desse trabalho, provavelmente, será publicada dentro de alguns anos; o trabalho completo terminará com a *History of Cromwell*". Sua *History of England* (British Library Add. MS 20780) termina no meio de uma frase, em 1610; mas alguns trechos foram publicados em suas *Collections of Papers* (1748) e seus *Essays against Popery, Slavery and Arbitrary Power* (1750?).
[4] *Bellum Catilinae*, I. xi.

|^r{ Quanto mais viva e chocante a impressão provocada na mente por qualquer fenômeno, maior a curiosidade sobre suas causas, embora o fenômeno talvez não seja por si só tão grandioso ou importante quanto outro que impressione menos. É por isso que temos mais interesse em pesquisar a causa de trovões, relâmpagos e movimentos celestes do que a da gravidade, pois aqueles provocam impressão mais forte. Por isso também nossa curiosidade sobre as causas e relações do que se passa fora de nós é maior do que sobre o que se passa conosco. Nossas associações de idéias, o progresso e a origem de nossas paixões são coisas sobre as quais poucos indagam. Mas quando alguém começa a pensar nisso e a se questionar, passa a achar tais assuntos relevantes, e, por conseguinte, se interessa por eles.^s

O historiador, portanto, deve expor as causas de algo apenas na medida da impressão que possa provocar. A causa de um evento impressiona menos que o evento em si e, portanto, menos curiosidade quanto à própria causa; por conseguinte, a causa deve ser apenas referida, provocando assim ainda menos curiosidade sobre si. Assim é que Salústio atribui a conspiração de Catilina aos caracteres e circunstâncias de certas pessoas do Estado; estas, relaciona com a devassidão e o luxo então prevalecentes em Roma, que ele, por fim, atribui à conquista da Ásia, deixando-nos plenamente convencidos de que sabemos o necessário, e pouco dispostos a procurar as origens dessas

v. 18

v. 19

v. 20

---

^r A nota da mão B começa no v.18, defronte a *If these causes* (19), e termina em frente do ponto apropriado *corrupt manners of the people* (21).   ^s Essa sentença foi inserida pela mão A, na vertical, na margem interna do v.19, assinalada como inserção depois de *into*.

conquistas, mesmo que achemos que a busca seria interessante num momento apropriado}^{t}

As causas que podem ser atribuídas a qualquer evento são de dois tipos: as externas, diretamente responsáveis por ele, e as internas, que absolutamente não afetaram o evento, mas influenciaram as mentes dos principais protagonistas, alterando-lhes a conduta...^{t} Quanto a isso, podemos observar que quem participou dos acontecimentos que relata, ou de outros do mesmo tipo, geralmente discorre sobre as causas externas. Dessa forma, César, Políbio e Tucídides, que participaram da maioria das batalhas que descrevem, explicam o seu desfecho pela situação dos dois exércitos, pela natureza do terreno, pelas condições meteorológicas, etc. — Por outro lado, aqueles que pouco sabem sobre os incidentes específicos que determinaram certos eventos mas estudaram a natureza da mente humana e suas várias paixões, procuram explicar o desfecho de batalhas e outros eventos pelas^{u} circunstâncias que os teriam influenciado, já que não poderiam explicá-los por suas causas^{v} imediatas. Assim, Tácito, que parece ter sido pouco versado em assuntos militares ou públicos de qualquer tipo, sempre explica uma batalha pelas circunstâncias que teriam influenciado a mente dos combatentes.

Essas maneiras diversas de relatar eventos ficam bastante óbvias nas descrições de batalhas noturnas, uma por Tucídides e outra por Tácito[5]. O primeiro menciona todas as causas que a natureza das [the^{w}] circunstâncias teria sobre os exércitos, enquanto o outro as

---

^{t} Aparece no MS desta maneira.   ^{u} *their*: suprimido.   ^{v} *procee*: suprimido.
^{w} *Army*: suprimido.

[5] Tucídides, VII. xliii-xlv; Tácito, *Historiae*, III. xxii-xxiv, mas os seguidores de Vitélio, em sua ausência, não tinham "general".

omite por completo, relatando apenas as que afetariam as mentes dos combatentes, como falta de coragem, etc. A primeira é o relato do ataque dos atenienses a Siracusa, e a segunda, de uma batalha entre Vespasiano e o general Vitélio.

| A descrição de caracteres não é essencial a uma narração histórica, sendo suficiente que se mostre o estado de espírito dos protagonistas nas diferentes ocasiões. Xenofonte, em seu relato sobre a retirada dos dez mil gregos, descreve muito apuradamente os caracteres dos três comandantes traídos por Artaxerxes.[6] {Xenofonte é quase o único historiador antigo que retrata caracteres abertamente}[x] Em sua história da Grécia também, embora não tenha o propósito explícito de descrevê-los, os caracteres ficam bastante evidentes por meio das circunstâncias e incidentes particulares que relata. Heródoto e Tucídides pouco descrevem caracteres. Heródoto, de fato, faz [has[y]] algumas observações sobre os caracteres de vários personagens, mas elas são tão gerais que sequer podem ser consideradas descrições, pois se aplicariam igualmente a cem outras pessoas. {como em sua louvação das virtudes de Péricles[7]. – Ser sério ou alegre, afável ou melancólico, nada disso afeta a intrepidez com que um homem se encaminha para a luta ou escala um muro.} Não é o grau de virtude ou vício, de coragem, de afabilidade etc. que distingue um caráter, mas as alterações particulares produzidas nessas características pelo temperamento e modo de pensar de cada um. Tucídides não faz nenhuma descrição de caracteres. Isso não pode ser atribuído

---

[x] Mão B. [y] i.e., *yet*.
[6] *Anabasis*, II.vi: Clearco, Proxeno, Menon.
[7] Não encontrado em Heródoto.

a alguma incapacidade sua, pois conhecia pessoalmente a maioria dos caracteres que teria ocasião de descrever, e demonstrou sua perícia nessa arte em suas admiráveis descrições de caracteres de comunidades inteiras, como a dos atenienses[8] após *ᵃ*   e dos   *ᵃ*, tarefa ainda mais difícil que a de descrever pessoas isoladas. Devemos, então, atribuir essa conduta à sua opinião de que isso [it^b] era desnecessário.

Nenhum autor explicou melhor as causas dos acontecimentos do que Tucídides. Sob esse aspecto, é muito superior a Políbio, que se esforça tanto para explicar por minúcias todas as causas externas de um evento que seu esforço se torna visível, o que não só é cansativo como também desagradável. Tucídides, por outro lado, sintetiza todo seu esforço em uma ou duas palavras, às vezes postas no meio da narrativa, sem, contudo, prejudicá-la. Depois de Tucídides, vêm Xenofonte e Tácito. O último tem sido muitas vezes censurado por ser um político demais. O autor desse comentário foi, acho eu, um italiano {Trajan Boccalini[9]}*ᶜ*, imitado <*followed ᵈ*>sem reservas por todos os críticos menores desde então. Esse comentário era muito natural naquela época, em que tais sutilezas prevaleciam e a política maquiavélica estava em moda, mas não parece nada apropriado ao temperamento ingênuo de Tácito, nem se confirma por seus escritos. No início de seu relato sobre o reinado de Tibério, faz alguns comentários políticos sobre o gênio e temperamento desse

---

ᵃ⁻ᵃ No MS: duas lacunas de cerca de dez letras cada uma.   *ᵇ* Substitui *this*.
ᶜ Mão B, corrigindo *Bathesar Castigliond* escrito pela mão A e suprimido.
ᵈ Preenchido conjecturalmente.
[8] I. e., depois do desastre de Siracusa (VII. lxxxvii), cf. atrás ii.8 n. 3. VIII.i descreve os efeitos da notícia do desastre sobre os atenienses.
[9] Traiano Boccalini: *Commentari sopra Cornelio Tacito* (1669); cf. ii. 69 n. 4 adiante.

príncipe,[10] porém isso ᵉ se justifica pelo caráter astuto e insidioso que lhe é atribuído por outros autores. Em outras partes de sua obra, o esforço que faz para explicar os acontecimentos a partir de ᶠ causas internas parece indicar o temperamento oposto.

Tito Lívio poucas vezes explica eventos por causas externas ou internas, e quem entende de assuntos militares afirma que seus relatos de batalhas e sítios não são muito claros. Ele dignifica sua narrativa pela maneira interessante de relatar os vários eventos, o que faz de modo tão admirável que, tomando conhecimento de todos os interesses dos participantes, somos de tal forma afetados como se participássemos deles.

Como já observamos, os acontecimentos podem ser descritos quer direta, quer indiretamente. Observamos também que, na maioria dos casos, o método indireto é preferível, mesmo tratando-se de objetos inanimados; ainda mais preferível será descrevermos as ᵍ ações humanas, em si mais interessantes e de efeitos muito mais fortes. É ['Tis ʰ] o emprego adequado desse método que torna os autores antigos, como Tucídides, tão interessantes; e é por negligenciá-lo que os historiadores modernos são tão enfadonhos e sem vida. Os antigos nos transportam, por assim dizer, para o interior das circunstâncias dos protagonistas, e sentimos por eles como se fosse por nós mesmos. {Mostram-nos os sentimentos e a agitação mental dos protagonistas antes do evento e no seu decorrer. Mostram também os efeitos e as conseqüências do evento, não apenas na mudança intrínseca que promovem na situação dos atores, como também por sua atitude diante dela} ⁱ

ᵉ *conduct*: suprimido.   ᶠ *character*: suprimido.   ᵍ *effects*: suprimido.   ʰ *is in*: suprimido.
ⁱ Mão B.
[10] *Annales*, I. iv.

Um método que a maioria dos historiadores e todos os romancistas empregam para tornar interessantes suas narrativas é o suspense. Sempre que a história começa a levar ao grande acontecimento, enveredam por outro caminho, e, dessa forma, nos obrigam a ler uma quantidade de histórias enfadonhas e tolas quando a [*our*ʲ] curiosidade nos instiga a chegar ao evento principal, como {Ariosto, em seu *Orlando Furioso*}. Os antigos jamais empregaram esse método, pois não contavam apenas com a curiosidade dos leitores, mas confiavam na importância dos fatos e em sua maneira interessante de narrá-los. Tito Lívio, ao relatar a emocionante catástrofe dos Fábios e a ᵏ Batalha de Canas, nada procura ocultar, deixando bem claro qual será o resultado dessas expedições, antes mesmo de descrevê-las.¹¹ {*In cassum missé Preces*}ᵐ No entanto, isso de maneira alguma diminui nosso interesse no relato que, pela vivacidade com que foi escrito, nos prende [*engage<s>*]ⁿ tanto como se já não soubéssemos o final. Esse método tem mais esta vantagem: lemos com paciência sobre os acontecimentos menos importantes, pois, caso o evento principal tivesse sido ocultado, a curiosidade nos instigaria a passarmos apressados por eles. Contaríamos as páginas que faltassem para chegar ao evento, como geralmente fazemos ao ler um romance. {Na verdade, em alguns casosᵒ essa advertência tem uma vantagem considerável. Assim, após tomarmos conhecimento de que a tentativa generosa

---

ʲ Substitui *by the*; *prompting us* substitui *we have*.   ᵏ *ruinous*: suprimido.
ˡ ou *missi* (?).   ᵐ Mão B.   ⁿ Substitui *interests*.   ᵒ *it has*: suprimido.
¹¹ II. xlviii-l. A multidão saudando os Fábios a caminho de enfrentar os cartagineses ora aos deuses por seu êxito, mas "in cassum missae preces", em vão (xlix. 8). Cf. ii. 43 n. 9 adiante. A batalha de Canas, grande vitória de Aníbal em 216 a.C., é descrita por Tito Lívio em XXII. xliii-xlix; cf. ii. 56 n. 8 adiante.

dos Fábios fracassaria, lemos sobre o progresso da expedição e sobre cada circunstância futura com uma melancolia que nos apraz. Parece mesmo ser desígnio de Tito Lívio nos prevenir dos resultados das batalhas, como as de Trasímeno[12] e de Canas}[p]

| Como a novidade é o único mérito dos romances, e a curiosidade o único motivo que nos leva a lê-los, seus autores são obrigados a usar esse método. Nem mesmo [*even*[q]] os poetas antigos, que não tratavam da realidade, tiveram de recorrer a ele, pois confiavam na eficácia da narração. Virgílio, no início da *Eneida*, e Homero, em seus dois poemas épicos, informam-nos desde o princípio sobre os acontecimentos principais que serão contados no decorrer do poema.

Mesmo na tragédia, na qual é essencial manter o suspense, isso não é tão necessário quanto no romance.[r] Uma tragédia pode ser representada muitas vezes, pois, embora os incidentes não sejam novos para nós, o são para os atores, e, dessa forma, tanto nos interessam como são intrinsecamente importantes.

{O gradual e justo desenrolar de uma catástrofe embeleza qualquer tragédia, mas isso não é necessário, senão nunca teríamos prazer em ouvir ou ver uma peça pela segunda vez, e, no entanto, esse prazer muitas vezes cresce com a repetição.

Eurípedes, em seus prólogos, nos dá a conhecer os eventos por meio de um deus ou de um fantasma, e nos previne, deixando-nos livres para prestar atenção aos sentimentos e à ação de cada cena, em algumas das quais tanto trabalhou.}[s]

---

[p] Mão B.   [q] *But*: suprimido; *Even* e *Antient* escritos pela mão B acima da linha.   [r] *It is not the novelty alone that*: suprimido.   [s] Mão B, sendo que as sete últimas palavras são de Mão A, as cinco últimas na vertical.

[12] A destruição do exército de Flamínio por Aníbal no lago Trasímeno em 217 a.C.: Tito Lívio XXII. iv-vi.

18ª Conferência[a]

Sexta-feira, 7 de janeiro, 1763

{A ordem em que propus abordar a composição histórica foi, primeiro, tratar de sua finalidade; em seguida, dos meios para realizá-la, das matérias da história; depois, da organização dessas matérias; a seguir, de sua expressão; e, por último, daqueles que mais se destacaram nesse campo}[b]

O próximo assunto a considerarmos em relação à composição histórica é a organização das diversas partes da narração. De modo geral, esta deve ser realizada na própria ordem [*order*[c]] em que se desenrolam os eventos. Achamos natural que os fatos tenham ocorrido na ordem em que são relatados, e, quando assim se amoldam à nossa concepção, a noção que formamos deles se torna mais precisa. Essa regra é bastante clara, e, por conseguinte, poucos historiadores a transgrediram.

Quando, porém, vários dos eventos a serem narrados ocorreram em lugares diferentes ao mesmo tempo, torna-se difícil [[d]*in this case to determine in what order they are*[d]] determinar a ordem em que serão apresentados. — O melhor método é [*is to observe*][e] preservar a conexão

---

[a] No MS: XVII. [b] Mão B. [c] Substitui *manner*. [d-d] Números escritos em cima mudaram a ordem original *is to determine in what order they are, in this case*. [e] *to relate those then*: suprimido.

de lugar, ou seja [*that is*]*ᶠ*, narrar os eventos que se passaram no mesmo lugar durante um período considerável de tempo | sem cortar o fio da narrativa pela introdução dos que ocorreram em outro lugar. É desse modo que Heródoto, após ter acompanhado o decorrer de eventos em um país até uma época importante, passa a narrar o que se deu em outro país durante um período de duração semelhante, retomando então o primeiro relato no ponto em que parara.

Mas, embora as conexões de tempo e lugar sejam muito fortes, ainda assim não devem ser observadas tão rigidamente que se sobreponham a todas as outras. Existe uma conexão ainda mais notável: a de causa e efeito*ᵍ*. Não há outra que nos interesse mais do que essa, pois não nos damos por satisfeitos se ouvirmos um fato e não tivermos noção do que o ocasionou. Muitas vezes existe tal conexão entre fatos que aconteceram em várias épocas*ʰ* em países | diversos*ⁱ*, e que não podem ser explicados separadamente. Ficariam quase ininteligíveis se suas causas não fossem compreendidas também. A dificuldade de explicar as causas dos diferentes eventos com a clareza necessária induziu vários autores ao erro, tanto [*in*ʲ] na precisão dos eventos quanto na ligação com suas causas. Diodoro¹ de Halicarnasso {acusa Tucídides}*ᵏ* de ter se fixado tanto na conexão temporal que diferentes eventos ocorridos ao mesmo tempo em lugares diversos ficam tão embaralhados que é impossível

---

ᶠ that is substitui *and*.   *ᵍ* Mão B substituiu o termo *Event* (da mão A).   *ʰ or at the*: suprimido.   *ⁱ* Substitui *times* na chamada feita no 32.   *ʲ* No MS: *is*.
ᵏ inserido pela mão B acima da linha.

¹ Em lugar de Dionísio. A comparação entre Tucídides e Heródoto aparece em *Epistula ad Pompeium*, cap. iii (*The Three Literary Letters*, ed. W. R. Roberts: sobre a ordem dos eventos, pp. 111-13; cf. *On Thucydides*, 9 (*The Critical Essays*, LCL, 1974: i. 480ss.).

se formar uma noção exata do que aconteceu em um determinado lugar. Essa observação [*observation¹*] talvez não seja inteiramente justa quanto a Tucídides. A História que escreve é a de uma guerra. Ele narra em separado os eventos de uma campanha em cada lugar, e esse período não é tão curto que impossibilite a formação de uma idéia suficientemente clara dos eventos ocorridos nesses lugares. A crítica serve, contudo, para mostrar as desvantagens de se escrever uma história dando atenção exagerada à conexão temporal. Tivesse Tucídides escolhido períodos mais curtos de tempo, de um mês por exemplo, a exemplo do que fizeram os compiladores da história da Europa² publicada há poucos anos, só se poderiam conceber os eventos dentro de uma tabela cronológica.

O Sr. Rapin³, por outro lado, por supervalorizar a conexão de lugar, muitas vezes torna completamente obscuras as causas dos eventos. Em seu relato sobre a Heptarquia Saxônica, conta de forma separada e contínua a história de cada um desses Estados, desde seu estabelecimento até sua subversão pelos saxões ocidentais. Os acontecimentos que ocorreram em qualquer um desses Estados estão de tal forma ligados ao que se passou ao mesmo tempo, ou um pouco antes, em outras partes da Inglaterra, que não perceberemos por que meios aconteceram se não formos ao menos informados do que ocorreu nos estados vizinhos. Assim, só podemos formar uma noção da história de qualquer um deles após uma leitura repetida

---

¹ Substitui *criticism*.

² Não identificado.

³ Paul de Rapin Thoyras (1661-1725): *Histoire d'Angleterre*, i (1724), 147-275, 475, 525 (Livro 3, a Heptarquia; e *Dissertation sur le Gouvernement ... des Anglo-Saxons*); viii (1725), I 724 (Livros 20-21, de 1640 a 1649).

e atenta da história de todos. O mesmo se pode dizer do relato de Rapin sobre as disputas entre o povo e o rei Carlos I, que, segundo o autor, é feito dessa mesma forma em prol da clareza, mas a obscuridade e incoerência [*obscurity and incoherence*ᵐ] resultantes são ainda maiores, já que as questões estão ligadas mais intimamente. {"Em prol da precisão", diz ele, "relatarei em separado as questões dos bispos, da milícia e do conde de Stafford. Infelizmente, elas são tão entrelaçadas que para entender uma delas é preciso saber o que ocorre nas outras"}ⁿ

O melhor método, portanto, é aderir à sucessão temporal desde que isso não se torne inconveniente por falta de conexão; e, quando houver uma quantidade de eventos simultâneos, relatar isoladamente os que aconteceram em cada lugar, recapitulando o que concerne aos outros na medida em que for necessário manter a conexão entre a causa e o evento, empregando sempre o primeiro método antes do outro.

Farei apenas mais duas observações quanto à organização da narração: em primeiro lugar, há outro modo de manter a conexão, além dos dois mencionados anteriormente; este é o método poético, que liga os diferentes fatosᵒ por alguma circunstância ligeira que, muitas vezes, nada tem a ver com a origem da série de eventos, ou por alguma relação entre eles.ᵖ Este é o método que Tito Lívio costuma empregar, e com resultados tão bons que ele nunca foi acusado de falta de conexão. {Tucídides,ᑫ por sua vez, jamais observou nenhum tipo de conexão nas circunstâncias que introduz. As mencionadas

---

ᵐ As três últimas palavras substituem *and confusion*. ⁿ Mão B. ᵒ *different facts* substitui *events*. ᵖ As últimas oito palavras foram acrescentadas verticalmente na margem. ᑫ Mão B substituiu *Tacitus* (da mão A, suprimido).

em sua descrição de uma batalha noturna⁴ seriam sempre bem feitas, independentemente da ordem em que aparecem'. Tácito⁵, ao descrever as dificuldades em que se encontrava um exército, diz: "Não tinham barracas e faltavam ataduras". — — —}

Segunda observação: não deve haver quiasma [*chasm*ˢ] ou lacuna no fio narrativo, mesmo não existindo acontecimentos notáveis que a preencham. A própria idéia de lacuna nos deixa inquietos sobre o que teria acontecido na ocasião. Tácito muitas vezes comete essa falta. Conta que o exército de Germânico', atacado em seu acampamento, obteve uma grande vitória sobre o inimigo. Isso acontece no meio da Germânia, e na frase seguinte o exército já atravessou o Reno, apoiado pela atenção e cuidados de Agripina em meio a apuros extremos. — — —

Passarei agora a fazer algumas observações sobre a maneira como um relato se cumpre e a diferença entre os estilos didático", oratório e histórico.

Tanto o historiador como o orador podem despertar nossa admiração ou estima pelas pessoas de que tratam,ᵛ mas seus métodos são muito diferentes. O retórico não apenas apresentará o caráter de uma pessoa como realmente era, mas exagerará cada detalhe que possa provocar emoções mais fortes. Também parecerá afetado pelo objeto da mesma forma que deseja que nós o sejamos. Elogiará, por exemplo, o caráter amável, a doce índole e o comportamento suave

---

ʳ *In an other place he says describing*: suprimido.   ˢ *in* adicionado a *chas* com tinta diferente.   ᵗ inserido por Mão B no espaço deixado em branco.   ᵘ inserido por Mão B acima da linha.   ᵛ *but we*: suprimido.

⁴ Ver ii. 23 n. 5, atrás.

⁵ *Annales*, I.lxv: "*non tentoria manipulis, non fomenta sauciis*". O exército de Germânico: I.lxviii-lxix.

do homem de cujas qualidades quer nos convencer. O historiador, pelo contrário, só pode provocar nosso sentimento narrando os fatos e apresentando-os da forma mais interessante possível. Porém, qualquer elogio feito em seu próprio nome não seria adequado à imparcialidade que deve manter e ao desígnio de narrar os fatos como são, sem tirar nem pôr. — Da mesma forma, o historiador pode provocar tristeza ou compaixão, mas apenas pela narração de fatos que provoquem esses sentimentos, enquanto o orador exagera cada incidente e pelo menos finge estar profundamente afetado por eles, muitas vezes ressaltando a condição desgraçada daqueles de quem fala etc. — {Quase diria que a condena}ʷ

39 | ˣPoucos historiadores, portanto, incorreram nesse erro. Tácito, de fato, faz um [*a passionate*ʸ] elogio exaltado no final de sua descrição do caráter de Agrícola.⁶ Plínio, o Velho, também muitas vezes é culpado dessa afetação tola, como por certo podemos considerá-la em um autor tão sério, principalmente em relação a seu tema, que é a história natural e que, embora possa ser interessante, não pareceᶻ muito instigante [*animating*ᵃ]. Além desses dois, nenhum outro historiador cometeu tal erro, senão Valério Máximo⁷ e Floro (se é que ele merece o título de historiador), que o cometem do princípio ao fim.

ʷ Mão B (?) no rodapé do 38.   ˣ *An historian again never enters into*: suprimido.   ʸ No MS, *an*, com o *n* suprimido; *passionate*: acrescentado acima da linha.
ᶻ *to me*: suprimido.   ᵃ Mão B substituiu *interesting* (da mão A, suprimido).
⁶ "Bonum virum facile crederes, magnum libenter" (*Agricola*, xliv, citado em i.199 anteriormente); ou "consulari ac triumphalibus ornamentis praedito quid aliud adstruere fortuna poterat?"
⁷ Valério Máximo escreveu (ca. 31 d.C.) um manual de exemplos morais e filosóficos baseado na história, para uso de retóricos. Lúcio Aneu Floro compilou uma *Epítome* da história romana até Augusto, derivada principalmente de Tito Lívio; cf. atrás i. 83 n. 4.

Assim [*As^b*] como não deve empregar o estilo oratório, o historiador também não deve adotar o didático. Não lhe cabe apresentar provas de proposições, mas narrar fatos. Precisa provar somente os eventos que relata. Nesse caso, o melhor, em vez de uma demonstração laboriosa e formal, é apenas mencionar as fontes dos dois lados, para mostrar por que [*what reason^c*] optou por uma opinião e não por outra. Demonstrações prolongadas, por não pertencerem à província dos historiadores, raramente foram usadas pelos antigos. Os autores modernos muitas vezes as fazem, pois as verdades históricas são mais importantes agora do que na Antigüidade. O que contribuiu para o aumento dessa curiosidade é que hoje existem várias seitas religiosas e disputas políticas que dependem muito da veracidade de certos fatos. Foi isso que induziu, já faz algum tempo, quase todos os historiadores a se esforçarem muito para comprovar os fatos de que dependem as reivindicações dos grupos favorecidos por eles. Essas comprovações, contudo, além de serem inconsistentes com o estilo histórico, também têm conseqüências negativas, pois cortam o fio da narração, em geral nos [*in the^d*] trechos mais interessantes. Desviam nossa atenção dos fatos principais, de modo que, quando voltamos a eles, pouco nos interessa seu resultado.

{As dissertações disseminadas por toda parte nos escritos históricos modernos contribuem, entre outros fatores e de forma importante, para que eles se tornem menos interessantes que os dos antigos. Para evitar uma dissertação sobre a veracidade de um fato, o historiador pode, primeiro, narrar o evento de acordo com a opinião mais provável, e depois apresentar as outras, explicando

---

^b Substitui *in*.   *^c this*: suprimido.   *^d* No MS, *these*, com *se* suprimido.

que essa ou aquela circunstância provocou tal ou qual engano, ou que certa*e* distorção foi propagada por determinada pessoa com tal finalidade. Isso o tornaria um fato. A veracidade e a evidência de fatos históricos são agora mais importantes e examinadas com mais critério do que na Antigüidade, porque, entre nós, as numerosas seitas, civis ou religiosas, quase todas dependem de um fato histórico para justificar suas doutrinas.}*f*

Além disso, nenhum fato questionado nos interessa tanto nem provoca uma impressão tão duradoura quanto aqueles de cuja veracidade [*of whose truth* *g*] estamos certos. Todas as comprovações desse tipo demonstram que o assunto é um tanto duvidoso, e que seria então mais apropriado narrá-los sem mencionar a dúvida do que apresentar uma comprovação demorada.

As mesmas objeções contra as demonstrações demoradas valem para reflexões e observações que ultrapassem duas ou três sentenças. Se alguém nos assinalasse um espetáculo interessante, seria por certo muito desagradável que sua parte mais interessante fosse interrompida e nossa atenção dela fosse desviada, para que se acentuasse a admirável exatidão com que o conjunto foi composto; constranger-nos-ia ter assim o nosso interesse desviado. O historiador que introduz reflexões prolongadas age exatamente assim: afasta-nos da parte mais interessante do relato, e, nessa interrupção, sempre imaginamos que perdemos uma parte do acontecimento. Embora o relato tenha sido cortado, não conseguimos conceber que a ação tenha se interrompido. As pequenas reflexões e observações usadas pelo cardeal de Retz e por Tácito não sofrem as mesmas objeções.

---

e *mistake h*: suprimido.   *f* Mão B, v.39 (topo)-v.40.   *g* *of whose truth* substitui *that*.

Adam Smith

Dos dois[b], Tácito é sem dúvida o melhor; suas observações não se destacam da narração, parecendo fazer parte dela, enquanto as do cardeal, embora não muito longas, separam-se por completo da narração.

{"Me dei conta", diz o cardeal[8], "de toda a extensão do perigo que corria, e nada vi senão coisas horríveis". "Há grandes perigos em certos encantos", etc., etc.}[i]

Discursos (ainda que bastante longos) entremeados no relato são menos prejudiciais do que observações prolongadas ou declamações retóricas. O estilo das composições oratórias é, com efeito, muito diferente do estilo do historiador. Como, porém, esses discursos não são feitos em nome do próprio autor, não contradizem, portanto, a imparcialidade a ser mantida, nem cortam o fio da narrativa, já que são considerados parte integrante dos fatos que se relatam. Também oferecem a oportunidade de introduzir as observações e reflexões que não devem ser feitas em nome do autor. Tito Lívio muitas vezes adota esse recurso. Dessa forma, introduz suas reflexões sobre o perigo, a importância e a generosidade do empreendimento dos seguidores dos Fábios,[9] não em seu próprio nome,

---

[b] *those*: suprimido. [i] Mão B.

[8] "Je voyois le peril dans toute son étendue, et je n'y voyais rien que ne me parut affreux. *Les plus grands dangers ont leurs charmes, pour peu que l'on aperçoive de gloire dans des mauvais succès: les mediocres dangers n'ont que des horreurs, quand le perte de la réputation est attachée à la mauvaise fortune*" [Vejo toda a extensão do perigo, e aí nada vejo que me pareça terrível. Os maiores riscos têm seus encantos, por menos que haja glória na perspectiva dos insucessos: os perigos medianos só têm horrores, ao passo que a perda da reputação é ligada à má sorte]: Retz, *Mémoires* (1723), 152, em setembro de 1648 – em itálico, como "observação" separada do relato. Citado em uma tradução livre em TMS I.iii.2.11.

[9] II.xlvii-xlviii: cf. antes ii.29 n. 11.

mas transformando os desígnios deles em tema de [*of*] *ʲ* debate no Senado, intensificando também dessa forma os sentimentos que deseja inspirar.

A única objeção contra esse emprego dos discursos é que, embora apresentados como fatos, não são fatos genuínos. Contudo [*But ᵏ*], nem ele deseja que sejam considerados como tais, mas apenas como ilustração do relato.

{Não consigo lembrar nenhuma palavra a mais} *ˡ*

ʲ the: suprimido.   *ᵏ then*: suprimido.   *ˡ* Mão A, com caligrafia diminuta, na linha seguinte.

19ª Conferência[a]

Segunda-feira, 10 de janeiro, 1763

Tendo considerado, nas conferências anteriores, o que é necessário observar com respeito à escrita da história, passo agora à[b] *história dos historiadores*.

Os poetas foram os primeiros historiadores. Registraram os relatos mais propensos a surpreender e a impressionar, como as histórias e [and[c]] aventuras mitológicas das divindades. Por conseguinte, verificamos que todos os escritos[d] mais antigos eram baladas ou hinos em louvor dos deuses, em que se registravam os episódios mais surpreendentes de sua conduta. Como o tema era o maravilhoso, expressavam-se na linguagem do admirável, isto é, a poesia, pois, nela, admiração e surpresa surgem naturalmente.

Quanto às ações dos homens, por outro lado, os feitos militares seriam o principal tema dos poetas, pois os mais carregados de aventuras capazes de fascinar e corresponder ao desejo dos homens pelo que é maravilhoso, sobretudo nos primeiros tempos. Por isso, Homero registrou a guerra mais notável[e] de que participaram seus compatriotas antes de seu tempo. Todos os outros poetas que menciona, pois só menciona escritores que eram poetas, também haviam

---
[a] No MS: XVIII. [b] *give you some account of*: suprimido. [c] *genea*: suprimido. [d] *Poets*: suprimido. [e] Substitui uma palavra ilegível: *rer...ped*.

seguido o mesmo plano, relatando as aventuras mais surpreendentes e as façanhas bélicas dos grandes homens de seu tempo ou de antes. Verificamos que, em todos os países, a poesia foi o primeiro tipo de escrita, pois é o maravilhoso que primeiro atrai a atenção de homens pouco cultivados. Os escritos originais mais antigos em latim, italiano, francês, inglês e escocês são todos poéticos. Existem, de fato, outros | escritos em prosa, talvez tão antigos quanto esses poemas, porém são apenas lendas de monges ou similares que, escritas em língua estrangeira e de modo diferente do que é natural ao país, são evidentemente copiadas de autores estrangeiros. {e não devem ser consideradas produções nacionais}^{f}

Os historiadores seguintes eram poetas sob todos os aspectos, exceto pela linguagem. Esta era em prosa, mas, de modo geral, o tema era poético — fúrias, harpias, homens-aves [*Animals half ^{g} men and half-birds*] ou homens-cobras, centauros, homens-peixes criados no Tártaro e nadando no mar, a cópula de deuses com mulheres e de deusas com homens, os heróis que nasceram dessas relações e suas façanhas, todos eram temas dessas obras, segundo Dionísio de Halic<arnasso>.[1] Ao lermos seu relato, lembraremos imediatamente de Geoffry of Monmouth[2] e de outros escritores antigos, de seus

---

^{f} Mão B. ^{g} no MS: *have*.

[1] *On Thucydides*, 6 (*The Critical Essays*, LCL, i.476 ss.). O autor cita a defesa do próprio historiador quanto a evitar as lendas, por mais atraentes que sejam, em favor do fato atestado (I.xxii.4). Em suas *Roman Antiquities*, ele ataca os mitos gregos comparados à devoção e religiosidade romanas, e julga as lendas, enganosas para as pessoas comuns, como uma intervenção dos deuses em assuntos humanos (II. lxviii ss., II. xx; V. liv).

[2] A *History* de Geoffrey of Monmouth, do princípio do século XII, foi primeiro publicada em Paris em 1508 como *Britannie utriusque regum et principum origo et gesta insignia*. Nenhuma edição apareceu na Grã-Bretanha até a *Historia Britonum*,

elfos e fadas, dragões, grifos e outros monstros cujas histórias constituíam a maior parte de seus livros, criaturas imaginárias geradas pelo terror e pelo medo supersticioso sempre encontrados na humanidade em seu estado mais rude. Os escritores antigos que seguiram esse método limitavam seus relatos às histórias memoráveis de um único país ou província; e, da mesma forma, as lendas dos monges se limitavam a uma cidade ou, às vezes, a um monastério.

O primeiro autor que se propôs a ampliar o plano da história foi Heródoto. Por esse motivo, escolheu um período de 240 anos antes de seu tempo, abrangendo não apenas a totalidade dos Estados gregos como também a das nações bárbaras. Todos se articulavam de maneira tão simples e natural que não há lacunas nem | brechas em sua narração. O estilo é gracioso e leve; a narração é repleta de fatos memoráveis, os mais extraordinários ocorridos em cada país. O autor não se restringe, porém, aos eventos que produziram mudanças ou alterações importantes em cada país, escolhendo tudo que fosse mais agradável. Embora apresente*ᵇ* muito menos relatos fabulosos e maravilhosos do que os atribuídos a seus antecessores, mesmo assim, ao longo de sua obra, há um bom número deles. Na verdade, seu propósito parece ter sido mais entreter do que instruir. Isso se confirma pelo período longo que escolheu e a ampla extensão de países [which he has*ⁱ*made] de que trata sua *História*; dessa forma, ficava mais fácil tornar seus [his*ʲ*] fatos interessantes,

48

ᵇ much fewer, greatly: suprimido.   *ⁱ chosen*: suprimido.   *ʲ choice of*: suprimido.
de J. A. Giles, em 1844, mas os contemporâneos de Smith a conheceram pela tradução de A. Thompson, *The British History* (1718), "do latim de Jeffrey of Monmouth". Agora é geralmente designada *Historia Regum Britanniae*, como na edição de 1951, de J. Hammer.

e, por conseguinte, selecionou, na história de cada país, os mais divertidos, fossem eles importantes ou não. Dá-nos a [*We can*ᵏ] conhecer os costumes das diferentes nações e uma | série de eventos, e não algum [*rather* ˡ] relato sobre o governo dos países ou as causas dos eventos de que fala. Contudo, também é possível aprender muito dessa forma.

As Histórias continuaram sem mudanças depois de Heródoto até Tucídides empreender a *História da Guerra do Peloponeso*. Seu propósito, diferente daquele dos historiadores anteriores, era [*was that* ᵐ] o desígnio inerente [*the proper design of* ⁿ] à escrita da história. Ele nos conta que se incumbiu dessa obra para que, pelo registro mais verídico dos vários incidentes dessa guerra e de suas causas, a posteridade pudesse aprender como produzir eventos semelhantes ou evitar outros, e saber o que esperar de determinadas circunstâncias. Nesse propósito, teve mais êxito talvez que qualquer escritor de antes ou depois dele. Seu estilo é forte e nervoso, a narrativa é repleta dos eventos mais importantes. O tema de sua obra é a história de uma guerra, que relata de maneira muito clara, descrevendo cada campanha por si, de forma a dar uma noção completa | do progresso da guerra em cada lugar. Jamais introduz circunstâncias que não tenham contribuído de algum modo para uma alteração importante nas questões das duas nações beligerantes, conduta que a maioria dos historiadores não segue. Tácito e muitos outros introduzem todas as circunstâncias que lhes permitem exibir sua eloqüência. Assim, ele interrompe um trecho para descrever um templo que Tito visitou por acaso, e, em outro, relata as circunstâncias par-

---

ᵏ Substitui *may*.   ˡ Substitui *chiefly*.   ᵐ *of writing*: suprimido.   ⁿ *design of* (*wri* suprimido) substitui *ly called a*.

ticulares da desordem no exército de Verres³. A única ocasião em que Tucídides comete essa falha é ao descrever a inquietação dos soldados quando um general favorito foi reconvocado, e até se desculpa por isso, reconhecendo que tais assuntos não são tema de um relato histórico. Seus eventos são todos escolhidos de forma a serem importantes para a narração, e, ao relatá-los, realiza plenamente seu desígnio, explicando | cada um por suas causas externas, destacando, de cada uma das partes, as circunstâncias de tempo, lugar, etc. que determinaram o êxito da campanha em questão. {Torna a narrativa interessante pelos efeitos internos produzidos pelo evento, como na batalha noturna já mencionada, e também pelo grande número de discursos que introduz, com os quais apresenta as diferentes circunstâncias dos acontecimentos em cada episódio.} Sua narrativa, por isso, é muito densa, e, mesmo talvez não sendo tão interessante quanto a de Heródoto, ainda assim (como ele [°*himself says*] próprio diz)⁴ agradará a quem quiser conhecer a verdade e as causas dos diversos acontecimentos da guerra. Ele dá bem mais informações do que Heródoto sobre a história política e civil dos dois estados beligerantes, embora não pareça ter-se interessado muito por isso.

51

° Números escritos acima do texto mudaram a ordem original *says himself*.
³ Quando, em Chipre, Tito visita o famoso templo da Vênus de Pafos e consulta o oráculo; segue-se um relato sobre a história do culto e dos tesouros do templo: *Historiae*, II. ii-iv. *Annales*, I. lxi é um *flashback* da derrota e morte de Varus (não Verres), quando Germânico visita o local seis anos mais tarde. A passagem de Tucídides não foi identificada.
⁴ Tucídides (I. xxii. 4) define sua meta como atraente, pela investigação dos fatos, para leitores que desejam ter uma visão clara do que aconteceu e é provável que volte a acontecer de maneira igual ou semelhante. Ele não está compondo um ensaio digno de prêmio para ser ouvido apenas uma vez.

{Tucídides é o primeiro a prestar alguma atenção à história civil, pois todos que o precederam tratavam apenas da militar}[p]

O autor seguinte é Xenofonte. Seu estilo é leve e agradável [*agreable*[q]], não tão forte quanto o de Tucídides, porém talvez mais prazeroso. Sua narração também não é tão densa, pois muitas vezes introduz circunstâncias que pouco acrescentam aos eventos principais. Seu relato da retirada dos dez mil gregos[5] é geralmente comparado aos *Comentários* de César, relatos da[r] conduta de dois generais, escritos por eles próprios, sem a menor ostentação. Nesse ponto, os dois autores são, de fato, muito semelhantes, mas sob outros aspectos diferem bastante. A simplicidade de Xenofonte é bem diferente da de César, e demonstra uma ingenuidade e franqueza que não aparecem nos escritos do outro. O estilo de César é sempre denso; salta de um fato importante para outro sem tocar em nada que não seja importante entre eles. Não é fácil dar a conhecer as qualidades de Xenofonte, pois não há passagens que, por si sós, mostrem seu estilo e suas características especiais {pois, comparado a Tucídides, apresenta poucas circunstâncias em sua descrição} {[*As he uses ... description*]}. {Cada passagem é tão ligada à precedente que não podemos julgar a beleza de uma sem conhecer a anterior}.[s] É preciso ler tudo para perceber suas qualidades e conhecer seu estilo.

Na *Expedição de Ciro*, esforça-se por apresentar todas as circunstâncias, por menos importantes que fossem, <que> tendessem a granjear a afeição dos soldados por seu comandante. Conquista assim de tal forma nossa estima, que a descrição do resultado da batalha,

---

[p] Mão B.   [q] Substitui *pleasant*.   [r] *expedi*: suprimido.   [s] Essa sentença foi acrescentada depois de *as he uses ... description*.

[5] *Anabasis,*, II.vi ; cf. antes ii.24 n.6.

embora muito simples e sem floreios, nos afeta tanto quanto a mais interessante das escritas por Tucídides, com todas as circunstâncias dos efeitos sofridos pelos protagonistas dos eventos, tanto durante a ação quanto depois. Com sua maneira de nos conquistar aos poucos, Xenofonte torna-se um autor dos mais atraentes, embora não seja o mais apaixonado nem o mais interessante. {Segundo a linguagem dos pintores: embora nem os traços nem o colorido ou a expressão sejam muito fortes, a organização da peça é tal que, no todo, se torna muito simpática e atraente.} Sem provocar emoções violentas como Tucídides, agrada e atrai tanto quanto ele. Por tudo isso, fica evidente que nenhuma passagem por si só dá a conhecer suas grandes qualidades. Por outro lado, há muitas passagens em César que oferecem uma noção completa de | seu 54 estilo e de suas qualidades. Como todos os eventos que descreve são importantes, muitas vezes é induzido a descrevê-los de forma admirável e cativante. Xenofonte também nos deu [*has given us*ᵗ] várias descrições de caracteres em suas obras, não como propósito estabelecido, mas devido às circunstâncias que menciona sobre as pessoas que aparecem em sua *História*. Isso acontece em particular no tratado sobre os assuntos" gregos,⁶ que começa onde Tucídides parou, e dessa forma penetra mais nas questões políticas da Grécia do que os historiadores antes mencionados.

 Contudo, o primeiro escritor a tratar da história civil das nações de que fala é Políbio. Esse autor, embora inferior a Heródoto em elegância, a Tucídides em força e a Xenofonte em suavidade, e de

---

ᵗ *oft*: suprimido. " Substitui *military*.
⁶ *Hellenica*, a história de seu próprio tempo, 411-362, começando onde Tucídides parou.

55 estilo pouco interessante, torna-se não só instrutivo mas também agradável pela clareza e precisão com que relata uma série de eventos que, por sua importância, seriam interessantes mesmo nas mãos de um escritor menos habilidoso, bem como pela visão que nos deu da constituição civil dos romanos.

Dio[v]7

56 |De todos os historiadores latinos, o melhor, sem dúvida, é Tito Lívio, e, se ser agradável fosse a finalidade principal do escritor, ele seria, com certeza, o primeiro entre todos. Na verdade, não se aprofunda nas causas dos eventos, como fazem os historiadores gregos, porém [*but*][w] por outro lado, torna suas descrições extremamente interessantes pela grande quantidade de circunstâncias emocionantes que reúne e que, à diferença do método de Tucídides, se interconectam e são apresentadas na ordem natural em que ocorreram. As circunstâncias mencionadas na batalha noturna são narradas por Tucídides como se todas tivessem acontecido ao mesmo tempo, porém as que Tito Lívio descreve sobre a confusão em Roma após a batalha[8] de[x] são narradas na ordem em que devem ter ocorrido.

{Porém, as maiores qualidades do estilo de Tito Lívio são a majestade e a grandiosidade que ele mantém em toda a sua obra, superando todos os outros historiadores, embora sob muitos outros aspectos ele possa ser inferior a eles. Para manter essa seriedade, dá muita atenção

---

[v] o escriba introduziu antecipadamente o nome de Dionísio de Halicarnasso, e deixou de suprimir *Dio*. Depois de *Dio*, o restante do 55 ficou em branco.
[w] *at the*: suprimido. [x] No MS: lacuna de seis letras; a intenção era escrever *Cannae*. Tito Lívio XXII. Iiv.
[7] Cf. ii. 57 adiante.
[8] Cf. antes ii. 29 n.11.

a cerimônias religiosas e a presságios e portentos, que jamais omite.⁹ Porém, não devemos supor que acreditasse neles em uma época em que a religião vulgar era totalmente ᵞ ignorada pelos mais sábios, exceto como instituição política. E isso ele sugere em [in²]}

Tito Lívio é muitas vezes acusado de | ser muito impreciso em seus relatos sobre assuntos militares, mas creio que não seja tão culpado quanto [as common fame reports ᵃ] dizem. Também faz uma descrição da constituição romana, que, embora não tão minuciosa quanto a de Dionísio de Halicarnasso, nos permite formar uma boa noção dela. É importante considerar também que ele escrevia para os romanos, aos quais pareceria impertinência fazer [give ᵇ] um relato minucioso de seus próprios costumes, enquanto Dionísio de Halicarnasso escrevia para os gregos, que desconheciam esses assuntos.

Quintiliano¹⁰ compara Tito Lívio ᶜ a Heródoto e Salústio a Tucídides. No entanto, Tito Lívio é por certo muito superior a Heródoto, enquanto Salústio é muito inferior a Tucídides. Assemelha-se a ele, de fato, pela concisão e pelas transições repentinas, mas não possui nem sua força nem sua precisão. Em seu relato sobre a conspiração de Catilina, devido ao tema pouco denso, que não lhe oferecia um campo muito amplo, introduz várias digressões bastante demoradas e pouco ligadas ao assunto principal. Em ambas

---

ᵞ Chamada sem conexão com o texto *com*, no rodapé do v. 55. ᶻ A interpolação no v. 55 se interrompe aqui; lacuna de quatro letras no MS, depois de *in*. ᵃ *the*: suprimido. ᵇ No MS: *gave*. ᶜ *Generally*: suprimido.

⁹ Tito Lívio discorre longamente sobre os motivos políticos e sociais por trás da organização dos cultos romanos: I.xx-xxi (Numa), IV. xxx. 9-11 e XXV. i. 12 (apenas os deuses romanos deveriam ser venerados, e da maneira tradicional).

¹⁰ X. i.101.

as obras que nos restaram, as descrições são muito imperfeitas e as circunstâncias muito banais e tão pouco adaptadas ao assunto em questão que serviriam para qualquer relato semelhante, mesmo em situações muito diferentes. — As circunstâncias da descrição da batalha com Jugurta[11] serviriam para qualquer outra batalha, significando, de fato, apenas que houve uma grande desordem. Tucídides,[d] pelo contrário, ao descrever a batalha noturna, embora só apresente a desordem, esta é de tal natureza que só seria possível acontecer naquele lugar e sob aquelas condições. O que Salústio descreveu é o que acontece em qualquer batalha. Igualmente, as circunstâncias com que representa[12] o luxo dos romanos e seus costumes depravados são as mesmas que caracterizam [e] o luxo em qualquer país. Porém, aquelas com que Tucídides ressalta [*points*[f]] os efeitos da sedição [S<*edition*>[g]] na Grécia são tais que nenhum outro tipo de sedição, nenhum outro estado de um país, poderia ter causado. Além disso, sua concisão, obviamente copiada de Tucídides, é mais aparente que real. Pois, embora suas frases sejam sempre muito curtas, muitas vezes uma delas não contém senão o que se encontrava [*implied* [h]] na frase anterior e na seguinte. Na

---

[d] *again*: suprimido.   [e] *the*: suprimido.   [f] No MS: paints.   [g] O resto da palavra foi suprido conjecturalmente: lacuna de sete letras no MS.   [h] Substitui *said*.

[11] *Bellum Iugurthinum*, xcvii-xcix. A referência seguinte, na descrição da batalha em que as tropas de Mário foram surpreendidas por Jugurta e Bocchus, deve ser à frase cujo padrão sintático singular reproduz a desordem com que os soldados romanos, "trepidi improviso metu", lutaram: "pars equos ascendere, obviam ire hostibus, pugna latrocinio magis quam proelio similis fieri, sine signis, sine ordinibus equites peditesque permixti cedere alii, alii obtruncari, multi contra advorsos acerrume pugnantes ab tergo circumveniri; neque virtus neque arma satis tegere ..." (xcvii.5).

[12] *Bellum Catilinae*, i-xiii (cf. antes ii.21 n. 4); Tucídides, III. lxxxii-lxxxiii, sobre a desintegração social que se seguiu à guerra.

descrição da batalha já mencionada, a primeira sentença contém todas as seguintes. Seu [hisi] relato, contudo, é respaldado por sua capacidade de expressão, em que talvez supere todos os outros historiadores, e pela variedade dos discursos que, assim como os de Tucídides, serão considerados quando tratarmos da eloqüência deliber<ativa>. Quanto às descrições, porém, parece ter sido mais minucioso na pesquisa dos eventos do que de suas diversas circunstâncias. E como, dessa forma, era obrigado a inventar incidentes, era natural que recorresse aos mais banais, que ocorreriam em qualquer situação semelhante [Sortj] ....

60

---

i *this, 1*: suprimido no MS.   j No MS: *So.*

20ª *Conferência*ᵃ

Quarta-feira, 12 de janeiro

Os primeiros historiadores, assim como os primeiros poetas, escolheram o maravilhoso como tema por ser o mais provável de agradar um povo rude e ignorante. O admirável é a paixãoᵇ mais facilmente provocada em tais pessoas. A ignorância torna-as crédulas e fáceis de enganar, e essa credulidade faz com que se deleitem com fábulas que não agradariam aos [mais]ᶜ sábios. — Quando, portanto, o saber se desenvolveu, e os homens ficaram esclarecidos o bastante para dar pouco crédito a esses relatos fabulosos que haviam entretido seus antepassados, osᵈ escritores viram-se obrigados a escolher [*take*ᵉ] outro tema, pois aquilo que nada tem a recomendá-lo senão a maravilha só pode agradar enquanto houver quem acredite. Da mesma forma, vemos hoje as histórias de bruxas e fadas, sempre devoradas pela plebe ignara, serem [*are*ᶠ] desprezadas pelos mais sábios. Como o maravilhoso já não agradava, os autores recorreram ao que imaginaram ser mais prazeroso e interessante: representar as ações e paixões que fossem, em si, emocionantes ou que demonstrassem os sentimentos delicados do coração humano. Assim foi que a tragédia sucedeu aos primeiros

---

ᵃ No MS: XIX.   ᵇ *to*: suprimido.   ᶜ Acrescentado acima da linha.
ᵈ *Historians*: suprimido.   ᵉ *the pr.*: suprimido.   ᶠ Substitui *would be*.

relatos fabulosos de heróis, centauros e monstros diversos; assim também os romances*, que expõem as ternas emoções ou paixões exacerbadas de seus personagens, sucederam aos relatos violentos e extravagantes, as primeiras manifestações de nossos antepassados na Europa.

Os historiadores, por sua vez, tomaram por meta não apenas divertir o leitor, mas ensiná-lo também, [by ᵍ narrating] narrando os fatos mais importantes e os que provocaram grandes revoluções, e revelando suas causas, para que pudessem ser reproduzidos ou evitados. Foi nessa condição que Tácito encontrou a escrita histórica. Afastou-se completamente do plano dos historiadores precedentes e formulou um muito diverso para seus próprios escritos. Havia observado que as passagens mais interessantes dos historiadores eram as que revelavam os efeitos dos eventos nas mentes de seus protagonistas ou espectadores. Cogitou, então, de escrever uma História constituída inteiramente de eventos que interessassem[b] aos leitores[i] por seus efeitos, ou que produzissem esses efeitos sobre eles.[j] Se considerarmos a situação dos romanos [Romans[k]] e as disposições do povo na época em que ele escreveu, verificaremos que esse plano de Tácito era muito adequado. O Império [<Empire>[l]] romano no reinado de Trajano atingira o auge de sua glória, o povo gozava de mais segurança interna e tranqüilidade do que em qualquer reinado anterior, ou mesmo durante os últimos

---

ᵍ *the*: suprimido.   [b] Substitui *Producing these effects on the*.   [i] *to the*: suprimido.   [j] No MS: últimas dez palavras suprimidas.   [k] *Empire*: suprimido; *s* acrescentado a *Roman*.   [l] Preenchido conjecturalmente; ver nota anterior.

* N. da T. – Em inglês, *romance* indica um relato fabuloso ou maravilhoso. O nosso *romance* é expresso em inglês pelo termo *novel*.

150 <anos> da República. O luxo e sua conseqüência natural, as maneiras refinadas, haviam se expandido tanto quanto possível em qualquer governo. Os sentimentos eram o principal interesse das pessoas. Quem vive assim, [*thus^m*] em uma cidade magnífica, onde está livre para gastar sua fortuna em todos os luxos e refinamentos da vida; que não exerce cargos públicos senão os que deseja e obtém [*what they inclined to^n and obtained from*] pelo favorecimento e benevolência do príncipe; era natural que essa gente, digo eu, sem nenhum compromisso com as necessidades da vida, se interessasse pelas alterações da mente humana e pelos eventos resultantes [*were accounted for ^o*] das diferentes emoções que influenciavam as pessoas envolvidas. A monarquia francesa encontra-se na mesma condição dos romanos sob Trajano, e, por conseguinte, [*we ^p*]verificamos que os autores que procuram ser mais agradáveis enfatizam muito o sentimento. {É isso que sobressai nas obras de Marivaux e de Crebillon Fils}^q Marivaux e <Crebillon> se assemelham a Tácito tanto quanto possível em trabalhos de natureza tão oposta. Eles [*are^r allways*] sempre se empenham em explicar cada evento pelo temperamento e disposição interna [*internall disposition^s*] dos diversos protagonistas, em especulações quase metafísicas.

Veremos que Tácito realizou suas obras da maneira mais adequada para esse fim. Falaremos principalmente de seus *Anais*, pois é neles que seu caráter mais se mostra. Dizem que sua *História* foi

---

^m *or then?*   ^n *to*: escrito acima de *from*.   ^o As últimas três palavras substituem *lead them most into these causes that*.   ^p *will*: suprimido.   ^q Mão B; mão A deixou aqui um espaço em branco com *and* escrito no meio; outra mão (não B) inseriu *Marivaux* no primeiro espaço, depois a linha foi toda riscada. Na linha seguinte, *Crebillon* foi escrito conjecturalmente com base na nota da mão B.   ^r *full of*: suprimido.   ^s As duas últimas palavras substituem *intellectuall* (?) *motion*.

publicada primeiro. Talvez tenha resolvido verificar como seria aceita uma obra em que seu plano preferido fosse um tanto moderado pela maneira comum de escrever relatos históricos, antes de se arriscar em uma em que prevalecesse inteiramente a noção que concebera sobre a beleza de escrever a História.*t*

O período coberto por ambas as obras não contém revoluções notáveis; informações detalhadas sobre as únicas duas de certa importância, o assassinato de*u*{Calígula} e a expulsão de {Nero}*u*, não chegaram ao nosso tempo, nem duraram o bastante para preencher mais de um livro ou dois. Quase nenhum dos eventos que relata tendia a modificar o estado dos | assuntos públicos. Ele supôs, [*conjectured*v] porém, e creio que com razão, que os incidentes da vida privada, embora menos importantes, nos afetariam mais profundamente e nos interessariam mais do que os de natureza pública. O assassinato de Agripina ou a morte dos filhos de Germânico talvez nos afetem mais do que a batalha noturna descrita por Tucídides.[1] Nas calamidades privadas, nossas paixões destacam uma, como, por assim dizer, se concentrassem na mais forte em vez de abranger as diversas circunstâncias que, numa calamidade comum, afetassem várias pessoas. Tácito descreve todos os eventos por seus efeitos internos, e explica-os da mesma maneira; quando tem oportunidade de assim exibir seu talento e de nos comover, não lhe interessa muito a importância dos eventos [*events*w]. Assim, faz uma descrição completa da tempestade que atingiu a esquadra *x*,

---

t Acrescentado pela mão B em um espaço no final da linha depois do ponto.
u-*u* Mão B nos dois espaços em branco.   *v* No MS: *conjactured*.   *w* No MS: *evints*.
x No MS: lacuna de dez letras.
[1] *Anais*, XIV.i-xiii; VI.xxiii-xxiv. Para Tucídides cf. antes ii. 23 n. 5.

da sedição das legiões germânicas e do enterro dos soldados de Varus² por Ger|mânico, embora, no primeiro caso, apenas um ou dois navios tenham afundado, enquanto o segundo não passou de um tumulto e o terceiro tenha sido ainda menos importante [*important*ʸ] que os anteriores. No entanto, a maneira de descrever esse eventos é tão interessante, e o autor nos leva a penetrar de tal modo nos sentimentos e na mentes dos protagonistas, que constituem as passagens mais notáveis e interessantes de qualquer História. Ao descrever as ações mais importantes, não apresenta as causas externas, mas apenas as internas, e embora isso talvez não nos instrua quanto às causas dos eventos, será mais interessante e nos levará a uma ciência não menos útil, o conhecimento dos motivos pelos quais os homens agem; ciência essa que não poderia ser adquirida de   .ᶻ

Os eventos que relata, por serem de natureza privada, como as intrigas de ministros, as mortes ou promoções de determinados homens, não estão ligados por nenhum elo forte, tal como é necessário em uma história do tipo comum, em que a conexão de um evento com outro deve ser claramente assinalada. Aqui, porém, são eventos reunidos ao acaso, sem nenhuma conexão, a não ser, talvez, o fato de que aconteceram ao mesmo tempo.

Suas reflexões sobre os diferentes eventos são o que poderíamos chamar de observações sobre a conduta dos homens, <em vez> de máximas gerais deduzidas de exemplos particulares, como as de ᵃ.

ʸ Substitui *interesting*.   ᶻ Lacuna de cinco letras no MS, seguida de duas linhas e meia em branco; a seguir, na margem interna, desenho pontilhado parecendo um rosto de perfil, ao qual a mão B acrescentou *this is a picture of uncertainty*.   ᵃ No MS: lacuna de dez letras.

² A esquadra de Germânico, *Annales*, II.xxiii-xxiv; legiões germânicas, I.xxxi-xlix; soldados de Varus, I.lxi-lxii (cf. antes ii.50 n. 3).

Em sua *História*, ele de fato penetra mais nas causas dos eventos, e mantém uma série contínua de acontecimentos, mas mesmo aí negligencia a articulação a ponto de ignorar inteiramente as circunstâncias que sejam apenas conectivas. Já vimos um exemplo disso na retirada do exército de Cecina,[b] depois de derrotar os germânicos.[3] As circunstâncias que se deram entre essa derrota e a travessia do Reno provavelmente eram tais que não ofereciam espaço para as descrições ou narrativas emocionantes que, a seu ver, eram o principal encanto da escrita.[c]

{Esse é o verdadeiro caráter de Tácito, que foi deturpado por todos os seus comentadores, de Boccalini[d] a Gordon[4]} – – –

Maquiavel e Guichardin[e] são os dois mais famosos historiadores italianos modernos.[5] O primeiro [*former*[f]] parece ter [*had*[g]] visado, sobretudo, à comprovação de certas máximas que formulara, como a inconveniência de manter um exército permanente[h] e outras semelhantes, em geral opostas à política vigente na época. As diversas

---

[b] Mão A havia escrito *Socina*, que a mão B suprimiu e corrigiu.   [c] três linhas e meia em branco.   [d] substitui (Mão B?) *Machiavell*.   [e] Mão B no espaço em branco.   [f] *first half*: suprimido.   [g] *it*: suprimido.   [h] Linha em branco.

[3] Cf. ii. 36 n. 5 anteriormente.

[4] Ver ii. 26 n. 9 e 20 n. 3 anteriormente. Gordon discute "a tola censura de Boccalini e outros a Tácito" em *The Works of Tacitus*, i (1728), *Political Discourse* 2, seç. xi.

[5] Nicolau Maquiavel (1469-1527); obra histórica principal, *Historie fiorentine*, 1525 (cf. ii.18 n. 2 anteriormente). A maior parte das obras de Francesco Guicciardini (1483-1540) foi publicada postumamente. As mais notáveis são as máximas políticas e sociais baseadas em seus estudos históricos, *Ricordi politici e civili* (escrita em 1528-30, publicada em 1576) e *Storia d'Italia* (escrita em 1536, publicada em 1561). Em *Considerazioni sui Discorsi del Machiavelli* (escrito em 1529), discordava das interpretações de Maquiavel sobre história romana como base para o pensamento político.

cortes italianas*i* daquele tempo vangloriavam-se de sua política refinada e sutil; não havia maior censura para um homem de talento que ser considerado de caráter aberto e sem malícia. Maquiavel, porém, parece ter desprezado por completo esse tipo de política, dando-lhe pouca atenção, ou representando-a como insignificante. Merece mais louvor que a maioria dos escritores modernos por um motivo: não parece favorecer mais um partido que*j* outro, sendo, por conseguinte, muito imparcial em seu relato {que é o método de Lord Clarendon e do bispo Burnet}

{Maquiavel é, de todos os historiadores modernos, o único que se contentou com a principal finalidade da História: relatar os eventos, ligando-os às suas causas, sem tomar partido de [on*k*] um dos lados}

Guichardin, *l*de sua parte, parece ter apreciado tanto a política então em moda quanto Maquiavel*l* a desprezava e, portanto, empenha-se em explicar os esquemas que provocaram vários eventos importantes. {Sua *História* inteira é uma dissertação crítica sobre os esquemas, os artifícios mesquinhos e muitas vezes desonestos da época.}*m* No relato sobre sua própria terra, Florença, muitas vezes discorre longamente sobre detalhes pouco importantes, tanto assim que Boccalini, em suas *Notícias do Parnaso*,[6] faz Apolo condenar

---

i seem'd: suprimido.   *j the*: suprimido; *and ... relation* está espremido entre essa linha e a seguinte, e se eleva até o v. 69.   *k* no MS: *or*. Essa interpolação é da mão B; a acima é da Mão A.   *l–l* Mão B nas duas lacunas.   *m* Mão B.

[6] *De'Ragguagli di Parnaso* (adjudicaçoes ou notificações do Parnaso, por Apolo) publicado em duas "Centúrias", em 1612 e 1613. A sentença dada a um lacônico por usar três palavras em vez de duas está na *Centúria* i, no.6. A obra foi muitíssimo popular e influente no século XVII; apareceu sob diversos títulos (*Newes, The New-Found Politicke, Advertisements, Advices*) em seis diferentes tradu-

71   alguém a ler sua narrativa sobre as disputas entre Florença e Pisa, | o que é considerado uma tarefa muito pesada."

Clarendon e Burnet são os dois autores ingleses que se tornaram conhecidos sobretudo como historiadores.

Como Clarendon⁷ visasse apresentar a má disposição de um partido [*the bad disposition of the one party*°] e justificar a conduta do outro, toca de leve nos eventos mais importantes e mais capazes de produzir mudanças memoráveis, insistindo sobre os que revelam as disposições dos diferentes partidos. É desse modo que discute, em apenas duas ou três sentenças, todas as ações de Montrose na Escócia, embora sejam de suma importância; e, por outro lado, discorre longamente sobre a fuga de Lord Littleton, um dos guardas do selo [seal*ᵖ*] do rei [*king*ᵠ], embora isso tenha apenas resultado em um novo selo, um novo guardião e dois protestos, que ele se

72   empenha em descrever com minúcia.

Por*ʳ* | essa mesma razão, empenha-se tanto em descrever caracteres; não para explicar os acontecimentos, mas para exibir os caracteres dos partidos, mostrando os dos seus componentes; e é por isso*ˢ* que só falta descrever até o caráter de um lacaio portador de uma mensagem. Pelo acúmulo de tantas circunstâncias insignifi-

---

ⁿ linha em branco.   *°* As últimas sete palavras substituem *in as Black a light as possible the one party* (as últimas três palavras não foram suprimidas.   *ᵖ* been: suprimido.   *ᵠ* as últimas seis palavras inseridas pela Mão B no espaço em branco.   *ʳ* o escriba começou com *Burnet*.   *ˢ* it is that: suprimido.

ções inglesas entre 1622 e 1727, *Advices from Parnassus* em 1706. Deu origem a *Sessions of the Poets*, ou julgamentos imaginários de escritores por seus delitos diante de assessores legais e jurados. *The Great Assises Holden in Parnassus by Apollo and his Assessors* (1645; Luttrell Soc. Reimpressão 6, 1948) denuncia jornais e seus editores. Para Boccalini, cf. ii. 26 n. 9 anteriormente.

cantes, conseguiu inchar a história de dezoito anos até quase o tamanho de três volumes infólio.ᵗ

Burnet, por sua vez, apresenta sua narrativa não como uma história completa da época, mas como um relato dos fatos que chegaram ao seu conhecimento. Seu objetivo evidente era apresentar um partido sob o pior aspecto possível, e justificar o outro. Deve, então, ser considerado um escritor partidário,[8] e não um historiador. Escreve de maneira animada e espirituosaᵘ, em estilo claro, porém sua expressão e linguagem são inferiores, mais típicas de uma velha ama do que de um cavalheiro. Todas as históriasᵛ modernas foram fadadas a ser escritas com espírito partidário, pelas razões já mencionadas. Rapin[9] parece ser o mais imparcialʷ de todos os que escreveram sobre a Inglaterra. No entanto, falou demais nos negócios privados dos monarcas e dos partidos entre os vários grandes homens de que trata, de modo que sua *História*, como muitas outras, é mais um relato sobre as vidas dos príncipes do que sobre os assuntos relativos ao povo em geral.

73

ᵗ linha em branco.   ᵘ *but*: suprimido.   ᵛ substitui *governments*.   ʷ Nota na margem interna: *so (or 10?) years ago. a better now.*

[8] As opiniões de Burnet sobre assuntos políticos e eclesiásticos eram liberais, às vezes em excesso. Cf. antes i.v.199 n.11.

[9] Cf. antes ii.34 n.3. A anotação marginal refere-se, sem dúvida, a *History of Great Britain* [mais tarde *England*] de David Hume, amigo de Smith, publicada em seis volumes em 1754, 1757, 1759 e 1762.

Adam Smith

21ª Conferência[a]

Sexta-feira, 14 de janeiro, 1763

N. B.: Esta conferência foi pronunciada sem a ajuda de livros.

Terminei o que tinha a dizer a respeito da primeira espécie de escrita, a narrativa, cujo propósito é relatar fatos, e venho agora tratar daquela forma de escrita que visa provar uma proposição ou uma série de proposições. As regras que já fornecemos acerca da narrativa serão também válidas para essa outra espécie, com poucas alterações.

Observamos também que as mesmas regras serão igualmente aplicáveis às composições poéticas. Pois, afinal, em que consiste a diferença fundamental entre um poema histórico e uma história? Apenas, a história é escrita em prosa, e o poema histórico, em verso. Ora, o que leva alguém a escrever em verso[b] e não em prosa? Qual é seu propósito?[c] Escrever em verso é, por certo, mais difícil, mas, ao mesmo tempo, tem mais força e beleza. É evidente, portanto, que a meta do autor é nos deleitar. {Muitos outros autores, além dos poetas, tiveram como propósito principal o deleite, mas eles são os únicos escritores que, por seu próprio modo de escrever,

---

[a] No MS. XX.   [b] Substitui *prose*.   [c] *Why should the Taking of Troy, the fo*, no v. 73: suprimido; ver final do 79.

nos declaram explicitamente esse seu desígnio:} O modo como o poeta escreve é, dentre todos, o mais apropriado para atingir esse fim. A melhor composição em prosa, o melhor discurso retórico [*oratoricall*ᵈ], não atingem sequer a metade do efeito. Um orador muitas vezes [*will*ᵉ *often tell us*] nos diz a mesma coisa de diversas maneiras. Se examinarmos os melhores discursos, descobriremos que, muitas vezes, a segunda, a terceira e a quarta sentenças dizem, noutras palavras, o mesmo que [*contain nothing more*ᶠ] a primeira. Mas só os discursos inferiores apresentam tais repetições. Um orador o fará se esperar que o argumento alcance sua força plena. Uma certa repetição é, com freqüência, absolutamente necessária para nos atingir como [*in*ᵍ *the manner*] ele pretende. Por outro lado, contudo, a repetição é a tal ponto desnecessária que qualquer um que tenha o mínimo conhecimento de poesia, por escrevê-la ou lê-la, sabe que nada é mais desagradável do que encontrar, no verso seguinte ou na estrofe seguinte, a mesma coisa dita em outras palavras. O Sr. Pope afirma que a razão que o levou a escrever seu *Essay on Man* em versos em vez de em prosa foi ter visto que podia então fazê-lo de maneira mais curta e concisa.¹ Duvido muito que esse tenha sido

---

ᵈ No MS: *ortaroicall*. ᵉ No MS: *wall*, que substituíra *of*. ᶠ Substitui *but*.
ᵍ Substitui *with*.

¹ Em "To the Reader", que prefacia a primeira epístola do *Essay on Man* em 1733, Pope explica sua escolha do "modo epistolar de escrever", então em voga; sua matéria, embora elevada e nobre, se "combina com o argumento, *o qual, por sua natureza, se aproxima da prosa*". Em "The Design", que prefacia todo o poema em 1734, defende sua escolha do verso e mesmo da rima por serem eles mais admiráveis e memoráveis, e era de opinião que podia exprimir máximas ou preceitos "mais *sinteticamente* deste modo do que na prosa". A concisão é fonte de muito da "*força*, assim como da *graça* dos argumentos... Fui incapaz de tratar essa parte de meu tema de modo mais detalhado, sem que

o seu verdadeiro motivo; mas dele se depreende como era sensível à grande superioridade da poesia sobre a prosa a esse*ᵇ* respeito. Mencionei esse detalhe da concisão da poesia não por ser um dos seus principais atrativos, mas por comprovar uma grande vantagem da medida poética e o efeito que a harmonia e o ritmo regular têm sobre nós, por a tal ponto prenderem nossa atenção que nunca é necessário*ⁱ* repetir a mesma coisa uma segunda vez. {É desnecessário provar a superioridade da poesia sobre a prosa, algo que todos sabem por experiência e que a humanidade já confirmou.} Uma expressão assim enunciada nos afeta mais do que se um orador a proferisse de três ou quatro formas diferentes.

A sua forma incomensuravelmente mais difícil do que a prosa é suficiente para demonstrar que diversão e entretenimento são os objetivos precípuos da poesia. É da *ʲ* nossa satisfação com esse desígnio que se originou o que chamamos de licença poética.

Há pessoas que sobressaem nas conversas por seu talento para contar histórias. Por seu jeito e maneira de narrar, demonstram claramente que não se preocupam nem um pouco em que se lhes dê crédito; parece que tudo que desejam é nos divertir com alguma história hilariante. De nossa parte, percebemos esse seu objetivo, e não nos importa saber se a história se passou como eles a contam ou não. Concedemos-lhes a liberdade de acrescentar ou tirar da história o que bem queiram, cortando-a e aperfeiçoando-a como lhes aprouver. Pois não há história que só possa ser contada de um só modo, em que cada circunstância produza o mesmo efeito. Não

---

ᵇ poetry: suprimido.   *ⁱ desirous*: suprimido.   *ʲ this*: suprimido.
me tornasse seco e aborrecido; ou, mais *poeticamente*, sem sacrificar a clareza ao ornamento, sem sair da precisão ou sem quebrar o raciocínio".

há história ou aventura tão burlescas que não tenham uma parte séria, não há nada tão melancólico que não contenha[k] algo de auspicioso, nem algo tão auspicioso que não seja maculado pela adversidade. Ora, como somos sensíveis a isso, não nos ofende que o narrador de histórias cômicas, embora seu talento [*a talent which* [l]], ainda que bem recebido, não seja muito grande, despreze [*throw*[m] *out*] as circunstâncias que tenderiam a diminuir o ridículo do que contam; ou acrescente outras que o aumentem; podemos até admitir que a história seja toda sua, mas isso raramente funciona. {Se tornamos a história perfeita e completamente burlesca, ou melancólica, ou alegre, temos de abandonar essas circunstâncias dissonantes}[n] Há também contadores de histórias maravilhosas e os de histórias muito tristes; estes e aqueles são com freqüência obrigados a acrescentar ou subtrair algo de seus relatos; isso porque dificilmente provarão de maneira tão maravilhosa ou tão lamentável que não haja neles algo que pareça insignificante ou, ao menos, banal. Bem, a questão é que tudo isso é desagradável; reconhecemos serem forjadas as suas [*their*[o]] histórias, e, no entanto, eles as contam com a fisionomia séria e parecem evidentemente desejar que nelas acreditemos. Ainda que sejam bem recebidos, não merecem consideração aqueles que se esforçam em contar histórias maléficas e em converter uma coisa inofensiva em atroz e chocante. Tanto o contador de maravilhas como o de fatos lamentáveis são sempre desprezíveis. Só é aceitável numa conversa o contador de histórias burlescas, pois, sabendo que seu propósito é inofensivo [*harmless* [p]], lhe damos alguma tolerância.

---

[k] *effect is very tell*: suprimido.   [l] *a talent which* substitui *a character*.   [m] No MS: *through*.
[n] Mão B.   [o] No MS: *there*.   [p] substitui *good*.

O poeta se encontra exatamente na mesma condição: seu propósito é entreter [*intertain*ᵍ], e não finge que o que diz é verdade; por isso, não nos sentimos ofendidos em que ele acrescente algo ao que relata. Mas, na poesia, não se admitem apenas histórias burlescas, mas também as maravilhosas e as muito tristes. O narrador de histórias desse tipo é desagradável porque tenta impô-las como verdadeiras. Mas, não sendo o caso do poeta, podemos dele receber não só as burlescas. Os temas são, em geral, tão distantes, que não nos ofende o poeta embelezar sua história com o acréscimo de algumas circunstâncias. A tomada de Tróia, a fundação do Império romano ou a vida de Henrique IV da França² não estão tão ligadas a nós a ponto de nos sentirmos [*as to make us*ʳ] afetados pela maneira como são representadas. Não lemos Homero para nos instruir sobre a guerra de Tróia, nem Virgílio para conhecer {a origem dos romanos}ˢ; nem Milton para nos informar sobre o relato das Escrituras acerca da queda do homemᵗ; ainda que muitos detalhes aí se apresentem, ninguém os lê para reforçar sua fé. Como [*But*ᵘ], entretanto, o que queremos do poeta e do contador de histórias é que nos entretenham, a ambos dispensamos as mesmas concessões. Do mesmo modo que sabemos que nenhuma história é tão hilariante a ponto de funcionar sem alguma emenda, sabemos também que nenhuma série de aventuras é de tal maneira bem-acabada, maravilhosa e extraordinária, lamentável ou absurda, que corresponda por completo ao propósito do poeta sem retoques. Assim, concedemos

80

ᵍ Substitui *amuse*.   ʳ *as to make us* substitui *that we can*.   ˢ Anotação do v. 74 (Mão B) substitui *the particulars of the Vouyage of Æneas*, suprimido no 80.
ᵗ Modificado de *Adam*.   ᵘ *as wh*: suprimido.
² O épico de Voltaire, *La Henriade* (1723).

ao escritor trágico cujo tema é o lamento, ao escritor de situações cômicas cuja matéria é o ridículo e o absurdo, e ao poeta épico que se esforça por atrair nosso interesse por meio de uma série de acontecimentos grandiosos e extraordinários que moldem [*modell*ᵛ] suas histórias (e até as inventem) para adequá-las aos seus objetivos. {A poesia dramática e a épica diferem apenas na articulação das cenas da ação que exibem: na primeira, os personagens se apresentam por si mesmos, e na segunda, as conexões são feitas pela pessoa do poeta; ele declara que tal pessoa apareceu e disse ou fez isso ou aquilo, e que uma outra apareceu e disse e fez algo assim e assado}ʷ.

(A partir do exposto, observamos que) há um requisito absolutamente necessário à escrita tanto épica quanto dramática, a unidade de interesse ˣ. Os grandes críticos se esforçaram bastante para demonstrar em que consiste esse requisito, mas, se o observarmos bem, veremos que é de compreensão muito fácil e pode ser encontrado em toda história trivial. — É simples assim: cada parte da história deve apontar para o mesmo final, qualquer que seja ele. É assim nos contos de fadas; toda história de um rei e uma rainha, de fadas, de fantasmas e similares tem um princípio, um meio e um fim normais. Há um determinado ponto, o principal, que todas as partes da história tendem a trazer à baila, em torno do qual terminam e a história tem seu desfecho. Ele se encontra em todos os contos de fadas, sejam eles divertidos ou sérios, de final feliz e prazeroso ou infeliz; pode ser que nesse tipo de conto, por ser mais curto, seja mais fácil construí-lo, mas ele é alcançado em todo tipo de história. Um contador de histórias | que nelas introduza algo

---

ᵛ Substitui *form*.   ʷ Mão B.   ˣ No MS, em letras garrafais.

de natureza grave e séria parece ou fracassar em seu propósito de nos divertir ou não o realizar tão bem. O poeta, por sua vez, deve acomodar todas as circunstâncias de maneira a realizar o evento principal direta ou indiretamente. — Um autor de escritos cômicos deve fazer com que todas as partes tendam a ensejar o ridículo e concluir sua obra com a mais hilariante das passagens, para a qual todo o resto apontou ou de algum modo procurou cumprir. Todas as partes da obra do escritor trágico[y] devem comunicar o desalento ou, de algum modo, se aproximar da grande catástrofe; o mesmo se aplica ao escritor épico. — É de se destacar que, nos escritos cômicos, o ridículo consiste nos personagens representados; o ridículo que resulta apenas da comicidade das circunstâncias em que os personagens se vêem, sem levar em conta eles próprios, é humor da pior espécie, que mal se tolera em histórias comuns. | Por outro lado, na tragédia ou na poesia épica, a arte maior não está na apresentação dos personagens; o que aí importa é mostrar a maneira como os personagens centrais, em quem nosso interesse se concentra [z], agiram diante de circunstâncias lamentáveis ou difíceis, e como, finalmente, foram oprimidos por seus infortúnios ou deles se livraram. Na comédia, a unidade se dá por meio dos personagens, ao passo que, na tragédia ou na poesia épica, esta consiste principalmente no manejo das circunstâncias.

Nenhuma das partes, contudo, deve aparentar tendência contrária à do todo. Por essa razão, a cena [a] em [a] e a cena dos coveiros,

---

[y] *and Epic* acrescentado acima da linha e depois suprimido. [z] *and who must* acrescentado por cima da linha e depois suprimido. [a-a] No MS, duas grandes lacunas (as omissões referem-se, provavelmente, à cena do porteiro, em *Macbeth*, II. iii).

em *Hamlet*, embora muito boas, deveriam ser descartadas, por não contribuírem para o desígnio principal da peça e serem um tanto contrárias à atmosfera das demais cenas.

Daí concluirmos que a tragicomédia, embora suas diferentes partes sejam bem executadas e muito interessantes, é uma produção disforme. Assim, nos *Spanish Friars*³ a parte trágica é muito boa e a cômica, admirável; em suma, não é que a peça seja má; mas as partes estariam melhor se separadas; o efeito de uma não seria contraditado pelo da outra.

Há outro tipo de unidade, a unidade de tempo,⁴ que não necessariamente concerne à poesia épica e que os críticos mais severos consideram requisito indispensável nas peças teatrais, seja na tragédia como na comédia. Analisemos agora a diferença entre a tragédia e a épica. Ela consiste apenas em que no primeiro caso os personagens vem à cena e recitam suas falas e, no outro, o poeta narra que, depois que um personagem disse isso, outro disse aquilo. Homero relata que um capitão disse tal coisa a um grupo, então o deixou, falou outra coisa a outro grupo e fez isso ou aquilo. Sófocles, por outro lado, punha essas falas na boca dos próprios personagens e representava as ações como se elas se passassem diante de nós. Dessa diferença, contudo, necessariamente resulta que uma deve ser muito mais curta do que a outra. Como a tragédia é realizada pelo diálogo, a ligação entre duas partes só pode ser mantida pela mudança dos personagens, enquanto na outra o poeta, em poucas palavras, por si mesmo, estabelece a conexão. As ações que se pas-

---

³ Comédia de Dryden, *The Spanish fryar; or The double discovery*, produzida em novembro de 1680 e publicada em 1681.
⁴ A respeito das unidades, ver Introdução, p. 48.

sam em um ano levariam um ano para serem representadas; mas o poeta pode resumi-las em duas ou três palavras.

Shakespeare e outros escritores ingleses, em especial, têm sido[b] censurados por essa omissão; os franceses, em geral, quase não o são. Racin<e> nunca dá a entender que tenha se passado mais tempo nas ações do que nas representações. Shakespeare, por outro lado, supõe com freqüência que três ou quatro anos[5] se passaram entre uma cena e outra. Costuma-se pensar que tais lacunas são desfavoráveis, pois impediriam nossa ilusão: não se pode supor que o quarto de hora que passamos no teatro corresponda a dois ou três anos. Mas, na realidade, esse engano não existe. Sabemos que estamos no teatro, que as pessoas diante de nós são atores, e que a cena representada ou sucedeu um dia ou nunca sucedeu. O prazer que temos numa *performance* dramática não suscita mais ilusão do que olhar uma pintura; ninguém nunca imaginou que tenha visto o sacrifício de Ifigênia; tampouco alguém imaginou ter visto Ricardo III; todos sabem que numa vez viram um quadro e, na outra, o Sr. Garrick ou outro ator. As conseqüências desfavoráveis das transgressões da unidade de tempo não resultam da interrupção da ilusão [*deception*[c]]; elas sim procedem do mal-estar que sentimos em não saber o que sucedeu por tanto tempo. Quando a cena que se desenrola supõe que se passaram três ou quatro anos depois da anterior, imediatamente ficamos ansiosos em saber o que sucedeu nesse entretempo. Muitas coisas importantes podem ter se passado sem que delas nada saibamos. Saltamos de um tempo para outro sem

---

[b] *most*: suprimido.   [c] No MS, *deeption* substitui *action*.
[5] Freqüentemente em suas peças históricas; e em *The Winter's Tale* passam-se explicitamente 16 anos entre o terceiro e o quarto ato.

saber o que os conecta. O mesmo salto é freqüente na épica, mas seus autores procuram diminuí-lo, dizendo-nos, em poucas palavras, o que então sucedeu. Se faltasse essa pequena [*small*^d] conexão, o salto seria tão perturbador na épica quanto na *performance* dramática. Le Brun^e [*has*] representou as diferentes ações[6] de Maria de Médicis, ^f ^f e outros pintores apresentaram os diferentes momentos de um poema heróico. Isso, por certo, cria uma bela fantasia e tem um efeito bastante positivo; mas nada se iguala ao que o próprio poema teria despertado. A pintura apenas pode representar um momento no tempo e como [*the situation*^g] as coisas se dispunham; Entre um momento e outro, deve ter se passado um tempo considerável, e, com ele, muitos instantes; as ações aí cumpridas são desconhecidas e sobre elas podemos apenas conjecturar. {Vários pintores rivalizaram com os poetas em oferecer uma seqüência de ações, mas sua iniciativa peca por falta de conexão; quando passamos de uma pintura para outra, ignoramos, até que tenhamos estudado a peça, as pessoas que ali atuaram, e muito menos sabemos o que sucedeu antes de e durante esta ação}^h Nossa intranqüilidade tem a mesma causa que a interrupção temporal em uma *performance* dramática. Pode-se entender não se tratar de [*the*ⁱ]

---

^d Escrito por cima: *smoothe*. ^e Inserido pela mão B no espaço deixado em branco
^{f–f} No MS, dois espaços em branco, correspondentes a seis e dez letras.
^g No MS: *sutuation*. ^h Mão B; esta nota começa do lado oposto a *Le Brun has* ... i.e. na quarta sentença de ii.87. ⁱ *unde*: suprimido.

[6] Charles Le Brun (1619-90), desde 1664 o principal pintor da corte na França e responsável pela decoração dos palácios reais, Vaux, Versalhes etc. Seu mestre foi Poussin. O retrato de Maria de Médicis não foi incluído em *Charles Le Brun*, de Henry Jouin (1889), nem no catálogo da exposição de Le Brun em Versalhes (1963).

impedimento à nossa ilusão, considerando-se que não nos perturba uma pequena interrupção, isso porque podemos tranqüilamente imaginar o que poderia ter se passado durante o período de uma ou duas horas em que a ação esteve suspensa. Podemos também supor que essas peças têm um efeito bastante considerável apesar dessa falha, o que não sucederia se todo nosso prazer diante de uma obra dramática derivasse da ilusão.

ʲO mesmo pode ser dito com relação à unidade de lugar, que alguns críticos consideram indispensável às obras dramáticas. Na épica, a conexão de lugar é facilmente mantida pelos poetas que sabem conectar as diferentes ações por meio de poucas palavras. Nas obras dramáticas, a | unidade de lugar só se mantém quando se trata de uma ação que se supõe ter se passado no mesmo lugar. Em algumas de suas peças, Shakespeare transgride totalmente essa regra; faz com que uma cena se passe na França, a seguinte na Inglaterra, uma em Londres, outra em York etc. Nesse caso, as distâncias são tão grandes que ficamos ansiosos por saber o que se passou no percurso entre elas. O melhor método, por certo, é concentrar a ação em um único lugar, como fizeram Racin<e> e Sófocles, e, se isso não for possível, as distâncias devem ser as menores possíveis, confinando-se a ação na mesma casa ou em suas cercanias. Entretanto, mesmo quando essa regra não é observada, o efeito da peça é ainda bastante considerável, o que, como já dissemos, mostra que não é a ilusão que nos proporciona o prazer encontrado nessas obras e que, de fato, em momento algum nos deixamos iludir.

89

ʲ No MS: *Time* em letras diminutas; completa *at the same* (?)

90 | Há algo, contudo, que deve ser sempre observado para que a peça produza um efeito grandioso; é a adequação dos personagens. A comédia e a tragédia têm por finalidade produzir efeitos bem diferentes; portanto, os personagens principais devem ser construídos de modo a provocar esses efeitos opostos.

Reis e nobres são os melhores personagens em uma tragédia. {Os infortúnios dos poderosos, por serem menos freqüentes, afetam-nos mais. A natureza humana abriga um espírito de servidão que nos leva a adorar os superiores e uma desumanidade que nos torna propensos a desprezar e atraiçoar os que nos são inferiores}[k] Estamos muito [*too much* [l]] acostumados aos infortúnios de pessoas iguais ou inferiores a nós para que estes nos afetem. As que mais nos afetam são as desventuras dos poderosos, porque associamos suas pessoas ao bem-estar das multidões e porque [*we are*[m]] prestamos grande respeito e atenção a quem nos é superior. Além disso, é muito mais do temperamento dos homens tenderem a rir da desgraça dos que lhes são inferiores do que delas participar.

É seguindo o mesmo princípio que [*that* [n]] pessoas de nível elevado são maus comediantes. Duques, príncipes e homens de nível elevado, embora nunca sejam ridículos por si mesmos, nunca são 91 objeto de riso[o]; | o mesmo preconceito que nos torna tão interessados em seus infortúnios nos faz também imaginar que haja algo de respeitável até em seus disparates. Pessoas de nível baixo, iguais ou inferiores a nós, são os melhores personagens cômicos. Rimos

---

[k] Mão B.   [l] Substitui *well*.   [m] Modificado de *to be*.   [n] *the*: suprimido.
[o] 90 e 91 constam de um bifólio fixado depois da primeira folha do caderno 74; no canto inferior externo do v. 90 há uma anotação semi-apagada, escrita na vertical por Mão A: *My Dear Dory*.

à larga do ridículo de um sapateiro ou de um burguês, embora mal nos convençamos a lamentar seus infortúnios. As farsas em que os personagens são do mais baixo nível fazem-nos rir mais do que a comédia mais refinada, e, por outro lado, mal consegue nos contagiar o humor de uma comédia do mais alto nível, em que duques e nobres[p] são objeto do riso: {Rimos de Sancho Pança em sua ilha[7] porque sabemos que não passava de um governador de mentira.} Levamos isso tão longe, a ponto de chegarmos a zombar das desgraças dos que nos são inferiores em vez de simpatizarmos com eles. A comédia italiana, que adapta os infortúnios de personagens poderosos da tragédia [*tragedy* [q]] a pessoas de baixo nível e lhes atribui as falas daqueles, de modo algum inspira piedade e é a mais hilária de todas as comédias, ainda que, sem sombra de dúvida, pessoas de baixo nível sejam tão profundamente afetadas por emoções de pesar e tristeza [e] ou de alegria quanto as mais afortunadas.

v. 91

| {O que mais nos interessa são os infortúnios ou a recuperação dos personagens principais das tragédias. A figura do vilão jamais se encaixa no perfil do herói dessas peças. Por essa razão, embora Iago seja um personagem razoavelmente bom em Otelo, este último, em nossa opinião, é evidentemente superior a ele. Alonzo[r] em *The Revenge*,[8] não passa de um Otelo mimado, um personagem

---

[p] Substitui *princes*.   [q] No MS: *traegedy*.   [r] Correção efetuada pela mão B de *Zara*, escrita pela mão A.

[7] Baratária, da qual o duque o fez governador por um tempo: *Dom Quixote*, ii. cap. 36-45.

[8] A tragédia de Edward Young que tem por tema o ciúme, *The Revenge*, foi encenada e publicada em 1721. Zanga é o mouro cativo de Don Alonzo, que se vinga do seu conquistador humilhando-o.

desqualificado, um herói com tantos aspectos inferiores a Zanga[s] que o alçamos a personagem principal.}[t]

92   Já afirmamos anteriormente que o burlesco [*Ridicule*[u]] da comédia consiste no ridículo [*Ridiculousness*[v]] dos personagens e não das circunstâncias. Será então preciso mudar os personagens. Não podemos ficar rindo sempre dos avarentos ou dos dândis; para que as peças agradem, é preciso variar os personagens. Já na tragédia e na épica isso não é necessário. Pois nelas os personagens não são o elemento principal; as aventuras ou circunstâncias[w] e o comportamento dos diferentes personagens nessas circunstâncias são o que mais interessa. Ficamos apreensivos quando esses respeitáveis personagens estão em dificuldade ou se encontram em circunstâncias difíceis, e nos rejubilamos quando eles se safam; nossa tristeza atinge o ápice quando eles são inteiramente subjugados. Essas circunstâncias podem variar de mil maneiras; assim, a tristeza ou preocupação provocadas pelo Órfão e pela Veneza preservada[9] são muito diferentes.

93   O Sr.   [x] entretanto considera essa | uma das belezas essenciais do poema heróico.[10] Mas se consideramos que nem em Virgílio nem em Racine há variedade de personagens, não há nenhuma

---

[s] Correção efetuada pela mão B de *him*, escrito pela mão A.   [t] As anotações do v. 91 terminam com a chamada *We observe Sc*, e continuam no 92.   [u] No MS: *riducule*.   [v] No MS: *Rudiculousness*.   [w] *may be are that which chiefly engage us, togeth*: suprimido.   [x] No MS: lacuna de seis letras.

[9] Tragédias de Thomas Otway: *The Orphan; or the unhappy marriage* (1680), *Venice Preserv'd: or a plot discover'd* (1682). Sobre *The Orphan:* TMS I.ii.2.3, II.iii.3.5.

[10] "Homero sobrepujou todos os poetas heróicos que jamais escreveram pela multiplicidade e variedade dos seus personagens";... "mas também pela novidade de seus personagens" (*Spectator*, 273, 12 de jan., 1712). Addison continua a louvar Milton por toda a variedade de caracterização de que seu poema era capaz. Seus dois personagens humanos de fato representam "quatro

variedade na *Eneida*. Os personagens masculinos e femininos de Racine têm todos o mesmo caráter. Se considerarmos que Virgílio é, na opinião de muitos, o primeiro dos poetas épicos mas, pelo reconhecimento universal, é o segundo; que Racine é universalmente tido como o segundo escritor trágico, os franceses talvez preferindo Corneille e os ingleses, Sófocles; se considerarmos que o segundo e talvez primeiro dos poetas épicos e o segundo, talvez primeiro, dos poetas trágicos não têm [*have not*[y]] a menor participação nessa beleza, estaremos aptos a pensar que ela não é tão essencial. Talvez a ênfase que esses autores deram à propriedade, ao decoro e[z]   de suas obras os tenha impedido de explorar a variedade dos personagens, pela qual é quase impossível manter o decoro e a propriedade das peças. Nesse aspecto, eles são de fato muito inferiores a Homero e Shakespeare. O primeiro apresenta uma ampla variedade de personagens, e em Shakespeare ela ainda é maior. Mas essa amplidão levou-os com freqüência a quebras na conveniência, na propriedade e na uniformidade de interesse. [a] Como Racine parece ter estudado as perfeições mencionadas mais ainda do que Virgílio, sua variedade de personagens é ainda menor. Do mesmo modo, Shakespeare, como a [*the*[b]] inconcebível variedade de personagens que introduziu em muito excede a de

94

---

[y] *obe*: suprimido.   [z] Lacuna correspondente a seis letras (provavelmente, *Uniformity*, como na mesma frase poucas linhas adiante).   [a] As três últimas palavras foram inseridas pela mão B no espaço em branco.   [b] *has*: suprimido; *the* modificado de *he*.

personagens distintos"; e o *Spectator* 309 (23 de fev., 1712) ilustra sua afirmação pelo exame dos personagens, em toda a sua diversidade, dos anjos caídos no *Paraíso perdido*. Addison afirma estar elaborando um princípio aristotélico, mas Aristóteles antes pensava em "maneiras" ou *mores* do que em personalidades.

Homero, ainda menos atentou para questões de conveniência e propriedade. Essas diferentes belezas [*beauties*^c] de decoro e variedade parecem incompatíveis em suas mais altas perfeições, e não devemos condenar um poeta porque exceda em uma delas, sem [*not*^d] ser igualmente excelente na outra.

Verificamos que o decoro é facilmente mantido nas peças mais leves da poesia, como as odes, a elegia e a pastoral, em que a extensão do texto não admite grande variedade de incidentes. {A ode, a elegia e todas as composições menores apresentam apenas um único evento ou ação, ou uma única disposição em uma pessoa; não têm por isso tempo nem conexão suficientes para que despertem grandes emoções}^e — Em todas essas peças a afecção [*affection*^f] ou o estado de espírito que essas composições provocam não devem ser muito violentos. Na medida em que as grandes paixões são despertadas nas próprias pessoas, elas só podem ser em nós provocadas por uma obra de extensão considerável. Uma disposição mental que pouco difere da serenidade comum da mente é o que melhor podemos conseguir pelo exame de uma peça pequena. Uma pintura só pode nos apresentar à ação sucedida em certo ponto do tempo. Esse é o motivo por que mais nos agradam aquelas que representam um estado não muito diverso daquele em que geralmente nos encontramos ao contemplar uma pintura; quando nos pomos diante de um afresco de Rafael, não são "Paulo pregando em Atenas" ou "Elias tocado pela cegueira" que, desde logo, chamam nossa atenção, mas sim "Pedro recebendo as chaves", "Pedro: apascenta meu rebanho". Eles representam um estado da mente não muito diverso

---

^c Substitui *Perfections*.   ^d Inserido na margem com outra caligrafia.   ^e Mão B.
^f Substitui *passion*.

daquele em que nos encontramos. {Poussin¹¹ costumava dizer que os quadros que mais admirava eram os tranqüilos.} As emoções nos outros são tão violentas que é preciso um certo tempo de preparação para entrarmos no seu espírito.

| As odes ou elegias {em que só a medida é excessiva} que pouco diferem do estado de espírito comum são as que mais nos agradam. É o que sucede com as do Sr. Grey,¹² como as do cemitério e a do Eton College.¹² Os melhores poemas de Horácio (embora inferiores aos de Grey) são desse mesmo tipo. Os poemas pastorais também se sujeitam à mesma regra, pois não importa se os sentimentos que se nos representam estão na pessoa do poeta ou no diálogo. O poema pastoral¹³ do Sr. Shenstone^g, se ele tivesse atribuído os

96

---

^{g} Inserido pela mão B no espaço em branco.
¹¹ Nicolas Poussin: *Lettres et propos sur l'art*, ed. Anthony Blunt (1964).
¹² Smith, com freqüência, manifesta sua admiração por Gray: ver TMS III.2.19 ("o primeiro poeta da língua inglesa" se ao menos tivesse "escrito um pouco mais"), III.3.15; EPS 225 n. 20, e ii.121 n.10 adiante. No parágrafo final de sua biografia de Gray, Johnson, a quem não agradavam as odes do poeta, faz à *Elegy in a Country Churchyard* tributo semelhante a esse de Smith: "A Church-yard é rica em imagens que se espelham em cada mente, com sentimentos que ecoam em cada coração". Smith usa a palavra "elegia" no sentido particular que esta adquiriu desde a publicação, em 1743, das *Love elegies, written in the year 1732*, de James Hammond. A "medida" usada por Hammond, estrofes de quatro versos com pentâmetros jâmbicos que rimam alternadamente, era muito imitada (especialmente no círculo de Shenstone e Richard Jago) em elegias reflexivas ou "morais", gênero a que pertence o livro de Gray (escrito provavelmente em 1746, publicado em 1751, tendo alcançado êxito imediato).
¹³ *A Pastoral Ballad*, por William Shenstone, antes intitulada *Recollection, or the Shepherd's Garland*, apareceu anonimamente como uma imitação com estrofes de oito versos de *Colin's Complaint, or the Despairing Shepherd*, de Nicholas Rowe (escrito como letra para a melodia de "Grim King of the Ghosts") na *London Magazine*, dez. de 1751, 565. Escrito em 1743 e muito revisado, com uma quarta

efeitos que o amor teve sobre si a um personagem no diálogo, teria sido absolutamente similar à terceira pastoral de Virgílio. A única diferença entre uma ode e uma espécie comum de pastoral consiste em que numa são relatados o estado de espírito do poeta e, na outra, o de uma outra pessoa.

---

seção que recebeu várias versões, de boas a sofríveis, foi publicado na *Collection of Poems* iv.348, de Dodsley (1755), onde Smith o leu. Shenstone foi atraído pela forma estrófica de Rowe: trímetros anapésticos rimando ababcdcd; diz-se que o poema tratava de Addison e da condessa de Warwick. Cf. *The Letters of William Shenstone*, ed. M. Williams (1939), 74, 79, 87, 300, 421–2, 444, 633.

22ª Conferência*

Segunda-feira, 17 de janeiro, 1763

Já tendo dito tudo o que acho necessário com respeito aos dois métodos de escrita mais simples, o descritivo e o histórico, poderia passar agora para o terceiro método, o didático;¹ como, porém, as regras a ele pertinentes são bastante óbvias, vou deixar de mencioná-lo e passarei de imediato às considerações sobre o estilo da oratória.

Como já mencionamos antes, os antigos dividiam a eloqüência em três espécies: a demonstrativa, a deliberativa e a judiciária. | Começarei pela demonstrativa, por ser a mais simples e porque as regras que [*which*ᵇ] a ela dizem respeito são quase todas aplicáveis às outras espécies de eloqüência; também porque essas regras dependem menos do que adiantarei daqui para a frente com relação à didática etc.ᶜ

Essa espécie de eloqüência, em geral, visava ao elogio de algum grande homem, o que deveria ser o objetivo do | orador, embora, como já diz o nome "demonstrativa" ou *"paren"* ᵈ, o verdadeiro propósito do orador fosse exibir a própria eloqüência.

ᵃ No MS. XXI.   ᵇ Substitui *with*.   ᶜ *In treating of this subject I shall observe the following method. I:* suprimido.   ᵈ No MS, lacuna de nove letras (provavelmente *Panegyrick.*)

¹ Ver antes i.151.

Afirmar a glória da pessoa em questão era o que dizia ser a principal razão de ter aceitado a incumbência. Entretanto, enaltecer a própria glória era claramente o que o movia, pois a glória da dita pessoa não poderia ser muito interessante para o orador ou seus ouvintes, de vez que, em geral, se tratava de pessoas que tinham vivido em épocas passadas. {E isso também o influencia   *ᵉ*}

Este tema será abordado na ordem que se segue. Em primeiro lugar, considerarei a que se propõem esses discursos. Em segundo, os meios pelos quais isso pode ser alcançado. Em terceiro, a ordem em que esses meios devem ser organizados. Em quarto, a maneira pela qual devem ser apresentados. Em quinto lugar, finalmente, os autores que mais se destacaram nessa espécie de escrita.

I. Não será difícil determinar qual deverá ser o propósito desses discursos. A própria natureza do trabalho o demonstra claramente: erigir a glória e a reputação da pessoa elogiada. Embora o propósito do orador seja, em geral, o incremento de sua própria fama, este deve ser considerado somente um objetivo secundário. O que o orador deve ter em mente é a glória da pessoa elogiada, pois o objetivo [*end ᶠ*] secundário só é alcançado caso cumpra com elegância o desígnio principal.

II. Sobre os meios pelos quais esse objetivo pode ser alcançado. — É evidente que só há duas maneiras pelas quais um homem [*man ᵍ*] pode ser elogiado [*commended ʰ*]: a descrição [*by describing ⁱ his actions*] dos seus atos ou o elogio do seu caráter. O modo pelo qual atos e caracteres devem ser descritos já foi explicado com alguma minúcia

---

ᵉ No MS, lacuna de cinco letras.   *ᶠ aim*: suprimido por colchetes fechados.
ᵍ Substitui *a character*.   *ʰ ord*: inserido em cima; para *ordinarily*?   *ⁱ* Substitui *praising*.

e não é necessário repeti-lo. Nosso objetivo atual é indicar as ações e certos elementos do caráter mais apropriados para serem descritos | num discurso dessa natureza. Observemos que, se a maior parte dos desígnios [*designs* ʲ] de um homem não tiver se cumprido, se os seus planos principais e prediletos foram frustrados e se as suas ações não se concretizaram, ou só o foram de modo inadequado, deve-se então insistir primordialmente no caráter desse homem. Por outro lado, se ele usufruiu de grande prosperidade, são as suas ações que se devem enfatizar. Isso porque a falta de sorte nos passa uma idéia desprezível e de inferioridade de um homem que até pode ser de boa classe social; e pessoas que tiveram sorte na vida tendem a atrair nossa admiração e aplauso. Nada, porém, é mais passível de despertar nossa admiração e ganhar nossa aprovação do que as privações enfrentadas com firmeza e constância, especialmente se acabaram por ser superadas. Shakespeare nos diz que foram as dificuldades por que Otelo passou, mais do que o cumprimento de todas as suas obrigações,[2] que lhe permitiram ganhar o amor de Desdêmona. — Admiramos Ulisses mais [ᵏ*more*] pelas situações difíceis que teve de enfrentar do que se não tivesse passado por tais perigos [*if he had not been brought into such hazard*]. A prosperidade ininterrupta não [*does not* ˡ] transmite uma idéia elevada de quem a vivenciou, como poderia fazê-lo se entremeada por alguns infortúnios. A primeira situação parece dever-se mais

100

101

ʲ Substitui *actions*.   ᵏ *the*: suprimido.   ˡ *does not* substitui *appears*

[2] *Othello*, I.iii.167-8:
    She lov'd me for the dangers I had pass'd;
    And I lov'd her that she did pity them.
[Amou-me pelos perigos que passei;/amei-a porque deles se apiedou.]

ao acaso, ao passo que a outra demanda toda atenção e esforço de quem a vivencia. {Do mesmo modo que um período [*tract*ᵐ] de adversidade que termina bem desperta mais admiração e respeito do que a prosperidade ininterrupta, assim também um longo processo de prosperidade que tenha um término infeliz ou desventurado se enfraquece aos nossos olhos. Assim, a glóriaⁿ de Pompeu parece obscurecer-se pela batalha de Farsália,³ e a de Robert the Bruce, pela de Massinissa.}°

{É a [*it is*] a firmeza com que enfrentaram perigos e correram riscos que alça os homens à categoria de heróis. Os heróis dos relatos fabulosos sempre se metem em uma série de aventuras desastrosas antes de encontrar a felicidade que se lhes destina [*they are destined*]. – – – – } Assim também sucede quando se trata de ações*ᵖ*.

Quanto ao caráter mais apropriado a um homem que queremos elogiar, é evidente que deve ser um caráter virtuoso logo à primeira vista. A virtude engrandece tudo o que é em si mesmo elogiável,

---

ᵐ Substitui *course*.   ⁿ *character*: suprimido.   ° Essa interpolação da mão A começa defronte a *brought into such hazard* (acima) e termina com *Massinissa's by*, que a mão B suprimiu e, depois, comprimiu *that of Massinissa and Robert the Bruce*, no espaço acima da segunda interpolação da mão A *It is ... are destined* (abaixo); há uma lacuna de seis letras depois de *Bruce*.   ᵖ Sentença acrescentada depois no espaço deixado em branco na linha.

³ A guerra entre Pompeu e César, com a derrota do primeiro em Farsália em 48 a.C., era um tema freqüente no século XVIII, por efeito da popularidade da tradução da épica de Lucano, *Bellum Civile* (erradamente chamada de *Pharsalia*) por Nicholas Rowe, que fora publicada em 1718 e já tivera uma quinta edição em 1753. – Sobre Bruce, cf. antes i. 150 n. 2; é difícil preencher o vazio da frase, pois os desastres de Dundalk (1318) e as incursões de Eduardo II, em 1322, não seriam bastantes. O mesmo se aplica a Massinissa (ca. 240-148 a.C.), o numídio que, por desertar dos cartagineses para se aliar com Roma, aumentou seu reino e se tornou seu maior monarca (Políbio xxxvi-xxxix).

ao passo que o vício desvia a atenção daquilo que, de outro modo, valeria a pena elogiar. Mas nem todas as virtudes são igualmente apropriadas para nos dar uma idéia elevada e engrandecida daquele que as possui, nem são todos os vícios igualmente passíveis de despertar nosso desprezo e aversão por quem por eles seja vitimado. Nem as diferentes virtudes [*do not*^{q}] reivindicam a nossa admiração na proporção em que alimentam umas às outras na escala da virtude, nem todos os vícios degradam aos nossos olhos a pessoa que se acuse de possuí-los [*in our opinion the person guilty of them*^{r}] na exata proporção [*proportion we*^{s}] que devemos esperar em função do grau que geralmente se lhes atribui.

Há virtudes que provocam ou atraem nosso respeito e admiração e outras que são objeto do nosso amor e estima. {Parece que, como em relação aos objetos externos a mente se satisfaz com dois tipos, a grandeza e a beleza, assim também, no que tange aos objetos internos, ela descobre duas espécies que lhe dão prazer, a fineza [*Grand*^{t}] e a amabilidade} Do mesmo modo, desprezamos certos vícios, enquanto detestamos outros; e (como dissemos) essas opiniões nem sempre estão sintonizadas entre si. A firmeza, em geral, é mais admirada e respeitada do que a humanidade, embora esta última [*latter*^{u}] possa ser mais cara e estimada. Por outro [*on the <other>*^{v}] lado, a covardia e a indecisão são^w objeto de maior desprezo do que | a crueldade e a desumanidade,^{x} embora estas

---

^{q} *all*: suprimido. ^{r} Números escritos em cima mudam a ordem original *the person ... opinion*. ^{s} *proportion we* substitui *degree they*. ^{t} Substitui *great*; sentença da mão B. ^{u} No MS: *letter*. ^{v} *on the* deveria ter sido seguida de *other*, o escriba achou que tinha escrito *othe*, acrescentou *r* e omitiu *other*. ^{w} *generally*: suprimido. ^{x} *and*: aparentemente suprimido.

últimas sejam mais detestadas e repugnantes. Em geral, os homens preferem ser vistos como grandiosos do que como bons, e temem mais que se os achem desprezíveis do que maus. Os sacerdotes costumavam atribuir essa inclinação, que prevalece entre os homens, à depravação da natureza humana; os filósofos que se dedicaram ao estudo de nossa natureza, e tentaram isentá-la dessa pecha de depravação, em sua maioria, negaram ser isso correto. Mas seria fácil mostrar, se fosse o caso de fazê-lo aqui, que nenhuma outra parte da nossa natureza parece, de modo mais evidente, se empenhar sábia e agradavelmente para promover a nossa felicidade.

As virtudes respeitáveis são as mais adequadas para um discurso laudatório, em que se quer despertar a admiração e deslumbrar a audiência. Pois, além disso (como dissemos), elas são por si próprias mais comumente admiradas que as amáveis e, com freqüência, encontram-se associadas a vícios desprezíveis. Assim, a boa natureza e a humanidade costumam se coadunar com a timidez e a indecisão. Por outro lado, os vícios que mais aviltam e degradam quem deles sofre são, aos olhos dos homens, os mais desprezíveis; isso porque aqueles que [would *y* detest] detestamos costumam estar associados a virtudes respeitáveis.

A linguagem que denota admiração e encantamento é a que empregamos naturalmente ao nos referirmos às virtudes respeitáveis. Em geral, empregamos termos ampliativos e superlativos para exprimir nossa admiração e*z* respeito. Mas essa não é a linguagem amorosa genuína e natural. Nenhuma das paixões humanas, quando se manifestam conforme a natureza pede, é menos propensa a se

---

y otherwise: suprimido.   *z este*: suprimido.

dirigir ao seu objeto com expressões ampliativas e magnificentes. Os escritores da Idade Média e outros autores que escrevam sobre temas amorosos de fato introduziram tais termos em sua linguagem amorosa; a natureza, porém, nunca se expressa dessa forma.

| Diminutivos e similares são os termos que usamos ao falar dos nossos objetos amorosos. Costumamos ser mais carinhosos com mulheres, crianças e outras criaturas que consideramos menos capazes e valorosas do que nós, e a elas nunca nos dirigimos no grau superlativo. As virtudes respeitáveis são as que [*which*^a] mais geralmente [*generally*^b] se empregam nos panegíricos. Nos panegíricos aos santos e aos mártires (um tipo de escrito muito comum na França), a paciência, a firmeza e a magnanimidade com que suportaram a crueldade e os tormentos a eles infligidos são as virtudes mais enfatizadas. Os mártires foram aqueles que, em seu próprio tempo, mais despertaram a atenção das pessoas. As suas virtudes da paciência, firmeza, etc. fizeram que fossem [*made them be*^c] mais admirados do que eram os próprios santos, por sua humildade, resignação e piedade. E são os seus louvores os mais exaltados e compreendidos com a maior admiração. Nem todas essas expressões combinam com outras virtudes mais amáveis embora não tão respeitáveis. Flechier^d fez uso delas em seus panegíricos⁴ aos santos e suas virtudes da humildade e resignação; mas combinam tão mal com eles que soam tão ridículas como quando Dom Quixote as emprega com relação à sua Dulcinéia.

---

^a Substitui *that*.   ^b No MS: *generelly*.   ^c *made them be* substitui *were*.   ^d Inserido pela mão no espaço deixado em branco.

⁴ Valentin-Esprit Fléchier (1632-1710), bispo de Nîmes a partir de 1687: é famoso, como Bossuet, por suas orações fúnebres, sobretudo a que dedicou a Turenne (cf. antes i.191 n. 3).

Isso no que toca aos meios relativos quer a ações ou ao caráter pelos quais um homem pode ser louvado.[e] Observamos que, em geral, as mesmas regras são aplicáveis aos discursos com que procuramos louvar ou depreciar uma nação quanto àqueles escritos em louvor de uma pessoa. Isso vale tanto para os que já foram proferidos quanto aos que virão.

Chegamos ao terceiro item, em que iremos considerar a ordem em que esses meios devem ser organizados no discurso que mencionamos. — O caráter de um homem nunca é muito [*very*[f]] admirável nem deixa uma impressão profunda: tomado em si mesmo, é tedioso e sem vida. Só aparece com perfeição quando chamado à ação. Portanto, em geral, não devemos iniciar nosso panegírico pelo caráter de um homem cuja reputação pretendemos valorizar, e sim com o simples relato de suas ações, começando por seu nascimento e descrevendo-as na ordem em que sucederam. À medida que prosseguimos, podemos acrescentar a [*with*[g]] essas algumas ações mais detalhadas e particulares da [*of*[h] *the person*] pessoa. As circunstâncias mais triviais, as menores minúcias da vida de um grande homem, são disputadas com avidez. Tudo que é criado com grandeza parece ser importante. Os ditos e as máximas dos grandes deleitam-nos profundamente, e aproveitamos toda oportunidade para usá-los, e ainda que os que nos são próximos nos digam coisas melhores, estas nos passam despercebidas. Tendo, por assim dizer, reunido modos de descrever o caráter empregados por[i] Teofrasto e La Bruyer,[5] recapitulemos (ou tornemos a

---

[e] Essa sentença foi espremida em uma linha e meia deixada em branco.
[f] Substitui *so*.   [g] substitui *from*.   [h] *our*: suprimido.   [i] *the Abbe*: suprimido.
[5] Sobre *Les Caractères*, cf. Introdução, p. 41, e antes i. 191.

mencionar) a descrição do caráter à maneira do abade de Retz. É esse precisamente o método seguido por Xenofonte em seu panegírico a Agesilau,⁶ que começa por seu nascimento e relata os acontecimentos mais memoráveis de sua vida.ʲ Ele também nos conta muitos detalhes da sua vida privada que servem para ilustrar-lhe o caráter. Como conclusão, traça o caráter de Agesilau de modo direto.

Isso pode funcionar bem na maioria dos casos, desde que não sejamos tão estritamente fiéis ao método, a ponto de não o deixar de lado quando as circunstâncias assim o exijam. Se, por acaso, a maior parte das ações da vida de um homem teve um final infeliz, seria muito impróprio iniciar-se um panegírico com um relato das mesmas, que, na realidade, se tornaria um relato dos seus fracassos. Em casos como esse, devemos fazer uma descrição do caráter da pessoa como ilustração das suas várias virtudes, com fatos que se possam introduzir nesse sentido, e ocultar, ou ao menos mencionar apenas superficialmente, os de natureza desastrosa.

Há outras circunstâncias em que também pode ser conveniente alterar esse método. Assim, Cícero, | na Oração a Manílio,⁷ cuja finalidade era recomendar Pompeu para ser o comandante na guerra contra Mitrídates, não relata suas ações na ordem em que se deram. Mas, depois de enumerar os requisitos de um general que comandasse aquela expedição, mostra que Pompeu [*Pompey*ᵏ] possuía todos

---

ʲ *the*: suprimido.   ᵏ No MS: *Pompess*.

⁶ Em *Scripta minora*, LCL vii. 60-133. As tratativas equívocas de Agesilau com seu inimigo Tissafernes, sátrapa da Lídia, mencionadas no final desta conferência, estão registradas em Xenofonte (i. 10-17, 29 e 35).

⁷ *Pro lege Manilia*, a respeito do passo dado por Gaio Manílio ao indicar Pompeu para o comando da campanha contra Mitrídates e Tigranes, em 66 a.C.

os atributos necessários; o que ele ratifica por ações apropriadas, cumpridas em momentos diversos de sua vida, sem considerar a ordem cronológica.[l] Isso basta quanto à organização.

Observe-se que há outras circunstâncias que servem de matéria para um panegírico, além das enumeradas anteriormente: assim, deve ser registrado se a pessoa é de boa família, se tem ancestrais nobres, etc. {ou filhos bons e virtuosos}[m], como suas qualidades próprias; a maioria das pessoas vê muito bem tudo que se associa a nível social, nobreza ou grandeza [*grandeur* [n]].

IV. Sobre a maneira como tudo isso pode ser exprimido. O panegirista, ao contrário do historiador, não se contentará com o mero relato de qualquer fato [*fact* [o]] ou em afirmar uma proposição, mas embelezará aquele com declamações ornamentais ou provará a proposição por métodos diferentes. Assim, Xenofonte, na obra antes mencionada, não só afirma que a conduta de Agesilau para com Tissafernes foi o início e a base de todas as suas boas ações como também o prova por métodos diferentes.

---

[l] Palavra ilegível em caligrafia minúscula (*co Ciceros?*) segue-se a essa sentença, que foi comprimida em uma linha deixada em branco.   [m] Acrescentado pela mão B acima da linha.   [n] *com*: suprimido.   [o] Substitui *thing*.

23ª Conferência[a]

Sexta-feira, 21 de janeiro, 1763

Na conferência anterior apresentei algumas considerações sobre o propósito dos discursos demonstrativos, sobre os meios pelos quais ele pode ser alcançado e sobre a organização desses meios.

Farei agora algumas observações sobre os autores que se destacaram nesse modo de escrita, ao qual poucos se dedicaram. — Só tardiamente esse tipo de escrita veio a ser cultivado, pois seu tema, em si mesmo, não interessaria muito nem ao orador nem à sua audiência. A eloqüência deliberativa e a judiciária teriam surgido muito antes: foi bem mais cedo que os homens levaram em consideração aquilo que deveria ser feito, ou o mérito das ações que tinham de ser realizadas; conseqüentemente, foi bem mais cedo que começaram a se dedicar ao cultivo da eloqüência deliberativa e da judiciária do que ao da demonstrativa. Os temas das primeiras são interessantes para o orador e os ouvintes, enquanto o da outra[b] não interessava a nenhuma das partes, já que o orador deixava de lado o desígnio de elogiar uma pessoa ou nação em prol de se autopromover.

---
[a] No MS. XXII.   [b] *has not its*: suprimido.

Essa espécie de eloqüência tem como origem os antigos hinos em louvor dos deuses e dos heróis, assim como a história se originou das antigas baladas e poemas heróicos. O estilo desses últimos é bem diferente: | as primeiras buscam elevar nosso conceito das pessoas a quem louvam apenas pelo relato de seus feitos, enquanto os últimos enaltecem aqueles a quem dedicam seus discursos, os deuses ou os heróis, com os mais [*most* ^{c} *high*] elevados e exaltados epítetos. Assim, Virgílio, ao louvar os feitos de Enéias, o faz somente relatando-os, sem nunca enfatizar os perigos ou dificuldades que enfrentou. Quando, porém, se tratou da recepção de Hércules por Evandro, as palavras que ele pôs na boca desse último para louvar o herói obedeceram a um estilo muito diferente.[1]

Os panegíricos poéticos já estavam em uso muito antes dos panegíricos em prosa. É sempre mais tarde que a prosa e seus encantos passam a ser cultivados; a poesia sempre chega antes e, em geral, sem grandes defeitos. A um primeiro olhar, é sem dúvida surpreendente que uma forma de escrita tão mais difícil [*difficult^d*] se difunda em todos os países antes daquela em que as pessoas naturalmente se exprimem. É o caso da Grécia, onde a poesia chegou ao seu auge antes que a beleza da prosa sequer fosse objeto de estudo. Roma abrigou vários poetas de considerável mérito antes que a eloqüência [*Eloquen<ce>*] fosse razoavelmente desenvolvida.

---

^{c} *extra*: suprimido. ^{d} No MS: *difficuld* ou *difficute*.

[1] *Eneida*, viii.287-8: "*carmine laudes/ Herculeas et facta ferunt*" ["aqui, um coro de jovens, ali um coro de anciãos celebram por seu canto / os louvores e os feitos de Hércules"] – o hino celebrante que precede a narração de Evandro a Enéias sobre a história remota de Lácio e sua peregrinação, que depois se tornou conhecida na história de Roma. Smith reuniu Evandro com o "coro".

Os poetas ingleses alcançaram grande reputação antes que alguma prosa razoável tivesse surgido. Temos também várias obras poéticas no antigo escocês, como *Hardyknute, Cherry and the Slae, Tweedside, Lochaber* e *Wallace Wight,* mas nenhum dedo de prosa aceitável.² A poesia

---

² *Hardyknute:* imitação da forma de balada por Elizabeth, Lady Wardlaw (1677-1727), publicada anonimamente como panfleto em 1719; republicada por Allan Ramsay com dezesseis estrofes adicionais, no seu *Ever Green* (1724) e numa versão ligeiramente menos "antiga" no seu *Tea-Table Miscellany* ii (1726). Antes, se pensava que o poema contivesse versos que rememoravam uma antiga balada perdida.
The Cherrie and the Slae, debate alegórico por Alexander Montgomerie (1556?-1610?), publicado em 1597, mas escrito bem antes: incluído no *Ever Green* (1724), de Ramsay.
Tweedside: a melodia *Twide Syde* é conhecida pelo menos desde 1692 (também aparece no MS de Blaikie como *Doune Tweedside*). Um poema com o mesmo título, e ajustado à melodia, por Robert Crawford (ca.1690-1733), aparece no *Tea-Table Miscellany* ii (1726), de Ramsay; e na edição de 1753 da coletânea o prefácio cita "My worthy friend Dr. Bannerman... from America", como testemunho da popularidade *"round all the globe",* de, entre outros, *Tweed-side.* Há um poema em escocês, com o mesmo título, por John Hay (décimo Lord Yester, segundo marquês de Tweeddale, 1645-1713), em *Ancient and Modern Scottish Songs, Heroic Ballads* etc. (1769), de David Herd. Não podemos afirmar quais dos muitos poemas entre as duas línguas Smith tinha em mente – muito menos descartar as mais famosas dessas baladas híbridas, *Chevy Chase* ou *The Hunting of the Cheviot* (Child, ver abaixo).
Lochaber no more: A Song. Tune of Lochaber no more, em *Tea—Table Miscellany* ii, de Ramsay (1726). Não é evidente aqui a sua relevância.
Wallace Wight: talvez uma das muitas baladas sobre as conquistas de Wallace. F. J. Child, *English and Scottish Popular Ballads* (1882-89), contém nove versões tradicionais, algumas fundadas em fontes diversas, embora nenhuma intitulada *Wallace Wight:* cf. iii.265-74, v. 242-3. Nesse contexto, é pouco provável a referência ao poema *The lyfe and actis of William Wallace* (publicado em 1570 etc.) do fim do século XV, de Blind Harry. Essa foi a época das coletâneas de baladas. (Mas, em 1722, William Hamilton of Gilbertfield (1665?-1751) publicou sua épica *Life and heroick actions of Sir William Wallace,* em inglês).

ersa,³ como aparece a partir das traduções publicadas ultimamente, é digna de louvor, mas nunca ouvimos falar de uma prosa ersa. De fato, parece muito estranho que o mais difícil seja justamente aquilo em que os povos bárbaros menos civilizados se destacaram; mas não será complicado explicá-lo. Os povos mais bárbaros e rudes, depois da labuta diária, têm | suas horas de alegre lazer; divertem-se uns com os outros,ᵉ dançando e saltitando ao som de músicas.⁴ As populações selvagens da costa da África, que passam o dia inteiro enfurnadas em [*in*ᶠ] cavernas e grutas para se proteger do sol escaldante, delas emergem quando cai a noite para cantar e dançar. A poesia sempre acompanha a música, em particular quando se trata de música vocal, a mais simples e espontânea de todas. Em sua música, esses selvagens externam de modo natural alguns pensamentos, os quais são transformados em versos para acompanhar a melodia. Assim é que a poesia é cultivada entre os povos mais rudes e bárbaros, muitas vezes com considerável perfeição, ao passo que estes não se esforçam por nenhum aperfeiçoamento da prosa. É a introdução do comércio, ou ao menos a [*of* ᵍ] opulência que dele resulta, o fator que propicia o refinamento da prosa.⁵

ᵉ *music and*: suprimido.   ᶠ modificado de *froin*.   ᵍ *the*.

³ Confira James Macpherson (1736-96), *Fragments of ancient poetry collected in the highlands of Scotland* (1760), *Fingal: an ancient epic poem* (1762), *Temora: an ancient epic poem* (1763). A controvérsia sobre a autenticidade dessas supostas traduções do gaélico começou com *A critical dissertation on the poems of Ossian* (1763), de Hugh Blair. Derick S. Thomson, *The Gaelic sources of Ossian* (1952).
⁴ Confira a discussão sobre poesia e outras artes nas sociedades primitivas, por John Brown, em *A Dissertation on the Rise, Union, and Power, the Progressions, Separations, and Corruptions, of Poetry and Music* (1763), e em Cartaud de la Villate, *Essais historiques et philosophiques sur le goût* (1734): também *Of the Imitative Arts* II.3 ss. em EPS.
⁵ Cf. Introdução, p. 43.

A opulência e o comércio, usualmente, precedem o aprimoramento das [*of* ᵇ] artes e todo tipo de refinamento. Não quero com isso dizer que o aperfeiçoamento das artes e o refinamento dos costumes sejam conseqüência necessária do comércio — os holandeses e os venezianos o desmentem —, mas apenas que é uma condição necessária. Sempre que a população de uma cidade é rica e opulenta, desfrutando das coisas imprescindíveis e do conforto na vida com tranqüilidade e segurança, as artes serão cultivadas e o refinamento dos costumes as acompanhará. Em todos esses Estados, sempre há muitas pessoas que não precisam trabalhar para viver, nada tendo para fazer, exceto se ocupar [*employ*ⁱ *themselves in*] do que mais lhes agrade e buscar prazeres de todos os tipos. É então que a prosa começa a ser cultivada. | A prosa é a linguagem natural dos negócios [*Business* ʲ], assim como a poesia é a do prazer e da diversão.ᵏ A prosa é o estilo em que todos os acordos das negociações comuns da vida e do comércio são realizados. Ninguém faz barganha em verso, pois aí não está em jogo o prazer. A poesia só combina com prazer e entretenimento; a sua própria natureza, a medida que a compõe (pois não há poesia sem medida), declaram que sua finalidade é entreter. Nas sociedades primevas, quando a sobrevivência do homem está em suas mãos, eles mantêm seus negócios e o seu prazer inteiramente separados; não misturam prazer com negócio, nem negócio com prazer; a prosa não é ornamento, nem o verso se aplica a assuntos de negócios. É só quando o prazer se torna o único objetivo [*the only thing* ˡ] que a prosa começa a ser estudada. Os ricos e despreocupados não se dão ao trabalho de nada que não lhes dê

ᵇ *all*: suprimido.   ⁱ Modificado de *display*.   ʲ *that*: suprimido; letra *o* escrita acima do *i* de *Business*.   ᵏ *In*: suprimido.

prazer. As transações comuns da vida, como a deliberação e a troca de idéias sobre o que hão de fazer, são em si mesmas demasiado áridas e desagradáveis para eles sem os ornamentos da língua e a elegância de expressão. Por isso, a eloqüência deliberativa e a judiciária são estudadas, e procura-se [*is sought^m*] ornamentá-las.

117 | Até a invasão persa,[6] as artes eram desconhecidas na maior parte da Grécia. As pessoas se ocupavam da arte militar, e, como a educação tinha de ser adequada aos negócios, era com esse propósito*ⁿ* que os jovens eram educados. Mas como esse tipo de educação incorporava rudeza e agressividade às suas maneiras, a ela acrescentava-se a música com o objetivo de corrigir os efeitos maléficos dessa [*of the°*] educação. A aprendizagem dos jovens consistia na arte militar e nos negócios, mesmo em Atenas, *a mais civilizada de todas ᵖ*: a filosofia e as artes eram negligenciadas por inteiro. Nas colônias, porém, a filosofia, etc. chegaram a certa perfeição antes de se tornarem conhecidas nas cidades fundadoras. Tales[7] ensinou em Mileto, Pitágoras na Itália, e Empédocles na Sicília, em períodos anteriores às invasões persas, a partir das

---

ˡ the only thing substitui *so much*.   *ᵐ is sought* escrito acima de *sought*.   *ⁿ alone*: suprimido.   *° No MS, their*, com *ir* suprimido.   *ᵖ* sublinhado com duplo pontilhado.

[6] As guerras com a Pérsia se iniciaram no começo do século V a.C. Por volta de 450, os funerais patrocinados pelo Estado se tornaram festivais refinados; realizavam-se no mês de outubro.

[7] Tales (ca.636–ca.546 a.C.) de Mileto, na Jônia, um dos "sete sábios"; cf. Astronomy, III.5, em EPS. Pitágoras (século VI a.C.) emigrou de Samos para Cróton, no sul da Itália, por volta de 531 a.C.. Empédocles (cerca de 493-433 a.C) era originário de Ácragas, na Sicília; mestre de Górgias de Leontini, na Sicília (ca.483-376 a.C.), retórico e um dos sofistas principais. O escriba estranhamente substitui Leontini por Mitylene (ou Mitileno), cidade principal de Lesbos. A embaixada de Górgias de Leontini a Atenas, que fez época na história da retórica, se deu em 427 [ver na página seguinte].

quais o comércio que era cultivado nas colônias floresceu no continente, trazendo consigo riqueza, artes e refinamento. Górgias de Mitileno foi quem introduziu a eloqüência na Grécia; diz-se que deixou os gregos maravilhados com a^q | elegância e força do discurso que proferiu na embaixada do seu país. A partir de então, a eloqüência começou a ser cultivada, e logo foi incentivada pelo ganho em riqueza e opulência dos Estados gregos | {obtido depois da invasão persa. Essa invasão, ademais, contribuiu para o aperfeiçoamento da eloqüência, pois o Estado ateniense decretou que discursos anuais ou panegírico<s> fossem dedicados àqueles que tinham se destacado na defesa do país e morrido em [in^r battle] combate}.

Como a arte da guerra e a da música tinham papel primordial na educação dos jovens daquela época, como incentivo àqueles que nelas se destacassem foram instituídos jogos[8] com prêmios para os vencedores nos diversos exercícios, como corrida, luta romana e outras competições, e para os que se destacassem na outra modalidade, a música. A luta pela conquista do prêmio de música fomentou naturalmente uma competição entre os poetas, cuja arte era intimamente ligada àquela. Os oradores, vendo o êxito dos poetas e o grande incentivo que lhes era dado, foram tentados a pôr à prova a sua arte também. Não havia prêmio para essa modalidade,

---

[q] o 118 ficou em branco.   [r] *the*: suprimido.

[8] Os antigos jogos píticos foram reorganizados em 582 a.C; às principais competições em música, teatro e recitação em verso e prosa acrescentaram-se eventos esportivos no estilo olímpico. Festivais semelhantes eram a Panatenéia em Atenas e a Carnéia em Esparta. Cf. antes ii.51 n.4 para a distinção que faz Tucídides entre a sua obra e aquelas que são lidas publicamente, visando ao aplauso.

120 mas isso não desencorajava ninguém, pois os prêmios atribuídos às outras atividades não tinham valor em si mesmos, servindo apenas como um símbolo da honra que podia muito bem ser alcançada sem aquela insígnia. Ser premiado naqueles jogos também dava aos vencedores a oportunidade de exibir seus talentos. Neles, Heródoto leu sua história e Isócrates teve lidas as suas orações (pois sua voz era tão ruim que ele próprio nunca as leu).

Os oradores tanto rivalizavam com os poetas como os imitavam. Os hinos e as louvações aos deuses eram da espécie que mais se adequava a esse tipo de oradores. Imitavam os[s] poetas tanto em seu desígnio como em seus temas; as louvações às divindades e[t] heróis obscurecidos pelo passar do tempo eram a matéria principal desses hinos. As primeiras orações dessa espécie também eram [*were*[u]] sobre o mesmo tema. Diz-se que as de Górgias[9] e de autores seus contemporâneos eram, em geral, em louvor a Teseu, Hércules, Aquiles, Meleagro e personagens semelhantes. — Dos

121 hinos, imitavam os temas e | a forma. Todos esses escritos eram elaborados de modo desconexo. As conexões só importavam quando lhes convinha, e introduziam tudo que pudesse agradar o leitor, [*not* [v] *regarding the subject*] relacionado ou não ao tema. Todas as paixões, em especial a admiração, eram apresentadas de maneira vaga e dispersa, lançando-se mão de tudo que parecesse ligado ao tema da paixão, a qual, por parecer em si mesma importante, faz com que tudo que lhe é associado também assim o pareça. Quanto maior o arrebatamento, mais dispersa a [*the*[w]] expressão.

---

[s] No MS: *them*; *in*: suprimido e *Poets* inserido acima.   [t] Modificado de *or*.
[u] No MS: *wera*.   [v] *mind in*: suprimido.   [w] No MS: *the is*.
[9] Acrescentem-se o *Elogio a Helena* e a *Defesa de Palamedes*.

{Trasímaco}¹⁰ Todos os poetas líricos são inconstantes, e Píndaro, de todos o mais arrebatado, é o mais desconexo ou, ao menos, assim o parece.

Isócrates foi o primeiro desses escritores que chegou até nós. Diz-se que seu estilo é muito semelhante ao de Górgias. Ele, como os antigos poetas e escritores líricos, é também bastante desconexo, e introduz matérias sem a mínima ligação com aquilo de que trata; assim, em sua oração em louvor de Helena,¹¹ introduz elogios a Teseu, Páris, Aquiles etc. | e nem sequer a sexta parte é dedicada à própria Helena. Aprecia todo tipo de ditos morais e figuras forjadas ou ornamentos da linguagem, metáforas, símiles, hipérboles, antíteses etc. A beleza de que se ocupa mais é a de uma cadência que soe uniforme e a da igualdade dos membros da sentença. Tudo isso pode ser visto na introdução da *Oração a Demócles*,¹² em que também

122

---

¹⁰ Trasímaco da Calcedônia (ca. 430-400 a.C), retórico famoso por sua elaboração de técnicas que procuravam despertar a emoção dos ouvintes. — A qualidade "arrebatadora" de Píndaro veio a ser admirada no século XVIII e foi em parte responsável pela voga da "ode pindárica" (de que dois exemplos de autoria de Gray, *The Bard* e *The Progress of Poesy*, eram considerados por Smith representantes do "padrão da excelência lírica": cf. ii.96 n.12 anteriormente e *The Bee*, 1791, iii.6). Edward Young, em "On Lyric Poetry" (prefácio a *Ocean: an Ode*, 1728), tomava como sua virtude fundamental falta de conexão e "de método para um olho vulgar": "Assim, Píndaro, no fundo tão lógico como Aristóteles ou Euclides, parece a alguns críticos ser louco, e assim devem pensar todos os que não partilham de seu espírito divino. Entendimento de nanico..." Essas palavras viriam a ecoar na formulação clássica de Coleridge, no começo da *Biographia Literaria:* "A poesia, mesmo a das... odes mais selvagens, tem uma lógica própria, tão severa quanto a da ciência; e mais difícil, porque mais sutil ..." (Cf. Hume, "*Of the Standard of Taste*", 15º parágrafo a partir do fim, 1757).
¹¹ LCL iii. 60-97.
¹² Um orador ático e adversário de Demócares (ca. 360-275 a.C.), sobrinho de Demóstenes. Isócrates (436-338 a.C) não podia então ter-lhe dirigido

se vêem o seu propósito e temperamento, a maneira como se diz superior aos outros sofistas e o esforço para rivalizar com os poetas em suavidade e cadência. Brutus,[13] para quem toda eloqüência devia ser empregada para a descoberta da verdade da matéria em questão e nos levar a uma conclusão sobre o debate, desprezava-o do fundo de sua alma. Cícero, entretanto, admirava-o muito, pois considerava somente a beleza, o prazer e o que agradasse e divertisse a audiência, pouco lhe importando o argumento. De fato, se lêssemos Isócrates para aprender sobre ordenação, método, argumento ou força de raciocínio, estaríamos perdendo tempo. Mas, se o que esperamos é diversão e prazer | de um escritor agradável, ele não nos decepcionará.

A vitória dos gregos sobre os persas nos rendeu três orações de consagrados autores, tendo como temática o elogio dos atenienses. Uma delas a de Lísias.[14] Dele se diz que se destacou nas causas judiciárias privadas, em que mantinha o caráter de homem simples, não versado nas tramóias da [*of the*[x]] advocacia ou das cortes de justiça; e que se perdia quando tentava fazer floreios ou observações extraordinárias exigidas pelo tema. Em sua oração, parece ter se empenhado em apresentar os encantos da linguagem e os ornamentos das expressões, bem como os ditos e reflexões de ordem moral.

---

[x] No MS: *thre*.

um discurso. O escriba possivelmente confundiu as orações a Demônico e a Nicocles, LCL i.4-35, 40-71. A oração a Nicocles, rei de Salâmia em Chipre, de 374, consiste em um conselho a um governante. Referências a *Dem.* §§1-4; *Nic.* §§42-4, 48-9.

[13] Cicero, *Orator,* xiii: "leniter et crudite repugnante te".

[14] *Epitaphios,* por aqueles que morreram pelos coríntios, ?392 a.C. (LCL 30–69). Cf. ii.218 n.10 adiante.

Não relata muitos dos feitos dos gregos, expostos à exaustão por autores anteriores; os que relata, porém, não combinam com as circunstâncias, e suas reflexões são lugares-comuns. Lísias exagera tudo e, com freqüência, [*often ʸ affirms*] afirma o que está longe de | ser verdade. Tem em alta conta não apenas todo tipo de figura, mas as expressões exclamativas e de admiração.

124

A segunda é de Platão[15]. Seu estilo é mais correto e suas reflexões e circunstâncias são bem escolhidas, e não lugares-comuns como as de Lísias. Ele apresenta ainda menos feitos que este último, mas o supera na escolha dos mesmos e, quando ocorre coincidência, é evidente a sua superioridade, como no relato das batalhas de Maratona e de Salamina. Seu estilo não é tão extravagante [*extravagantᶻ*], mas não deixa de ser prolixo, o que muitas vezes esconde seus outros encantos.

Péricles, na oração que Tucídides[16] lhe atribui na introdução de sua *História da Guerra do Peloponeso*, é mais correto, menos exuberante e extravagante que Platão. Seu discurso forte e exaltado é preciso e aponta para e contém não somente um elogio direto aos atenienses, mas uma condenação indireta aos lacedemônios, então seus rivais. A beleza do seu discurso é tão evidente que sobre eles mais não direi.

125

ʸ *brings in some*: suprimido.   ᶻ *extravangt*.

[15] *Menexenus* (LCL vii), oração fúnebre de Aspásia, a milésia, referida por Sócrates e louvada por Tucídides como de estatura equivalente à oração de Péricles: §§5-21.

[16] I.cxl-cxliv, discurso aos atenienses.

23ª Conferência

24ª Conferência[a]

Segunda-feira, 24 de janeiro, 1763

SEM AJUDA DE LIVROS, EXCETO O QUE LEU DE TITO LÍVIO

Tendo, nas duas conferências anteriores, feito todas as observações que me parecem necessárias sobre a primeira espécie de eloqüência, a demonstrativa, passo agora para a segunda espécie, a [[b]*deliberative*] deliberativa. Antes disso, porém, será oportuno fazer algumas observações sobre uma espécie de escrita mais simples do que a eloqüência deliberativa ou a judiciária. Refiro-me à didática, em que o propósito do escritor é apresentar uma proposição e comprová-la por meio de diferentes argumentos.

Se for necessário provar não mais que uma única proposição, nada é mais simples. Sem dúvida, o melhor método é: em primeiro lugar, apresentar a proposição e, depois, expor os vários argumentos que possam prová-la, os quais podem ser resumidos ou concluídos com os mesmos termos da proposição. Deve-se começar pela proposição, já que, desse modo, os argumentos, sendo já evidente a que se destinam, produzirão uma impressão muito melhor do que se fossem apresentados sem que soubéssemos a que conclusão chegariam. – Ocorrerá

---
[a] No MS. XXIII.   [b] *Judicial*: suprimido; *Deliberative* escrito em letras grandes, bem como *Didactick* (adiante).

porém com freqüência que, para provarmos a proposição principal, faça-se necessário provar várias outras subordinadas a ela. Nesse caso, apresentamos primeiro a proposição e, então, mostramos de que maneira a sua verdade depende daquela de algumas outras proposições; depois de comprovarmos estas últimas, resumimos a sua totalidade como sempre o fazemos.

{É essa a maneira que Lord Shaftesbury emprega em sua investigação sobre a natureza [*nature* ᶜ] da virtude[1] e também em seu empenho para provar que a virtude é a nossa maior felicidade. Seja esse raciocínio adequado ou não, seu método é perfeito: caso as proposições subordinadas forem claramente comprovadas, a principal torna-se necessariamente verdadeira.}

Observemos, entretanto, que as proposições subordinadas não devem ultrapassar cinco. Quando excedem esse número, tornam-se de difícil compreensão à primeira vista, e o conjunto fica confuso. Três é um número bastante apropriado. Pois esse número de proposições é de compreensão muito mais fácil e parece mais completo do que dois ou quatro. No número três há, por assim dizer, um meio e dois extremos; em dois, ou em quatro, não há um ponto médio em que a atenção possa fixar-se a ponto de cada parte parecer de algum modo conectada a ele. Nesse caso, a regra é a mesma que se aplica à arquitetura;[2] a mente

---

ᶜ *Nature*: inserido pela mão B no espaço em branco.

[1] *An Inquiry concerning Virtue or Merit*, Treatise iv em *Characteristicks of Men, Manners, Opinions, Times* (1711). Esse tratado apareceu pela primeira vez na edição não-autorizada como *An Inquiry concerning Virtue in two Discourses* (1699). Cf. i.10 n.10 anteriormente; também *Treatise* vi, *Miscellany* iv.1; e *Treatise* v, *The Moralists*, Part II.

[2] Essa passagem é baseada no sistema mnemônico antigo recomendado a oradores, segundo o qual deviam associar partes de seus discursos a lugares e imagens, principalmente partes de uma construção, p. ex., um templo.

não consegue apreender de relance, sem contar, um número acima de nove ou dez. Três é, de todos, o número de compreensão mais fácil; percebemos de imediato um ponto médio e um em cada lado. {Swift propôs um panegírico ao número três,³ e este foi um dos aspectos que elogiou. Há, sem dúvida, algo nesse número que o torna mais agradável que os outros. Em termos arquitetônicos, haver um ponto médio para o qual nosso olhar se dirige de primeira é uma razão suficiente, embora pareça esquisito quando aplicado à escrita. Há mais sermões e outros discursos que se dividem nesse número do que em qualquer outro.} Quanto ao número quatro, não há ponto médio, e, ainda que seja fácil assimilá-lo em termos de número de janelas ou colunas, isso parece [*seems* ᵈ] complicado; tratando-se de arquitetura, há o defeito evidente de não existir um lugar certo para a porta; cinco é facilmente compreendido, um no meio e dois em cada lado, ou três no meio e um em cada lado. Do mesmo modo, o seis e o sete não são de difícil compreensão, como também o nove, que pode ser dividido em três vezes três. Mas, ainda que em arquitetura possamos perceber esse número com razoável presteza, em se tratando da escrita não conseguimos

---

ᵈ *to be*: suprimido.

Cf. *Rhetorica ad Herennium* (LCL), III.xxiii-xxiv; Cícero, *De Oratore*, I.xxxiv.157, II.lxxxvii-lxxxviii; Quintiliano, XI.ii.17-26. Frances A. Yates apresenta a história da idéia ao século XVII em *The Art of Memory* (1966), especialmente nos capítulos VI-VII, XV-XVI.

³ Em *A Tale of a Tube, Section I, The Introduction*, §4, Swift zomba do misticismo dos números: "... filósofos e altos funcionários, cuja principal capacidade em matéria de cálculo consistia em se apaixonar por certos números místicos, que suas imaginações tornaram sagrados. ...O profundo número *TRÊS* é aquele a que dediquei minhas mais sublimes especulações, sem que deixasse de me deleitar". Ele tem ainda "a *Panegyrical Essay of mine upon this Number*", atribuindo-lhe certas coisas em detrimento de seus "dois grandes rivais, o *SETE* e o *NOVE*".

128 chegar a tanto. Colunas e janelas são objetos exatamente similares e, por essa razão, mais facilmente compreendidos, pois quando conhecemos um ou dois, conhecemos todos. Quanto às proposições que se apresentam como secundárias à primeira, só se conectam em um aspecto, o de tenderem todas para o mesmo ponto; com a vantagem de, além do número, termos também a natureza de cada proposição para conservar na memória. — Pode com freqüência ser necessário comprovarem-se quatorze ou quinze proposições subordinadas a fim de confirmar a principal. No caso, é bem melhor produzir três ou cinco proposições [*propositions* ᵉ *on which*] das quais a verdade da proposição principal evidentemente dependa; e, associadas a cada uma delas, elaborar cinco ou três das que se façam necessárias para confirmar a principal. A mente apreenderá com muito mais facilidade as dezoitoᶠ proposições de um caso ou as vinte do outro do que quinze que dependam diretamente da principal sem nenhuma intermediação. Do mesmo modo, na arquitetura, o arquiteto, em geral, projeta uma parte da construção de forma

129 distinta das outras, ou recuando mais a parte central, ou avançando-a por relação às laterais; isso se aplica quando há mais de três (ou cinco) janelas ou outros componentes. Voltando à escrita, por esse meio, pode-se [*may*ᵍ *with tollerable case*], com razoável facilidade, memorizar ao menos quinze ou dezesseis proposições, enquanto, do outro modo, nos é difícil ultrapassar a metade desses números. Entretanto, há sermões, escritos por volta do período das guerras civis, que têm não só quinze ou dezesseis, mas vinte, trinta ou quarenta proposições.

Na arquitetura, podemos não somente apreender um considerável número de elementos por subdivisões, mas também por divisões des-

---

ᵉ *which*: suprimido.   ᶠ *18* está apagado.   ᵍ *not only*: suprimido.

sas subdivisões, etc. podemos estender esse número. Assim, se uma construção for projetada para conter oitenta e uma janelas ou colunas, faz-se com que elas sejam dispostas em três conjuntos, marcadamente distintos uns dos outros, de vinte e sete elementos, sendo similares os que têm dois lados; cada um desses conjuntos pode ser ainda dividido em três outros de nove elementos, e estes em três conjuntos de três, cada subdivisão sendo marcadamente distinta das restantes por uma disposição arquitetônica diferente, ou por outro tipo de variação; e, assim, uma pessoa, ainda que de percepção não muito rápida, poderá, se posicionada a uma distância apropriada, apreender de imediato a ordenação e o número dos vários elementos. Na escrita, porém, as coisas se passam de outra maneira; as subdivisões, etc. não são de fácil memorização; sempre se tornam confusas e por demais intricadas para que nossa memória as absorva. Por isso, quem ler a *Ética* de Aristóteles, ou mesmo qualquer outra de suas obras, dez vezes seguidas, mal terá uma idéia precisa de seu plano; as divisões, as subdivisões e as demais divisões são tantas, que terminam por produzir o próprio efeito que por elas se pretendia evitar, i.e., a confusão.

As divisões e subdivisões são bastante úteis não somente em escritos didáticos, cujo intento é comprovar uma única proposição, mas também naqueles em que o propósito é apresentar um sistema de uma ciência, por exemplo, a filosofia natural; as divisões auxiliam a memória a estabelecer a conexão entre as várias partes. Na eloqüência judiciária, isso não raro é indispensável. Com freqüência, ocorrem fatos e questões | da lei que não podem ser decididos sem a comprovação de várias proposições prévias, e, nesse caso, as divisões e subdivisões devem ser aplicadas da mesma maneira antes mencionada. Na eloqüência deliberativa, porém, é raro que isso se dê, o que não significa dizer que nenhum método ou ordem devam ser observados, muito pelo contrário. O que se passa é que os argumentos usados quando se quer persuadir os outros a fazer ou não alguma coisa, a promover a paz ou a continuar a guerra, a lutar ou a não lutar [*to make peace or continue war, to fight or not to fight* [b]], são tão evidentes e conclusivos, e parecem plenamente tão honoráveis, atingíveis e vantajosos para aqueles a quem se quer persuadir, que nem é necessário organizá-los em uma ordem estabelecida. Pode também ocorrer que, se esses argumentos não forem inteiramente óbvios e conclusivos, [*conclusive* [i]] caiba ao orador fazer com que assim pareçam ser. Ora, uma longa cadeia de argumentos metafísicos, um deduzido a partir do outro, não assegura tal aparência no julgamento das platéias, para as quais, em geral, | essas orações são apresentadas. E ainda que os argumentos fossem de fato conclusivos, o emprego de tanta sutileza e de uma série de argumentos forçados levantaria forte suspeita de que os argumentos não fossem tão sólidos e conclusivos assim.

{Aristóteles[4] não faz uso de divisões e subdivisões em nenhuma de suas orações deliberativas, embora muitas vezes as use nas judiciárias. Cícero, em suas melhores orações deliberativas, não emprega divisões, que só usa de maneira escassa em quaisquer orações dessa natureza.}

Há dois métodos pelos quais um escrito didático [*didacticall writing* [j]] que exponha um sistema pode ser apresentado; no primeiro, formulamos um ou poucos princípios pelos quais explicamos várias regras ou fenômenos, conectando-os entre si numa ordem natural, ou então iniciamos dizendo que iremos explicar tais e tais coisas e, para cada uma delas, apresentamos um princípio, que pode ser igual ou

---

[b] As últimas doze palavras foram escritas na margem, na vertical.   [i] *then*: suprimido.   [j] *is delivered*: suprimido.

[4] Em lugar de Demóstenes.

diferente dos já mencionados. Virgílio, em suas *Geórgicas*, segue esse último método. Seu propósito é expor um sistema de agricultura; em primeiro lugar, dá instruções para o cultivo do milho, em segundo, para o de árvores, em terceiro, trata da criação de animais e em quarto, da criação de insetos chamados abelhas. Se Virgílio tivesse | 133 começado o princípio do cultivo da terra com o que é producente e o que não é, em que proporções se deve plantar nos diferentes tipos de solo e que tipo de adubo é adequado às diferentes plantações, e reunindo tudo isso tivesse nos orientado sobre que tipo de cultura e de solo seria apropriado para cada plantio, estaria seguindo o primeiro método, que é [*is* ᵏ] sem dúvida o mais filosófico. Da mesma forma, na filosofia natural ou em qualquer outra ciência desse tipo, podemos seguir Aristóteles e examinar as diferentes ramificações na ordem em que nos vêm à mente, atribuindo um novo princípio para cada fenômeno; ou, seguindo Sir Isaac Newton, podemos expor [*lay*ˡ *down*] certos princípios reconhecidos⁵ ou comprovados no início, a partir dos quais [*we*ᵐ *account*] prestamos esclarecimentos sobre os vários fenômenos, conectando-os por meio do mesmo encadeamento. – Esse modo de proceder, que podemos chamar de método newtoniano, é sem dúvida o mais filosófico, e, aplicado a qualquer ciência, seja a da moral ou a filosofia natural etc., é muito mais inventivo e, por isso, mais atraente que o outro. | O prazer que sentimos em ver os fenômenos | 134 que consideramos mais inexplicáveis [*unaccountable* ⁿ], todos deduzidos do mesmo princípio (em geral, bem conhecido) e ligados em uma

---

ᵏ No MS: *in*. ˡ No MS: *law*. ᵐ *deduced*: suprimido. ⁿ *for*: suprimido.

⁵ Essa palavra, que no MS se encontra entre as linhas, é confundida nas linhas seguintes com descendentes e ascendentes, e não foi lida corretamente quando WN (ver 3, 769 n. 17) foi publicado nesta série.

só cadeia, é muito maior do que aquele que se origina de um método desconexo, em que cada coisa dá conta de si própria sem nenhuma referência às outras. Não nos surpreende, portanto, que a filosofia cartesiana (pois, na verdade, Descartes foi o primeiro a empregar esse método), embora talvez não contendo nenhuma verdade[6], e, para nós que vivemos em uma época de maior esclarecimento e já investigamos mais essas matérias, pareça muito questionável, tenha sido, não obstante, tão bem recebida por toda uma Europa erudita daquela época. A grande superioridade aparente desse método sobre o de Aristóteles, o único então conhecido, e a parca investigação que então se fazia sobre essas matérias, fez com que os europeus recebessem avidamente uma obra que consideramos um dos romances mais divertidos que jamais se escreveu.

O método didático [*Didacticall*[o]], embora sem dúvida o | melhor em todas as áreas da ciência, quase nunca é aplicável aos discursos retóricos. Pois as pessoas a quem são normalmente dirigidos não apreciam essas deduções obscuras; é apenas o que for do interesse delas, e a utilidade e a probidade daquilo que se lhes recomenda, o que as influenciará, e isso raramente é apresentado em uma longa dedução de argumentos.[p]

Assim como há dois métodos de procedimento nos discursos didáticos, também há dois na eloqüência deliberativa que são, não obstante, diferentes, e adequados a circunstâncias bem opostas. O primeiro pode ser chamado de método socrático, pois, se confiamos nos diálogos de Xenofonte e Platão, era este o que o filósofo costumava empregar. Nele, mantemo-nos à maior distância possível do ponto

---

[o] O escriba, erroneamente, registrou *Rhetoricall*.   [p] *There are 2 metho*: suprimido; segue-se, então, um novo parágrafo.

[6] Sobre a posição de Smith sobre Descartes, cf. carta à *Edinburgh Review* (EPS 244), TMS VII.ii.4. 14, e *Astronomy* I.61 ss. (EPS 92).

principal a ser comprovado, trazendo a audiência à coisa a ser provada através de passos lentos e imperceptíveis. Depois, conquistamos a aprovação dos ouvintes para algumas coisas cuja tendência eles | não possam descobrir e, finalmente, os forçamos a negar aquilo com que antes haviam concordado ou a admitir a validade da conclusão. É essa a maneira mais suave e atraente.

O outro método é áspero e rude, em que afirmamos a coisa que devemos provar de maneira arrojada logo de início e, quando qualquer ponto é contestado, passamos a comprovar aquilo que afirmamos no começo, e assim por diante. A isso chamamos método aristotélico, por ser o que o filósofo empregava.

Esses dois métodos se adaptam às duas situações opostas em que um orador se encontra em relação à sua audiência, ou seja, quando ela se mostre favorável ou então desfavorável com respeito àquilo que o orador quer provar. Ou seja, a audiência pode estar ^q predisposta a favor ou contra ele. Na segunda hipótese, devemos usar o método socrático; na primeira [*first* ^r], o aristotélico. Isso não significa dizer que estamos supondo que, em qualquer dos casos, o orador e sua audiência mantenham um diálogo, ou que eles | devam^s seguir em frente fazendo pequenas concessões ou negando terminantemente o que a outra parte afirma; significa, sim, dizer que, quando a audiência está a favor [*'favourable*], devemos iniciar pela proposição e expô-la claramente; nesse caso, é vantajoso mostrarmos desde o início que somos da mesma opinião, pois assim fortalecemos os argumentos que iremos apresentar. Por outro lado, se a audiência estiver predisposta contra o nosso ponto de vista, não devemos chocá-la e afirmar com

---

^q *either*: suprimido.   ^r Substitui *latter*.   ^s *either*: suprimido.   ^t *Un*: suprimido.

rudeza que temos opinião diferente, e sim ocultar nosso propósito e, mantendo certo distanciamento, começar a aproximá-la lentamente do ponto principal, e, após ganharmos a aquiescência das pessoas mais arredias, conquistamos as mais próximas. – A primeira hipótese é exemplificada na oração de" Tito Quíncio Capitolino, e a segunda na de Ápio Cláudio Crasso, em Tito Lívio.⁷

" *Appius*: suprimido.

⁷ Respectivamente VII.xl (discursos de Marco Valério Corvo e Tito Quíncio às tropas inimigas, terminando em reconciliação) e V.iii–vi (o "orador experiente" Ápio Cláudio se dirige aos quirites, durante a guerra veientina).

25ª Conferência[a]

Quarta-feira, 26 de janeiro, 1763

Tendo, na conferência anterior, feito todas as observações que julgo necessárias com respeito à eloqüência deliberativa, de acordo com o método que propus, passo agora para o método apropriado de escolher os argumentos, a maneira de organizá-los e à sua expressão. Instruções dessa natureza, contudo, raramente funcionam. Os argumentos a serem usados diante de uma platéia não devem ser muito complicados; a proposição, em geral, não demanda tipo algum de comprovação, e, quando isso ocorre, são por si mesmos tão evidentes que não requerem [*elaborate* [b] *explanation*] explicações muito elaboradas. Nesses casos, não se devem empregar sutilezas ou refinamentos, nem argumentos metafísicos, pois seriam supérfluos, dadas as circunstâncias em que o orador em geral se encontra, e muito raramente teriam alguma utilidade. Como os argumentos são em si mesmos bem simples, não é preciso grande sutileza em sua organização. Além disso, em geral, em todo tipo de eloqüência, a escolha dos argumentos e a organização apropriada são os pontos menos difíceis. A [*The* [c] *expression*] expressão e o estilo são os quesitos que requerem mais habilidade e somente eles são

---
[a] No MS. XXIV.   [b] *proof*: suprimido.   [c] *arran*(?): suprimido.

140 passíveis de se amoldar a determinadas recomendações. Observamos, portanto, que Cícero, Quintiliano[1] e os melhores autores que lidam com a composição retórica tratam a criação dos argumentos, ou tópicos, e a composição ou organização dos mesmos, como coisa ligeira e sem grande dificuldade, e nunca parecem levá-las muito a sério, a não ser quando nos orientam com relação aos ornamentos da língua e da expressão; mesmo aí, não parecem dar muita importância [*importance*[d]] ao modo como lidam com isso, embora, sem dúvida, devesse esse ser o caso, já que ambas são interessantes e instrutivas. Assim, deixarei de lado esses aspectos e passarei ao que me propus em último lugar, ou seja, falar-lhes sobre os [*the*[e] *authors*] autores que se destacaram nesse modo de escrever. Farei o mesmo com relação à eloqüência judiciária; depois de explicar os princípios e a natureza gerais desse tipo de eloqüência, passarei a comentar sobre os principais oradores e o estilo dos diferentes escritores, referindo ambos a Grécia e Roma, e aos escritores ingleses. Dedicarei, contudo, mais tempo à natureza da eloqüência judiciária, e, na comprovação de fatos ou quesitos da lei, poderemos introduzir uma boa quantidade de raciocínio e argumentação apropriados e sutis; estes, como já disse, raramente são adequados à eloqüência deliberativa, que, por essa razão, é a mais simples das três formas de eloqüência.

141 Nesta conferência, falarei sobre o estilo das orações deliberativas de Demóstenes e, depois, sobre as de Cícero.

---

[d] No MS: *important*.   [e] *Best*: suprimido.

[1] A invenção e a disposição, diz Cícero (*Orator*, xiv–xv, 44–49), antes concernem à *prudentia* do que à *eloquentia*, comum a todas as atividades, e delas tratará brevemente. Quintiliano tem a mesma posição. Elas constituem os deveres do orador, e não são *partes* do objeto da retórica (III.iii.1); mesmo a pessoa não-treinada pode exercê-las (VIII.iii.2).

Das dezesseis orações que nos foram legadas como de autoria de Demóstenes, duas são claramente escritas em uma caligrafia diferente, provavelmente a de Hegesipo;[2] nelas, a expressão é rústica e grosseira, com uma afetação de força, características muito improváveis do estilo de nosso orador: essas orações são *ƒ* e *ƒ*. Das quatorze remanescentes, dez são destinadas a instigar os atenienses à guerra contra Filipe da Macedônia, ou a incentivá-los com vigor a continuá-la. As outras quatro são sobre diferentes temas, mas, como o seu objeto é praticamente igual ao das filípicas, não as mencionarei, mas restringirei por completo minhas observações a essas últimas; tomarei como exemplo do estilo de Demóstenes a que é chamada terceira oração, e que é, na verdade, a segunda olintiana; não que seja a mais elegante ou refinada de suas orações, que, considero ser a χερσουησου, mas porque ilustra bem o estilo peculiar do autor.

Para que possamos compreender melhor o estilo de Demóstenes e as observações sobre ele, será preciso considerar brevemente o estado de coisas em Atenas no período em que as orações foram compostas. Muito antes dessa época, o governo de Atenas já se tornara democrático por completo; o Conselho do Areópago, constituído pela nobreza e pelos principais cidadãos da comunidade, fora totalmente abolido e, com ele, o grande anteparo à fúria do povo. O Conselho[3] dos *ᵍ* e o Pritaneo, que faziam parte do

142

ƒ–ƒ No MS: duas lacunas de dez letras cada.   *ᵍ* No MS: lacuna de oito letras.
[2] Cf. ii. 151 n.1, adiante.
[3] Desde o tempo de Clístenes até o fim do século VI a.C., o Conselho (*boulé*) era formado por 500 membros. Suas tarefas eram preparadas por 50 destes, os *prytaneis* (o *prytaneum*, palavra com que Smith parece se referir a este comitê).

governo aristocrático, foram então postos de lado, e nenhuma barreira se opunha à multidão desgovernada. Mas ainda era a nobreza que dirigia os negócios públicos, e o equilíbrio entre riqueza e posição social garantia-lhe também o poder. As pessoas de posição social inferior não eram bastante notáveis para que participassem da regulamentação dos negócios. A batalha⁴ de Platea*ᵇ*, em que, a conselho de Péricles*ⁱ*, pela primeira vez, os soldados foram pagos pelo povo, deu início ao *ʲ* governo democrático,*ᵏ* e o comércio que se lhe seguiu reforçou essa mudança. O comércio oferecia aos mais humildes uma oportunidade de adquirir fortuna e, por esse meio, poder. O governo lhes concedeu igual oportunidade de ocupar todas as magistraturas junto aos nobres mais poderosos, a quem suas fortunas os igualavam na influência exercida sobre o povo. Foi então que se iniciou a grande mudança na mentalidade do povo e nos meios de contar com seu favor. Antes, como os ricos não estavam no governo, quem quisesse contar com o povo e ter influência sobre ele em geral tinha [*obliged ˡ to make*] de planejar novas expedições e novas guerras que pudessem enriquecê-lo. Aqueles que melhor realizavam esses esquemas mais contavam com o seu favor. Por isso, quem não

---

ᵇ No MS: *Platea* aparece circulada; *and the b*: suprimido.   *ⁱ* Inserido pela mão B no espaço em branco.   *ʲ true Democraticall government great change*: suprimido.
ᵏ by the pay which was at that time appointed to the People: suprimido.   *ˡ to have recours*: suprimido.

⁴ Na batalha de Platea (479 a.C.), Mardônio e as forças persas foram derrotados pelos gregos comandados por Pausânias. — O relato que aparece nesta conferência sobre procedimentos judiciários e administrativos na Grécia (e depois em Roma) pode ser comparado a passagens do curso paralelo que Smith costumava dar sobre jurisprudência: cf. I índice de LJ, entradas sobre Grécia, democracia, juízes, poder judiciário, Atenas, Lacedemônia etc., e acerca dos autores antigos ali citados.

houvesse se distinguido por feitos militares jamais se encontrava no poder. {Depois, entretanto, essa norma já não se cumpriu, pois, no começo da Guerra do Peloponeso, encontramos Cleonte*m* na chefia do governo, e, no seu final, Teramenes⁵ e   *n*, nenhum dos quais se distinguira por feitos militares; e dos dez oradores que, por sua vez, dirigiram Atenas, só Demóstenes participara de uma batalha.} Por conta disso, os atenienses eram o povo mais empreendedor e ativo de toda a Grécia; por isso, os principais líderes e dirigentes tinham tanta dificuldade em reprimir o povo depois de incitá-lo à guerra [*rousing them to war*ᵒ]. O comércio e o luxo alteraram inteiramente esse estado de coisas; deram aos mais pobres a oportunidade de se igualar aos nobres; e aos nobres, uma maneira de se igualarem ao estado do mais modesto dos cidadãos. Nessa situação, as guerras contra outros povos não eram o modo mais indicado de trazer riqueza para o povo; por isso, aqueles que queriam se promover não adotaram esse método; achavam mais fácil acumular riqueza pelo saque de seus concidadãos do que pelos despojos de seus inimigos.

A primeira coisa que fizeram foi obter deles um pagamento em tempos de guerra, que, embora possa parecer pouco relevante, teve grande efeito na natureza do governo. Com o comércio, os membros [*the* ᵖ *members of the state*] do governo se iniciaram no ramo dos

---

m Inserido pela mão B em dois espaços em branco; no primeiro, a mão A tinha escrito somente C.   *n* No MS: lacuna de seis letras.   ᵒ *them to war* modificado de *their Courage*.   ᵖ *State*: suprimido.

⁵ Sobre Cleonte, cf. ii.176 n.1 e 179 adiante. — Teramenes e Crítias eram dois dos Trinta Tiranos que tomaram o poder em 404 a.C.; no reino do terror que se seguiu, o extremista Crítias fez com que Teramenes, o moderado, fosse executado, e ele próprio foi morto em janeiro de 403, depois do que o governo foi exercido pela Junta dos Dez. Aristóteles (*Politics* 1305ᵇ 26) aponta Cáricles, em vez de Crítias, como o líder dos extremistas.

negócios ou da manufatura e perderam a vontade de fazer parte dos tribunais. Havia três tribunais, de 500 homens cada um, onde as causas privadas eram julgadas; nos debates públicos ou criminais, esses três tribunais se conjugavam. Como seus membros, [being ⁹ chosen] escolhidos por sorteio, podiam ser desde os mais pobres até os mais ricos, eles relutavam em abandonar seus trabalhos por uma tarefa que não lhes dava lucro. Por isso, para conquistar o apoio da sociedade, Péricles estabeleceu que a participação nos tribunais fosse remunerada por um certo pagamento diário.

146 — | Essa resolução fez com que um certo Eubulo[6] ou Eubúlides estabelecesse que cada cidadão receberia da comunidade a mesma soma para ir ao teatro, i.e., para que pagasse sua entrada. Daí surgiram todas as divergências. Demóstenes foi contra essa lei, mas sem êxito, e mais tarde foi feita uma outra lei pela qual quem propusesse revogar a primeira seria passível de morte. A partir de então, as pessoas tornaram-se completamente ociosas; recebiam o mesmo pagamento para que ficassem em casa, e não fizessem nada senão participar dos divertimentos públicos, como para servir à sua cidade alhures, sendo a [the ʳ former] primeira atividade, por certo, a mais fácil. — A glória militar não tinha mais importância; os oradores controlavam o povo, seduzindo-o com novas propostas de mais riqueza, e, muitas vezes, desconsideravam os capitães mais expe-

---

⁹ *ele*: suprimido.   ʳ *latter are*: suprimido.
[6] Enquanto membro da Comissão Teórica, Eubulo (ca.405-ca.335) passou a controlar as finanças de Atenas e pôs fim às extravagâncias do Estado. Em 348, aprovou uma medida que dificultava que as rendas do Estado fossem usadas para projetos militares fortuitos. O sistema de pagamentos acima referido se originou muito antes de seu tempo, e terminou em 338 a.C.

rientes, afastando-os, mantendo-os ou substituindo-os | conforme seu arbítrio. Os impostos raramente eram votados e, quando eram, raramente eram cobrados. Depois de haver sido o povo mais empreendedor na Grécia, os atenienses agora se tornavam o mais ocioso. Aqueles que se mantinham empreendedores como outrora sucedera em suas guerras contra a Lacedemônia, Siracusa e outros Estados, agora arriscavam todo o seu poder em uma só batalha, com isso por vezes arruinando o Estado ao menos por um certo tempo.

Nessa situação se encontravam os atenienses quando surgiu Filipe da Macedônia. Esse príncipe se lhes mostrou formidável por suas iniciativas e conduta política; os Estados gregos perceberam o perigo que ele representava e^s sentiram necessidade de encontrar o líder apropriado que o enfrentasse. Os lacedemônios estavam arruinados pela batalha de Leuctra.[7] Os tebanos eram poderosos, mas odiados por todos. Só os atenienses se adequavam a essa posição. Por isso, foram escolhidos para liderar a guerra, que foi imediatamente declarada. Mas, mesmo tendo declarado guerra, os atenienses não partiram para a ação. Decretaram-se impostos que nunca foram pagos. As esquadras e o numerário que deveriam ser mobilizados nunca o foram, e nada foi feito com entusiasmo ou presteza. Eles percebiam o perigo, mas, como a guerra [*war*^{t}] não prometia nenhuma vantagem para suas fortunas, não tinham motivação suficiente para nela se [*to*^{u} *engage in it*] engajar. Demóstenes tomou a si a tarefa de incitar os atenienses a uma atitude mais

---

^{s} *end*: suprimido. ^{t} Substitui *it*. ^{u} *follo*: suprimido.
[7] É de 371 a.C. a vitória de Epaminondas e dos tebanos sobre Cleombroto e os espartanos.

vigorosa, e é esse o tema de suas Filípicas.⁸ Seu estilo é o de quem se dirigia a uma audiência favorável; pois, ainda que os atenienses demonstrassem lentidão em se preparar para a guerra, sabiam que era necessária para o bem do Estado, e só não estavam muito animados para iniciá-la porque não lhes traria vantagem pessoal. Por isso, [*For this reason*ᵛ] Demóstenes nunca insiste muito no aspecto racional da guerra; muito menos na viabilidade de seu êxito, pois todos reconheciam que estavam à altura do inimigo. Ele dá mais ênfase ao poder crescente de Filipe e ao perigo a que uma demora os exporia, e incita-os a se empenhar para repelir a lei de Eubulo. Sua expressão e seu estilo denotam sabedoria e dignidade, com uma espécie de orgulho inato, e desprezo por seus opositores. Isso faz com que o orador, em vez de mostrar aos atenienses a utilidade ou vantagem de medidas mais vigorosas, muitas vezes lhes censure [*expostulate with them*ʷ] a conduta. Nessa linha, com freqüência, ele os repreende sem rodeios, com uma linguagem agressiva e grosseira, mas nunca de maneira imprópria à sua dignidade e autoridade. Ele o faz de modo natural, como alguém que reprova aqueles que o entristecem ver agindo de maneira errada quando sabem o que é certo; por isso, sempre se mostra muito forte e passional. {Entretanto, ele nunca censura a falta de coragem ou de vontade das pessoas, mas os falsos argumentos e os conselhos sedutores dos oradores que, segundo ele, por terem sido subornados por Filipe e por outros motivos, desaconselham as pessoas a fazer aquilo que elas bem sabem ser do seu real interesse. Observe-se que em ne-

---

ᵛ *they*: suprimido.   ʷ No MS: *him*.

⁸ Cf. antes ii.141: quatro orações *Filípicas*, 351-41 a.C; as três *Olintianas*, 349 a.C.

nhuma das guerras anteriores, embora empreendidas contra nações mais ricas que a Macedônia, esse tipo de acusação jamais fora feito desse modo; não porque os oradores [*orators*ˣ] estivessem | então [*then*ʸ *less liable*] menos propensos a aceitar subornos, mas porque o que era contrário ao interesse do Estado era desconsiderado e de modo algum seria aceito.} v. 149

150

No curso | dos acontecimentos, a cidade de Olinto, porto de certa importância na costa da Macedônia, recebeu presentes e propostas da parte de Filipe. Os atenienses foram espertos o suficiente para buscar reverter a situação em seu benefício. Conseguiram-no, e os olintianos declararam guerra a Filipe.[9] Mas enquanto Demóstenes usava de todo seu empenho para incitar os atenienses a uma defesa vigorosa de seus aliados, os outros oradores distraíam-nos com discussões sobre que castigo deveriam infligir a Filipe quando o submetessem. Foi nessa ocasião que Demóstenes pronunciou a oração olintiana antes mencionada. | Devemos observar que Salústio copiou esse discurso,[10] pondo-o na boca de Catão, e chegando ao ponto de traduzir a primeira sentença, a qual não se ajustava àquela causa.

ˣ Substitui *people*.   ʸ *much more*: suprimido.

[9] Em 349 a.C., Demóstenes proferiu seus três discursos em que defendia o apoio ateniense a Olinto contra Filipe II da Macedônia: cf. antes ii.141.

[10] *Bellum Catilinae*, lii; o discurso ao senado de Marco Pórcio Catão é um eco da Olintiana iii.I de Demóstenes: precavenha-se contra os conspiradores, em vez de discutir como irá puni-los quando os capturar.

26ª Conferência[a]

Segunda-feira, 31 de janeiro, 1763

Na conferência anterior, procurei lhes dar uma noção do estilo e do espírito das orações deliberativas de Demóstenes. Além delas, nenhuma outra oração deliberativa dos oradores gregos nos foi legada: a não ser que reconheçamos aquelas duas περι χαλονησον e περι των μετ' Αλεανδρον συνθηκων,[1] que se costuma atribuir a Demóstenes, mas que provavelmente foram compostas por Hegesipo. Não importa, porém, a quem se lhes atribua a autoria; com certeza, não são de Demóstenes; são completamente tolas e triviais e não têm valor suficiente para merecer qualquer comentário.

Assim, passaremos <para> as orações deliberativas de Cícero, as principais da língua latina que restaram. Veremos que são de natureza muito diferente das de Demóstenes. Têm uma certa

---

[a] No MS. XXV.
[1] Os títulos dos dois discursos não atribuídos a Demóstenes já mencionados em ii.141 foram entendidos erroneamente pelo escriba: περὶ Ἁλοννήσον, *On Halonnesus*, e περὶ τῶν πρὸς Ἀλέξανδρον συνθηκῶν, *On the Treaty with Alexander*. O primeiro foi atribuído a Hegesipo, um adversário de Filipe igualmente forte, embora Dionísio de Halicarnasso atribuísse essa autoria a Demóstenes: cf. *On the Style of Demosthenes*, 9 (*The Critical Essays*, i. LCL). Houve quem atribuísse o segundo a Hipérides; para suas obras, cf. *Minor Attic Orators* ii (LCL).

gravidade e uma afetação de dignidade que faltavam às deste último [*They have a certain Gravity and affectation of dignity which <those> of the latter want* ᵇ]. Diz-se que o latim é uma língua séria e solene, muito mais que o grego, que é | alegre e vivaz. Seria fácil mostrar que todas as línguas, sem excetuar o grego e o latim, são igualmente flexíveis e adequadas aos mais diversos temperamentos. Na verdade, o estilo dos autores latinos era muito mais solene e apresentava mais dignidade e ornamentos do que o dos autores gregos. A diferença entre estilo e língua não é com freqüência notada e não tem sido levada em conta por muitos autores, conquanto sejam muito diferentes: resulta daí [*to this* ᶜ] que muito do que é verdade apenas sobre o estilo dos escritores tem sido atribuído à natureza e índole da própria língua.

    Assim, é preciso compreender melhor a índole e o gênio particulares da maneira de escrever de Cícero e o que os causa. Cabe fazer algumas observações sobre a comunidade romana e o temperamento do povo na época em que ele escreveu. Mesmo que esta seja uma das mais importantes partes da história, os autores, em geral, a negligenciam, e poucos | a compreenderam.

    Até então, as grandes diferenças do povo haviam sido em grande parte abolidas; todas as magistraturas estavam agora ao alcance da multidão. As magistraturas, que antes eram privilégio dos patrícios, se tornaram disponíveis para todos. A dignidade senatorial, o ofício do pretor, censor, edil, etc. (que eram chamadas as magistraturas curul) não eram mais confinadas ao velho patriciado. O Estado era originalmente composto por patrícios e plebeus; as dissensões surgidas depois da expulsão dos reis derivaram da rivalidade entre

---

ᵇ *They ... want* escrito na margem, na vertical.   ᶜ No MS: *thus*; modificado de *And thus are*.

essas duas partes. Mas, por conta dessas contínuas rivalidades, as magistraturas, todo o poder e suas vantagens foram aos poucos abertos ao povo. Daí que enormes riquezas e imenso poder e vantagens fossem com freqüência adquiridos por membros tanto do |patriciado quanto da nobreza plebéia. Há muitos exemplos de grandes fortunas que resultaram da força dos que detinham o poder e a direção de diferentes funções. O procônsul Verres pode servir de exemplo; e há muitos que obtiveram um poder extraordinário e imenso, não por meio da força, mas pela sedução dos que lhes estavam subordinados, Mário, Cina, etc. — A autoridade do Senado era pouco mais do que nominal; não podia legislar nem realizar transações importantes sem o consentimento e a aprovação do povo; ainda lhe cabiam umas poucas funções; mas, na maioria dos casos, a aprovação dos decretos do povo era meramente formal. Houve, entretanto, algumas tentativas de reintegrar os patrícios em sua autoridade de antes, e | Silas até baixou leis nesse sentido; mas a alteração que efetuavam era tão grande que [*they were* ^{d}] perduraram apenas enquanto durou o poder de quem as introduziu. Assim, os velhos grupos de patrícios e plebeus chegaram ao fim. Agora, o maior interesse dos chefes dos plebeus era apoiar a autoridade do [*the* ^{e}] Senado e de outras funções importantes, assim como o fora no passado restringi-la. O poder ou a riqueza que adquiriram ou estavam em vias de adquirir era motivo suficiente para que promovessem a autoridade ou o enfraquecimento das funções a eles subordinadas. Essa união de interesses estabeleceu entre os cidadãos uma divisão algo parecida, mas consideravelmente

154

155

---

^{d} *they were* substitui *it was*. ^{e} *Patricians*: suprimido.

156 diferente da antiga. De um lado, estavam os cidadãos mais ricos e mais poderosos, patrícios ou plebeus; todos aqueles que detinham as funções de poder e de ganho, ou os que tinham uma perspectiva de tirar proveito dessas vantagens. Ou seja, a alta sociedade, todos os que pudessem ser chamados de cavalheiros. Eram chamados de *optimates*, palavra que bem os descreve, os de melhor estirpe, a alta sociedade. A outra facção era a dos plebeus, que não tinham poder nem riqueza que os enaltecessem, nem esperanças de alcançar aqueles postos que lhes era permitido postular. Constituía-se das pessoas mais vulgares e desprezíveis, sustentadas principalmente por doações dos nobres. Eram a ralé e a turba, os tipos mais desgraçados

157 e miseráveis que se possa imaginar. Para sua própria segurança, se opuseram à opressão e à extorsão dos nobres e se ligaram àqueles que, para adquirir poder e força na comunidade, buscavam seu apoio. O método <desses> homens que, por sua ligação com o populacho, eram chamados "populares", era o de propor leis em favor da divisão igualitária das terras e da distribuição de milho às expensas do Estado, ou por benesses privadas [*fortune*ᶠ]. Clódio, Mário e outros pertenciam a esse grupo.

Por isso, as conseqüências da comunicação entre o exercício da magistratura e sua abertura para todos eram muito diferentes em Roma do que tinham sido em Atenas. Nem o território da comuni-

158 dade, nem a autoridade dos magistrados eram tamanhos | a ponto de estar à disposição daqueles que exerciam postos no Estado de modo que amealhassem fortunas e, em conseqüência, lhes dessem a oportunidade de cortejar o apoio da multidão. Por esse meio,

---

ᶠ No MS: *fertune*.

a magistratura permanecia aberta a todos os que a merecessem e ganhava o favor de seus concidadãos. A desigualdade de riqueza não era tamanha para criar qualquer diferença entre os cidadãos. Cinco talentos constituíam para um cidadão ateniense um grande patrimônio [*great ᵍ estate*]; por isso, Demóstenes censurava seu rival Ésquines[2] por não ter celebrado uma certa apresentação pública com bastante magnificência; diz ele: "Você não pode alegar pobreza em sua defesa pois que você então possuía cerca de cinco talentos".*ᵇ* Nas mais diversas ocasiões, em Roma, isso seria considerado uma fortuna bem modesta. E Demóstenes*ⁱ* também menciona que seu cunhado teria sido um dos homens mais ricos de Atenas quando herdou de seu pai 52 talentos. | Os cidadãos mais pobres, em Atenas, podiam pelo comércio alcançar uma fortuna igual à dos mais ricos. Em conseqüência, como não havia diferença considerável de fortuna, só existia propriamente um nível de cidadãos; os mais altos eram apenas cidadãos, e os mais baixos tinham os mesmos privilégios. Em Roma, por outro lado, o grande poder e a imensa riqueza que se ofereciam a todas as funções principais no Estado logo destruíram a igualdade que a abertura da magistratura procurou estabelecer. O povo estava, portanto, dividido em duas facções, a dos *optimates* e a dos populares. A primeira compreendia todos os que haviam ocupado ou tinham uma expectativa razoável de ocupar as magistraturas; ou seja, o que restava do velho patriciado

159

ᵍ No MS *greet estates*, com o *s* suprimido.   *ᵇ ten*: suprimido.   *ⁱ* No MS: uma linha acima e abaixo.

[2] A censura de Demóstenes a Ésquines está em *De Corona*, 312; além de suas próprias riquezas, herdara mais do que cinco talentos do espólio de seu sogro, Filo, e em nada contribuíra para os empreendimentos do Estado.

160   e todas as famílias da nobreza plebéia, e aqueles que tinham poder ou interesse em progredir. A outra incluía todos os plebeus que não eram nobres ou que não tinham expectativa de ocupar postos pelos quais pudessem obter poder ou riqueza. | Estes (como já disse) eram os mais desgraçados e despossuídos; para sua subsistência, dependiam da generosidade dos donativos dos candidatos na época das eleições, o que, na verdade, era muitas vezes proibido[^j] e não podia portanto ser publicamente admitido; mas era vã a tentativa de impedir o povo de aceitar tais presentes em troca de seus votos, ou os candidatos de tentarem se eleger por esses meios; em segundo lugar, eles dependiam da distribuição de milho ou de outros bens de necessidade feita [*made* [^k]] pelo Estado gratuitamente ou por um preço baixo. Não havia uma posição social média entre os que detinham o poder e as grandes [*greatest* [^l] *wealth*] fortunas e aqueles que viviam na mais abjeta pobreza e dependência. Os cavaleiros de outrora ocuparam um tipo de posição social mediana entre os plebeus e os patrícios e, de algum modo, restringiam as extravagâncias de ambos. Na época, eram os cavaleiros, os *equites*, e se distinguiam do resto do povo por sua ocupação.

161 | Observamos que, originalmente, os cavaleiros, em todos os países, eram da cavalaria, mas, quando o serviço militar já não era mais tão usual, eles passaram a uma outra categoria.[^m] Em nosso país, um cavaleiro é alguém muito diferente de um soldado da cavalaria. — Do mesmo modo, no início, os *equites* romanos eram os componentes da cavalaria. Depois da vitória de Mário sobre os címbrios, porém, nunca mais tiveram essa função. Logo em

---

[^j]: *as by the Lex Servia* (?): suprimido.   [^k]: *out*: suprimido.   [^l]: *power*: suprimido.
[^m]: *they*: suprimido.

seguida, foi-lhes permitido se candidatarem ao Senado, e, a partir de então, passaram a fazer parte da mesma facção dos patrícios e outros nobres remanescentes. Do mesmo modo que, em Atenas, só havia uma posição social, em Roma só havia propriamente duas [*two*ⁿ], a alta e o populacho.

Além disso, atenienses e romanos tratavam os seus candidatos favoritos [° *in a*] de forma bem diferente. Em Atenas, todo ar <de> orgulho ou de autoridade e arrogância exagerados era encarado com inveja. As pessoas se sentiam ofendidas por Alcebíades, seu grande favorito, usar uma veste | um tanto mais suntuosa que a que era normalmente usada pelos cidadãos. No entanto, o luxo de Lúculo ou o esplendor de Pompeu não eram objeto da inveja dos romanos. Embora os atenienses não pudessem admitir que Alcebíades se vestisse de modo vistoso, os romanos encaravam sem desconfiança um Pompeu cortejado pela fina flor da jovem nobreza, por grande parte do Senado e pelos homens mais importantes da cidade.

{Nessa época, o povo jamais se opunha ao poder crescente dos seus favoritos, que encaravam com a maior naturalidade. A restrição que enfrentavam era a dos seus opositores e a do empenho em combatê-los por parte da outra nobreza que, como eles, lutava pelos cargos de chefia.}

O nobre de Roma, assim, considerava-se muito superior à grande maioria da humanidade; em mil habitantes de Roma que considerava inferiores um ele até considerava seu igual; e em nenhum outro lugar haveria alguém que se comparasse [*could* ᵖ *compare*] a ele em poder ou riqueza. Desse modo, achando-se superior à maioria

162

ⁿ Substitui *one*.   ° *with a*: suprimido.   ᵖ Modificado de *would*.

à sua volta, tinha em alta conta a sua própria dignidade, e se conduzia com um ar de superioridade. Como, em geral, se dirigia aos seus inferiores, falava como se fosse um deles. Considerava que respeito e deferência lhe eram devidos por sua classe superior, e seu comportamento visava a confirmar isso. Seu discurso 163 | era pomposo e ornado, pois tal se afigurava a linguagem de um tipo superior de homem.

Em Atenas, por outro lado, os cidadãos eram todos da mesma posição; o mais elevado e o mais inferior de nenhum modo eram considerados de forma diferente, e conviviam e conversavam com a maior intimidade. Diferenças de prosperidade ou de função não eram empecilhos para uma conduta natural e informal. Nota-se a ausência de polidez ou de lisonjas nos diálogos de Platão, ao passo que, nos de Cícero, tais atitudes se encontram com fartura. Em particular, em seu diálogo *De Oratore*, os nobres que ele apresenta falam do modo mais polido, prestam um ao outro o maior respeito e se aprovam no estilo mais elogioso. Platão, por seu lado, apresenta as pessoas de poder e dignidade mais desigual no Estado conversando com a maior liberdade e familiaridade, o que muito se estranharia, nos dias de hoje, suceder entre pessoas de posições sociais tão diferentes[q]; e, em geral, há alguém que critica, provoca e expõe os outros sem piedade, com freqüência com um senso de humor que, hoje em dia, não seria nada polido ou mesmo conveniente. — Num dos países, ao menos os nobres conversavam 164 [*converse*[r]] e debatiam com dignidade, | pompa e com o jeito de quem fala com autoridade. No outro, as pessoas se falavam com

---

[q] As últimas dezessete palavras foram inseridas verticalmente na margem.
[r] *or ta*: escrito acima, depois suprimido.

liberdade, naturalidade e familiaridade. O primeiro é aquele em que se espera que o orador tenha dignidade e autoridade superior à de seus ouvintes, e o outro é aquele que se dirige aos seus iguais. Pompa e esplendor combinam muito bem com o primeiro, mas, no outro, pareceriam presunção.

Estas considerações podem servir para explicar muitas das diferenças nas maneiras e no estilo de Demóstenes e Cícero. — Este último [*latter* ⁵] fala com a dignidade e a autoridade de um superior e, o outro, com a naturalidade de um igual. Cícero, portanto, busca sempre [*allways* ᵗ] acrescentar tudo o que [*what ever* ᵘ] possa dar essa aparência ao seu estilo, mesmo nas ocasiões mais triviais, enquanto o outro fala de modo natural e familiar, mesmo quando é de todos o mais severo e veemente. {Demóstenes abusa de todas as frases, expressões e provérbios comuns; já Cícero, evita com o maior cuidado todos os desvios idiomáticos ou outras expressões vulgares.} Ele emprega sem parcimônia todas as figuras de linguagem que lhe possam dar dignidade; seu estilo é sempre correto e do nível mais elevado, | com a maior justeza de expressão e a mais estrita observância da propriedade gramatical. Isso deixa claro que o autor se via como alguém importante e digno; pois esse estilo preciso e ornado mostra que cada palavra é premeditada e que, antes de iniciar a sentença, ele determina de antemão de que modo irá concluí-la.

Há certas formas de discurso peculiares a conversas comuns; e que claramente parecem resultar da negligência do orador, que, quando começa sua sentença, ainda não resolveu de que maneira deve terminá-la. São estas chamadas de ἀνακολουθα, i.e., desco-

---

⁵ Substitui *one*.   ᵗ *ways* substitui *the ornaments*.   ᵘ No MS: *evoer*.

nexas, inconseqüentes, em que uma parte da sentença é de construção gramatical diferente da outra. Os escritores gregos usam essa figura com freqüência; Xenofontes e Demóstenes, mais que todos. Mencionarei um exemplo de cada um. Em Xenofontes, a sentença em latim fluiria assim: *Hephaestus et Menon, quoniam sunt amici vestrum, remittite nobis*; aqui, a construção gramatical claramente exigiria que ele mostrasse Hefesto e Mênon, etc. Do mesmo modo, diríamos, em uma conversa trivial, Hefesto e Mênon, como são amigos de vocês, dirigem-se a nós; em vez de remetem-se, etc. Ou John ou James, ou coisa que o valha[v], eu não sei o que aconteceu com ele, em vez de desconheço o que aconteceu, etc. O primeiro, empregaríamos em conversas ou em cartas [*letter*[w]] íntimas, e o segundo, em um discurso formal ou na escrita de uma história. Esse recurso foi muito usado por Demóstenes e outros gregos; mas Cícero e a maioria dos escritores latinos o rejeitaram inteiramente, bem como quase todos os autores modernos, pois ele comprova um alto grau de negligência do orador. Não me lembro do exemplo em Demóstenes[x], mas há dois trechos na mesma sentença em que o primeiro segmento formado por certas palavras exigiria que o subseqüente tivesse uma outra forma.

Os períodos de Demóstenes, por seu lado, eram, em geral, curtos e concisos, [y]sem nenhuma redundância; Cícero, por sua vez, a propósito do assunto mais simples, sempre discorre em uma longa seqüência de trechos interligados. Demóstenes, mesmo quando obrigado pela quantidade de matéria que se avoluma para formar um período longo, nunca usa esses ornamentos de similaridade

---

[v] No MS: uma linha acima e abaixo.   [w] No MS: *litter*.   [x] (WFL) suprimido: *i.e., wait for laugh?*   [y] Com uma lacuna equivalente a três letras e *and even then* suprimido.

de cadência e uniformidade de extensão nos vários membros, que Cícero tanto procura. — A diferença é bastante explícita em suas orações deliberativas, mas, também, em suas judiciárias.

A naturalidade [*familiar* ᶻ] com que Demóstenes escreve faz que use muitas vezes ilustrações ou exemplos, assim como expressões, que antes parecem baixas e jocosas [*ludicrous*ᵃ]. Isso é particularmente assinalável ao comparar coisas da maior importância com outras triviais. Assim sucede quando compara as pessoas [*p<eople>*ᵇ] que enviam uma frota a ᶜ depois que ela foi saqueada e destruída a um boxeador que sempre bate com a mão no lugar em que recebeu o último golpe, sem se preocupar em se defender do próximo ou em devolvê-lo.³ Cícero, por outro lado, compara as coisas mais banais, e também ao longo dos debates, com as mais sérias; por exemplo, ao dizer⁴ que a conduta de Mitrídates, ao deixar seu tesouro em Pontus, enquanto empregava suas tropas no saque, deu tempo a que o próprio rei escapasse, era comparável à de Medéia que, para retardar a perseguição que seu pai lhe movia, dilacerou o corpo de seu irmão e espalhou seus membros no mar, fazendo com que o pai se demorasse em recuperá-los, enquanto ela assim escapava.ᵈ

ᶻ No MS: *familiari*, com o *i* final suprimido.   ᵃ Substitui *mean*.   ᵇ O restante da palavra foi preenchido conjecturalmente no MS; a letra inicial pode ser *h*.
ᶜ No MS: lacuna equivalente a cinco letras.   ᵈ *mistaken criticism I think*: inserido verticalmente na margem.
³ Na *Filípica* I.40, os atenienses são censurados por, a despeito de seus grandes recursos militares e materiais, sempre pensando na batalha anterior, enviarem expedições que chegavam atrasadas (p. ex. a Pagasae, no sul da Tessália, que Filipe já havia conquistado).
⁴ *Pro Lege Manilia* (cf. antes ii.109 n.7), 22. Em um contexto diferente, Cícero refere-se a Medéia, a seu irmão, Absirto, e a seu pai, Aetes: *De Natura Deorum*, III.xix.48.

Tais diferenças no estilo desses oradores provavelmente resultam das condições diversas dos países em que viviam; para isso, por certo [*had* ᵉ *no doubt*], também contribuía o temperamento dos homens em causa. A vaidade e o orgulho, se assim os chamamos, de que Cícero era possuído, talvez fizessem seu estilo mais ornado e pomposo do que lhe exigia seu público, e, por outro lado, a severidade e a simplicidade categórica de Demóstenes podem tê-lo tornado mais direto e despojado do que exigiam a familiaridade e a igualdade de seus concidadãos. Isso também pode ser explicado por Demóstenes não ter problemas em repetir ou detalhar seus temas, ao passo que Cícero, como sugerimos, sempre neles se esmerasse.

169   O que se disse é suficiente no que respeita à expressão e maneira de escrever. Quanto ao teor e à disposição, esses dois grandes oradores parecem ter tido o mesmo êxito. O conteúdo e a organização de Demóstenes, como dissemos, são quase sempre os mesmos, assim como o seu propósito é o mesmo e seu público, favorável. Os de Cícero são os mais variados; mas seu êxito não é menor em adaptá-los às exigências várias da causa.

São essas, portanto, as diferentes maneiras de Dem<óstenes> e Cícero, ambas adequadas às condições de seus países, e, tivessem sido exercidas em outros lugares, talvez obtivessem menos êxito. Ficamos cientes de que Brutus ᶠ e [*and*]   ᵍ teriam posto em prática o que denominaram eloqüência ática, mas censuravam Cícero pelo método grosseiro e audaz das suas orações. Entretanto o desempenho deles sequer se comparava ao de Cícero ou ao de

---

ᵉ Em vez de *may*?   ᶠ espremido no espaço em branco antes de *and*.   ᵍ No MS: lacuna equivalente a cinco letras.

Hortênsio⁵ e ao de   ᵇ, o primeiro dosⁱ quais, segundo Cícero, era ainda mais florido e ornado | que o dele; e o do outro, a julgar pelos fragmentos preservados de Quintiliano⁶, parece ter sido *muito bonito e muito floreado, tal como o de Cícero*. Essa idéia de ornamento e pompa era comum não somente aos oradores romanos mas aos próprios historiadores e poetas. Por isso, os escritos de Tito Lívio e de Tácito são muito mais ornados etc. que os de Heródoto e Tucídides os de Virgílio e Propércio; mais que os de Homero e Hesíodo, os de   ʲ mais que os de Teógnis⁷ etc.; e o texto de Lucrécio, o mais simples de todos os poetas romanos, é muito mais ornado que o de Hesíodo. O fato de esse desígnio ser tão generalizado pode ser atribuído não a alguma peculiaridade de humor dos escritores, mas à natureza e ao gosto da nação. Chamo-lhes a atenção, em Cícero, para esse estilo ornado, que está mais presente em suas orações judiciá-

170

ᵇ Lacuna equivalente a sete letras no MS (as lacunas referidas nesta e na nota precedente podem ter sido preenchidas a partir de *Brutus*, lxxxi-lxxxii. 280-4, C. Licínio Calvo (82-? 47 a.C.), líder do movimento aticista em Roma, a quem deu o nome; e lxxix. 273, M. Caelius Rufus (82-48 a.C.), aluno e seguidor de Cícero, e por ele defendido em *Pro Caelio*).   ⁱ *these*: suprimido.
ʲ Lacuna de cerca de dez letras no MS; pequena lacuna depois de *etc*.
⁵ Em *Brutus*, xcv.325 ss., Cícero examina exemplos de oratória "asiática": cf. Introdução, p. 39. Quintus *Hortensius* Hortalus (114-50 a.C.) foi o principal orador forense nos anos 70 a.C., e se destacava por seu estilo teatral; cf. ii. 239, adiante).
⁶ Quintiliano fez comentários sobre Caelius em IV.ii.27, 123 ss.; X.i.115; XII.x.11; XII.xi.6 (instruído por Cícero); citações suas em I.v.61; I.vi.29, 42; VI.iii.25, 39, 41; VIII.vi.53; IX.iii.58; XI.i.51.
⁷ O escriba confundiu os pares: Teógnis (c. 544 a.C.), poeta elegíaco, combina com Propércio, e Virgílio, poeta épico e didático, combina com Homero e Hesíodo. Desse modo, não restam lacunas não-preenchidas.

171 rias. A que traduzirei é a quarta *Catilinária*.⁸ Faço-o não porque de maneira alguma imagine que qualquer um de vocês não entenda o original, | mas porque não seria justo comparar um original de Cícero com uma tradução de Demóstenes. A ocasião do discurso se deu quando Catão e S<ilano>ᵏ recomendaram ao Senado condenar à morte aqueles cidadãosˡ indignos e abomináveis, e César e

ᵐ recomendaram que se lhes poupasse as vidas, sob a alegação de que, depois da lei Semprônia, o Senado não tinha mais o poder de condená-los à pena capital, mas apenas o de bani-los para sempre, declarando ser esta uma punição mais severa e pesada para homens de coragem. Cícero, então cônsul, receou mostrar-se a favor da morte e ter contra si todo o ódio, mas se ofereceu para executar as ordens dos antepassados (*Fathers*) nesse sentido. Ficou indeciso sobre o que fazer, e toda a sua oração é um tergiversar contínuo; que, embora fosse indicativo de um caráter fraco e pusilânime, e houvesse depois provocado seu banimento por efeito desta mesma ação que ele temia admitir, é cumprido da maneira mais engenho-
172 sa, ornada e elegante. E se, neste caso, Cícero opta pelo ornato, podemos supor como terá procedido noutros.

ᵏ Lacuna começando por *S*, preenchida conjeturalmente por JML.   ˡ Palavra parcialmente ilegível através do mata-borrão. (*Cives* [cidadãos] pode ter ocorrido ao escriba como termo adequado para os alunos de Glasgow.)   ᵐ No MS: lacuna equivalente a cinco letras.

⁸ Cícero, *In Catilinam*, IV.7: Décimo Silano exigiu a pena de morte para os conspiradores; César, embora defendesse o pleno rigor da lei, se opunha a ele. Cícero faz uma referência evasiva a Crasso (quem sabe, o nome correspondente à lacuna depois de César?), que se fez ausente para evitar o ódio por votar em uma pena capital. Na passagem, ressoa o argumento de Silano: "hoc genus poenae saepe *in improbos civis* in hac republica esse usurpatum", e transmite aquilo que desqualifica um homem de ser merecedor da *cidadania*.

27ª Conferência^a

Sexta-feira, 4 de fevereiro, 1763

As orações deliberativas de Demóstenes e Cícero são as únicas dessa espécie em grego ou latim que chegaram até nós. Como elas se dão quase no mesmo período de tempo e têm as mesmas finalidades, não seria válido estabelecer um julgamento sobre a eloqüência deliberativa a partir de tão poucas e restritas amostras. Não seria por isso impróprio também considerar as orações deliberativas que historiadores gregos e latinos inseriram em suas obras. Sabemos que essas orações não são autênticas e não foram as pronunciadas nas ocasiões em que são introduzidas. Mas, ao mesmo tempo, servirão para mostrar que idéia esses escritores tinham sobre a eloqüência deliberativa, e podem parecer tão perfeitas em suas categorias como [as^b *those*] as de Demóstenes ou as de Cícero. Os historiadores dispunham de mais tempo para corrigi-las e aperfeiçoá-las do que os dois grandes oradores, que, muitas vezes, as proferiam de improviso.

Tomemos primeiro as que Tucídides inseriu em sua *História*. Quando tratei dos escritores de textos históricos, mencionei a finalidade particular que cada um tinha em mente ao compor

---

^a No MS. XXVI; a data foi inserida posteriormente.   ^b *eith*: suprimido.

seu texto, qual seja, explicar as causas que deram origem a vários acontecimentos importantes durante certo período. Observei também que, para tal propósito, as causas externas eram as que mais importavam. Por isso, todas as suas orações foram muito bem adaptadas a essa concepção de escrita da história [*historicall writing^c*]. Há três fatores de capital importância para a apresentação dos grandes acontecimentos de uma guerra (e como a história de uma guerra é o tema de Tucídides, são estes os fatores que mais lhe interessam): o poderio dos adversários no começo da guerra; a força, a fidelidade e a boa vontade de seus vários aliados; as circunstâncias em que as [*the ^d*] tropas de ambos os lados se viram, e os diversos incidentes que influenciaram no êxito de cada batalha. A [*The ^e*] totalidade dessas orações é empregada para explicar um ou outro desses determinantes. Às vezes, espera-se que [*they ^f*] sejam apresentados antes do começo da guerra, como instrumentos para persuadir ou dissuadir as pessoas a entrar em guerra; são as orações dos [*of ^g*] embaixadores, propondo uma aliança, ou defendendo a conduta de seus países, ou apaziguando as demandas dos contendores antes de a guerra irromper, ou tentando acomodar as partes; são, também, as dos generais no comando de suas tropas, incitando-as a guerrear.^b

Das quarenta e oito orações inseridas na *História* de Tucídides, há | cerca de *12 ou 13* que correspondem às orações daqueles que aconselham seus conterrâneos a entrar em guerra. Estas, evidentemente, nos familiarizam com a força comparativa, a bravura e os objetivos e interesses dos^i beligerantes. Nelas, e, na verdade, em

---

^c *for*: suprimido. ^d *y were*: suprimido. ^e *fa*: suprimido. ^f *either*: suprimido.
^g *the*: suprimido. ^b Segue-se linha em branco. ^i *worst o*: suprimido.

todas as suas outras orações, ele usou bem esses argumentos que, nas orações deliberativas, são em si mesmos convincentes e conclusivos. Os argumentos que mencionei para convencer as pessoas a participarem de qualquer iniciativa são de três tipos: ou mostram a utilidade [*utility*ʲ] e a nobreza da mesma; ou a sua viabilidade; ou associam essas razões e mostram às pessoas que a sua adesão lhes é tanto útil como viável, dada a situação em que se encontram. Estes últimos são os conclusivos e convincentes, já que, por si mesmos, são adequados à ocasião particular em que são apresentados.

Há também um bom número de orações de embaixadores propondo alianças a determinados Estados, etc. Mas a maior parte das orações apresentadas por Tucídides são de generais no comando de suas tropas. Além das citadas, há seis ou sete que não abordam nenhum dos temas mencionados, mas que se prestam muito bem para introduzir o final de sua *História*. Já mencionei a primeira, em que Péricles traça os caracteres dos atenienses e dos lacedemônios. É bastante apropriada para explicar os acontecimentos da guerra, já que não há nada que esclareça mais qualquer seqüência de ações que os caracteres dos protagonistas. A consulta aos atenienses sobre a punição a ser infligida aos ᵏ, que romperam a aliança e depois foram subjugados, foi matéria de quatro orações, duas delas recomendando a maior severidade e as outras, o abrandamento do castigo. A submissão dos mitilenos também foi tema de duas outras orações sobre a sua [*their*ˡ *punishment*] punição. No primeiro dia da assembléia, Creonte recomendou que se pusessem todos

---

ʲ *of the*: suprimido.   ᵏ No MS: *Mytilenians* suprido conjecturalmente por JML para uma lacuna de oito letras, com parte de um *M* em seu início.   ˡ *head*: suprimido.

os habitantes | a fio de espada, com o que todos concordaram, e despachou-se um barco com as ordens. Mas, no dia seguinte, Demócrito, homem de temperamento mais suave e humano, reuniu os atenienses, e de tal maneira os acalmou que acabaram tomando todo aquele povo sob sua proteção e aliança, ou, mais exatamente, sob a mesma submissão de antes.[1]

O caso dos megários,[2] que foram atacados pelos lacedemônios por se recusarem a negociar com eles, foi tema de várias das orações deliberativas de Tucídides; a que Péricles proferiu nessa ocasião pode servir como exemplo do estilo peculiar das suas orações deliberativas. Nela, o ponto em que mais insiste é a viabilidade de êxito em uma guerra contra os lacedemônios. Ele deixa de lado a utilidade e a justeza da mesma, pois já havia discorrido sobre isso em orações anteriores; nestas, considerou esses fatores não em abstrato, mas mostrando a legitimidade das causas que motivaram os atenienses a declarar guerra e a grande necessidade de tê-lo feito, e demonstrou a grande superioridade de seu poderio militar sobre o dos lacedemônios. O intuito da oração em pauta é informar o leitor sobre a situação dos atenienses naquele momento e os motivos para entrar em guerra, mas o fator decisivo é demonstrar a sua superioridade

---

[1] O debate ateniense sobre como se deveria tratar os mitilênios faltosos transforma-se em discussão entre Cleonte (e não Creonte), filho de Cleaneto, que defendia que se os condenasse à morte, e Diodoto (não Demócrito), filho de Eucrates, que adota uma posição indulgente (Tucídides, III.xxxvi-xlviii). Esse debate, portanto, parece com o caso romano aqui já mencionado em ii.170 n.8 anteriormente. Sobre Cleonte, cf. ii.144 n. 5. Ele aparece como demagogo, dotado de métodos de oratória cruéis mas eficazes; Aristófanes, contudo, dispensa-lhe tratamento ainda mais áspero em *Os Cavaleiros*, por ex: desprezível, ignorante e venal; cf. 179 adiante, que contém outro comentário sobre ele.
[2] Tucídides, I.cxl-cxliv; cf. antes ii.124 n.15.

sobre os lacedemônios na ocasião; para melhor compreensão do que demonstra, achou por bem dividir a oração em partes, pela transição claramente marcada de um item para o outro. Como se preocupou sobretudo com o leitor, não teve oportunidade de se utilizar de ornamentos e expressões ditas oratoriais, muito menos de exageros e hipérboles. Argumentos diretos e fortes, os que melhor se prestam ao seu desígnio, formam a matéria de todas as suas orações. Vem daí o fato de serem tão parecidas. | O caráter do orador não é importante, pois, como o objetivo é esclarecer o leitor sobre as causas dos acontecimentos principais nessa e em outras partes de seu livro, os argumentos daí deduzidos são os mais adequados para tal fim. {Um homem velho e um jovem, uma pessoa impetuosa e uma calma, falam [talk^m] da mesma maneira. O " e o ", o supersticioso e solene Cleonte e o descontraído, alegre e debochado Alcebíades têm o mesmo estilo.}

Assim, todas as orações apresentadas em debates sobre a paz ou a guerra, antes que esta se inicie, são da mesma espécie. Não há também variedade naquelas em que os embaixadores de um Estado^o solicitam a aliança de um outro; nesse tipo de oração, todos os argumentos tendem a mostrar a vantagem de tal aliança para as partes e a desvantagem de ela não ser aceita; e, da mesma forma, as orações dos generais tendem para o mesmo objetivo: mostrar a necessidade de engajamento e a probabilidade que, pela natureza e circunstâncias de sua situação, eles têm de vencer a guerra. {Os argumentos que Tucídides emprega são, em todos os casos, os que teriam mais peso para os ouvintes, sem considerar os que de modo

179

---

^{m} No MS: *take*.   "-" No MS: duas lacunas de cerca de dez letras cada uma.
^{o} *are the*: suprimido.

180 natural ocorreriam a alguém cujo temperamento o impeliria mais fortemente a determinados esquemas de conduta ou a um ato em particular.} Desse modo, ainda que suas orações, a bem dizer, não apresentem nenhum caráter, elas se prestam muito bem para ilustrar certos incidentes. As orações de Tucídides sobre guerra e paz não ostentam nenhuma das expressões usuais, tão comuns noutros historiadores, nem declamações sobre a glória da conquista ou em defesa da liberdade ou coisa parecida. Seus embaixadores também não empregam nenhuma das expressões extravagantes geralmente usadas em tais ocasiões, como a glória e o heroísmo de defender os oprimidos, etc. — Tampouco os generais se expressam com lugares-comuns sobre a magnanimidade de se exporem à possibilidade de vencer ou serem derrotados em nome [*field* ᵖ] da honra, etc. Dessa maneira, embora as orações de cada tema sejam da mesma espécie, as que dizem respeito ao debate sobre guerra e paz não se justapõem às outras, nem as que tratam de alianças se adaptam às circunstâncias de quaisquer outras de todo o livro; e, embora as orações dos generais sejam cerca de vinte, nenhuma delas pode se pôr no lugar

181 de outra sem que isso seja facilmente percebido.

| As orações deliberativas de Tito Lívio se assemelham consideravelmente às de Tucídides e, ao mesmo tempo, são muito diferentes. Por essa razão, para termos uma noção mais distinta de ambas, será melhor compararmos seus diferentes estilos. O propósito de Tito Lívio parece ser o mesmo de Tucídides, ou seja, explicar as causas dos vários acontecimentos notáveis que relata. As causas que aponta, em geral, são também as externas. Mas, ainda que esse seja

---

ᵖ Modificado de *bed*.

o seu projeto principal, ele não é fiel ao mesmo a ponto de abrir precedência ao que possa entreter e divertir seus leitores. Tucídides nunca relata os fatos, mas aquilo que de algum modo se associe aos acontecimentos principais da história, e só introduz discursos que possam ilustrar as causas ou as circunstâncias de algum evento importante ou de algum outro intimamente ligado a elas. Em ambos os casos, ele é bastante diferente de Tito Lívio. Esse autor | nunca omite nenhum evento que possa ser interessante e emocionante para seus leitores, por menor que seja a sua associação com os principais eventos que narra. Assim sendo, costuma pôr na boca da pessoa mais afetada por um desses eventos uma fala em que ela expressa seus sentimentos sobre o assunto. Observamos um exemplo disso em seu relato sobre a desavença entre Demétrio e Perseu, filhos de Filipe da Macedônia, o segundo com esse nome.[3] Eles teriam chegado a um clímax em que, finalmente, um contou ao pai que o irmão tentara matá-lo [*murder* ⁋ *him*]. O pai, então, chama os filhos para saber a causa da discórdia e, nessa ocasião, lhes fala; não depois de saber a causa, como se fora um juiz que resume os argumentos e os coloca na balança, mas antes disso, expressando o grande mal que essa situação lhe causava; ser juiz dos filhos e obrigado a descobrir qual deles era culpado de tentativa de patricídio, ou qual dos dois fizera uma falsa acusação contra o irmão, etc. | Temos também as falas dos irmãos, em que até há tentativas de registrar provas, mas cuja maior parte consiste em cada um se manifestar sobre como o perturba ser obrigado a acusar o irmão para se justificar, etc. Mas Filipe, por fim, conclui que não determinará a causa através de um

---

⁋ Modificado de *murther*.
[3] Filipe V da Macedônia (238-179 a.C.).

interrogatório, mas pelo exame de todas as ações de suas vidas e pela tendência geral de sua conduta. Tito Lívio faz uso então de três falas[4] acerca de um evento que de modo algum é apropriado para ilustrar os acontecimentos principais, e que nem mesmo teve qualquer efeito no destino das pessoas nele implicadas.

Há duas falas, uma em Tucídides, outra em Tito Lívio, que se dão em circunstâncias muito semelhantes e, em muitos aspectos, se parecem tanto que Brissonius afirma que Tito Lívio copiou a sua de Tucídides.[5] A cópia teria sido a do episódio da chegada de uma missão diplomática dos córciros a Atenas para pedir a sua aliança para combater os coríntios, contra os quais Atenas estava em guerra. O argumento era o mais forte possível: eles expõem a razão da necessidade de se unirem a uma ou à outra das partes. Na época, eram a segunda potência marítima, como a Holanda; Atenas era a primeira, como a Bretanha; e Corinto era a terceira, como a França. Assim, demonstram que, se os atenienses aceitassem ser seus aliados, sem dúvida alguma eles se tornariam superiores aos

---

[4] A rivalidade entre os filhos de Filipe, o primogênito invejoso Perseu e Demétrio, a quem ele acusa de traição diante do pai, é reportada em Tito Lívio XL.v-xv: a fala agônica do pai chamado para ser o juiz (viii), a acusação de Perseu (ix-xi), a réplica de Demétrio (xii-xv).

[5] As anotações sobre Tito Lívio pelo jurista Barnabé Brisson, presidente do Parlamento de Paris, foram extraídas de suas obras jurídicas (em particular, *De Formulis*) e das de Justus Lipsius e outros, da edição de Tito Lívio pelo jurista flamengo François Modius (edição de 1588 e posteriores). A nota sobre Tito Lívio VII.xxx sugere o empréstimo do relato de Tucídides sobre um incidente similar. Este último (l.xxxii-xliii) declara relatar os discursos antagônicos dos embaixadores dos córciros e dos coríntios aos atenienses; os coríntios estão preocupados que a frota ateniense se una à da Córcira. Em Tito Lívio, os embaixadores da Campânia dirigem um apelo ao Senado romano para que Cápua seja poupada.

seus inimigos; se, porém, fossem rejeitados e obrigados a se unir aos coríntios, então se igualariam ou se tornariam superiores aos atenienses; e seguem-se outros argumentos não menos convincentes. O caso dos capuanos e a fala dos seus embaixadores são mesmo parecidos com o anterior. Os samnitas eram para eles o mesmo que os coríntios eram para o povo da Córcira. Os argumentos, em ambos os episódios, eram tão semelhantes que é bem provável que Tito Lívio tenha tomado emprestado de Tucídides os mais fortes. Além desses, contudo, há muitos outros que só visam mostrar o quanto os embaixadores e o povo de Cápua estavam interessados na aliança, e como eles próprios estavam preocupados com isso, mas pouco se esforçavam para que o acordo parecesse razoável aos | romanos. Os argumentos usados no decurso de todas as orações tendem mais a revelar a grande emoção e o desejo do orador do que convencer a audiência; são muito convincentes para o orador, mas não para o público. Como suas falas são como a de pessoas profunda e apaixonadamente interessadas na própria causa, por conseguinte, não são divididas em conjuntos, e não há transições claramente demarcadas entre as partes do tema. Entretanto, embora não sejam divididas de maneira regular, as^r sentenças se sucedem uma à outra naturalmente, cada uma abrindo caminho para a seguinte. Já em Tucídides não se observa conexão entre as várias sentenças, embora o conjunto seja claramente dividido. As orações de Tito Lívio se fazem com a espontaneidade de quem está profundamente interessado no assunto sobre o qual discorre, enquanto as de Tucídides com a linguagem calma e serena de alguém a quem

185

---

^r *arguments*: suprimido.   ^s Palavra ilegível suprimida.

só interessam argumentos fortes e⁵ sólidos.

186 As orações deliberativas de Tácito são muito diferentes tanto das de Tucídides quanto das de Tito Lívio. Entretanto, são bastante coerentes com a idéia de escrita histórica defendida por Tácito, que já explicamos. Em nenhuma delas ele se esforça por desenvolver as causas dos acontecimentos, pois elas visam, ao fim e ao cabo, interessar e afetar o leitor. Por conseguinte, os argumentos que apresenta têm muita força para o orador, mas não surtem efeito no público. Assim, no discurso que Germânico⁶ dirige aos soldados para que ponham fim à insurreição, não há um só argumento que os induza a fazê-lo, pois tudo que ele diz só se refere ao seu desejo de que o façam e à forma como a conduta deles o abalou. Veremos que Tácito leva isso muito mais longe do que Tito Lívio, se compararmos esse discurso com um dos apresentados pelo último em seu livro II,⁷ em que Valério Corvo

187 se dirige aos soldados que se sublevaram e obrigaram Tito Quíncio a assumir o comando. Nessa oração | a rebelião estava longe de ter a mesma conseqüência que a das legiões comandadas por Germânico, embora contenha muito mais argumentos e justificativas que a oração que Tácito dirige a Germânico.

Quanto a Tito Lívio, embora se utilize de muitos argumentos que não convencem os ouvintes em suas orações deliberativas, evita-os cuidadosamente em suas várias orações judiciárias. De fato, seria totalmente absurdo que alguém apresentasse a própria defesa alegando simplesmente quão miserável se sentia em ser con-

---

⁶ *Anais*, I.xlii-xliii: a comovente fala de Germânico, angustiado e indignado pelo tratamento dado à sua mulher e ao seu jovem filho.
⁷ VII.xl-xli. O escriba entendeu mal e tomou o "sétimo livro" como o "segundo".

denado etc., etc., etc. Do mesmo modo que Tito Lívio representa uma espécie de meio-termo entre Tácito e Tucídides, assim o é Xenofonte com relação a Tucídides e Tito Lívio. Em suas orações judiciárias, ele apresenta muito mais argumentos fortes e raciocínios mais convincentes do que Tito Lívio; mas, ao mesmo tempo, expõe muito mais argumentos interessantes e perturbadores que revelam o caráter do orador do que esse último. A oração[8] em que diz ter ele mesmo se dirigido aos soldados | quando exigiram o saque de ' pode servir para ilustrar essas particularidades. Servirá também como exemplo daquela" simplicidade e inocência tão notáveis em todas as suas obras.ᵛ

188

ᵗ No MS: lacuna de sete letras.   " *plai*: suprimido.   ᵛ O resto do trecho 188 ficou em branco.
[8] *Anabasis*, VII.i.25-31: os atenienses entraram nessa guerra contra os lacedemônios na posse de grandes recursos militares e materiais e de muitas cidades, inclusive "a própria Bizâncio" e do produto de seu saque (27).

28ª Conferência[a]

Segunda-feira, 7 de fevereiro, 1763

Tendo dito tudo que acho necessário com relação à eloqüência demonstrativa e à deliberativa, passo à terceira é última espécie de eloqüência, a judiciária; que é empregada na defesa de alguém, ou como suporte de algum direito ou reivindicação de certa pessoa, ou em casos opostos a esses. Ou seja, ela é judiciária ou civil. Sobre esse tópico, considerarei: em primeiro lugar, as questões que podem ser o tema de uma oração judiciária; em segundo, os argumentos usados nesses discursos; em terceiro, a ordem em que devem ser apresentados; em quarto, a maneira como devem ser enunciados; e, em quinto, os principais escritores que se destacaram nesse tipo de escrita, com algumas observações sobre as qualidades e características de cada um.

I. Consideremos qual pode ser o tema de uma oração judiciária. Pode ser, de fato, o que é afirmado por uma das partes e negado pela outra, | ou pode dizer respeito a um certo ponto da lei. Esta última, por seu lado, é de dois tipos. Pode ser o questionamento de tal ponto estar ou não dentro da lei; ou se as circunstâncias do fato são tais que o colocam à margem daquela lei. Assim, as questões

---

[a] No MS. XXVII.

judiciárias podem estar contidas em um ou outro desses três tópicos: em primeiro lugar, a questão pode dizer respeito à realidade de um fato que é afirmada por uma parte e negada pela outra; em segundo, pode ter relação com a existência de um certo ponto da lei; ou, em terceiro, pode referir-se à extensão dessa lei, ou seja, se as circunstâncias do fato são tais que o coloquem no limite da lei. Verificaremos que esses três tópicos correspondem exatamente à divisão desse tema pelos escritores antigos. Diziam eles que as questões podiam ser *De Re*, o que corresponde ao nosso primeiro tópico; ou relativas às circunstâncias e particularidades do fato, que chamavam de *De Re finita*; ou, depois de o caso estabelecido,[b] | a questão pode ser relativa à lei ou não.

Isso posto com respeito ao tema das orações judiciárias, passamos ao segundo item proposto, i.e.,[c] que argumentos, numa oração judiciária, podem ser usados nesses tópicos. Examinaremos esse aspecto primeiro com relação ao caso em que a questão diz respeito a um fato real.

Os argumentos podem ser formulados para provar a realidade de um fato [*to prove a matter of fact* [d]] de duas maneiras: a partir de suas causas ou de seus efeitos. — Como, em geral, são os atos dos homens o que [*which* [e] *commonly are to be examined*] se deve examinar, as causas a serem apresentadas como prova de qualquer acontecimento desse tipo são as que trazem à baila as ações humanas. Assim sendo, a prova de qualquer evento produzida pelas causas que se imagine o terem originado não é geralmente muito satisfatória, pois é raro que alguma causa produza infalivelmente determinados eventos.

---

[b] *some . . .* : suprimido.   [c] *by*: suprimido.   [d] Números escritos acima do texto mudam a ordem original *a matter . . . be proved*.   [e] *are*: suprimido.

Mas de nenhuma maneira a prova de fatos atribuídos a causas pode ser mais incerta que a das ações humanas. As causas | dos atos humanos são os seus motivos; e é evidente que ninguém age sem um motivo. Um motivo, entretanto, não é prova suficiente de que alguém tenha cometido um ato. Há muitos fatores que podem ocasionar o contrário disso. Se a ação não combinar com o caráter da pessoa, um motivo não a irá influenciar a praticá-la. Além disso, mesmo que se tenha um motivo para praticar determinada ação que combine inteiramente com o seu caráter, é ainda preciso que se apresente uma oportunidade para pô-la em prática. Para que se prove, portanto [*proving therefore ͫ an action*], que uma ação foi praticada a partir das suas causas, é necessário provar não apenas a existência de um motivo que combine com o caráter de seu agente, mas, também, que ele teve uma oportunidade de exercê-la. Contudo, mesmo quando tudo isso é feito, não significa que equivalha a uma prova da ação. O caráter de um homem é tão instável que nenhuma prova que dele dependa pode ser totalmente conclusiva. | Há muitas circunstâncias que alteram inteiramente os objetivos e a disposição da pessoa em certas ocasiões e que a impedem de praticar uma ação, ainda que tenha fortes motivos para tanto, disposição e caráter que combinem com ela e que a melhor das oportunidades se apresente. Na ᵍ oração¹ para provar que   matou,   ᵍ diz-se *Haereditatem sperabat et*

192

193

ᶠ *a thing*: suprimido.   ᵍ No MS: três lacunas de sete letras cada uma.
¹ Aparentemente, uma referência à história intrincada e extraordinária subjacente a *Pro Aulo Cluentio* [Oração pró Aulo Cluêncio] de Cícero, na qual um romano barba-azul chamado Statius Abbius Oppianicus [Opiânico] fora condenado por assassinato. Nesse caso, a vítima pode ser Dinéia, sua primeira sogra, Cluência, tia do cliente de Cícero, ou uma dentre várias outras. Ver vii-xvii (19-48) da oração. A frase latina, contudo, não pertence à mesma, embora o motivo seja recorrente. Ver ii.210-11 adiante.

magnam Haereditatem etc., etc., cada um dos argumentos tomado separadamente tem um peso considerável, mas quando analisados em sua totalidade, mostrando que a pessoa tinha um motivo, e que a ação combinava com seu caráter, servem para demonstrar que ela [*he^b might possibly*] pode possivelmente ter tido a intenção de praticar a ação; e quando motivo, caráter e oportunidade coincidem, tem-se uma prova de que é possível que a pessoa a tenha cometido; mas isso não equivale a uma prova de que o fato tenha realmente ocorrido. Embora esses fatores não constituam claramente uma prova afirmativa, serão suficientes o bastante | para provar que uma ação não foi cometida. A falta de oportunidade é, por si só, uma prova disso. A falta de um motivo é também uma prova bastante forte, mas não tão conclusiva quanto a outra, dado que, por vezes, os homens agem de modo totalmente irracional e sem motivo aparente. A ação ser incompatível com o caráter da pessoa é uma grande prova em contrário, embora também não seja absolutamente certa, de vez que há muitas ocasiões em que a pessoa se desvia de seu modo de agir. Em sua defesa de Róscio,² Cícero se empenha em mostrar que ele não tinha motivo para matar seu pai, que isso era inteiramente incompatível com seu caráter, etc.*ⁱ* ...

---

^b probabl: suprimido.   *ⁱ* No MS: *so.*

² *Pro Roscio Amerino*: o caso mais importante do jovem Cícero, 80 a.C. – Smith tem especial predileção pelo *Pro Milone* (cf. ii.209 - 215), por essa excelente defesa – ainda que não tenha sido proferida – ilustrar tantos aspectos do talento de Cícero como advogado. Titus Annius Milo [Tito Ânio Milon] era um gângster político, um oportunista, e o assassinato de Clódio por seus comparsas na Via Ápia exigia uma defesa especial, e todas as técnicas de sugestão da advocacia, como "prova, paradoxo e compaixão", magistralmente utilizadas. Quintiliano tirou dessa oração cerca de sessenta e quatro de suas ilustrações.

É nesse tipo de argumento que os retóricos mais insistem e com os quais despendem grande esforço para dividi-los e subdividi-los. Assim, com relação ao motivo, eles afirmam que praticamos um ato para incrementar, conseguir ou preservar algo de bom, ou para diminuir, dividir, evitar, ou nos livrar de alguma coisa ruim etc. Eles também insistem no caráter | e levam em consideração a idade, o sexo, a família etc. e até mesmo o próprio nome da pessoa. Do mesmo modo, dividem suas considerações sobre a oportunidade de ^j espaço e tempo, e assim por diante. Isso serve para entendermos por que os oradores antigos insistiam exclusivamente nesse tipo de argumentos, que foram amplamente estudados pelos retóricos, cujos procedimentos parecem ter servido de modelo para as suas orações. O que se disse parece ser suficiente com relação aos argumentos usados para provar um fato a partir de suas causas. {Até o próprio Cícero insiste bastante nesses argumentos, e às vezes parece levá-los longe demais, como no caso de Milo, em que procura mostrar que ele não tinha nenhuma razão para matar Clódio, embora esse homem vivesse a persegui-lo.}

A prova de um evento a partir dos seus efeitos às vezes está absolutamente correta. Assim, se alguém foi visto cometendo uma ação e as testemunhas o confirmarem, não há necessidade de outra prova. Mas há muitos casos em que os efeitos da própria ação [*action[k] itself*] ou da intenção de cometê-la não são inteiramente conclusivos à primeira vista, ainda que sejam suposições bastante fortes. Assim, na velha causa[3] que é bastante citada, o homem que foi visto alguns dias antes | do assassinato de certa pessoa a perambular, pensativo

195

196

---
[j] No MS: lacuna de quatro letras.   [k] *to*: suprimido.
[3] Não identificada.

e melancólico, como se premeditando algum ato horrendo e terrível, que esteve desaparecido durante toda a noite do crime e não soube dizer por onde andou, a partir desses efeitos, pode ser acusado da intenção de matar alguém e ter alguma coisa a ver com o caso, mas de modo algum pode ser declarado culpado desse crime. Quando, porém, aos efeitos da intenção juntam-se os do próprio ato, a prova torna-se ainda mais forte; no caso em que uma pessoa que mal suportava uma outra foi encontrada perto de seu cadáver, com as mãos ensangüentadas e aparentando enorme terror ^{l}, ela pareceria ser a provável assassina; especialmente se aos argumentos mencionados se juntarem os da causa da ação. Mas, embora esses argumentos indiquem uma grande probabilidade de a ação ter sido cometida pela pessoa a que dizem respeito, ainda assim a falta dos mesmos de nenhum modo prova a inocência da pessoa. | Se um suspeito fosse encontrado sem vestígios de sangue nas mãos e sem aparentar preocupação depois do crime, nem ansiedade antes dele, não poderíamos daí concluir que ele fosse inocente. Pois há quem dissimule tão bem a ponto de perpetrar os atos mais terríveis sem demonstrar a menor emoção ou ansiedade antes ou depois de cometê-los.

Os retóricos dividem todos esses tópicos em muitos tipos e classes (que os interessados poderão encontrar em Quintiliano[4]; de minha parte, dou-me por satisfeito neste momento.)^m

---

^{l} Modificado de *horror*. ^{m} *of I.W.* inserido no final do parêntese. Segue-se uma linha em branco com *x* como chamada para a interpolação defronte.

[4] Em V.x.55, Quintiliano descreve "definição", *finitio*, em termos de *genus*, *species*, *differens* e *proprium* [gênero, espécie, diferença e propriedade]; cf. ii. 204 adiante. Quintiliano dedica V.x.73 e V.xi à prova por *similia* de várias naturezas; sobre esses tópicos, ver também V.x.25 ss., VII.i.1 e 23 ss.; VIII.xxx ss.; IX.ii.105. Refere-se a Cícero, *De Inventione*, I.xxx.ss. Sobre a indiferença de Smith, cf. ii.205, adiante.

{É na ordenação e disposição apropriadas desse tipo de argumentos que, muitas vezes, consiste a arte de um grande orador. Empregados em separado, esses argumentos, com freqüência, não produzem grande impressão; se, porém, são apresentados em uma seqüência natural, um levando ao outro, o efeito é muito maior. O melhor método para consegui-lo é lançá-los em uma espécie de narrativa, preenchendo, do modo mais adequado ao propósito do orador, os intervalos que possam surgir. Desse modo, embora assim só se possam comprovar poucos detalhes, a conexão entre eles os torna de fácil compreensão e, conseqüentemente, agradáveis; e quando o adversário tenta contradizer qualquer deles, é como se demolisse uma estrutura com a qual estamos muito satisfeitos e de que não estamos dispostos a abrir mão – – }

Faremos agora algumas observações acerca dos tópicos ou bases dos argumentos que podem ser apresentados como prova de algo, de natureza legal ou não. – Agora, quando a lei é claramente apresentada no estatuto, não cabe questionar esse aspecto". Os dois únicos métodos pelos quais se pode demonstrar que algo é legal são ou mostrar como | o ponto em questão foi extraído de algum estatuto {por raciocínio abstrato} ou como ele tem sido sustentado legalmente por práticas anteriores e causas ou precedentes similares decididos judicialmente. Este último método, tão empregado pelos advogados modernos, não era usado pelos antigos, quer gregos ou romanos. E nenhum dos tópicos dos retóricos faz a menor menção a precedentes. De fato, eles têm uma categoria de tópicos que chamam de *similibus* {*et dissimilibus*}º, na qual mencionam as diferentes espécies

---

" *Those that are either not justly*: suprimido.　　º Mão B.

de semelhança, exceto a de precedentes. Referem-se a ocorrências tais como as pessoas terem praticado ações semelhantes antes, ou outras pessoas as terem praticado em circunstâncias similares, etc., o que, é claro, é completamente diferente dos *praecedents* (ou *praecēdents*). Assim sendo, como há uma diferença tão marcante entre a prática antiga e a moderna a esse respeito, vale a pena fazermos uma digressão para explicá-la.

Nos períodos antigos, geralmente as mesmas pessoas exerciam as funções de juiz, | general e legislador, sendo bastante comum que ao menos as duas primeiras se interligassem. O que, em primeiro lugar, faz com que os homens se submetam à autoridade de outros[5] é a sua dificuldade em acomodar as suas questões por seu próprio julgamento ou pelo de seus adversários, e constatar [*find* ᵖ] que é mais aconselhável submetê-las a uma pessoa imparcial. Em razão disso, cidadãos de reconhecido valor foram designadas como juízes e árbitros. Quando, especialmente em uma situação de barbárie, os homens se acostumam a se submeter em alguns aspectos, é natural que também o façam em outros. Assim, as mesmas pessoas que os julgaram em tempos de paz levam-nos também à guerra. No exercício de sua dupla função de juiz e general, os primeiros reis e cônsules de Roma e outros magistrados perceberam que a parte judiciária os sobrecarregava sem lhes proporcionar honrarias e glória, as quais só eram obtidas por meio de proezas militares. Por isso, eram muito ousados em suas sentenças. Davam pouca

---

ᵖ *ing*: suprimido.
[5] Cf. o teor dessa passagem com o *Discours de l'inégalité*, de Rousseau, em que Smith tanto pensava nesse período; ver EPS 250 ss. e *Languages*, §2, n.3 adiante; e LJ, sobre juízes e o Poder Judiciário.

importância à conduta dos seus predecessores, já que esta, a parte menos importante de seu ofício, era separada da outra e atribuída a diferente categoria de magistrados. Estes últimos, como sua única função era a judiciária, precisariam esforçar-se muitíssimo mais para que seu ofício lhes proporcionasse honrarias e reconhecimento. {Com menos poder, seriam mais tímidos.}^q Tinham que se empenhar bastante até mesmo para fortalecer sua conduta por meio da autoridade de seus predecessores.^r Assim, os poucos juízes nomeados lutavam para defender e sustentar sua posição por todos os meios possíveis. Por isso, quaisquer atos praticados por outros juízes contavam com o seu reconhecimento e eram considerados leis. Assim sucede na Inglaterra. As sentenças de casos anteriores são [are^s] tidas em alta conta e formam o chamado direito consuetudinário, muito mais eqüitativo que aquele baseado somente nos estatutos, pela mesma razão com que o fundamentado na prática e na experiência se adapta melhor aos casos particulares do que o derivado apenas da teoria.

Quanto menos juízes houver, mais ansiosos ficarão eles em proceder conforme a eqüidade; quando são muitos, é mais difícil colocar a responsabilidade sobre um deles em particular; por isso, receiam muito pouco as críticas e não correm o perigo de pagar caro por maus procedimentos; {além disso, quando há um grande número de juízes, eles costumam corroborar os próprios preconceitos mutuamente, bem como estimular as paixões uns dos outros}^t Em conseqüência disso, vemos que as sentenças dos juízes da Inglaterra são muito mais imparciais que as do Parlamento de Paris ou de

---

^q Mão B.   ^r *By*: suprimido.   ^s *abo*: suprimido.   ^t Mão B.

outras cortes que são protegidas de críticas pelo grande número de seus componentes. A Câmara dos Comuns, quando atua no âmbito judicial, nem sempre o faz com grande sabedoria, embora os seus processos legais sejam mantidos sob registro tal como os das outras cortes, e, sem dúvida, por imitação das mesmas. {Ao censurar qualquer de seus próprios membros, ou em casos assim, essa Casa não se notabilizou por sua justiça.}" A Câmara dos Lords, entretanto, procede de maneira bastante imparcial, mas isso não deve ser atribuído ao seu número de membros, mas a —.ᵛ

O mesmo se passava com relação ao Aerópago e o Conselho[6] dos Quinhentos | em Atenas; seus membros eram muito numerosos para que se coibissem de procedimentos arbitrários e sumários. Davam pouca importância às ações dos antigos juízes, bem como às daqueles que acumulavam o ofício de general com o de juiz. Em Roma, entretanto, o pretor, com freqüência, apropriava-se dos decretos, porém só admitia que se considerasse dentro da lei o que se encontrava em seu edito, publicado no início de cada ano, e onde ele declarava de que modo iria pautar sua conduta. (Era esse o costume até a entrada em vigor do *Edictum perpetuum*.)[7] O pretor tomaria como uma grande afronta ao seu julgamento que lhe dissessem que um seu predecessor tinha procedido de determinada maneira. E nenhuma parte dos editos anteriores podia ser citada, a

---

" Mão B.   ᵛ A seguir, uma linha e meia em branco.
[6] Ver antes ii. 142 n.3.
[7] A consolidação, em cerca de 130 d.C., dos *edicta* pretorianos no corpo permanente da lei foi feita por P. Salvius Julianus Aemilianus (L. Octavius Cornelius), 100-c. 169, por ordem de Adriano. Salvius Julianus era o jurista mais inventivo de Roma, e sua obra foi amplamente incorporada nos *Digesta*, de Justiniano (533 d.C.).

não ser que estivesse transcrita no seu, e sempre em seu nome. Não havia, portanto, lugar para precedentes em pleito judicial algum entre | os gregos e os romanos, embora eles sejam tão comuns nos dias de hoje. E pode-se considerá-los uma das partes mais [*most*ʷ] acertadas da constituição britânica, ainda que introduzida por mero acaso, para atenuar a preocupação dos detentores do poder de que a função de julgar causas estivesse nas mãos de umas poucas pessoas cuja única ocupação fosse resolvê-las.

{Essa separação das funções de administrar a justiça entre os homens da de conduzir os negócios públicos e comandar as forças armadas é a grande vantagem dos tempos modernos sobre os antigos, e o fundamento da maior segurança que hoje temos com relação à liberdade, à propriedade e à vida. Sua introdução ocorreu por acaso, para facilitar o supremo magistrado na parte mais trabalhosa e menos gloriosa da sua alçada, e não se deu até que o aumento dos conhecimentos e o crescimento da sociedade tivessem incrementado [*multiplied*ˣ] os negócios de maneira extraordinária}ʸ

É claro que, quando se citam precedentes, quanto mais diretamente eles correspondam ao caso em questão, melhor é. Pois quando eles diferem em várias partes, ou em qualquer parte importante, será necessária uma boa dose de raciocínio abstrato para demonstrar a semelhança e aplicá-los ao caso.

A outra maneira de provar que algo é legal é mostrar, por raciocínio abstrato, que decorre de alguma lei. O modo anterior há de ser sempre preferido a esse toda vez que seu uso seja cabível, pois o raciocínio | abstrato o torna menos facilmente compreensível².

ʷ Substitui *Great*. ˣ *era*: suprimido. ʸ Mão B. ² *This however when necessary may be done in*: suprimido.

Há dois métodos para demonstrar que alguma coisa é ou não compreendida do ponto de vista legal. Podemos, primeiro, mostrar que a lei não teria seu efeito desejável a menos que se estendesse até aquele ponto; ou que a lei, pelo modo como se formula, deve abrangê-lo. – O primeiro método só raramente é aplicável e, na maioria dos casos, não é conclusivo, pois a intenção da lei não é sempre evidente e, além do mais, exige uma grande dose de raciocínio abstrato. Na outra opção, devemos (para mostrar o significado da lei) definir o significado das várias partes e expor a extensão de cada uma. (Todos sabemos como os [*the* [a]] retóricos [*Rhetores*] estabeleciam suas definições por gênero, espécie e diferença.) Isso é difícil em todas as situações de natureza muito ampla e, algumas vezes, não pode ser aplicado. Geralmente, o melhor modo de definir consiste em enumerar as várias qualidades da coisa a ser definida. Mas, nesse caso, é aconselhável não chegar ao ponto de definir cada parte da lei, expondo toda a sua extensão pela explicação clara de uma parte sua, mas indicar a questão que é por ela compreendida; e deixar o restante para outros, como fiz com as divisões retóricas dessas questões.

---

[a] No MS: *they*, tendo sido o *y* suprimido e *Rhetores* escrito acima da linha.

29ª Conferência[a]

Segunda-feira, 14 de fevereiro

Na última conferência, tratei de várias matérias que dizem respeito às orações judiciárias e dos vários tópicos de que se podem extrair argumentos para comprovar as diferentes questões [*questions*[b]] de seu âmbito. O item que, em geral, os estudiosos desse tema abordam a seguir é o método dessas orações.

Para eles, cada oração regular deve conter cinco partes.[1] Na verdade, há duas partes principais: a apresentação | da proposição e a prova. Contudo, dizem-nos que, se ambas forem conectadas de modo adequado e estabelecidas da [*the*[c] *brightest light*] maneira mais inteligente, a oração se dividirá naturalmente em cinco partes. A primeira é o exórdio, no qual o orador expõe brevemente o propósito de seu discurso e aquilo de que pretende [*intends*[d] *to*] acusar seu adversário ou inocentar seu cliente. A segunda parte, de acordo com eles, é a narração. Nela, o orador relata não só os fatos que deverá provar como apresenta toda a história em um relato articulado, suprindo as partes que não poderá provar da maneira mais conveniente ao seu objetivo. A razão que atribuem a isso consiste

---

[a] No MS. XXVIII. [b] Substitui *subjects*. [c] *most*: suprimido. [d] *either*: suprimido.
[1] Cf. ii. 213 adiante.

em que, estando as diversas partes desse modo interligadas, por aparentarem tal probabilidade e conexão, ganham tamanha força que a crença nelas dificilmente será diminuída. E, por esse meio, embora só possamos provar uma pequena parte dos fatos, aqueles que comprovamos, pela íntima conexão com^e os anteriores, lhes dão ares de | veracidade, e a história toda ganha a aparência, pelo menos, de considerável probabilidade. Na prática das cortes de justiça modernas, a narração nunca é adotada; o defensor faz um relato sucinto daquilo que deve provar, sem fornecer detalhes de todo o processo. Mas isso só ganha peso quando é escassa a atenção e grande a ignorância. Não temos idéia do grau de desatenção e confusão que prevalecia nas cortes antigas, em que a ignorância e insensatez dos juízes eram tão desmedidas quanto se possa imaginar, fazendo com que uma história bem contada os influenciasse bastante. Na época, a ordem que seguiam os tribunais não era muito melhor que a da turba das galerias de um teatro mal freqüentado, e que mudava de opinião com facilidade. Vejamos uma das orações^f de Demóstenes,[2] aquela sobre ^{g}, quando seu adversário, Ésquines, o acusara de tê-lo chamado de amigo de Filipe e de Alexandre; ele diz que não o fez e que, na verdade, o chamou de escravo de Filipe, a quem tinha subornado, mas | que nunca o chamara de seu amigo. E esse, afirma, era sem dúvida o nome que ele bem merecia. "Apelemos aos juízes: o que vós, meus compatriotas, achais? Este

---

^{e} *those that* inserido acima, depois suprimido. ^{f} as quatro últimas palavras substituem *Diogenes Phillipoppicks*. ^{g} no MS: lacuna de oito letras (cf. nota 2)

[2] O desprezo de Demóstenes (*De Corona* 51-2) por quem o chamasse de amigo de Filipe indica que a lacuna (nota *g* acima) representa *"the Crown"* [o poder real].

homem deve ser chamado de amigo ou de escravo de Filipe?" E, tendo os juízes vociferado "Escravo! Escravo!", prossegue: "Eis a opinião deles". Algumas pessoas que Demóstenes havia colocado como juízes, e contratado ou incentivado para aquele fim, exclamaram o que lhes pedira, no que foram acompanhadas pelas outras sem hesitação. Os oradores, portanto, manipulavam as cortes de justiça do mesmo modo que os gerentes de teatro controlavam a galeria. Punham alguns amigos em diferentes partes da galeria e, quando eles aplaudiam ou vaiavam os artistas, o resto do público os acompanhava. Da mesma forma, os oradores também conseguiam pessoas que dessem início aos clamores, no que eram acompanhados pela maior parte das outras. Era o caso em Atenas. Os tribunais de Roma eram muito mais metódicos e ordeiros, ao que podemos em grande medida atribuir a estabilidade de sua comunidade. A glória do | Estado ateniense não durou mais que setenta anos; i.e., da Batalha de Platea, a partir da qual datamos o começo da democracia, até a tomada[b] da cidade e o governo dos tiranos sob a influência de Lisandro.[3] O Estado romano, por outro lado, manteve sua grandeza por mais de 500 anos,[4] i.e., da expulsão dos Tarquínios até a queda da República sob Júlio César.

Mesmo nessas cortes, porém, os oradores faziam grande uso daquelas narrações, e em casos nos quais os fatos que podiam provar eram muito poucos, e com freqüência escassamente implicados

---

[b] substitui *Conquest*.

[3] 497 a.C.; cf. atrás ii. 143 n.4. O general espartano Lisandro apoiou a instituição dos Trinta Tiranos depois da rendição de Atenas, na primavera de 404 a.C. (cf. antes ii.144 n. 5); i.e., 75 anos depois.

[4] 510-44 a.C. (assassinato de César): i.e., 466 anos.

na questão principal. Assim, na defesa de Milo,⁵ Cícero apresenta detalhes minuciosos e específicos de tudo que se passou: como os protagonistas se encontraram, lutaram etc. etc. Ele nos teria feito acreditar que não Milo, mas Clódio, tinha preparado uma emboscada para o seu adversário, embora, na época, em Roma se soubesse bem [*it* ⁱ *was well known*] que o encontro de ambos se dera por mero acaso.

210 Cícero, de fato, prova claramente que Milo ʲ não emboscara | Clódio, pois permanecera no Senado até o horário de sempre, fora para casa, trocara de sapatos e colocara seu manto etc., mas isso é tudo que prova; o resto [*the rest* ᵏ *depends*] depende por completo de sua conexão com essas circunstâncias. — Do mesmo modo, em sua oração pró Cluêncio, que acredito ser [*is* ˡ *the finest*] a mais bela e também a mais longa de todas, empenha-se em provar que não foi Cluêncio mas seu acusador ᵐ<Opiânico> quem subornara os juízes. Não tenta negar o suborno, já que muitos haviam sido por isso banidos por uma corte de que fizeram parte vários juízes ali presentes, mas o atribui a outra pessoa. Cluêncio foi inocentado e <Opiânico> condenado; o mais provável, nesse caso, é que o suborno tivesse sido realizado pela pessoa inocentada. Mas Cícero se empenha em provar, de maneira requintada, que o responsável pelo suborno era o outro. O único fato que prova

211 em favor disso é | que <Opiânico> dera a <Staienus>ᵐ, 640 mil sestércios,⁶ talvez por uma causa diferente, e não para suborno. Cícero

---

ⁱ Substitui *the conterary*.   ʲ Substitui *Clodius*.   ᵏ *must*: suprimido.   ˡ *one of*: suprimido.   ᵐ-ᵐ as quatro lacunas entre colchetes angulares do MS foram substituídas por nomes próprios.

⁵ Cf. ii. 194 n. 2 atrás e 215 adiante.

⁶ Cf. atrás ii. 193 n.1. A falha daquele que anotava em apreender o nome muitas vezes repetido do notório vilão nesse caso extraordinário (Opiânico) só se explica por seu espanto diante das complexidades familiares, testamentárias e

afirma que certamente ele destinara essa importância para o suborno dos juízes porque dava 40 mil para cada um, em vez de dizer qual teria sido a finalidade da estranha quantia. A história é contada de maneira tão agradável e divertida que os juízes inocentam Cluêncio, embora todas as aparências o condenassem. E vemos, mais que em qualquer outra ocasião, Cícero vangloriar-se [inⁿ] por enganar os juízes. {Observemos também, a respeito da mesma oração, que Cícero obtém o favorecimento dos juízes no exórdio ou preâmbulo da defesa de seu cliente, e os predispõe contra seu oponente ao narrar os numerosos e indiscutíveis crimes de que ele era culpado.}

A regularidade e a ordem no procedimento das cortes, contudo, faziam com que a vida e a propriedade dos súditos estivessem, na maioria dos casos, a salvo, ao passo que em Atenas° (como dissemos) havia tanta desordem que a sentença era completamente arbitrária. ^p Dos relatos que temos da condenação de Sócrates[7], vemos que ele não foi condenado por crime algum, pois todos os juízes se inclinavam a inocentá-lo, mas que sofreu a pena capital por se comportar ^q de maneira soberba e não admitir o que dele se exigia.

ⁿ *the*: suprimido.   ° substitui *in Greece*.   ^p *from this it followed*: suprimido.   ^q *with*: suprimido.

judiciárias do melodrama – apesar de Smith ter tentado desenredá-las. O talento forense do orador só se equipara à virtuosidade que atribui ao corruptor. (Para Staienus, cf. xxiv. 65 ss.). Não admira que esse discurso fosse usado com freqüência ainda maior que o *Pro Milone* por Quintiliano, e que tantos escritores citem o relato de Quintiliano por Cícero jactar-se de passar a perna nos juízes da causa: "*se tenebras offudisse iudicibus in causa Cluentii gloriatus est*" (II.xvii.21).

[7] Para a acusação de Sócrates por Anito e seus dois intermediários, Licão (orador) e Meleto (poeta), ver as duas *Apologias* de Platão (testemunha ocular do julgamento) e Xenofonte. Em seus diálogos *Eutifro*, *Críton* e *Fedo*, Platão apresenta Sócrates durante e depois do seu julgamento. Xenofonte cita o testemunho de Hermógenes, amigo íntimo de Sócrates.

A incerteza e instabilidade das cortes em Atenasʳ eram tamanhas que quase ninguém aceitava ser submetido a julgamento. Quando Alcebíades⁸ empreendeu as aventuras mais heróicas em Siracusa, ao saber que fora acusado de impiedade em Atenas, não se submeteu ao seu processo e fugiu para a Lacedemônia (o que, de fato, foi a causa da ruína dessa cidade-Estado). Quando lhe perguntaram por que não confiara em seus concidadãos, respondeu que lhes confiaria qualquer coisa, salvo sua vida; e que não confiaria nem na própria mãe, pois até ela poderia votar contra ele, colocando um feijão preto em vez de um branco na urna. Mas esse já não é o costume, pois as cortes de justiça assumiram outra forma, e não insistirei na maneira apropriada de fazê-lo.

213 | As outras três partes são a confirmação,ˢ a refutação e a peroração. A confirmação consiste em provar todos ou alguns dos fatos alegados, e isso se faz pelos argumentos extraídos dos vários tópicos que mencionei na última conferência; da mesma maneira há de se fazer a refutação dos argumentos do adversário. Os oradoresᵗ antigos aderiram mais estritamente às regras estabelecidas pelos retóricos. O próprio Cícero era muito escrupuloso nesse ponto, e na maioria de suas orações percorre todos esses tópicos. É provável que se considerasse um defeito a omissão de algum tópico ou não extrair um argumento dos tópicos relativos a *Causa*, *Effectu*, *Tempore* etc. Isso serve para ilustrar o baixo nível da filosofia naquele tempo. Qualquer que fosse o ramo da filosofia que estivesse mais desenvolvido e tivesse alcançado o maior progresso,
214 necessariamente se harmonizaria mais | com a acusação. Esta será

ʳ *made*: suprimido.   ˢ *and*: suprimido.   ᵗ *Rhet*: suprimido.
⁸ Plutarco, *Apophthegmata of Kings and Commanders*, em *Moralia*, 186E 6.

então a ciência em voga, e o seu conhecimento dará ao homem o caráter de filósofo profundo e de grande saber. Sendo a filosofia natural ou ética ou retórica a ciência mais perfeita da época, será ela que estará em voga. A retórica e a lógica ou dialética foram sem dúvida os ramos que fizeram maior progresso entre os antigos e, na verdade, se excluirmos um pouco da moral, foram os únicos cultivados com regularidade. Essas eram portanto as ciências em voga, e cada homem atualizado queria estar a par delas. Assim sucedia com Cícero, que procurava mostrar em todos os seus escritos o conhecimento completo que tinha delas. Se não parecesse prova de ignorância não estar a par de cada uma,[a] Cícero não teria aderido tão estritamente a elas. Em sua oração em defesa de Milo, extrai seus argumentos dos três tópicos relacionados à Causa: que ele não tinha motivo para matar Clódio, que isso não era compatível com seu caráter e que não teve oportunidade de fazê-lo. Ainda que o terceiro tópico fosse ocioso, mesmo assim ele o referia. Cícero se esforça em mostrar que o réu não tinha motivo para fazê-lo, muito embora querelassem e brigassem todos os dias, e houvesse mesmo declarado sua intenção de matá-lo; que isso era incompatível com seu caráter, embora já tivesse matado vinte homens; e que não tivera oportunidade, embora saibamos que o matou.

Ainda que, para uma ciência se pôr em voga, seja necessário que alcance uma perfeição considerável, mesmo assim leva algum tempo até adquirir esse caráter. Para que se considere algo dotado de grande saber, é necessário que conte com o lastro do tempo. Aquele que lê inúmeros livros modernos, mesmo que excelentes, não adquire o

215

---

[a] *the fashion nothing could have e:* suprimido.

caráter de erudito; essa designação será concedida apenas àquele que conheça os antigos. Assim sendo, vemos que, quando a dialética e a retórica estavam por se tornar ciências de grande reputação, Cícero tinha dificuldade em mostrar conhecimento de todas as suas regras; enquanto Demóstenes, que viveu numa época em que elas já não tinham esse peso na Grécia, não sofre essa preocupação, e procede do modo que parece mais adequado ao seu tema.

A peroração contém um breve sumário [*summary*ᵛ] da totalidade dos argumentos desenvolvidos nas partes precedentes do discurso, posto de tal modo a conduzir naturalmente à conclusão proposta. Ao sumário, os oradores romanos costumavam acrescentar argumentos que pudessem inclinar o juiz a decidir antes de um modo do que de outro; ou por mostrar a enormidade do crime se o acusado era seu oponente, e ressaltando-o da maneira mais chocante, ou, se o caso fosse de defesa, por abrandar a ação e mostrar a severidade da punição etc. Os gregos nunca admitiram esse último procedimento, ao passo que o primeiro era a conclusão natural de todo discurso.

Ainda resta um grande número de orações gregas. Temos várias de Lísias[9], muitas de Iseu, algumas de Antífon, uma de [*one of* ˣ] Licurgo, de   ˣ e também muitas de Ésquines, além de quarenta e cin-

---

ᵛ Substitui *state*.   ˣ No MS: *of one*.

[9] Dos dez oradores áticos reconhecidos como o "cânone" algum tempo antes de Dionísio de Halicarnasso (incluindo Licurgo, a quem cita em *On Imitation*, IX.v.3), Isócrates já havia sido considerado em ii.121-2, atrás. Isso deixa de fora Hipérides, Dinarco e Andócides. Como Dionísio escreveu um pequeno tratado sobre Dinarco (embora considerasse Hipérides um orador muito melhor), Smith pode tê-lo tido em mente; mas Quintiliano não o menciona em sua lista de oradores em XII.x.12-26. – É útil distinguir a primeira geração (século V ao início do século IV a.C.): Antífon, Andócides, Lísias, Iseu, Isócrates; e a segunda (fim do século IV): Ésquines, Demóstenes, Licurgo,

co de Demóstenes. Não precisamos exemplificar o modo peculiar de cada uma, pois ao menos as mais antigas só compreendemos obscuramente.

As orações judiciárias gregas podem ser consideradas de dois tipos: 1) as que eles chamavam públicas e 2) as privadas. As causas que somente diziam respeito às questões privadas de um indivíduo só podiam ser defendidas pela parte interessada. Na Grécia, em nenhum momento se estabeleceram patronos e clientes como em Roma. Os únicos casos em que a defesa podia ser exercida por outro que não o interessado ocorriam quando ele estivesse doente ou incapacitado de aparecer no julgamento, situação em que era substituído por alguém de sua relação próxima; ambas as circunstâncias eram necessárias. No caso, portanto, o próprio orador não pronunciava sua oração, mas a compunha para ser apresentada pela parte interessada, adaptando-a a seu caráter e condição. Nas orações públicas em que a comunidade estava de algum modo implicada, o orador falava em seu próprio nome. Exemplificarei as duas maneiras com Iseu ʸ e Demóstenes, e os compararei com Cícero.[10]

Lísias é o mais antigo dos oradores cujas obras chegaram até

ˣ No MS: lacuna de cerca de nove letras.   ʸ No MS: *De*, suprimido e, a seguir, lacuna de cinco letras (o parágrafo seguinte indica Lísias para preencher a surpreendente lacuna. Ver nota 10 a seguir).

Hipérides, Dinarco "o último dos dez"; e o orador menor Dêmades.
Dos 61 discursos já atribuídos a Demóstenes, os críticos do século XVIII consideraram genuínos 45; os estudiosos, posteriormente, reduziram esse número para menos de 30.

[10] Quatro dias antes desta conferência, Smith se referiu (LJ iii.64, 10 de fevereiro, 1763) ao discurso de Lísias, *Against Diogeiton*, "que eu talvez leia na próxima conferência". Não há indício de que o tenha feito, e a falha inicial de quem anotava em identificar o orador faz com que isso pareça improvável.

nós. Escreveu*z* orações privadas a serem apresentadas pelas pessoas em causa; para isso, procurava adaptá-las ao caráter de um homem simples, de boa índole e de modo algum versado nas sutilezas e chicanas da lei. Iseu <foi> discípulo de Lísias e mestre de Demóstenes. Parece não ter tido nem o brilho do último nem a simplicidade do primeiro [*former* *a*]. O caráter que objetivava em suas orações para causas privadas, como as de Lísias, era o de um homem simples e honesto,[11] e seus discursos bem se ajustavam ao caso. Diz-se, contudo, que se tornou tão semelhante a Lísias que era difícil distinguir entre o estilo de um e o do outro. Dionísio de Halicarnasso nos mostra contudo várias diferenças,[12] e, pelo que podemos julgar de seu estilo e linguagem, parecem ter sido ainda maiores do que se considerava. O exórdio de suas orações é sempre semelhante. Nele, relata simplesmente o que deve provar, sem tomar partido; mas suas narrações são muito diferentes. Tanto ele quanto Lísias não distorcem os fatos de modo a ajustá-los aos fins que almejam, mas apresentam-nos como realmente ocorreram. Como, entretanto, Lísias lidava com o caráter de um homem simples, seu relato se ajustava a ele plenamente. Apresenta a figura em causa dizendo aos juízes que a compreenderão melhor se ouvirem toda a história. No curso da narração, não segue uma ordem, mas apre-

---

z *as*: suprimido.   *a′* no MS: *latter* (ver adiante ii. 219-221).

Em LJ iv. 78 (28 de fevereiro, 1763), ele elogia o modo como Lísias, em sua *Funeral Oration*, usa a conduta dos atenienses por ocasião da vitória em Megara como exemplo para os seus ouvintes.

[11] Ver i.85 n.5 atrás, e ii.235-6, adiante.

[12] Os tratados de Dionísio de Halicarnasso sobre Iseu e Lísias bem como o curto prólogo a *The Ancient Orators* estão em seus *Critical Essays* i (LCL) e em seus *Opuscules rhétoriques* i (ed. G. Aujac, coll. Budé, Série grecque, 1978).

senta os vários fatos da maneira como ocorreram, e parece contar a história tanto para avivar sua própria memória como para informar os seus juízes; pelo mesmo motivo, relata não só os fatos necessários à causa como também aqueles que com ela não se conectavam. E, sendo apresentados por esse método caótico, seria artificial que os recapitulasse; por isso, na conclusão, só faz uma inferência do todo. Iseu, por outro lado, ao tratar do caráter de um homem simples e sensível, parece haver considerado e pesado seu assunto de modo maduro antes de se aventurar a falar dele. Por isso, os fatos são mostrados em sua ordem própria e muito bem adaptados ao seu tema. Apresenta sua narração não só por dizer [*telling* ^{b}] que [*that* *they*] os juízes compreenderão melhor a causa se ouvirem a história, como especifica os pontos particulares que pretende ilustrar, introduzindo apenas os fatos que tendam a esse propósito. E, como são expostos de maneira ordenada, resume-os exatamente^d em sua ordem no final. Podemos exemplificar seu método com sua oração referente à sucessão de Apolodoro.¹³ N.B. Consideração pelos mortos e manutenção da casa. Registro Público.^{e}

---

^{b} *in*: suprimido. ^{c} *he*: suprimido. ^{d} *exactly*: suprimido, depois reescrito em cima. ^{e} A última sentença foi espremida no espaço que restava no fim do caderno 105.

¹³ *On the Estate of Apollodorus* (nº 7, na ed. de LCL): sobre o tratamento injusto da herança de um sobrinho por seu único tio sobrevivente, Eupolis, e a reivindicação então feita ao espólio do sobrinho por Trasilo (filho de sua meia-irmã), a quem ele estava em processo de adotar por ocasião de sua morte. "*Pub. Off.*" (Registro Público) refere-se a Trasilo ter sido inscrito no registro público oficial como filho adotivo de Apolodoro. Dos doze discursos que restaram de Iseu, todos, com exceção de um, são sobre heranças.

30ª Conferência^a

Sexta-feira, 18 de fevereiro, 1763

Na última conferência, mencionei que todas as orações gregas podem ser consideradas de dois tipos, públicas ou privadas. As primeiras, [*The first* ^b] embora escritas por oradores profissionais no assunto, eram pronunciadas pelas próprias pessoas e, por conseguinte, adaptadas ao caráter das mesmas. São, [*They* ^c *are*] portanto, muitas vezes ajustadas ao caráter do campônio sincero ou simples que desconhecia as^d sutilezas da lei. Extraí um exemplo desse tipo de Iseu. O caráter que procura manter é o de um homem simples e sensível. Lísias também procura se apresentar com o caráter de um homem muito simples, tal como esperaríamos encontrar em um camponês sem maneiras refinadas. As orações privadas de Demóstenes assemelham-se muito às de Iseu quanto ao caráter. Ele não tem, contudo, a organização de Iseu nas diversas partes de seu discurso, seguindo, nesse aspecto, mais o estilo de Lísias. E, se pudermos conceber a franqueza e o bom senso^e aliados à simplicidade e elegância de Iseu, teremos uma noção completa das orações judiciárias [*private judic[c]iall* ^f] privadas de Demóstenes.

---

^a No MS. XXIX.   ^b em vez de *second?*   ^c Modificado de *and*.   ^d *Proceedings usuall*: suprimido.   ^e Aqui seria *of Lysias?*   ^f Números escritos acima do texto invertem a ordem original *Judicial private*.

Não temos grande número de orações públicas. Há uma de Licurgo e três de Ésquines[g], e, de todas as que restam de Demóstenes,[1] somente três ou quatro parecem ter sido pronunciadas por ele mesmo, se excetuarmos as *Filípicas*, que são mais propriamente orações deliberativas. Dessas orações, há duas em que Demóstenes e Ésquines[b] se acusam mutuamente, assim como aquelas em que se defendem.[2] São essas περι στεφανου e πεπι παραπρεσβειας, duas das mais perfeitas e nobres orações gregas, principalmente a de Demóstenes, a mais elegante e instrutiva de todas as que escreveu. Nela, acusa Ésquines nominalmente de grave impropriedade na missão diplomática de que fora incumbido. Na περι στεφανου, Ésquines acusa um certo Ctespihon,[i] que propusera que uma coroa

---

[g] no MS: *Æschyles*, com uma nota na margem pela mão B (?) em que se lê *Lege Eschines semper*, corrigido para *Æschines*.   [b] No MS: *Æschylus* em vez de *Æschines*, e assim repetidamente até o 230.   [i] i.e., *Ctesiphon*.

[1] Licurgo, *Against Leocrates*; Æschines, ver n.2 a seguir; Demóstenes, discursos 18-24, mas *Against Meidias* (ver LJ ii.138, e Longino xx.I) nunca foi pronunciado. Demóstenes, portanto, pronunciou seis.

[2] Resumindo as polêmicas: Demóstenes e Ésquines foram à Macedônia em missão diplomática em 346 a.C. O processo contra Ésquines por ter administrado mal a missão, apresentado por Demóstenes e Timarco, foi retardado pelo fato de Ésquines ter acusado Timarco de vícios incompatíveis com um cargo público – *Against Timarchus*, 345 a.C.; Demóstenes, sozinho, em 343 a.C. processou Ésquines, que se defendeu com êxito – os dois discursos περὶ τῆς παραπρεσβείας (geralmente chamados *De falsa legatione*, desde que Cícero, em *Orator*, xxxi.I I I, mencionou o primeiro como "contra Aeschinem falsae legationis") em 366 a.C. Ctesifonte propôs uma moção para conceder uma coroa de ouro a Demóstenes por serviços prestados ao Estado, mas Ésquines o processou em 330 a.C. por ação inconstitucional – *Against Ctesiphon* – com defesa vitoriosa de Demóstenes no discurso geralmente chamado περὶ τοῦ στεφάνου ou *De Corona* (mas, naturalmente, ambos os discursos são "sobre a Coroa"). Ésquines abandonou Atenas mortificado (mas não banido).

fosse dada por decreto a Demóstenes, mas, como a finalidade era provar que | Demóstenes era indigno dela, a maior parte da oração é sobre ele. Nenhuma dessas orações alcançou a meta pretendida. A de Ésquines, porém, teve ainda menos êxito que a de Demóstenes. Em Atenas, era incontestável que quem não tivesse a seu favor um quinto dos juízes, que eram muito ignorantes e, em geral, facilmente influenciáveis, seria considerado culpado de calúnia e sofreria a mesma punição que seria dada ao acusado, caso fosse condenado. Demóstenes, embora pareça ter acusado Ésquines injustamente, teve, apesar disso, um quinto dos juízes, o que Ésquines não conseguiu e, por isso, foi banido.

223

Os estilos desses dois oradores são bastante diferentes. Em todas as suas obras, Ésquines apresenta uma certa alegria e vivacidade que não encontramos no outro, o qual, embora tenha muito mais brilho do que os oradores de antes, não chegava perto de Ésquines, e menos ainda de Cícero. Essa tendência para a jovialidade muitas vezes enfraquece outros aspectos das orações de Ésquines e não é, de fato, adequada para suscitar as emoções despertadas principalmente pela oratória, como a compaixão | e a indignação. Vemos [*this we see*^{j}] ser esse o caso em muitas passagens que deveriam ser sérias, e nas quais ele muitas vezes insere toques de humor que impedem por completo esse efeito, como impossibilitam que a compaixão e a indignação sejam provocadas, pois nada seria mais contrário a elas. Porém, embora [*though*^{k}] se mostrem totalmente inadequados às partes sérias, adaptam-se admiravelmente a uma delicada e leve zombaria que parece ter sido sua qualidade peculiar. Seu humor é

224

---

^{j} *often*: suprimido. ^{k} *ugh*: inserido posteriormente abaixo da linha.

sempre agradável e polido, e tal que nos proporciona grande prazer, enquanto Demóstenes, sempre*l* que tenta zombar, incorre em grosserias e ofensas que, não fossem pela seriedade e sinceridade do orador, não poderíamos tolerar, pois nada pode ser mais desagradável do que esse tipo grosseiro de zombaria. Assim como a alegria e a leveza estão presentes nas obras de Ésquines, uma certa seriedade e rigor se manifestam nas de Demóstenes, e, por serem muito bem adaptados para despertar as paixões mais violentas, | também o incapacitam para o humor e o escárnio, e, por conseguinte, vemos que*m* quase nunca se utiliza das oportunidades para zombar do adversário, enquanto Ésquines nunca deixa de aproveitá-las ao máximo.*n* O temperamento alegre e divertido desse último é tão agradável que mesmo as partes mais áridas e enfadonhas do discurso, como a divisão do tema, se tornam tão divertidas quanto é possível a assuntos desse tipo. Assim, no trecho da oração em que tenta mostrar como Demóstenes, em geral [*in his general conduct °*], se conduz de modo impróprio, explica aos juízes que ele afirmara que sua vida podia ser dividida em quatro períodos,[3] e que, quando chegasse a essa parte da oração, lhe perguntaria em qual desses períodos era acusado de conduta imprópria, e,

---

l No MS: *when every, y*: suprimido.   *m often*: suprimido.   *n But tho Demosthenes may be inferior to his Rivall in the* (antecipação do parágrafo seguinte): suprimido.
° general conduct substitui *oratory* (?)

[3] Referências, como se segue: *Against Ctesiphon*, 54-6 – os quatro períodos da atividade política de Demóstenes se igualavam aos quatro períodos da história da cidade (Ésquines deturpa isso); ibid. 149-50 – o comportamento frenético de Demóstenes, ao levantar-se de súbito na assembléia e jurar por Atena, como se Fídias tivesse feito essa estátua especialmente para que ele jurasse em falso por ela – tudo por ressentimento de não ter compartilhado do dinheiro do suborno; ibid. 157ss. – Ésquines sobre a tomada de Tebas, contrastado com Demóstenes sobre a notícia da tomada de Elatéia por Filipe (*De Corona*, 169); cf. antes i.74 n.2.

se não respondesse, o arrastaria ao fórum e o obrigaria a determinar qual o período, ou a desistir da acusação. Quando fizer isso, diz ele, responderei que minha acusação não trata de nenhum período particular, mas que o acuso em todos os períodos. Esse estilo, embora um tanto atrevido, é, ao mesmo tempo, muito divertido, e é provável que fixasse a divisão nas mentes dos juízes.

Porém, embora Demóstenes talvez fosse inferior a seu rival sob alguns desses aspectos mais triviais, é muito superior a ele nas partes mais importantes e graves de suas orações. O temperamento severo e apaixonado que transparece em suas obras adapta-se admiravelmente às partes mais importantes e sérias que, por si sós, são capazes de suscitar compaixão e indignação, das quais todas as suas orações, e sobremaneira a última, tendem [*tend* ᵖ] a promover. Suas orações judiciárias, na maioria dos aspectos, se assemelham às deliberativas, exceto que nessas últimas encontramos mais eloqüência e paixão do que [*than* ᑫ] nas de todos os outros autores. Pois, como o tema das orações deliberativas é a política ou algo próximo a ela, seu objeto deve ser do interesse de toda a comunidade, como um debate sobre guerra ou paz etc. que, embora muito importante, nunca despertará tantas emoções quanto a aflição de uma única pessoa ou a indignação pelos crimes de um indivíduo. Quando Ésquinesʳ trata desses assuntos, muitas vezes perde o impacto pela introdução de um toque de zombaria, como quando representa Demóstenes enlouquecido em praça pública por não ter posto a mão no dinheiro distribuído entre os tebanos. E quando se propõe a exacerbar paixões torna-se em geral bombástico, como na exclamaçãoˢ   etc. {e em várias outras passa-

---

ᵖ Substitui *are des*   ᑫ No MS: *which*   ʳ Desta vez, modificado de *Æschylus*
ˢ No MS: lacuna de cerca de dez letras.

gens.} Observamos que os atores mais distanciados dos seus papéis careteiam e gesticulam mais do que aqueles que são muito afetados pelo que representam, pois a simulação é sempre exagerada. É o caso de Ésquines, cujo temperamento não se adaptava à seriedade, e que não era muito afetado pelo que emocionaria homens mais sérios, de modo que, quando tenta qualquer coisa desse tipo, sempre se excede. Sobre todos os eventos mais importantes, Ésquines faz apenas comentários banais sobre incidentes que ocorrem em todas as ocasiões semelhantes. Dessa forma, na descrição que faz da tomada de Tebas, um dos acontecimentos mais importantes daquele tempo, demora-se sobre o cativeiro dos idosos, o estupro das virgens e matronas, e coisas do tipo que acontecem no saque de qualquer cidade. Já Demóstenes, ao descrever a tomada de Elatéia e a desordem que isso provocou em Atenas, embora esse evento fosse muito menos importante e o perigo que ameaçava Atenas ainda estivesse distante, mesmo assim, digo eu, ele salienta as várias circunstâncias da desordem, a [^{t}*croud*] multidão reunida diante do fórum, todos se entreolhando na expectativa de descobrir algo que lhes tivesse escapado etc. etc., e faz isso de modo tão atraente, e com circunstâncias tão peculiares ao fato, que tudo se torna muito interessante e admirável.

Contudo, como ninguém é perfeito, há grande suspeita de que Demóstenes não dividia [*divided*^{u}] seus discursos da maneira mais acertada, talento que Ésquines^v e Cícero possuíam em altíssimo grau. Em todas as suas orações a confusão na ordem dos argumentos e das diferentes partes em que consiste é evidente a quem preste a

---

^{t} *com*: suprimido. ^{u} Substitui *arranged*. ^{v} Modificado de *Æschylus* com caligrafia diferente.

mínima atenção. Dionísio de Halicarnasso, um crítico muito sagaz, mas cujas observações às vezes parecem mais sutis e refinadas do que sólidas, quer nos convencer de que essa confusão é apenas aparente, e que a ordem escolhida é a mais acertada possível. Porém, a meu ver, a confusão não só é aparente como real [*an aparent but a real*^{w}]. Assim, na oração ^{x} περι παραπρεσβειας, ele começa⁴ dizendo que há cinco coisas que o povo pode [*may*^{y}] esperar de um embaixador, e as enumera em ordem. A partir disso espera-se que comece pela 1ª e, após discuti-la, proceda à 2ª, e daí à 3ª, e assim por diante, mas nada disso acontece. Inicia a primeira com uma narração completa da história tal como aconteceu, e, embora talvez pudéssemos reduzir tudo que reuniu naquela oração [*oration*^{z}] a uma ou outra delas, no entanto não são absolutamente classificadas naquela ordem, mas relatadas da maneira como sucederam propriamente. E, pelo todo, parece mais provável que essa divisão tenha sido feita depois de escrita a oração, e que quando <ele> | começou nem tivesse pensado em dividi-la, mas, antes de chegar à conclusão, notando que seria difícil perceber a que apontavam as diversas partes, as estabeleceu [*prefixed*^{a}], ressaltando aquelas que os ouvintes deveriam mais ter em conta. Já Ésquines era muito preciso em suas divisões, em que, como já disse, alcança uma perfeição raras vezes encontrada, a ponto de torná-las divertidas, enquanto as segue estritamente. A melhor desculpa para Demóstenes

230

---

^{w} Números escritos acima do texto modificam a ordem original *a real but an apparent*.
^{x} *of*: suprimido. ^{y} Modificado de *had*. ^{z} Em lugar de *narration*. ^{a} Substitui *added*, na margem interna.
⁴ *De falsa legatione*, 4: as responsabilidades de um embaixador abrangem seus relatórios, os conselhos que oferece, fazer cumprir suas instruções, aproveitar as ocasiões e oportunidades, e a integridade. — Para Dionísio de Halicarnasso e seus elogios aos métodos de Demóstenes, ver seus *Critical Essays* i (LCL).

quanto a esse defeito é que sua impetuosidade, veemência e paixão o levavam, tanto falando como escrevendo, a apresentar as várias partes da oração do modo como mais o afetavam, sem considerar de que maneira dariam ao ouvinte [*hearer* [b]] ou leitor a noção mais clara daquilo que apresentava. {É esse o caso nas orações pronunciadas por ele mesmo e que mais lhe interessavam}

Os caracteres desses dois oradores eram, até onde sabemos, bastante compatíveis com o que imaginamos ao lermos seus escritos. Ésquines, que tinha formação de ator[5], profissão tão respeitável na época quanto hoje desonrosa, tinha toda a jovialidade, alegria e leveza encontradas na maioria dos atores. Esse temperamento fazia com que sua companhia fosse muito cobiçada pelos jovens, como ele próprio nos conta, e Demóstenes aponta como não lhe sendo nada honroso. Parece também ter sido um grande imitador, e há algumas passagens na oração mencionada que mostram a intenção evidente de imitar Demóstenes, e que devem ter sido pronunciadas com seu tom e gesticulação. Esse talento para a imitação granjeou-lhe o favor e a proteção de Filipe, que, segundo consta, se encantava com mímicos e bufões.

Demóstenes, por sua vez, era de temperamento austero e rigoroso, o que o tornava indiferente a tudo que não fosse importante,

---

[b] No MS: *hearre*.
[5] Ésquines foi ator coadjuvante com dois "Rosnadores" (Ετριταγωνίστεις), ver *De Corona*, 262-6; e a pergunta zombeteira de Demóstenes em 180, "Que papel deseja que lhe atribua ... no drama daquele grande dia?"; também *De falsa leg.* 246. Para a reação ambígua de Ésquines a insultos sobre sua vida privada, licenciosa e indecente: *Against Timarchus*, 135; *Against Ctesiphon*, 216. Demóstenes se dirige a Ésquines como um "infame escrevinhador", um "trágico de terceira categoria" em *De Corona*, 209.

mas, ao mesmo tempo, sua veemência o levava a participar com o maior fervor de tudo que fosse relevante, e a processar todos que parecessem merecer sua indignação. Esse temperamento fazia com que se interessasse pouco por conversas comuns, pois não são muitos os assuntos importantes de que tratam, e, ao mesmo tempo, tornava sua companhia pouco desejável, pois pessoas com esse tipo de caráter | não se divertem muito com os outro<s>, nem são divertidas. Vivia, portanto, quase sempre fechado em casa, vendo e sendo visto por muito poucos. Passava a maior parte do tempo estudando a filosofia estóica e a platônica, sendo mais dedicado, ao que parece, a essa última. Na maioria de suas passagens mais animadas e apaixonadas, se encontram muitos dos sentimentos daqueles filósofos, sobretudo naquela em que introduz o famoso juramento mencionado por Longino.[6] E há muitas passagens que se assemelham tanto a Platão, até no fraseado, que muitas vezes me vi tentado a acreditar que foram copiadas dele. Eu lhes teria dado uma tradução dessas duas orações,[7] não fossem ambas muito longas, não podendo ser condensadas sem perda substancial. Quero, porém, recomendar que as leiam, pois não só são excelentes em relação a seus objetivos como também oferecem um bom resumo da história da Grécia por um período considerável.

232

---

[6] Em *On the Sublime*, ele cita as duas passagens mais famosas de *De Corona*: em x.7, a notícia sobre Elatéia (ver i.74 n.2, ii.228 anteriormente); em xvi.2, o juramento fervoroso de Demóstenes (*De Cor.* 208) pelos que lutaram em Maratona, Platea e Salamina, por todos os bravos que descansam em sepulturas públicas – muito admirado por Quintiliano (IX.ii.62, XI.iii.168, XII.x.24) e outros retóricos.

[7] *De Corona* e *De falsa legatione*: aparentemente, discursos de Demóstenes, embora, como já em ii.222, o contexto seja ambíguo.

233 Há vários outros oradores gregos cujas obras ainda perduram, mas, como são pouco lidos e tratam geralmente de causas | privadas, que normalmente não [*commonly not*ᶜ [*not*]] são as mais interessantes, vou omiti-los e passar a algumas observações sobre Cícero e as diferenças entre seu estilo e o de Demós<tenes>.

Já [*I have already*ᵈ *pointed out*]apontei algumas diferenças entre esses dois grandes oradores,⁸ que parecem resultar sobretudo das diversidade de condições e de gênio de suas duas nações. Agora, darei mais atenção às que provêm da diversidade do caráter e das circunstâncias deles próprios.

Não há, na Antigüidade, caráter mais conhecido que o de Cícero, que se evidencia em todas as suas obras, principalmente nas *Epístolas*. — Mas talvez possamos descobrir mais sobre o verdadeiro [*real*ᵏ] espírito e tendência de seus escritos ao considerarmos seu temperamento natural, sua educação e o espírito da época em que viveu do que pelas observações de seus críticos. Embora esses homens tenham um talento extraordinário para interpretá-lo mal, não conseguiram errar tanto em relação a seu caráter, que brilha como

234 o sol [*as the sun now does* ᶠ] | através de todos os seus textos. Sua natureza [*He seems to have* ᵍ] parece ter sido constituída de um alto grau de sensibilidade e talentos naturais, aliados a muita vaidade e ostentação. A sensibilidade é, sem dúvida, uma característica muito agradável e, de todas, a mais atraente. Devemos, pois, por justiça,

---

ᶜ Números por cima do texto invertem a ordem original *not commonly*; em seguida, um *not* supérfluo.   ᵈ *shewn*: suprimido.   ᵉ *geni*: suprimido.   ᶠ As últimas cinco palavras foram acrescentadas (observação do escriba?) no pé da página.   ᵍ *been*: suprimido.
⁸ Cf. ii.151 antes.

ser tolerantes se ela vier acompanhada de alguns defeitos. Não existem duas disposições mentais que se combinem mais freqüentemente que a inconstância, em uma certa proporção, e a sensibilidade, em alto grau. O mesmo temperamento que leva uma pessoa a compartilhar das alegrias ou dos infortúnios alheios, ou a ser muito afetada pelos seus próprios, é naturalmente ligado a uma disposição que tanto a anima diante de circunstâncias agradáveis, por menores que sejam, como faz com que se deprima diante das minimamente infelizes e, ao mesmo tempo, a induz a comunicar esses sentimentos aos outros. O homem de temperamento alegre transforma tudo que lhe [*that*ʰ *happens to him*] acontece em objeto de prazer, dando grande importância aos mínimos detalhes e comunicando-o aos demais. Se, por acaso, não houver um motivo imediato para exercer esse temperamento feliz, sua própria condição de ser alegre se torna um objeto de prazer, e ele contempla a si próprio e sua condição com satisfação, e por isso se compraz. A mesma disposição que o leva a comunicar sua alegria em certas ocasiões e discorrer sobre o prazer de certas coisas que o cercam também o levará a pensar muito em si mesmo, e a falar continuamente sobre a felicidade e a alegria que o habitam. Já o homem taciturno ou melancólico enxerga tudo pelo pior aspecto, achando sempre algo que o aflija [*distresses*ⁱ], e, quando nada de realmente aflitivo acontece, utiliza seu triste estado para se atormentar. Pensa sem parar no próprio infortúnio que contamina tudo à sua volta. — Fala tanto de si mesmo quanto o homem feliz, e, assim como um insiste na sua felicidade, o outro afirma o quanto é infeliz. Assim também o homem de grande sensibilidade, que vivencia [*enters*ʲ] intensamente

| 235

ʰ *can*: suprimido.   ⁱ Modificado de *depresses*.   ʲ Modificado de *partakes*.

alegrias ou aflições próprias ou alheias, tende a mostrar esses sentimentos aos outros e | a falar [*talk* ᵏ] muito de si mesmo, com um bocado de vaidade e ostentação. Vemos que as mulheres, que, em geral, são consideradas mais inconstantes e vaidosas, também são tidas como mais sensíveis e compassivas que os homens. O povo francês, [*who are thought*ˡ] considerado mais inconstante e vaidoso que a maioria dos outros, é tido como o mais humanitário e caridoso de todos.

Cícero, da mesma forma, parece ter tido um alto grau de sensibilidade, deprimindo-se ou regozijando-se pelos infortúnios ou pela prosperidade dos amigos {como demonstram suas cartas, nas quais mergulha em seus infortúniosᵐ} e dele mesmo, e essa inconstância de espírito, embora pudesse indispô-lo para os negócios públicos e tornar seu comportamento um tanto instável, lhe era, não obstante, vantajosa em seu ofício de orador. {Os homens mais calmos e prudentes não são, em geral,ⁿ os mais sensíveis e compassivos} Também faria dele um companheiro muito agradável e divertido, aberto à alegria e | à jovialidade. Sabemos ainda que seus ditos e aforismos⁹ eram tão apreciados quanto suas orações; circularam em tomos durante sua vida, e seu criado Tiro publicou sete volumes deles após sua morte. Podemos supor que, por temperamento, Cícero fosse muito suscetível aos diferentes sentimentos, principalmente à piedade e à compaixão, que, por isso, parecem ter sido os que mais o afetavam.

ᵏ *ing*: suprimido.   ˡ *thought*: suprimido erroneamente?   ᵐ *and*: suprimido.
ⁿ *best*: suprimido.

⁹ Quintiliano (VI.iii.5) gostaria que Tiro tivesse tido mais bom senso ao selecionar os *três* volumes dos gracejos de Cícero, *obiter dicta* (diga-se de passagem), do que zelo em coletá-los. Cícero (*Ad Familiares*, IX.xvi.4) relata que César, que fazia uma coleção de aforismos, instruíra seus amigos para que lhe trouxessem todos os *mots* que ouvissem quando na companhia de Cícero.

Cícero viveu num tempo em que a erudição acabara de ser introduzida em Roma e era tida em alta conta, e, por seu caráter de novidade, talvez fosse mais valorizada do que merecesse, e do que o foi mais tarde, quando se tornou bem conhecida. A retórica e a dialética eram as ciências que na época haviam atingido o auge da perfeição, e constituíam o objeto de estudo mais em voga entre os homens cultos de Roma. A | dialética era muito semelhante à de Aristóteles, embora um pouco modificada e aperfeiçoada pelos estóicos, que a cultivavam mais que os peripatéticos. A retórica era a de Henágoras°, que já mencionei. Cícero dedicou-se com afinco a esses estudos até os 25 anos. Ele conta que debatia durante várias horas por dia, sob a supervisão de mestres renomados. Depois disso, tendo participado de duas ou três causas, uma delas a de Róscio[10] Amerino [*of Almeira*ᵖ], e adquirido ótima reputação como orador, foi para a Grécia, onde permaneceu por cerca de dois anos. Durante esse tempo, assistiu a arengas e discursos dos mais célebres oradores e filósofos da época, sob cuja orientação escreveu e pronunciou arengas e orações de todos os tipos. A eloqüência então em moda na Grécia se desviava muito da simplicidade e da naturalidade de Demóstenes, mas ainda mantinha muito da despretensão e simplicidade desconhecidas [*in*ᵍ] nos processos em Roma pelas razões

238

239

° i.e. *Hermagoras*; no MS, nas linhas acima e abaixo.   ᵖ i.e. *Ameria*.   ᵍ *Greece*: suprimido.

[10] Cf. ii.213 ss. atrás e 242, adiante. Hermágoras (ca.150 a.C.), mestre de retórica muito influente, que Cícero (*Brutus*, lxxvi.263 ss., lxxviii.271) considerou inapto para o embelezamento do estilo, mas fornecedor de preceitos e diretrizes úteis, de aplicação geral em argumentos: "*ad inveniendum expedita Hermagorae disciplina*". Donde as freqüentes referências a ele no primeiro Cícero – *De Inventione*. Em *Pro Roscio Amerino*, cf. ii.194 n.2 atrás.

já apontadas. Em seu regresso, descobriu que em Roma era moda um estilo mais floreado e pomposo do que encontrara em Atenas e em outras partes da Grécia; e Hortênsio,[11] o mais célebre orador de seu tempo, usava de muitos floreios e buscava mais o esplendor e a grandeza do que qualquer outro. Não surpreende a orientação que Cícero então adotou em suas obras, condizente com seu temperamento, com sua educação e com as circunstâncias daquele momento. Esperaríamos que visasse ao esplendor e à dignidade de expressão então em voga, embora representassem o oposto do método despretensioso tão caro aos gregos. Esperaríamos que se esforçasse muito para demonstrar seus conhecimentos sobre as ciências mais renomadas na época. Seria de esperar também que encontrássemos em <suas> orações tudo que fosse considerado próprio de uma oração normal: o exórdio de praxe, a narração sempre que o tema o permitisse, uma prova, uma refu|tação e uma peroração, [tudo bem demarcado]. Esperaríamos, também, que ele às vezes até aderisse às divisões e tópicos retóricos, mesmo onde parecessem incompatíveis com a causa em questão, como em sua defesa de Milo. Poderíamos ainda esperar que alguém como ele, cujo temperamento o levava à compaixão, estivesse mais inclinado a defender do que a acusar. E vemos ser esse o caso, pois, quando precisava acusar, insistia mais nos infortúnios da vítima do que na culpa do ofensor, como fez em seus discursos contra Verres,[12] onde discorre principalmente sobre os infortúnios de alguns siracusanos oprimidos etc., tocando apenas de leve nos crimes[r]

---

[r] Inserido posteriormente em uma pequena lacuna em branco.
[11] Q. Hortensius Hortalus (114-50 a.C.) Ver ii.169 n.5 atrás.
[12] Para Gaius Verres, pró-pretor da Sicília em 73-71 a.C., cf. ii.154, atrás; processado por Cícero em nome do povo da Sicília em 70 a.C. — *Verrine orations* (LCL).

do pretor. Também devemos esperar que, em alguma parte de sua oração, propositadamente procurasse despertar a compaixão dos juízes pelas vítimas. Isso, em geral, vem [... *places*[s] *immediately*] logo antes da peroração, bem melhor do que se viesse mais perto do princípio, pois a compaixão, por forte que seja, é um sentimento que dura pouco. Por isso, se o apelo fosse posto logo no início, antes do momento oportuno, perderia todo o seu efeito.   [t] observa que Cícero muitas vezes atrai a atenção do leitor para si mesmo mais do que para a causa, e, embora admiremos o orador, não obtemos muita informação sobre esta última.[13] Essa observação, até onde é justa, provém das digressões que Cícero introduz em muitas partes de suas orações para comover a platéia, embora às vezes pouco contribuam para explicitar a causa".

Demóstenes era muito diferente, por seu próprio modo de ser e pelo espírito de seu país. Era de temperamento austero, só se comovia por coisas muito importantes, e, em todas as ocasiões, sua indignação falava mais alto que a compaixão. O fervor o faz precipitar-se de uma coisa a outra, sem nenhuma atenção a uma ordem particular. Em seu tempo, e em tempo algum, nem a lógica ou a dialética, | nem a retórica, eram tidas em alta conta como em Roma, e, em conseqüência, não há vestígio das divisões a elas inerentes em suas orações. É raro que apresente exórdios, pelo menos algum que se diferencie marcadamente da narração, e as outras

---

[s] O escriba escreveu *im* de *immediately* e, a seguir, repetiu *places*.   [t] No MS: lacuna de cinco letras.   "Substitui *effect*.
[13] O crítico de Cícero aqui é quase certamente Quintiliano; cf. seu relato da famosa jactância de Cícero sobre o caso de Cluêncio, II.xvii.21 (ii.211 n.6 atrás).

partes também se fundem da mesma forma. O floreado e o pomposo não aparecem em suas obras, pois, na sua época, preferia-se um estilo mais sóbrio e natural. A paixão que o anima em todas as orações é a indignação, e, por ser mais duradoura que a compaixão, muitas vezes está presente no início e em todo o discurso. O estilo livre e natural dos gregos não admitiria nenhuma peroração feita com o intuito de provocar emoções como as que encontramos em Cícero, e que não são empregadas por nenhum orador grego. De modo geral, Cícero tende mais a provocar piedade e amor, e Demóstenes, a despertar nossa indignação. Um é forte e autoritário, o outro, persuasivo | e comovente. O caráter que Quintiliano atribui a Cícero corresponde inteiramente a isso. — — —

Da imensa quantidade de oradores enumerados [*enumerated* ᵛ] por Quintiliano,[14] apenas Cícero chegou até nós. Quanto aos seus predecessores e contemporâneos, certamente devemos [*may* ʷ] lamentar a sua perda; quanto aos seus sucessores, porém, talvez seja melhor que estejam relegados ao esquecimento do que se tivessem permanecido para nos confundir. — Vemos que até Cícero introduz em suas orações várias digressões somente para distrair o juiz, sem o mínimo esclarecimento com respeito à causa. Isso se tornou uma prática universal e comum depois de seu tempo, de tal forma que havia pontos predeterminados onde essas digressões eram introduzidas. Havia uma, entre a narração e a prova, cuja finalidade só consigo entender como um modo de fazer o juiz esquecer o que se pretendia provar. Havia outra entre a prova e a refutação, e outra

---

ᵛ No MS: *neumerated.*   ʷ Substitui *are with.*
[14] XII.x.12-26, em seguida a uma lista de antigos pintores (3-6) e escultores (7-9).

entre essa e a peroração, cuja finalidade só posso imaginar que fosse a mesma já mencionada. As orações | inteiras eram também cheias do que chamavam de figuras, tão inúteis quanto as digressões. Vemos a que ponto isso chegou logo após o tempo de Cícero, já na época de Tibério, pela história de um certo *x* <Albúcio>. Quando processava um tal de <Arúncio>*y*, ofereceu-se a aceitar sua palavra, sob juramento, com o que este concordou.¹⁵ Mas, diz o primeiro, deves jurar pelas cinzas de teu pai que não foram enterradas etc. e tal, acusando-o de todos os tipos de crime. O homem aceitou a condição, mas <Albúcio>*z* recusou-se a permitir que jurasse, dizendo que se tratava apenas de uma figura de retórica. Quando o homem insistiu que mantivesse sua palavra, ele declarou que, se fosse esse o caso, seria o fim de todas as figuras. <Arúncio>*a* respondeu que achava que os homens podiam viver sem elas, e continuou insistindo em jurar, e os juízes concordaram com isso. <Albúcio>*b*, porém, ficou tão enraivecido por suas figuras receberem tal tratamento, que jurou nunca mais pisar em um tribunal. Manteve a palavra, e, segundo consta, costumava gabar-se de ter mais ouvintes em sua casa para ouvi-lo declamar sobre causas fictícias do que outros que defendiam causas verdadeiras. | Em pouco tempo, as ora-

244

244

---

x *He wh*: suprimido; a seguir, uma lacuna, que JML preencheu com *Albucius*.
y No MS: lacuna que JML preencheu com *Arruntius*.   *z* A lacuna no MS foi preenchida com *Albúcio*.   *a* A lacuna no MS foi preenchida com *Arúncio*.
b No MS não há nenhuma lacuna, no caso, necessária.

¹⁵ O advogado Albúcio fica enfurecido quando seu repto ao seu oponente Arúncio, "Juras pelas cinzas de teu pai?", é levado ao pé da letra e aceito, já que ele insiste se tratar de uma *figura*. "*Nota enim fabula est*" (Quintiliano, IX.ii.95). Cf. Sêneca, o Velho, *Controversiae*, VII, praefatio 6-7 (Albúcio, casualmente, tem enorme admiração por Hermágoras, 5). A edição da LCL cita também Suetônio, *De grammaticis et rhetoribus*, XXX.3.

ções se transformaram em uma série de digressões e figuras desse tipo, uma após outra, de modo que não nos surpreende o que diz Quintiliano: havia muitas orações pelas quais o defensor era muito elogiado, enquanto, ao mesmo tempo, ninguém atinava qual lado ele defendia.[16] Não precisamos, portanto, lamentar a perda dessas orações posteriores.

Agora falarei sobre o estado da eloqüência judiciária na Inglaterra, muito diferente da grega ou romana. Essa diferença é em geral atribuída ao escasso progresso no cultivo da língua e do estilo nesse país, comparado com o que sucedia no mundo antigo. Porém, embora isso possa ser verdadeiro até certo ponto, imagino haver outros motivos que os tornem essencialmente diferentes. A eloqüência mais apreciada hoje é de um estilo simples, distinto e perspícuo, sem floreios ou outros elementos ornamentais da antiga eloqüência. Essa e outras diferenças surgem necessariamente da natureza dos | tribunais e da índole particular do povo. As cortes de justiça antigas eramᶜ muito parecidas com os júris de hoje; estavam constituídas por homens sem conhecimentos legais, cuja tarefa tinha curta duração, e que muitas vezes eram, na maioria, escolhidos para o julgamento de uma causa particular, não dentre um grupo especial de homens, mas com freqüência por votação ou rodízio

---

ᶜ *composed*: suprimido.

[16] O comentário não está em Quintiliano; mas seu espírito anima o breve relato, em Pérsio, *Satire* i.85-8, do advogado Pédio (o nome vem de Horácio, *Satires* I.x.28), que é indiferente ao destino do seu cliente, desde que a beleza do seu discurso ("*rasis/librat in antithetis, doctas posuisse figuras*") seja admirada; e a pergunta do próprio Quintiliano (XI.i.49-50) sobre o que devemos pensar de um homem que defende a própria causa, que está em risco, e escolhe com vagar apenas palavras elegantes ("*verba aucupantem et anxium de fama ingenii*") para exibir a sua eloqüência ("*diserto*").

dentre o povo todo, e havia sempre um grande número deles. Já na Inglaterra, há um único juiz para cada caso; ele faz parte de um grupo de homens com formação em direito, que geralmente têm, ou deveriam ter, conhecimento completo da legislação, e que são muito versados em todas as diferentes circunstâncias de casos, tendo antes [*before* ᵈ] participado de muitos deles [*of* ᵉ], como juízes ou como advogados, e devem ter conhecimento de todos os diversos argumentos que possam ser apresentados. Isso, portanto, os exime de ouvir uma grande parte da matéria das antigas orações. Não cabe aí uma narração, cujo único desígnio é [*is* ᶠ], pelo entrelaçamento dos fatos que [*which* ᵍ] podem ser provados com os que não podem, dar mais credibilidade aos últimos por sua conexão com os primeiros. Como agora, porém, nada tem valor sem prova direta, esse tipo de narração seria inútil. O advogado, portanto, só pode repetir os fatosʰ que vai provar, os quais muitas vezes podem ser desconexos. A única ocasião em que realmente pode fazer uma narração completa do acontecimento é quando há uma testemunha que assistiu a tudo, o que é raro acontecer. {E se, porventura, asseverasse como fato algo que não pode provar, como faziam os antigos oradores, seria repreendido severamente.} O advogado aqui não vê nenhuma oportunidade de suavizar qualquer argumento contrário à sua defesa, pois o juiz perceberá e não terá a menor consideração com que for apresentado desse modo. Nem pode esconder ponto fraco algum, colocando-o entre dois de que depende para comprová-lo, pois isso seria | logo percebido. Todos [*All these* ⁱ] esses expedientes eram particularmente usados pelos an-

---

ᵈ*the:* suprimido.   ᵉmodificado de *and*.   ᶠ *that*: suprimido.   ᵍ *there*: suprimido.
ʰNo MS: *parts*.   ⁱsubstitui *which*.

tigos retóricos, baseados unicamente na ignorância e desatenção dos juízes. Como agora não se pode contar com isso, esses expedientes de nada servem. O advogado tem de ser muito mais preciso que os da Roma ou Grécia antigas, e verificamos que os defensores mais apreciados são os que apresentam o tema da maneira mais clara e distinta e procuram dar ao juiz uma noção justa da causa.ʲ

Uma grande assembléia popular é uma coisa imponente, que a princípio suscita respeito e medo no orador, mas, à medida que as pessoas começam a ser afetadas pela causa, e o próprio orador começa a se empolgar, ele então se anima e se sente encorajado. A comoção que perceberá na platéia o incentivará e despertará sua paixão. Um juiz é apenas um homem, assistido unicamente por um júri medíocre, e não pode suscitar tal respeito nem despertar paixões. Oradores pomposos não são nada apreciados. Quem gritasse e vociferasse diante de cinco ou seis pessoas seria tido como tolo ou louco, embora o mesmo comportamento perante uma grande assembléia do povo parecesse muito correto e adequado à ocasião. Pode parecer que a Câmara dos Lords, que consiste em muitos membros, possa oferecer oportunidade para discursos mais animados e apaixonados. Porém, na maioria das causas privadas, apenas 30%ᵏ deles compareçem. Em julgamentos públicos, todos realmente compareçem, mas então a grande ordem e decoro ali prevalecentes não oferecem ocasião para a prolixidade. Em todos os julgamentos públicos já publicados, os discursos mais elogiados são os desenvolvidos na ordem mais clara e natural; e qualquer coisa que pareça ter o intuito de emocionar deve ser apenas insinuada. A ordem e o decoro de comportamento hoje em moda não admi-

---

ʲ *The*: suprimido.   ᵏ Registro duvidoso.

tem a menor extravagância. O comportamento considerado cortês na Inglaterra é uma serenidade [*serenity* ^l^] calma e tranqüila, sem o tumulto das paixões. Os estrangeiros observam que não há povo no mundo que gesticule tão pouco ao conversar quanto o inglês. Um francês, ao contar um caso totalmente insignificante para ele ou para qualquer outro, usa mil gestos e caretas, enquanto um inglês bem-educado conta um caso concernente à sua vida e fortuna sem mover um músculo da face. | Montain, em seus ensaios,[17] conta que assistiu à mesma ópera apresentada diante de uma platéia inglesa e de uma italiana. E diz que a diferença de comportamento foi impressionante. Enquanto a última parecia morrer de êxtase, a outra não se mostrava nem um pouco comovida. Isso o sensato francês atribuiu à falta de sensibilidade e à ignorância em matéria de música, mas creio que se enganou, pois se existe uma arte bem compreendida na Inglaterra, essa é a música. As classes inferiores muitas vezes [*often*^m^ *evidence*] demonstram um gosto apurado para a música, e as classes superiores um conhecimento completo e perfeito dela. O verdadeiro motivo é a noção diferente de polidez.

O conceito de polidez dos espanhóis é uma seriedade filosófica arrogante, orgulhosa e majestosa. Já para os franceses, consiste em

---

^l^ No MS: *serenay*.   ^m^ O escriba começou a escrever *display*, por antecipação.

[17] A palavra "ensaios" revela que o escriba está pensando em Montaigne, confundido com Montesquieu: *De l'esprit des lois* (1748), XIV.ii (intitulado "Combien les hommes sont différens dans les divers climats"), §8: "*Comme on distingue les climats par les degrés de latitude, on pourrait les distinguer, pour ainsi dire, par les degrés de sensibilité. J'ai vû les Opéras d'Angleterre et d'Italie; ce sont les mêmes pieces et les mêmes Acteurs; mais la même Musique produit des effets si différens sur les deux nations, l'une est si calme, e l'autre si transportée, que cela paroît inconcevable*". O século XVIII foi palco de muitas controvérsias sobre as capacidades musicais relativas de diferentes povos e suas línguas; Rousseau envolveu-se em uma sobre o francês e o italiano.

alegria natural, afabilidade e sensibilidade. Na Inglaterra, é um comportamento sereno, calmo e tranqüilo. Apenas as pessoas mais refinadas vão à ópera, e, ali, qualquer emoção seria considerada indecente. E vemos que quando essas pessoas vão se divertir em uma cervejaria, ou em outro lugar pouco elegante, conservam a mesma compostura que demonstram na ópera, enquanto a plebe que os cerca manifesta uma variedade de emoções por seus gestos e comportamento.

Não devemos, portanto, esperar que algo apaixonado ou exagerado seja admitido na Câmara dos Lords[n]. Nada ali será aceito que não seja, ou não pareça ser, um relato claro, justo e preciso. Por essa razão, as defesas[o] dos oradores mais célebres | nos parecem pouco mais do que os tópicos de um discurso, já que estamos acostumados a um tipo mais livre de defesa. Se, porém, sob essa forma de clareza e franqueza, o advogado consegue encaixar algo que favoreça o seu lado, o efeito é notável.[p]

Os lords, em seus discursos, sempre observam as mesmas regras de decoro, e qualquer paixão pode apenas ser insinuada. Vemos que aqueles que sobressaíram como oradores na Câmara dos Comuns, onde se permite um estilo muito livre e, com freqüência, bastante debochado e abusivo, foram perdendo seu estilo quando transferidos para a câmara alta. Pois, embora cientes de que o estilo a que estavam acostumados [acc[o]ustomed [q] to] não era absolutamente adequado ali, não estava em seu poder abandoná-lo de imediato. Sem dúvida, muitos dos discursos | nos julgamentos públicos

---

[n] Substitui *commons*.   [o] *that*: suprimido.   [p] A sentença seguinte, parcamente decifrável, foi suprimida: *This the the delivery mentioned is that which all the speakers of Repute have practised: Many of the Ora*   [q] *the:* suprimido.

devem seus efeitos à elocução e ênfase com que os diferentes tópicos, pois não passavam disso, eram pronunciados. O discurso de Atterbury,[18] que deixou extasiados todos os que o ouviram, nos parece confuso e desanimado, embora tenha, certamente, produzido um efeito maravilhoso sobre os ouvintes [*hearers*^r]. — O estilo floreado e brilhante sempre desagradou. O discurso de Sir Robert Walpoles sobre   ^s, por ser desse tipo, foi chamado, ironicamente, de oração.

---

^r No MS: *Hearres*.   ^s No MS: lacuna de cinco letras.

[18] O discurso que Henry Sacheverell pronunciou em 7 de março de 1710, por ocasião do seu *impeachment*, diante da Câmara dos Lords, diferia tanto em tom e estilo — calmo e modesto, com frases equilibradas e algo paradoxais — dos dois sermões ofensivos que proferira no tribunal de Derby e na catedral de St. Paul, em agosto e novembro de 1709, que todos acreditaram ter sido escrito por Francis Atterbury (1662-1732), futuro bispo de Rochester. Foi publicado em *A compleat history of the whole proceedings of the Parliament of Great Britain against Dr. Henry Sacheverell: with his Trial before the House of Peers, for High Crimes and Misdemeanors* [Relato completo de todo o processo do Parlamento da Grã-Bretanha contra o Dr. Henry Sacheverell: com seu julgamento na Câmara dos Lords, por crimes graves e má conduta], 1710: 2.66-84; reeditado como "universalmente atribuído ao Dr. Atterbury quando publicado pela primeira vez", em *The Epistolary Correspondence, Visitation Charges, Speeches and Miscellanies*, de Atterbury, iii (1784), 456-502.

Qualquer identificação da "oração" de Sir Robert Walpole referida seria mera conjectura. Ele evitava arroubos de oratória, mas seus discursos eram muitas vezes elogiados. Burke, em *An Appeal from the New to the Old Whigs*, considerava o discurso de Walpole sobre o julgamento de Sacheverell uma clara exposição de princípios constitucionais. Em sua refutação do voto de censura de Pulteney em janeiro de 1742 "ele se superou... Realmente dissecou o sr. Pulteney", segundo Sir Robert Wilmot. Mas a referência acima pode ser ao seu único discurso como conde de Orford, na Câmara dos Lords, proferido em 24 de fevereiro de 1744, sobre uma temida invasão francesa em apoio ao príncipe Charles Edward: "um discurso longo e excelente", disse seu filho Horace, especialista em tais assuntos. Ver W. Coxe, *Memoirs of ... Sir R. W.*, 1798; e J. H. Plumb, *Sir Robert Walpole*, 1956-61.

Só tenho mais uma observação a fazer sobre esse tópico. A noção de eloqüência inglesa aqui aludida é provavelmente justa, pois os dois oradores mais admirados, Lord Mansfield e Sir Wm. Pym, discursavam exatamente da mesma maneira, embora bem separados no tempo.[19] O primeiro, contudo [*however* ᵗ], nos é mais agradável devido à linguagem, e é, sem dúvida, mais perspícuo e organizado.

ᵗ No MS: *howvear*.

[19] William Murray (1705-93), juiz e parlamentar, foi feito barão Mansfield de Mansfield em 1756, e primeiro conde em 1776. "Em todos os debates importantes, ele era muito superior a Pitt na argumentação" (Waldegrave, 1755); Horace Walpole, um oponente, "nunca ouviu tanto argumento, tanta oratória, tanto bom senso juntos" (*Memoirs of the reign of George II*, iii.120) como em um discurso de Mansfield em 1758. A lucidez e agudeza de sua oratória forense são ainda mais elogiadas por seus contemporâneos.

Pym é o parlamentar John Pym (1583-1643), orador importante na Câmara dos Comuns de 1621 em diante; detalhes bibliográficos em S. R. Brett, *John Pym 1583-1643: the statesman of the Puritan Revolution*, 1940. O escriba confunde-o, sem dúvida, com William Prynne (ver i.10 n.9, atrás), muito mais conhecido como panfletário do que como orador parlamentar.

CONSIDERAÇÕES REFERENTES À PRIMEIRA FORMAÇÃO DAS LÍNGUAS
E O
Caráter Diverso das LÍNGUAS

originais e compostas

Adam Smith

Considerações referentes à primeira formação das línguas
Etc. Etc.[1]

A atribuição de nomes particulares para denotar objetos particulares, isto é, a instituição de nomes substantivos, deve ter sido, provavelmente, um dos primeiros passos na formação da língua. Dois selvagens[2] que nunca aprenderam a

---

[1] Para o título completo (composto em maiúsculas em 3-5) cf. Nota sobre o Texto (p. 58); apenas 6 o abrevia assim. Smith parece demonstrar certa indiferença quanto ao título de seu ensaio.

[2] Esse relato fantasioso poderia ter sido sugerido pela passagem do *Essai sur l'origine des connoissances humaines* (1746), do abade Étienne Bonnet de Condillac, mencionada no *Discours* de Rousseau (ver adiante). Adão e Eva tinham o dom da fala como parte da perfeição dada por Deus; *"mais je suppose que, quelque temps après le déluge, deux enfans, de l'un e de l'autre sexe, aient été égarés dans des déserts, avant qu'ils connussent l'usage d'aucun signe"*. Com o tempo, o filho deles desenvolve o uso de sinais lingüísticos: II. seção I, preâmbulo, até seção 7. Condillac cita o *Essai sur les Hiéroglyphes des Égyptiens* (1744, 48) por "M. Warburthon", i.e., a tradução por M. A. Leonard des Malpeines de *The Divine Legation of Moses Demonstrated* (1741, livro IV, seção iv), de Warburton. O próprio Warburton se refere a Diodoro Sículo ii e Vitrúvio ii.1, sobre o início de sons humanos articulados em associação mútua; também a Gregório de Nissa, *Adversus Eunomium* xii; ao hebraísta do século XVII Richard Simon, *Histoire critique du Vieux Testament* i.14-15, iii.21; e a J. F. Lafitau, *Moeurs des sauvages amériquains, comparées aux moeurs des premiers temps* (1724), i.482; cf. LJ (A), ii. 96. Smith tinha exemplares tanto do *Essai* (1746) de Condillac quanto de seu *Traité des sensations* (1754), parte do pano de fundo do ensaio "Of the External Senses" em EPS.

falar, criados longe das sociedades dos homens, naturalmente começariam a formar a língua pela qual procurariam tornar inteligíveis suas necessidades mútuas, emitindo determinados sons sempre que quisessem denotar determinados objetos. Atribuiriam nomes particulares somente aos objetos mais familiares e mencionados com mais freqüência. A caverna específica que os abrigava das intempéries, a árvore específica cujos frutos aliviavam sua fome, a fonte específica cuja água lhes saciava a sede seriam primeiro denominadas pelas palavras *caverna, árvore, fonte* ou por quaisquer outros nomes que julgassem apropriados naquele jargão primitivo. Depois, quando a experiência ampliada desses selvagens os tivesse levado a observar, e, em ocasiões necessárias, fossem obrigados a mencionar outras cavernas, e outras árvores, e outras fontes, naturalmente dariam a cada um desses novos objetos o mesmo nome pelo qual costumavam chamar o objeto semelhante que primeiro conheceram. Nenhum dos objetos novos tinha nome próprio, mas cada um deles assemelhava-se exatamente a outro objeto que tinha tal denominação. Seria impossível que esses selvagens pudessem ver os objetos novos sem recordar os antigos e seus nomes, aos quais os novos se assemelhavam tanto. Quando houvesse ocasião, portanto, de mencionar ou indicar qualquer dos novos objetos, eles naturalmente diriam o nome do antigo correspondente, cuja idéia não deixaria de se apresentar em sua memória naquele instante, da maneira mais forte e viva. E, dessa mesma forma, aquelas palavras que eram originalmente nomes próprios de coisas particulares, cada uma, de modo imperceptível, se tornaria o nome comum de uma multiplicidade. Uma criança que está aprendendo a falar chama todos que vêm à sua casa de papai ou mamãe, e, dessa maneira, confere a toda a espécie os nomes que aprendeu a aplicar a dois indivíduos. Conheci um palhaço que não sabia o nome do rio que passava por sua porta. Era *ᵃo rio*, dizia, e nunca ouviu nenhum outro nome para ele. Parece que sua experiência não o levara a observar nenhum outro rio. A palavra geral *rioᵃ*, portanto, evidentemente era, em sua acepção dela, um nome próprio, significando um objeto individual. Se ele fosse levado para outro rio, não o teria chamado prontamente de rio? Imaginemos alguém vivendo às margens do Tâmisa, e tão ignorante a ponto de não conhecer a palavra geral *rio*, mas apenas a palavra particular *Tâmisa*. Se fosse levado a qualquer outro rio, não o chamaria prontamente de [*aᵇ*] *um Tâmisa*? Isso, na realidade, é o que muitas vezes fazem aqueles que conhecem bem a palavra geral. Um inglês, ao descrever qualquer grande rio que tenha visto em algum país estrangeiro, naturalmente diz que é um outro Tâmisa. Os espanhóis, quando primeiro chegaram à costa do México e observaram a riqueza, a grande população e as habitações daquele admirável país, tão superior às nações selvagens que vinham visitando fazia algum tempo, exclamaram que era uma outra Espanha. Por isso foi chamado de Nova Espanha, e esse nome continua ligado até hoje ao desventurado país. Da mesma maneira, dizemos de um herói que é um Alexandre; de um orador, que é um Cícero; de um filósofo, que é um Newton. Esse modo de falar, que os gramáticos chamam de antonomásia, e que ainda é extremamente comum, embora hoje desnecessário, demonstra quanto a humanidade tende naturalmente a dar a um objeto o nome de qualquer outro que se lhe assemelhe e, dessa forma, a denominar

---

ᵃ⁻ᵃ Em tipo romano: *PM 3*.   *ᵇ* a Em tipo romano: *PM 3*.

uma multiplicidade pelo que originalmente devia designar algo particular.

2   É essa aplicação do nome^c de um único objeto a uma multiplicidade deles, cuja semelhança naturalmente lembra a idéia daquele objeto particular e o nome que o designa, que parece ter ocasionado a formação das classes e agrupamentos que nas escolas são chamados gêneros e espécies, e cuja origem parece de explicação impossível para o engenhoso e eloqüente Mr. Rousseau de Genebra*. O que constitui uma espécie é simplesmente um número de objetos que possui um certo grau de semelhança, e que, por isso, são denominados por um único nome, que pode ser aplicado a qualquer um deles.

3   Quando os objetos, em sua maioria, tinham sido organizados assim em suas classes e agrupamentos apropriados, diferenciados por tais nomes gerais, seria impossível que a maior parte daquele número quase infinito de coisas particulares contidas em cada agrupamento ou espécie pudesse ter um nome peculiar, distinto do nome geral da espécie. Quando havia ocasião, portanto, de

---

^c *names*: PM.

* *Origine de l'Inegalité*.[3] Partie Première, p. 376, 377. Edição de Amsterdã das obras diversas de J. J. Rousseau.

[3] (inegalité PM 3; première PM 3-5). A referência é ao *Discours sur l'origine et les fondemens de l'inégalité parmi les hommes* Par Jean-Jacques Rousseau citoyen de Genève (1755), I.§§ 23-31. O dilema ali apresentado é que a generalização só é possível se tivermos palavras, mas que palavras são possibilitadas apenas pelo poder de generalizar; e, portanto, *"on jugera combien il eût falu de milliers de Siècles, pour développer successivement dans l'Esprit humain les Opérations, dont il étoit capable"*. Alguns meses após a publicação do *Discours* em 24 de abril de 1755, Smith o citou extensamente em sua *Letter* à *Edinburgh Review* nº 2 (ver EPS 250-4).

mencionar qualquer objeto particular, era muitas vezes necessário distingui-lo dos outros objetos abrangidos pelo mesmo nome geral, primeiramente por suas qualidades peculiares, ou, em segundo lugar, pela relação peculiar que mantinha com algumas outras coisas. Daí a origem necessária de dois outros conjuntos de palavras, um expressando qualidade e o outro, relação.

Nomes adjetivos[4] são as palavras que expressam qualidade considerada qualificativa ou, como dizem os professores, concreta, de um determinado sujeito. Dessa forma, a palavra *verde* expressa uma certa qualidade considerada qualificativa ou concreta do sujeito particular a que pode ser aplicada. Palavras desse tipo, evidentemente, podem servir para distinguir objetos particulares de outros abrangidos pelo mesmo nome geral. As palavras *árvore verde*, por exemplo, poderiam distinguir uma árvore particular de outras que estivessem secas ou murchas. 4

Preposições são palavras que, do mesmo modo, exprimem uma relação considerada concreta com o objeto correlativo. Dessa forma, as preposições *de, a, para, com, por, sobre, sob* etc.[d] designam alguma relação existente entre os objetos expressos pelas palavras entre as quais são postas as preposições, e indicam que essa relação é considerada concreta entre os objetos correlativos. Palavras desse tipo 5

---

[d] &c.: PM 3-5.

[4] Os termos gramaticais *noun adjective* (nome adjetivo) e *noun substantive* (nome substantivo), vindos de *nomen adiectivum* e *nomen substantivum* do latim tardio, eram de uso normal desde o final do século XIV, mas, a partir de ca.1500, eram tão usados quanto *adjective* (adjetivo) e *substantive* (substantivo) simples (este por fim quase totalmente substituído por *noun*). Os primeiros provavelmente pareciam um pouco arcaicos e ambíguos em 1761. "O que é um adjetivo? Não ouso chamá-lo de nome adjetivo" (Horne Tooke, *Diversions of Purley*, 1786, II.vi).

servem para distinguir objetos particulares de outros da mesma espécie quando esses objetos não podem ser marcados adequadamente por alguma qualidade peculiar. Quando dizemos *a árvore verde da campina*, por exemplo, distinguimos uma árvore particular, não apenas pela qualidade que lhe pertence, mas também por sua relação com um outro objeto.

6   Como nem qualidade nem relação podem existir em abstrato, é natural supor que as palavras que as denotam consideradas em termos concretos, a maneira pela qual sempre as vemos existir, teriam sido inventadas muito antes daquelas que as expressam em abstrato, a maneira em que nunca as vemos existir. As palavras *verde* e *azul* provavelmente foram inventadas antes das palavras *verdor* ou *azulado*; as palavras *sobre* e *sob*, antes de *superioridade* e *inferioridade*. A invenção de palavras desse segundo tipo exige um esforço de abstração muito maior do que a invenção das do primeiro tipo. É provável, portanto, que esses termos abstratos tenham sido instituídos muito mais tarde. Por conseguinte, suas etimologias demonstram [*shew*ᵉ] isso, pois, em geral, são derivadas de outros que são concretos.

7   Porém, embora a invenção de nomes adjetivos seja muito mais natural que a de nomes substantivos abstratos derivados deles, ainda assim isso teria exigido um grau considerável de abstração e generalização. Aqueles que, por exemplo, primeiro inventaram as palavras *verde, azul, vermelho* e os outros nomes das cores devem ter observado e comparado um grande número de objetos, devem ter notado suas semelhanças e diferenças quanto à qualidade da cor, e devem tê-los organizado em suas mentes em diferentes classes e

---

ᵉ show: *PM 3-5*.

agrupamentos, segundo essas semelhanças e diferenças. O adjetivo é, por natureza, uma palavra geral, e, até certo ponto, abstrata, e necessariamente pressupõe a idéia de uma certa espécie ou agrupamento de coisas às quais se aplica igualmente. A palavra *verde* não poderia, como supomos ser o caso da palavra *caverna*, ter sido originalmente o nome de um objeto particular e depois ter se tornado, pelo que [*grammarians*ᶠ] os gramáticos chamam de antonomásia, o nome de uma espécie. A palavra *verde*, por denotar não o nome de uma substância mas uma qualidade sua peculiar, desde o princípio deve ter sido uma palavra geral e considerada aplicável igualmente a qualquer outra substância que possuísse a mesma qualidade. O homem que primeiro distinguiu um objeto particular pelo epíteto de *verde* deve ter observado outros objetos que não eram *verdes*, dos quais pretendeu separá-lo por essa denominação. A instituição desse nome, portanto, supõe comparação. Da mesma forma, supõe algum grau de abstração. A pessoa que primeiro inventou essa denominação deve ter separado a qualidade do objeto ao qual pertencia e concebido o objeto como passível de subsistir sem a qualidade. Portanto, até a invenção dos nomes adjetivos mais simples deve ter exigido uma elaboração metafísica maior do que podemos imaginar. As diferentes operações mentais de organização ou classificação, de comparação e de abstração, todas devem ter sido empregadas antes mesmo que os nomes das diferentes cores, os menos metafísicos de todos os nomes adjetivos, pudessem ser instituídos. De tudo isso, deduzo que, quando as línguas começavam a se

---

ᶠ PM: apresenta *the* antes de *Grammarians*.

formar, os nomes adjetivos não teriam sido absolutamente as palavras inventadas em primeiro lugar.

8   Existe outro recurso para designar qualidades diferentes de substâncias diferentes que, não exigindo abstração nem separação da qualidade quanto ao sujeito, parece mais natural do que a invenção de nomes adjetivos e que, por esse motivo, não deixaria de ser cogitado antes deles na primeira formação da língua. Esse expediente é o de fazer alguma variação no próprio nome substantivo, de acordo com as diferentes qualidades de que é dotado. Assim, em muitas línguas, as qualidades tanto de gênero quanto de sua ausência são expressas por diferentes terminações do nome substantivo que denotam objetos assim qualificados. Em latim, por exemplo, *lupus, lupa; equus, equa; juvencus, juvenca; Julius, Julia; Lucretius, Lucretia* etc. denotam as qualidades de masculino e feminino em animais e pessoas assim denominados, sem necessidade de se acrescentar nenhum adjetivo para esse fim. Por outro lado, as palavras *forum, pratum, plaustrum* denotam, por sua terminação peculiar, a total ausência de gênero nas diferentes substâncias que representam. Como tanto o gênero quanto a sua total ausência eram naturalmente considerados qualidades modificadoras e inseparáveis das substâncias particulares a que pertenciam, era mais natural expressá-los por uma modificação do nome substantivo do que por qualquer palavra geral e abstrata que designasse essa espécie particular de qualidade. É evidente que a expressão possui, dessa maneira, uma analogia muito mais exata com a idéia ou o objeto que denota do que qualquer outra. A qualidade aparece na natureza como uma modificação da substância, e [*as* ᵍ]

ᵍ *PM* omite *as*.

sendo expressa assim na língua por uma modificação do nome substantivo que denota essa substância, a[b] qualidade e o sujeito são, nesse caso, por assim dizer, fundidos na expressão do mesmo modo que parecem ser no objeto e na idéia. Daí a origem dos gêneros masculino, feminino e neutro em todas as línguas antigas. Por esse meio, as mais importantes de todas as distinções, a das substâncias em animadas e inanimadas e a dos animais em machos e fêmeas, parecem [*seem*[i]] ter sido suficientemente marcadas sem o auxílio de adjetivos ou de qualquer nome geral para denotar a mais ampla espécie de qualificação.

Não há mais do que esses três gêneros em qualquer das línguas que conheço; ou seja, a formação de nomes substantivos não pode, por si só, e sem o acompanhamento de adjetivos, expressar nenhuma outra qualidade senão as três mencionadas acima [*above mentioned*[j]], as de masculino, de feminino e de nem masculino nem feminino. No entanto, não me surpreenderia se, em outras línguas que desconheço, as diferentes formações [*formations*[k]] de nomes substantivos [*substantive*[l]] fossem capazes de expressar muitas outras qualidades diferentes. Os diversos diminutivos do italiano e de algumas outras línguas às vezes expressam, de fato, uma grande variedade de diferentes modificações nas substâncias denotadas pelos nomes que sofrem tais variações.

Seria impossível, contudo, que nomes substantivos pudessem, sem perder totalmente a forma original, sofrer tantas variações suficientes para expressar a quase infinita variedade de qualidades

9

10

---

[b] *PM: substance. The* [i] *PM 3: seems* [j] *PM 3: above-mention* [k] *PM: formation*
[l] *PM 3: Substantives*

pelas quais seria necessário, em diferentes ocasiões, especificá-los e distingui-los. Portanto, embora a formação diferente de nomes substantivos pudesse evitar, por algum tempo, a necessidade de inventar nomes adjetivos, seria impossível que essa necessidade fosse evitada para sempre. Quando os nomes adjetivos foram inventados, foi natural serem formados com alguma semelhança com os substantivos, aos quais serviriam como epítetos ou qualificações. Os homens naturalmente lhes dariam as mesmas terminações dos substantivos aos quais foram primeiro aplicados, e por esse amor à semelhança de sons, pelo prazer com a repetição das mesmas sílabas, que constituem a base da analogia em todas as línguas, tenderiam a variar a terminação do mesmo adjetivo, conforme fosse aplicado a um substantivo masculino, feminino ou neutro. Diriam *magnus lupus, magna lupa, magnum pratum* quando quisessem expressar um grande *lobo*, uma grande *loba*, um grande *prado*.

Essa variação na terminação do nome adjetivo de acordo com o gênero do substantivo, que ocorre em todas as línguas antigas, parece ter sido introduzida principalmente em função de uma certa semelhança de som, de uma espécie de rima naturalmente muito agradável ao ouvido humano. Observemos que o gênero não pode propriamente pertencer a um nome adjetivo, cujo significado é sempre exatamente o mesmo, independentemente da espécie de substantivo a que se aplica. Quando dizemos *um grande* [*man^m*] homem, *uma grande mulher* [*woman^m*], a palavra *grande* tem exatamente o mesmo significado em ambos os casos, e a diferença de [*of the^n*] sexo dos sujeitos a que se aplica não faz a menor diferença em seu

---

$^{m\text{-}m}$ PM 3: Man,... Woman, ^{n} PM 3 omite *the*

significado. *Magnus, magna, magnum*, da mesma forma, são palavras que expressam precisamente a mesma qualidade, e a mudança de terminação não é acompanhada de nenhuma variação de significado. Sexo e gênero são qualidades que pertencem às substâncias, mas que não podem pertencer às qualidades das substâncias. De modo geral, nenhuma qualidade, quando considerada em concreto ou qualificando algum sujeito particular, pode, por si, ser concebida como o sujeito de qualquer outra qualidade, embora o possa ser quando considerada em abstrato. Nenhum adjetivo, portanto, pode qualificar qualquer outro adjetivo. *Um grande homem bom* significa um homem que é, ao mesmo tempo, *grande* e *bom*. Ambos os adjetivos qualificam o substantivo; não se qualificam entre si. Por outro lado, quando falamos na *grande bondade* do homem, como a palavra *bondade* denota uma qualidade considerada em abstrato, que pode, em si, ser o sujeito de outras qualidades, pode então ser qualificada pela palavra *grande*.

12 Se a invenção original de nomes adjetivos apresentava tantas dificuldades, a das preposições apresentaria ainda mais. Cada preposição, como já observei, denota alguma relação considerada em concreto com o objeto correlativo. A preposição *sobre*, por exemplo, denota a relação de superioridade, não em abstrato, como é expressa pela palavra *superioridade*, mas concretamente com algum objeto correlativo. Por exemplo, na frase *a árvore sobre a caverna*, a palavra *sobre* expressa uma certa relação entre a *árvore* e a *caverna*, e expressa essa relação concretamente com o objeto correlativo, *a caverna*. A preposição sempre demanda, a fim de completar o sentido, alguma outra palavra que a siga, como podemos observar nesse exemplo em particular. Ora, digo eu, a invenção original de tais palavras exigiria um esforço ainda maior de abstração e generalização do que

a dos nomes adjetivos. Em primeiro lugar, a relação é, em si, um objeto mais metafísico do que uma qualidade. Ninguém pode ter dificuldade em explicar o que significa uma qualidade, mas poucos seriam capazes de expressar distintamente o que se entende por uma relação. Qualidades são, quase sempre, objeto de nossos sentidos externos; as relações nunca são. Não admira, portanto, que um conjuntos de objetos seja tão mais compreensível que outro. Em segundo lugar, embora as preposições sempre expressem a relação que representam concretamente com o objeto correlativo, elas não poderiam ter sido formadas originalmente sem um considerável esforço de abstração. A preposição denota uma relação, e nada mais que isso. Antes, porém, que os homens pudessem instituir uma palavra que significasse uma relação e nada mais que isso, precisariam ter sido capazes, até certo ponto, de considerar essa relação abstratamente a partir dos objetos relacionados, já que a idéia desses objetos não entra de modo algum no significado da preposição. A invenção de tal palavra, portanto, deve ter exigido muito raciocínio abstrato. Em terceiro lugar, a preposição é, por sua natureza, uma palavra geral que, desde que primeiro foi instituída, deve ter sido considerada igualmente aplicável para denotar qualquer outra relação semelhante. O homem que primeiro inventou a palavra *sobre* não só deve ter distinguido, até certo ponto, a relação de *superioridade* dos objetos assim relacionados, como também deve ter distinguido essa relação a partir de outras relações, como a relação de *inferioridade* denotada pela palavra *sob*, a relação de *justaposição* expressa por *ao lado de* e assim por diante. Deve ter concebido essa palavra, portanto, como expressando um tipo ou uma espécie particular de relação distinta de todas as outras, o que não poderia ser feito sem um esforço considerável de comparação e generalização.

Quaisquer que fossem, portanto, as dificuldades que complicaram a primeira invenção dos nomes adjetivos, as mesmas e muitas mais devem ter complicado a das preposições. Se a humanidade, portanto, na primeira formação das línguas, parece ter evitado por algum tempo a necessidade de nomes adjetivos, variando a terminação dos nomes de substâncias conforme essas variassem em algumas de suas qualidades mais importantes, mais necessário seria evitar, por algum expediente semelhante, a invenção ainda mais difícil das preposições. Os diferentes casos nas línguas antigas são uma invenção exatamente do mesmo tipo. Os casos genitivo e dativo, em grego e latim, evidentemente substituem as [*the*° *prepositions*] preposições; e, por uma variação do nome substantivo que representa o termo correlativo, expressam a relação que existe entre o que é representado por aquele nome substantivo e o que é expresso por alguma outra palavra na sentença. Por exemplo, nas expressões *fructus arboris, o fruto da árvore, sacer Herculi, consagrado a Hércules,* as variações praticadas nas palavras correlativas *arbor* e *Hercules* expressam as mesmas relações designadas em inglês pelas preposições *of* [de] e *to* [a]. 13

Expressar uma relação dessa maneira não exigiu nenhum esforço de abstração. Não foi expressa por uma palavra peculiar denotativa da relação e somente da relação, mas por uma variação no termo correlativo. Foi expressa assim como aparece na natureza, não como algo separado e isolado, mas totalmente mesclado e fundido com o objeto correlativo. 14

° *PM 3* omite *the*

15   Expressar uma relação dessa maneira não exigiu nenhum esforço de generalização. As palavras *arboris* e *Herculi*, embora envolvam em seu significado a mesma relação expressa pelas preposições inglesas *of* e *to*, não são, como essas preposições, palavras gerais que podem ser aplicadas para expressar a mesma relação entre quaisquer outros objetos onde ela possa existir.

16   Expressar uma relação dessa maneira não exigiu nenhum esforço de comparação. As palavras *arboris* e *Herculi* não são palavras gerais empregadas para denotar uma espécie particular de relações que os inventores dessas expressões tinham em mente, como resultado de algum tipo de comparação, para separá-la e distingui-la de qualquer outro tipo de relação.[p] De fato, o exemplo desse expediente [*would soon probably*[q]] provavelmente logo seria seguido, e quem quer que tivesse ocasião de expressar uma relação semelhante entre quaisquer outros objetos tenderia a fazê-lo por uma variação semelhante no nome do objeto correlativo. Isso, digo eu, provavelmente, ou melhor, certamente aconteceria, mas sem nenhuma intenção ou previsão dos que primeiro deram o exemplo, e que não tinham a menor intenção de estabelecer qualquer regra geral. A regra geral se estabeleceria de modo imperceptível e aos poucos, em conseqüência do amor à analogia e semelhança de sons que é a base da grande maioria das regras gramaticais.

17   Expressar relação, portanto, pela variação do nome do objeto correlativo, por não exigir nem abstração, nem generalização, nem comparação de qualquer tipo, seria, a princípio, muito mais natural e fácil do que expressá-la pelas palavras gerais chamadas preposições, cuja primeira invenção deve ter exigido algum grau de todas essas operações.

---

[p] *PM 3*: relation; the   [q] *PM*: would probably soon

O número de casos varia nas diferentes línguas. Há cinco no grego, seis no latim,* e dizem haver dez na língua armênia[5]. Esse número maior ou menor de casos deve ter surgido naturalmente, conforme os primeiros formadores de qualquer língua estabelecessem um número maior ou menor de variações na terminação de nomes substantivos a fim de expressar as diferentes relações que tinham ocasião de notar, antes de inventarem as preposições mais gerais e abstratas que poderiam substituí-las.

Talvez valha a pena observar que as preposições que nas línguas modernas substituem os antigos casos são, de todas as outras, as mais gerais, e abstratas, e metafísicas, sendo, por conseguinte, provavelmente as últimas inventadas. Pergunte a qualquer homem de inteligência normal que relação é expressa pela preposição *sobre*, e ele responderá de imediato que é a de *superioridade*. Pela preposição *sob*, dirá prontamente que é a de *inferioridade*. Mas pergunte-lhe

---

* N. da E. – Nominativo, vocativo, acusativo, genitivo, dativo e ablativo.
[5] Os antigos gregos conheciam a língua armênia, que associavam ao frígio, através de suas colônias na Ásia Menor, porém não encontrei nenhuma fonte para essa afirmação sobre seus casos. O indo-europeu primitivo tinha, além dos seis casos do latim, um locativo e um instrumental, e o armênio arcaico tinha um caso objetivo adicional formado pelo prefixo z-. O plural em -k talvez seja a causa da confusão; mas, se autêntica, a afirmação talvez envolva, em parte, os numerosos elementos não-indo-europeus absorvidos pelos armênios ao aniquilarem os falantes de urartiano e hurriano em c.1200 a.C. Na época de Smith, o armênio do período clássico, 400-460 d.C., tinha sido restaurado artificialmente como língua literária, mas, naquele período, os casos se resumiam a apenas quatro formas. Em 1710, Leibniz descreveu o armênio em uma comunicação para a Berlin Academy como uma língua mista que necessitava de mais estudo. Tratados modernos incluem A. Meillet, *Esquisse d'une grammaire comparée de l'arménien classique* (ed. 2, 1936) e H. Jensen, *Altarmenische Grammatik* (1959); sobre a história de seu estudo, H. Zeller em *Geschichte der indogermanischen Sprachwissenschaft*, iv (1927).

que relação é expressa pela preposição *de* e, se ele antes não tiver pensado muito nesses assuntos, vai ser preciso dar-lhe pelo menos uma semana para refletir sobre a resposta. As preposições *sobre* e *sob* não denotam nenhuma das relações expressas nos casos das línguas antigas, mas a preposição *de* denota a mesma relação expressa no caso genitivo e, como é fácil ver, é de natureza bastante metafísica. A preposição *de* denota relação em geral, considerada em concreto com o objeto correlativo. Marca o nome substantivo que a antecede como sendo relacionado de alguma maneira com o que a segue, sem, porém, determinar de forma alguma qual a natureza peculiar da relação, como faz a preposição *sobre*. Muitas vezes a aplicamos, portanto, para expressar as relações mais opostas; porque as relações mais opostas concordam na medida em que cada uma delas contém a idéia geral ou natureza de uma relação. Dizemos *o pai do filho* e *o filho do pai*; *os pinheiros da floresta,*[r] e *a floresta de pinheiros*. A situação do pai em relação ao filho é, evidentemente, o oposto da situação do filho em relação ao pai; a situação das partes em relação ao todo é o oposto da situação do todo em relação às partes. A palavra *de*, contudo, serve muito bem para denotar todas essas relações porque, em si mesma, não denota nenhuma relação particular, mas apenas relação em geral, e, na medida em que qualquer relação particular é percebida em tais expressões, ela é deduzida pela mente, não pela preposição em si, mas pela natureza e organização dos substantivos entre os quais ela é colocada.

20   O que foi dito acerca da preposição *de* pode, até certo ponto, ser aplicado às preposições *a, para, com, por* e a qualquer outra usada em

---

[r] 3: *forest*;

línguas modernas para substituir os antigos casos. Todas expressam relações muito abstratas e metafísicas, e qualquer pessoa que se dê ao trabalho de tentar fazê-lo achará extremamente difícil expressá-las por nomes substantivos, assim como podemos expressar a relação denotada pela preposição *sobre* pelo nome substantivo *superioridade*. Todas elas, porém, expressam alguma relação específica, e, por conseguinte, nenhuma é tão abstrata quanto *de*, que pode ser considerada a mais metafísica de todas. Portanto, as preposições capazes de substituir os antigos casos, por serem mais abstratas que as outras, naturalmente seriam mais difíceis de inventar. Ao mesmo tempo, as relações expressas por elas são, entre todas, as que mais temos ocasião de mencionar. As preposições *sobre, sob, sem, contra, perto de, dentro de* etc. são empregadas muito mais raramente em línguas modernas que as preposições *de, a, para, com, desde, por*. Uma preposição do primeiro tipo não ocorrerá duas vezes na mesma página, ao passo que seria difícil compor uma única sentença sem o auxílio de uma ou duas do segundo. Portanto, se essas preposições que substituem os casos tiverem sido tão difíceis de inventar por causa de sua abstração, algum expediente para substituí-las deve ter sido indispensável, devido à freqüência com que os homens percebem as relações que elas denotam. E não há expediente tão óbvio quanto variar a terminação de uma das palavras principais.

Talvez seja desnecessário observar que há alguns casos nas línguas antigas que, por razões particulares, não podem ser representados por nenhuma preposição. São os casos nominativo, acusativo e vocativo. Nas línguas modernas, que não admitem tal variedade nas terminações de seus nomes substantivos, as relações correspondentes são expressas pela disposição das palavras e pela natureza e construção da sentença.

22 Como os homens têm ocasiões freqüentes de mencionar tanto uma grande quantidade de objetos quanto um único, tornou-se necessário que houvesse algum método de expressar número.[6] O número pode ser expresso ou por uma palavra particular, expressiva de número em geral, tal como as palavras *muito, mais* etc., ou por alguma variação nas palavras que expressam as coisas enumeradas. Seria a esse segundo expediente que a humanidade teria recorrido na infância da língua. O número, considerado em geral, sem nenhuma relação com qualquer conjunto particular de objetos numerados, é uma das idéias mais abstratas e metafísicas que a mente humana é capaz de formar e, por conseguinte, não é uma idéia que ocorreria de imediato a rudes mortais que apenas começavam a formar uma língua. Naturalmente, portanto, fariam a distinção entre um único objeto e uma grande porção deles, não por adjetivos metafísicos, tais como *um, muitos*, mas por uma variação na terminação da palavra que significasse os objetos enumerados. Daí a origem dos números singular e plural em todas as línguas antigas. E essa mesma distinção foi mantida igualmente em todas as línguas modernas, ao menos na grande maioria das palavras.

23 Todas as línguas primitivas e não-compostas parecem ter um número dual, bem como um plural. É esse o caso do grego e, segundo dizem, do hebraico, do gótico e de muitas outras línguas.[7]

---

[6] Sobre o número cf. *Discours* de Rousseau, como atrás; nota 11 (pp. 250-2, ed. 1755).

[7] Exemplos mais próximos geograficamente seriam o substantivo do irlandês arcaico e o 1º e o 2º pronomes pessoais do inglês arcaico.

Nas sociedades primitivas, *um, dois* e *mais* talvez fossem as únicas distinções numéricas necessárias aos seres humanos. Achariam muito mais natural expressá-las por uma variação em todos os nomes substantivos particulares do que por palavras gerais e abstratas como *um, dois, três, quatro,* etc. Essas palavras, embora o uso as tenha tornado familiares, expressam, talvez, as abstrações mais sutis e refinadas que a mente humana é capaz de formar. Basta alguém considerar consigo próprio, por exemplo, o que quer dizer com a palavra *três*, que não significa nem três xelins, nem três tostões, nem três homens, nem três cavalos, mas três em geral, e concluirá facilmente que uma palavra denotativa de uma abstração tão metafísica não poderia ser uma invenção nem muito óbvia nem muito primitiva. Já li sobre algumas nações selvagens cuja língua só era capaz de expressar as três primeiras distinções numéricas. Mas não me lembro de ter visto nada que determinasse se expressavam essas distinções por três palavras gerais ou pela variação dos nomes substantivos, denotativos das coisas numeradas.

Como todas as mesmas relações que existem entre objetos únicos podem também existir entre objetos numerosos, é evidente que seria necessária a mesma quantidade de casos no número dual e no plural quanto no singular. Daí a dificuldade e complexidade das declinações em todas as línguas antigas. No grego, há cinco casos em cada um dos três números, conseqüentemente quinze ao todo. 24

Como os nomes adjetivos, nas línguas antigas, variavam a terminação conforme o gênero do substantivo a que se aplicavam, também variavam conforme o caso e o número. Assim, cada nome adjetivo em grego, tendo três gêneros e três números, e cinco casos em cada número, pode ser considerado como tendo quarenta e cinco 25 variações diferentes. Os primeiros formadores da língua parecem ter variado a terminação do adjetivo conforme o caso e o número do substantivo pela mesma razão que os fez variarem-na conforme o gênero [*gender* ⁵]; por amor à analogia e a uma certa regularidade de som. No significado dos adjetivos não há nem caso nem número, e o sentido de tais palavras é sempre exatamente o mesmo, não obstante toda a variedade de terminações com que aparecem. *Magnus vir, magni viri, magnorum virorum; um grande homem, de um grande homem, de grandes homens;* em todas essas expressões, as palavras *magnus, magni* e *magnorum,* bem como a palavra *grande,* têm precisamente um único e mesmo significado, embora [*though* ᵗ] isso não se aplique aos nomes substantivos a que se referem. A diferença de terminação no nome adjetivo não é acompanhada de nenhuma diferença no sentido. O adjetivo denota a qualificação de um nome substantivo, mas as diferentes relações em que esse nome substantivo ocasionalmente se encontra não produzem nenhuma diferença em sua qualificação.

26   Se as declinações das línguas antigas são tão complexas, suas conjugações são infinitamente mais. E a complexidade de uma se baseia no mesmo princípio da outra: a dificuldade de formar, no início da língua, termos abstratos e gerais.

27   Os verbos, necessariamente, devem ter sido concomitantes [*coëval*ᵘ] às primeiras tentativas de formação da língua. Nenhuma afirmação pode ser feita sem o auxílio de um verbo. Nunca falamos senão para expressar nossa opinião de que algo é ou não é. Mas a palavra denotativa do evento, ou do fato real, que é o sujeito de nossa afirmação, sempre tem de ser um verbo.

---

⁵ *PM 3: Gender,*   ᵗ *PM 3-5: tho*   ᵘ *PM 3-5: coeval*

Verbos impessoais, que expressam em uma palavra o evento 28
completo, preservando na expressão a simplicidade e unidade
que sempre há no objeto e na idéia, e que não supõem nenhuma
abstração ou divisão metafísica do evento em seus vários membros
constituintes de sujeito e atributo, seriam, certamente, a primeira
espécie de verbos inventada. Os verbos *pluit,* chove; *ningit*[v], neva;
tonat, troveja; *lucet,* é dia; *turbatur,* há uma desordem etc. expressam,
cada um, uma afirmação completa, o todo de um evento, com a
simplicidade e unidade perfeitas com que a mente o concebe na
natureza. Pelo contrário, as frases *Alexander ambulat (*Alexandre
anda*); Petrus sedet (*Pedro senta*)* dividem o evento, por assim dizer,
em duas partes: a pessoa ou sujeito, e o atributo, ou fato real, afirmado sobre esse sujeito. Na natureza, porém, a idéia ou conceito
de Alexandre andando é uma concepção simples, tão perfeita e
completa quanto a de Alexandre não andando. A divisão desse
evento em duas partes, portanto, é totalmente artificial, e é efeito
da imperfeição da língua, que, nessa ocasião, como em muitas
outras, supre com várias palavras a falta de uma única que pudesse
expressar de imediato o fato real completo a ser afirmado. Todos
podemos observar quão mais simples é a afirmação natural *pluit* do
que as mais artificiais, *imber decidit,* a chuva cai, ou *tempestas est pluvia,* o
tempo está chuvoso. Nas duas últimas expressões, o evento simples,
ou fato real, está artificialmente dividido: na primeira, em duas partes;
e na segunda, em três. Em cada uma delas é expresso por um tipo
de circunlóquio gramatical, cujo significado se baseia em uma certa
análise metafísica das partes componentes da idéia expressa pela

---

[v] *PM: nigit,*

palavra *pluit*. Os primeiros verbos, portanto, e até mesmo as primeiras palavras, usadas desde o início da língua, seriam, com toda probabilidade, verbos impessoais. Por conseguinte, segundo me consta, os gramáticos hebreus observaram que as palavras radicais de sua língua, das quais derivam todas as outras, são todas verbos, e verbos impessoais.

29 É fácil conceber como, no desenvolvimento da língua, esses verbos impessoais se tornaram pessoais. Suponhamos, por exemplo, que a palavra *venit*, ele vem, fosse originalmente um verbo impessoal, e que denotasse não a vinda de algo em geral, como atualmente, mas a vinda de um objeto particular, como *o leão* [*the Lion*ʷ]. Suponhamos que os primeiros selvagens inventores da língua, quando observavam a aproximação desse animal terrível, costumassem gritar uns para os outros, *venit*, isto é, *o leão vem*; e que essa palavra expressasse assim o evento completo, sem o auxílio de nenhuma outra. Depois, quando, com o desenvolvimento da língua, começaram a dar nomes a substâncias particulares, sempre que observavam a aproximação de qualquer outro objeto terrível naturalmente uniam o nome do objeto à palavra *venit*, e gritavam *venit ursus, venit lupus*. Aos poucos, a palavra *venit* teria passado a significar a vinda de qualquer objeto terrível, e não apenas a vinda do leão. Agora, então, expressaria não a vinda de um objeto particular, mas a vinda de um objeto de um tipo particular. Tendo se tornado mais geral em seu significado, já não podia, por si só, representar nenhum evento particular sem o auxílio de um nome substantivo que servisse para asseverar e determinar seu

---

ʷ PM 3: *the Lion*

significado. Teria, então, se tornado um verbo pessoal, em vez de impessoal. Podemos com facilidade conceber como, com o maior desenvolvimento da sociedade, talvez se tornasse mais geral em seu significado, e passasse a significar, como atualmente, a vinda de qualquer coisa, fosse boa, má ou indiferente.

Foi assim, provavelmente, que quase todos os verbos tornaram-se pessoais, e que a humanidade aprendeu, aos poucos, a separar e dividir quase todos os eventos em um grande número de partes metafísicas, expressas pelas diferentes categorias do discurso combinadas de várias maneiras nos diferentes membros de cada frase e sentença.* Esse mesmo tipo de desenvolvimento parece ter se dado tanto na arte de falar quanto na de escrever. Quando o gênero humano primeiro começou a tentar expressar suas idéias através da escrita, cada caractere representava uma palavra inteira.

30

---

* Hoje, a maior parte dos verbos[x] exprime não um evento, mas seu atributo, e, conseqüentemente, demanda um sujeito e um caso nominativo para completar o seu significado; alguns gramáticos, não se dando conta disso, e desejosos de transformar regras comuns em universais e sem nenhuma exceção, insistiram em que todos os verbos pedem nominativo, quer manifesto, quer subentendido; em conseqüência, submeteram-se à tortura de encontrar nominativos complicados para os poucos verbos que, embora exprimam um evento completo, não reconhecem claramente nenhum. *Pluit*, p. ex., segundo Sanctius, quer dizer *pluvia pluit*, *the rain rains* [a chuva chove] em inglês. Cf. *Sanctii Minerva*, I. 3. c. I.[8]

[x] *PM 3 4: Verbs*

[8] *Minerva, seu de causis Linguae Latinae Commentarius* por Franciscus Sanctius (i.e., Francisco Sánchez de las Brozas), publicado inicialmente em 1587. (Smith possuía a 5ª ed., de 1733). Lib. III, cap. i (194-6 na ed. 3, 1704), "De Constructione verborum. Exploduntur Impersonalia Grammaticorum", refuta a *impersonalia* absurda falsamente chamada de *naturae* pelos gramáticos. Nada impede que pluit, etc. ocorram na primeira pessoa "si modo loquatur Deus. Integra ergo est oratio, *pluit pluvia, fulget fulgur, lucescit lux*: licebit tamen pro proprio recto supresso, aliud exprimere; Ut. *Deus pluit, et pluunt lapides*". Seguem exemplos de Plauto, Marcial, Tibulo, etc..

Mas, sendo quase infinito o número de palavras, a memória ficava sobrecarregada e oprimida pela multiplicidade de caracteres que se via obrigada a reter. A necessidade ensinou, então, a dividir as palavras em seus elementos, e a inventar caracteres que representassem não as palavras em si, mas os elementos de que se compunham. Como resultado dessa invenção, cada palavra particular veio a ser representada não por um só caractere, mas por um grande número deles; e a sua expressão por escrito tornou-se muito mais intricada e complexa do que antes. Contudo, embora palavras particulares fossem então representadas por um número maior de caracteres, a língua, em sua totalidade, era expressa por um número muito menor, e cerca de vinte e quatro letras substituíram aquele imenso número de caracteres antes necessário. Da mesma forma, nos primórdios da língua, os homens parecem ter tentado expressar cada evento particular por uma palavra particular que expressasse de imediato o evento completo. Porém, como o número de palavras, nesse caso, deve ter se tornado realmente infinito, por conta da realmente infinita variedade de eventos, os homens, em parte compelidos pela necessidade e em parte conduzidos pela natureza, passaram a dividir cada evento no que podemos chamar de seus elementos metafísicos, e a instituir palavras que denotassem não tanto os eventos como os elementos de que se compunham. A expressão de cada evento particular tornou-se, desse modo, mais intricada e complexa, mas todo o sistema da língua tornou-se mais coerente, mais conexo, mais facilmente retido e compreendido.

31 Quando os verbos, originalmente impessoais, se tornaram pessoais pela divisão do evento em seus elementos metafísicos, é natural supor que seriam usados primeiro na terceira pessoa do singular.

Nenhum verbo é usado de forma impessoal em inglês, nem, que me conste, em nenhuma outra língua moderna. Contudo, nas línguas antigas, toda vez que um verbo é usado de modo impessoal, isso sempre se dá na terceira pessoa do singular. A terminação dos verbos que ainda são somente impessoais é, muitas vezes, a mesma da terceira pessoa do singular dos verbos pessoais. A consideração dessas circunstâncias, aliada à naturalidade da coisa em si, talvez sirva para nos convencer de que os verbos primeiro se tornaram pessoais no que hoje chamamos de terceira pessoa do singular.

Como, porém, o evento, ou fato real, que é expresso por um verbo pode ser afirmado ou sobre a pessoa que fala ou sobre a pessoa a quem se fala, bem como sobre alguma terceira pessoa ou objeto, tornou-se necessário encontrar algum método de expressar essas duas relações peculiares. Na língua inglesa, isso é feito, em geral, pela prefixação do que chamamos pronomes pessoais à palavra geral que expressa o evento afirmado. *I came* (eu vim), *you came* (tu vieste), *he* ou *it came*[y] (ele veio); nessas frases, o fato de ter vindo é, na primeira, afirmado sobre quem fala; na segunda, sobre a pessoa a quem se fala; na terceira, sobre alguma outra pessoa ou objeto. Podemos imaginar que os primeiros formadores da língua pudessem ter feito a mesma coisa, e, prefixando os dois primeiros pronomes pessoais à mesma terminação do verbo que expressava a terceira pessoa do singular, pudessem ter dito *ego venit, tu venit,* assim como *ille* ou *illud venit*. E não tenho dúvidas de que assim teriam procedido se, na época em que primeiro tiveram ocasião de expressar essas relações do verbo, existissem palavras como *ego* ou *tu* em sua língua. Mas, nesse período inicial

32

---
[y] PM: came,

da [*of the* ᶻ] língua que agora procuramos descrever, é extremamente improvável que tais palavras fossem conhecidas. Embora o uso as tenha tornado familiares para nós, ambas expressam idéias extremamente metafísicas e abstratas. A palavra *eu*, por exemplo, é de uma espécie muito específica. Quem fala, seja o que for, pode se fazer denotar por esse pronome pessoal. *Eu* é uma palavra geral, passível de ser atribuída, como dizem os lógicos, a uma variedade infinita de objetos. Difere, contudo, de todas as outras palavras gerais no seguinte aspecto: os objetos a que pode ser atribuída não formam nenhuma espécie particular de objetos distinta de todas as outras. A palavra *eu*, à diferença da palavra *homem*, não denota uma classe particular de objetos separada de todas as outras por propriedades peculiares. Está longe de ser o nome de uma espécie; pelo contrário, quando empregada, sempre denota um indivíduo preciso, a pessoa particular que está falando. Pode-se dizer que é, ao mesmo tempo, tanto o que os lógicos chamam de termo singular como o que denominam termo comum, e que, em seu significado, reúne as qualidades aparentemente opostas da mais exata individualidade e da mais ampla generalização. Essa palavra, portanto, que expressa uma idéia tão abstrata e metafísica, não ocorreria fácil ou prontamente aos primeiros formadores da língua. Podemos observar que o que chamamos de pronomes pessoais está entre as últimas palavras que [*of* ᵃ *which*] as crianças aprendem a usar. Uma criança, falando de si própria, diz *Billy anda, Billy senta*, em vez de *eu ando, eu sento*. Então, assim como nos primórdios da língua os seres humanos parecem ter evitado a invenção de, pelo menos, as preposições mais

---

ᶻ *PM: their*   ᵃ *PM 3 omite of*

abstratas, expressando as mesmas relações *atualmente* representadas por elas pela variação da terminação do termo correlativo, assim também naturalmente teriam tentado evitar a necessidade de inventar esses pronomes mais abstratos pela variação da terminação do verbo, conforme o evento fosse afirmado quanto à primeira, segunda ou terceira pessoa. Por conseguinte, essa parece ter sido a prática de todas as línguas antigas. Em latim, *veni, venisti, venit* bastam para denotar, sem nenhum outro acréscimo, os diferentes eventos expressos pelas frases em inglês *I came* (eu vim), *you came* (tu vieste), *he* ou *it came* (ele veio). Por esse mesmo motivo, a terminação do verbo variaria conforme o evento fosse afirmado quanto à primeira, segunda ou terceira pessoa do plural, e o que é expresso em inglês por *we came* (nós viemos), *ye came* (vós viestes), *they came* (eles vieram) seria denotado pelas palavras latinas *venimus, venistis, venerunt*. Nessas línguas primitivas em que, pela dificuldade de se inventarem nomes numerais, também foi introduzido um número dual, bem como um plural, na declinação dos nomes substantivos, o mesmo teria sido feito, provavelmente por analogia, na conjugação dos verbos. E, dessa forma, em todas essas línguas originais podemos esperar encontrar pelo menos seis, se não oito ou nove, variações nas terminações de cada verbo, conforme o evento denotado fosse afirmado quanto à primeira, segunda ou terceira pessoa do singular, ou do plural. Essas variações, por seu lado, sendo repetidas, junto com outras, [through [b] all] em todos os diferentes tempos, todos os diferentes modos, e todas as [through [b] all] diferentes vozes, devem necessariamente ter tornado as conjugações ainda mais complicadas e complexas que as declinações.

[b-b] 3 5: *thro'* nos três casos.

33   A língua provavelmente teria permanecido nesse estágio em todos os países, e jamais seria mais simples em suas declinações e conjugações, se não tivesse se tornado mais complexa em sua composição por conta da mistura de várias línguas entre si, ocasionada pela mistura de diferentes povos. Enquanto qualquer língua fosse falada apenas pelos que a aprenderam na infância, a complexidade de suas declinações e conjugações não poderia causar grandes embaraços. Os falantes, em sua grande maioria, a teriam adquirido tão cedo na vida, tão imperceptivelmente e aos poucos, que nem se dariam conta da dificuldade. Porém, quando dois povos se mesclavam, por conquista ou migração, o caso era muito diferente. Cada povo, para se fazer entender por aquele com quem era necessário conversar, era obrigado a aprender a língua do outro. Também os indivíduos, em sua grande maioria, ao aprender a nova língua, não por seu estudo nem por se referirem aos seus rudimentos e princípios básicos, mas mecanicamente e pelo que sempre ouviam nas conversas, ficavam extremamente perplexos pela complexidade das declinações e conjugações. Tentavam, então, superar sua ignorância por qualquer meio oferecido pela língua. A ignorância quanto às declinações era superada pelas preposições; um lombardo que tentasse falar latim e quisesse expressar que tal pessoa era cidadã de Roma ou seu benfeitor, se não conhecesse os casos genitivo e dativo da palavra *Roma*, naturalmente se expressaria prefixando *ad* e *de* ao nominativo, e, em vez de *Roma*, diria *ad Roma* e *de Roma*. *Al Roma* e *di Roma*, por conseguinte, é a maneira como os italianos atuais, descendentes dos antigos lombardos e romanos, expressam essas e todas as outras relações semelhantes. Parece que as preposições assim foram introduzidas, em lugar das antigas

declinações. Consta que a língua grega sofreu a mesma alteração após a tomada de Constantinopla pelos turcos. As palavras, em sua grande maioria, são as mesmas que antes, mas a gramática foi inteiramente perdida, com as preposições substituindo as antigas declinações. Essa mudança é, sem dúvida, uma simplificação da língua quanto a rudimentos e princípios. Introduz, em vez de uma grande variedade de declinações, uma única declinação universal, a mesma em cada palavra, independentemente de gênero, número ou terminação.

Um expediente semelhante permite aos homens na situação mencionada se livrarem de quase toda a complexidade das conjugações. Em toda língua existe um verbo chamado verbo substantivo: em latim *sum*, em inglês *I am* (eu sou). Esse verbo denota não a existência de qualquer evento particular, mas existência em geral. É, por isso, o mais abstrato e metafísico de todos, e, por conseguinte, não poderia de modo algum ter sido criado no princípio. Quando foi inventado, porém, como tinha todos os tempos e modos de qualquer outro verbo, ao se ligar ao particípio passado, podia substituir toda a voz passiva e tornar essa parte das conjugações tão simples e uniforme quanto o uso de preposições tinha tornado as declinações. Um lombardo que quisesse dizer *I am loved* (sou amado), mas que não se lembrasse da palavra *amor*, tentaria, de modo espontâneo, superar sua ignorância dizendo *ego sum amatus*. *Io sono amato* é hoje a expressão italiana correspondente a essa frase em inglês citada.

Existe outro verbo que, do mesmo modo, circula em todas as línguas, e que é chamado de verbo possessivo: em latim, *habeo*, em inglês *I have* (eu tenho). Esse verbo, também, denota um evento de natureza extremamente abstrata e metafísica e, por conseguinte, não se pode supor que tenha sido criado no princípio. Quando foi inventado, porém, ao ser aplicado ao particípio passado, pôde substituir grande parte da voz ativa, assim como o verbo substantivo substituíra toda a passiva. Um lombardo que quisesse dizer *I had loved* (eu tinha amado), mas que não se lembrasse da palavra *amaveram*, tentaria substituí-la dizendo *ego habebam amatum*, ou *ego habui amatum*. *Io avevá amato* ou *Io ebbi amato* são as expressões correspondentes no italiano atual. Assim, a partir da mescla dos diversos povos, as conjugações, por meio de diferentes verbos auxiliares, acabaram por se aproximar da uniformidade e simplicidade das declinações.

36 De modo geral, podemos estabelecer como máxima que quanto mais simples for uma língua em sua composição, mais complexa deve ser em suas declinações e conjugações; e, ao contrário, quanto mais simples em suas declinações e conjugações, mais complexa será em sua composição.

37 O grego parece ser, em grande parte, uma língua simples e não-composta, formada do jargão primitivo dos nômades selvagens, os antigos helenos e pelágios, de quem se diz ter descendido a Grécia. Todas as palavras da língua grega são derivadas de cerca de trezentas primitivas, óbvio indício de que os gregos formaram sua língua quase que somente entre si próprios e que, quando se fazia necessária uma palavra nova, não costumavam, como nós, tomá-la emprestada de uma língua estrangeira, mas a formavam ou por composição ou por derivação de alguma ou algumas de suas próprias. Por isso, as declinações e conjugações do grego são muito mais complexas do que as de qualquer outra língua européia que conheço.

38 O latim é uma composição do grego com as antigas línguas toscanas. Suas declinações e conjugações, por conseguinte, são muito

menos complexas que as do grego. Eliminou o número dual em ambas. Seus verbos não têm um modo optativo diferenciado por alguma terminação peculiar. Existe apenas um futuro. Não há um aoristo distinto do pretérito perfeito; não há nenhuma voz média; até mesmo muitos dos tempos da voz passiva são supridos, como nas línguas modernas, com o auxílio do verbo substantivo ligado ao particípio passado. Em ambas as vozes, o número de infinitivos e particípios é muito menor no latim do que no grego.

As línguas francesa e italiana são ambas compostas, uma do latim com a língua dos antigos francos, e a outra do mesmo latim com a língua dos antigos lombardos. Como ambas são, portanto, mais complexas em sua composição que o latim, também são igualmente mais simples em suas declinações e conjugações. Quanto às declinações, ambas perderam inteiramente os casos; quanto às conjugações, ambas perderam toda a voz passiva dos verbos e uma parte da ativa. A falta da voz passiva é suprida inteiramente pelo verbo substantivo ligado ao particípio passado; a voz ativa completa-se, da mesma forma, com o auxílio do verbo possessivo e do mesmo particípio passado. 39

O inglês compõe-se do francês e das antigas línguas saxônicas. O francês foi introduzido na Grã-Bretanha pela conquista normanda, e continuou sendo a única língua da lei, bem como a língua principal dos tribunais[9] até a época de Eduardo III. O inglês que veio a ser falado [*'spoken*] depois, e que continua a ser falado [*spoken'*] hoje, é 40

'-' PM: *spoke* em ambos os casos.
[9] A primeira abertura do Parlamento em inglês foi feita por Eduardo III, em 1362, e, na mesma década, o idioma começou a ser usado nos tribunais de justiça.

uma mistura do antigo saxão com esse francês normando. Como a língua inglesa é, portanto, mais complexa em sua composição que o francês ou o italiano, também é mais simples em suas declinações e conjugações. Essas duas línguas retêm, pelo menos, uma parte da distinção de gêneros, e a terminação dos adjetivos varia conforme sejam aplicados a um substantivo masculino ou feminino. Contudo, não há tal distinção na língua inglesa, cujos adjetivos não admitem nenhuma variedade de terminação. Tanto a língua francesa como a italiana têm vestígios de uma conjugação [*conjugation* [d]]; e todos os tempos da voz ativa que não podem ser expressos pelo verbo possessivo ligado ao particípio passado, bem como muitos que podem, são, nessas línguas, marcados pela variação da terminação do verbo principal. No entanto, quase todos esses outros tempos em inglês são supridos por outros verbos auxiliares, de modo que na língua não há quase nenhum vestígio de conjugação. *I love* (eu amo), *I loved* (eu amei), *loving* (amando) são todas as variedades de terminação que a maioria dos verbos ingleses admite. Todas as diferentes modificações de sentido que não podem ser expressas por alguma dessas três terminações devem ser supridas por diferentes verbos auxiliares ligados a uma ou outra delas. Dois verbos auxiliares suprem todas as deficiências das conjugações italiana e francesa; é necessário mais de meia dúzia para suprir as do inglês, que, além dos verbos substantivos e possessivos, usa *do, did; will, would; shall, should; can, could; may, might.*

41 É desse modo que a língua se torna mais simples em seus fundamentos e princípios, apenas na medida em que se torna mais complexa em sua composição, e aí se passou o que em geral acontece

---

[d] *PM 3.5*: *conjugation,*

em relação a engenhos mecânicos. Todas as máquinas, logo que inventadas, são, em geral, extremamente complexas em seus princípios, e muitas vezes há um princípio motor particular para cada movimento específico a ser executado. Depois, inventores sucessivos observam que um princípio pode ser aplicado de forma a produzir vários desses movimentos [*movements;* ᵉ] e assim, aos poucos, a máquina se torna cada vez mais simples, produzindo seus efeitos com menos mecanismos e menos princípios motores. Na língua, igualmente, todos os casos de cada substantivo e todos os tempos de cada verbo eram expressos originalmente por uma palavra particular distinta, que servia a esse propósito e a nenhum outro. Mas observações sucessivas demonstraram que um conjunto de palavras foi capaz de substituir toda aquela infinidade, e que quatro ou cinco preposições e meia dúzia de verbos auxiliares puderam cumprir a finalidade de todas as declinações e de todas as conjugações das línguas antigas.

Essa simplificação de línguas, no entanto, embora talvez surgida de causas semelhantes, não tem, de modo algum, efeitos semelhantes à simplificação das máquinas. A simplificação das máquinas torna-as cada vez mais perfeitas, enquanto a simplificação dos fundamentos das línguas torna-as cada vez mais imperfeitas e menos apropriadas para muitas de suas finalidades [*of the purposes of language* ᶠ]; isso, pelas seguintes razões. 42

Em primeiro lugar, essa simplificação torna as línguas mais prolixas, sendo necessárias várias palavras para expressar o que antes poderia ser expresso por uma só. Dessa forma, as palavras *Dei* e *Deo* em latim bastam para mostrar, sem nenhum acréscimo, qual relação se suben- 43

ᵉ *PM 3-5: movements.*   ᶠ *PM: Language.*

tende entre o objeto significado e os objetos expressos pelas outras palavras da sentença. No entanto, para expressar a mesma relação em inglês e em todas as outras línguas modernas, devemos usar pelo menos duas palavras, dizendo *de Deus, a Deus*. Quanto às declinações, as línguas modernas são muito mais prolixas que as antigas. A diferença é ainda maior quanto às conjugações. O que um romano expressava com uma única palavra, *amavissem*, um inglês é obrigado a dizer com quatro palavras diferentes, *I should have loved* (eu teria amado). É desnecessário qualquer esforço para mostrar como essa prolixidade deve enfraquecer a eloqüência de todas as línguas modernas. Quem quer que tenha alguma experiência em composição sabe bem o quanto a beleza de qualquer expressão depende da sua brevidade.

44   Em segundo lugar, essa simplificação dos princípios das línguas torna-as menos agradáveis ao ouvido. A variedade de terminações em grego e latim, devido às suas declinações e conjugações, dá [*gives* ᵍ] a essas línguas uma suavidade completamente desconhecida no inglês e uma diversidade desconhecida em qualquer outra língua moderna. Quanto à suavidade, o italiano talvez supere o latim e quase se iguale ao grego, mas, quanto à variedade, é muito inferior a ambos.

45   Em terceiro lugar, essa simplificação não apenas torna os sons do inglês menos agradáveis ao ouvido como também nos impede de usar aqueles de que dispomos de maneira mais agradável. Ela amarra várias palavras a uma situação particular, embora muitas vezes empregue outra com um efeito bem mais bonito. Em grego e latim, embora o adjetivo e o substantivo estivessem separados um do outro, a correspondência de suas terminações mesmo as-

---

ᵍ *PM 3-5*: *give*

sim demonstrava sua referência mútua, e a separação não causava, necessariamente, nenhum tipo de confusão. Assim, no primeiro verso de Virgílio,[b]

> Tityre tu patulæ recubans sub tegmine fagi;

vemos facilmente que *tu* se refere a *recubans*, e *patulæ* a *fagi*, embora as palavras relacionadas estejam separadas pela intervenção de outras, pois as terminações, mostrando a correspondência de seus casos, determinam sua referência mútua. Contudo, se traduzíssemos esse verso ao pé da letra para o inglês, e disséssemos: *Tityrus*[i]*, thou of spreading reclining under the shade beech* (Títiro, a te reclinares sob a sombra da faia), nem o próprio Édipo conseguiria entendê-lo, porque não há diferenças entre as terminações para determinar a que substantivo pertence cada adjetivo. O mesmo acontece com os verbos. Em latim, o verbo muitas vezes pode ser colocado em qualquer parte da sentença sem nenhuma inconveniência ou ambigüidade. Em inglês, porém, seu lugar é quase sempre determinado com precisão. Deve seguir o membro subjetivo e preceder o membro objetivo da frase em quase todos os casos. Dessa forma, em latim, quer se diga *Joannem verberavit Robertus* ou *Robertus verberavit Joannem*, o sentido é exatamente o mesmo, e a terminação designa João como quem sofre a ação em ambos os casos. Mas, em inglês, *John beat Robert* (João espancou Roberto) e *Robert beat John* (Roberto espancou João) não têm absolutamente o mesmo significado. O lugar, portanto, dos três principais membros da frase em inglês e, pela mesma razão, em francês e italiano é quase sempre determinado com precisão. Já

---

[b] *PM 3-5: Virgil:* depois, verso das *Éclogas* I.I em itálico, ponto, e, então, *We...*
[i] *PM 3:* Tyterus.

nas línguas antigas, há maior liberdade, e o lugar desses membros é, muitas vezes, bastante indiferente. Temos de recorrer a Horácio para interpretar algumas partes da tradução literal de Milton:^j

> Who now enjoys thee credulous all gold,
> Who always vacant, always amiable
> Hopes thee; of flattering gales
> Unmindful – ^10

são versos impossíveis de interpretar por qualquer regra do inglês. Não há regras em inglês [*our language*^k] pelas quais alguém pudesse descobrir que, no primeiro verso, *credulous* (crédulo) se referia a *who* (quem) e não a *thee* (te); e que *all gold* (todo ouro) referia-se a qualquer coisa; ou que, no quarto verso, *unmindful* (descuidado) referia-se a *who* (quem) no segundo verso e não a *thee* (te) no terceiro; ou, pelo contrário, que no segundo verso *always vacant, always amiable* (sempre desocupado, sempre amável) referia-se a *thee*^l (te) no terceiro, e não a *who* (quem) no segundo. Em latim, de fato, tudo isso é muito claro.

> ^m Qui nunc te fruitur credulus aurea,
> Qui semper vacuam, semper amabilem
> Sperat te; nescius auræ fallacis.^11

---

^j *PM 3-5*: versos de Milton em itálico; *PM 3*: ponto e *are* (are 4), ou ponto-e-vírgula e *are 5*.   ^k *PM 3-5*: em 6 consta *lahguage*.   ^l *PM*: thee.   ^m *PM 3-5*: versos de Horácio em itálico; *aurea*; 4-6: *aureâ*.

^10 A tradução de Milton em versos brancos da ode *Pirra*, de Horácio (I.v), influenciou a métrica na década de 1740. Os irmãos Thomas e Joseph Warton imitaram sua estrofe e, provavelmente, levaram o amigo William Collins a escolhê-la para sua *Ode to Evening* (em *Odes on Several Descriptive and Allegoric Subjects*, dezembro de 1746, datado de 1747; freqüentemente reeditado).

^11 *PM* e *3* imprimem *Fallacis* como um quarto verso; o costume de juntar o terceiro e quarto versos de estrofes líricas em latim (como em 4-6 aqui) não

E isso porque as terminações em latim determinam a referência de cada adjetivo a seu próprio substantivo, o que não acontece em inglês. É quase inimaginável o quanto esse poder de transpor a ordem das palavras deve ter facilitado a composição dos antigos, tanto em verso como em prosa.[12] Que deve ter facilitado muito a versificação, nem é preciso dizer; e, na prosa, toda a beleza que dependesse da organização e da construção dos vários membros do período, os antigos devem ter conseguido com muito mais facilidade e perfeição do que é possível para aqueles cuja expressão é constantemente limitada pela prolixidade, restrição e monotonia das línguas modernas.

Fim

---

era incomum. Mais curiosa é a presença em todas as edições de *Considerations* do redundante *te* no verso 3: curioso que Adam Smith, tão sensível à métrica, tivesse lembrado erroneamente o terceiro verso ferecrácio do Quarto Asclepiadeu, a que pertence essa ode.

[12] Sobre essa verdade bem conhecida, cf. Dubos, *Réflexions critiques sur la poésie e sur la peinture* (1719), cap. xxxv: "Avantage des Poëtes qui ont composé en latin sur ceux qui composent en François". Explica a proeminência dada à ordem das palavras (os recursos de ritmo, justaposição significante, ênfase etc.) pelos retóricos antigos, p. ex., Dionísio de Halicarnasso, *De compositione verborum*; Longino, *On the Sublime*, xxix-xxxii; Quintiliano, IX.iv; Demétrio, *De elocutione*, II.38-74, IV.199 ss.

Apêndice I

(Veja p. 66)

The Bee, ou
Literary Weekly Intelligencer, de
Quarta-feira, 11 de maio, 1791

Anedotas que ilustram o caráter e as opiniões do falecido Adam Smith, L L D — autor de Riqueza das Nações *e vários outros trabalhos conceituados.*

Observa-se com freqüência que a história de um homem de letras consiste principalmente em sua obra. A obra do Dr. Adam Smith é tão conhecida que não precisa ser enumerada nem elogiada aqui, nem seria interessante um detalhamento árido das datas em que ele entrou em tal escola ou faculdade, ou quando ascendeu social ou financeiramente. Basta informar aos nossos leitores que, tendo o Sr. Smith desempenhado por alguns anos, com grande êxito, o importante cargo de professor de filosofia moral em Glasgow, foi escolhido como a pessoa apropriada para supervisionar a educação do duque de Buccleuch e acompanhá-lo em sua viagem pela Europa. Desempenhou esse dever de forma tão satisfatória a todos os envolvidos que obteve, com a ajuda deles, a posição de comissário da alfândega e das taxas sobre o sal na Escócia. Com o salário recebido nesse posto e seus outros bens, pôde passar a última parte de sua vida com tranqüilidade e independência. Antes de morrer, queimou todos os seus manuscritos, exceto um que, segundo soubemos, trata da história da Astronomia, e será publicado por seus testamenteiros no devido tempo.

Em vez de uma descrição formal do caráter desse grande homem, o que muitas vezes tende mais a prejudicar do que a informar, o Editor acredita que os leitores ficarão muito mais satisfeitos vendo algumas características suas delineadas por ele próprio, como nas páginas a seguir, que lhe foram entregues sob as mais convincentes afirmações de autenticidade – de que não duvidou após lê-las, pela coincidência de certas opiniões ali mencionadas com o que ele próprio ouvira daquele cavalheiro.

Senhor,

No ano de 1780, tive muitas ocasiões de conviver com o célebre finado Dr. Adam Smith. Quando terminávamos os negócios, a conversa enveredava para assuntos literários. Eu era então jovem, curioso e cheio de respeito por seu talento como autor. Por seu lado, ele era extremamente comunicativo e opinava sobre todos os assuntos com uma liberdade, e até ousadia, bastante contrária à reserva que aparentava. Tomei nota dessas conversas, e envio-lhe agora um resumo delas. Nada acrescentei, alterei ou diminuí, apenas as organizei para que se ajustassem ao interesse de seus leitores.

Sobre o falecido Dr. Samuel Johnson, o Dr. Smith tinha péssima opinião. "Já vi aquela criatura", disse ele, "de repente saltar do meio de um grupo de pessoas e, sem prévio aviso, cair de joelhos atrás de

uma cadeira, dizer o pai-nosso, e depois voltar a sentar-se à mesa.
— Repetia constantemente esse comportamento estranho, talvez cinco ou seis vezes no decorrer de uma noite. Não é hipocrisia, mas loucura. Embora ele próprio fosse honesto, sempre apadrinhava salafrários. Savage, por exemplo, que ele tanto elogia, não valia nada: sua pensão de cinqüenta libras nunca durava mais que alguns dias. Como exemplo de sua economia, veja uma circunstância que o próprio Johnson uma vez me relatou. Naquele tempo, era moda usar capas vermelhas enfeitadas com renda de ouro, e o Doutor encontrou-o um dia, logo após ter recebido a pensão, vestindo uma dessas capas, embora, ao mesmo tempo, seus dedos nus saíssem-lhe dos sapatos".

Ele [Adam Smith] não tinha admiração pela revista *The Rambler* ou pela *The Idler*, e dava a entender que nunca conseguira lê-las. — Era contrário à contenda com a América, mas elogiava os panfletos políticos de Johnson. Acima de tudo, porém, encantava-se com o que dizia respeito às Ilhas Falkland, por expor, em linguagem tão forte, a loucura das guerras modernas.

Pedi sua opinião sobre o finado Dr. Campbell, autor de *A Political Survey of Great Britain*. Disse-me que só estivera com ele uma única vez; que o doutor era um escritor prolífico, daqueles que escreve do início ao fim da semana, ininterruptamente. Um senhor, que por acaso jantou com o Dr. Campbell na casa de um amigo comum, comentou que gostaria de ter o conjunto completo das suas obras. A indireta funcionou: no dia seguinte, para surpresa sua, apareceu-lhe à porta uma carroça carregada com os livros que havia pedido – e a conta do carroceiro montava a *setenta libras!* Como o Dr. Campbell escreveu uma parte da *Universal History* e da

Biographia Britannica, podemos supor que esses dois artigos de peso formavam grande parte da carga. O doutor costumava obter do tipógrafo grande quantidade de exemplares de suas publicações, e os mantinha em casa para essas ocasiões. Um cavalheiro que entrou um dia exclamou, surpreso: "O senhor já leu todos estes livros?" "Não", respondeu o Dr. Campbell, rindo, "eu os escrevi".

Quanto a Swift, o Dr. Smith o mencionava freqüente e elogiosamente. Negava que o Decano tivesse escrito os versos pindáricos publicados sob seu nome. Afirmava que, se não lhe faltasse inclinação, Swift poderia ter sido um dos maiores de todos os poetas. "Mas, em vez disso, não passa de um bisbilhoteiro, que só escreve para entreter um círculo privado". Considerava Swift, tanto pelo estilo quanto pelo sentimento, um modelo de retidão. Leu-me alguns versos dirigidos a Stella, e agradava-lhe principalmente um dístico. — "*Say, Stella, feel you no content, reflecting on a life well-spent?*" [Diz, Stella, não ficas satisfeita, pensando em tua vida escorreita?]. — Embora os versos do Decano sejam notáveis pela naturalidade e simplicidade, sua composição exigia esforço. Para exprimir essa dificuldade, Swift costumava dizer *que soltava um verso como soltava um guinéu*. O Dr. Smith considerava os versos sobre a própria morte a obra-prima poética do Decano. Achava que a poesia de Swift ficara correta em sua totalidade depois que ele se estabeleceu na Irlanda, onde estava, como ele próprio disse, cercado "apenas de amigos humildes".

O Doutor tinha opiniões singulares. Surpreendeu-me saber que preferia Tito Lívio a todos os outros historiadores, antigos e modernos. Não conhecia nenhum outro que sequer pretendesse rivalizar com Tito Lívio, se David Hume não pudesse reivindicar essa honra. Lamentava especialmente a perda de seu relato das guerras civis no tempo de Júlio César; e, quando procurei consolá-lo com a biblioteca de Fez, logo me interrompeu. Eu esperava que ele apreciasse mais Políbio que Tito Lívio, pois o estilo do primeiro é muito mais semelhante ao do próprio Dr. Smith. Além de seus milagres, há em Tito Lívio um número enorme de falsidades óbvias e grosseiras.

Ele não era admirador entusiasmado de Shakespeare. "Voltaire, você sabe", dizia, "chama *Hamlet* de o sonho de um selvagem bêbado". — "Shakespeare tem boas cenas, mas nenhuma peça boa". O Doutor, contudo, não teria permitido a ninguém mais pronunciar esse veredito impunemente. Pois quando uma vez, mais tarde, para sondá-lo, insinuei um certo desrespeito por *Hamlet*, ele sorriu, como se achasse que eu o pegaria em uma contradição, e respondeu: "É! Mas ainda assim *Hamlet* está repleta de excelentes passagens".

Tinha invencível desprezo e aversão por versos brancos, excetuando sempre os de Milton. "Fazem bem", dizia ele, "em chamá-los de *brancos*, pois não passam mesmo de um branco; eu próprio, até eu, que jamais na vida consegui achar uma única rima, seria capaz de fazer versos brancos tão depressa quanto falo. Nada, senão a preguiça, impede nossos poetas trágicos de escrever em rima, como os franceses. Dryden, se possuísse um décimo do gênio dramático de Shakespeare, teria tornado moda aqui as tragédias rimadas, como são na França, e então a plebe as teria admirado tanto quanto hoje finge desprezá-las".

Não permitia que se chamasse *The Minstrel*, de Beattie, de poema, pois não tinha, segundo ele, nenhum plano, nenhum começo, meio ou fim. Considerava-o apenas uma *série de versos*, mas poucos deles acertados. Quanto à tradução da *Ilíada*, "fazem bem", dizia, "em chamá-la de Homero de *Pope*, pois não é o Homero de Homero. Não tem a menor semelhança com a majestade e simplicidade do grego". Leu-me *L'Allegro* e *Il Penseroso*, explicando as respectivas belezas de cada um, mas acrescentava que todos os outros poemas curtos de Milton não valiam nada. Não podia imaginar o que levara Johnson a elogiar o poema sobre a morte de Mrs. Killigrew e compará-lo a *Alexander's Feast* [ambos de Dryden]. A crítica o induzira a lê-lo atentamente duas vezes, e não conseguiu descobrir sequer um lampejo de mérito. Ao mesmo tempo, mencionou as odes de Gray — tão criticadas por Johnson, na minha modesta opinião muito justamente — como um modelo de excelência lírica. Não admirava muito o *Gentle Shepherd* [de Ramsay]. Preferia o *Pastor Fido* [de Guarini], de que falava extasiado, e as *Éclogas* de Virgílio. Defendi como pude Allan Ramsay, porque o considero nosso único poeta despretensioso desde Buchanan.

Proximus huic longo, sed proximus intervallo.

Ele respondeu: "É dever de um poeta escrever como um cavalheiro. Não gosto daquele estilo rústico que alguns acham próprio chamar de linguagem da natureza, da simplicidade, e assim por diante. Entre as *Reliques** de Percy também, algumas peças toleráveis estão enterradas sob um monte de bobagens. Você talvez tenha lido *Adam Bell, Clym of the Clough, and William of Cloudesley*". Respondi que sim. "Bem", disse ele, "você acha que aquilo valia a pena ser impresso?" Falou com alguma aspereza sobre o Dr. Goldsmith, e repetiu uma variedade de anedotas que apoiavam sua censura.

---

* N. da E. — *Adam Bell, Clym of the Clough, and William of Cloudesley* são personagens lendários, protagonistas de baladas inglesas que aparecem em *Reliques of Ancient English Poetry* (1765), de Thomas Percy.

Resumiam-se em provar que Goldsmith era dado a mulheres e bebida, e que a mentira, quando servisse a um fim especial, não estava excluída de seu sistema moral. Fazer imprimir essas histórias seria bem do gosto moderno, mas tal procedimento parece-me um desrespeito absoluto à tipografia.

Só falava de *periódicos* com escárnio e ódio. Disse que era difícil conceber com que desprezo eram considerados em Londres. Mencionei uma história que lera sobre o Sr. Burke ter seduzido e desonrado uma jovem com promessas de casamento. "Imagino", disse ele, "que você tirou essa bela história de alguma revista. Se algo pode ser mais vil que os jornais, esse algo são as revistas. Uma vez tiveram a impudência de publicar uma história sobre um cavalheiro ter corrompido a própria irmã; e, após uma averiguação, ficou comprovado que ele nunca tivera uma irmã. Quanto ao Sr. Burke, é um homem honrado e honesto. Casou-se com uma moça educada e sem fortuna". Eu queria que a *Gentleman's Magazine* escapasse à sua censura, mas recusou-se a me ouvir. Segundo ele, jamais olhava um periódico, nem mesmo sabia o nome dos editores.

Admirava Pope e sabia de cor muitas passagens prediletas, porém não gostava do caráter pessoal do homem. Era, disse ele, muito afetado, e mencionou sua carta a Arbuthnot, quando este estava à morte, como um exemplo perfeito de hipocrisia, o que de fato é. Também tinha uma excelente opinião de Dryden, e louvava com entusiasmo suas fábulas. Mencionei as objeções do Sr. Hume, e ele respondeu: "Você aprenderá mais sobre poesia lendo um bom poema do que lendo mil volumes de crítica". Citou algumas passagens de Defoe que exalavam, segundo ele, o verdadeiro espírito do verso inglês.

APÊNDICE I

Não gostava da tradução de Meikle de *Os Lusíadas*, e considerava a versão francesa muito superior. Meikle, no prefácio, contradisse com muita franqueza algumas das posições apresentadas na pesquisa do Doutor, o que talvez o tenha aborrecido, mas, na verdade, Meikle é um rimador medíocre.

Ultimamente o senhor tem citado muito os *Remarks on English Plays*, de Lord Gardenstoun, e observo que esse vivaz e venerável crítico desaprova a grande maioria das peças. Nesse ponto o Dr. Smith concordava inteiramente com o nobre; considerava o teatro francês um modelo de excelência dramática.*

Disse que, no início do atual reinado, os ministros dissidentes costumavam receber do governo duas mil libras por ano, e que o conde de Bute, muito impropriamente, em sua opinião, os havia privado desse subsídio, atribuindo a isso o real motivo de sua virulenta oposição ao governo.

Se o senhor considerar estas notas dignas de um lugar em sua miscelânea, estão às suas ordens. Evitei muitos comentários pessoais lançados pelo Doutor, por achar que talvez melindrassem certas pessoas, e nada entrego aos seus cuidados que poderia ofender o Doutor ao ser transmitido para a imprensa.

Sou, Senhor, seu etc.,
AMICUS

Glasgow, 9 de abril, 1791.

---

* É interessante observar homens talentosos discordarem sobre tópicos aparentemente simples. O Dr. Smith admirava como o próprio clímax de excelência dramática o *Mahomet*, de Voltaire; por outro lado, Lord Gardenstoun declara que cada linha da peça demonstra uma ausência total de gênio, e mesmo de gosto para a composição trágica. Não me compete ajustar as contas entre o nobre e o doutor.

Apêndice 2

Tabela de passagens correspondentes

A primeira coluna dá o volume e o número da página do manuscrito. A segunda coluna dá as páginas correspondentes na edição de Lothian de 1963.*

Conferência 2			
i.1	1	i.12	5
i.2	1	i.13	5
i.3	1-2	i.14	6
i.4	2	i.15	6
i.5	2	i.16	6
i.6	2-3	Conferência 3	
i.7	3	i.17	7
i.v.7	3	i.18	7
i.8	3-4	i.v.18	7
i.9	4	i.19	8
i.10	4-5	i.v.19	8
i.v.10	5	i.20	8
i.11	5	i.21	8

*Visto que existem algumas páginas em branco no manuscrito, a seqüência de números é às vezes irregular. Referências às passagens escritas no verso da página (marcadas 'v') também ocorrem fora da seqüência para dar conta da variação de sua posição.

i.v.21	8	i.v.45	15-16
i.v.22	9	i.v.46	16
i.v.23	9	i.v.47	16-17
i.v.24	9	i.48	17
i.v.25	9	i.v.48	17
i.v.26	9-10		
i.v.27	10	Conferência 5	
i.v.28	10	i.49	18
i.v.29	10	i.v.49	18
i.v.30	10-11	i.v.50	18
i.v.31	11	i.50	18-19
i.33	11	i.51	19
i.v.33	11	i.v.50	19
i.v.34	11	i.v.51	19
		i.v.52	19
Conferência 4		i.53	19-20
i.37	12	i.52ª	20
i.v.37	12	i.v.52ª	20-1
i.v.38	12-13	i.52ᵇ	21
i.39	13	i.v.52ᵇ	21
i.v.39	13		
i.v.40	13	Conferência 6	
i.40	13	i.v.53	22
i.41	13-14	i.v.54	22
i.v.40	14	i.v.55	22
i.v.41	14	i.v.56	22-3
i.v.42	14-15	i.v.57	23
i.43	15	i.v.58	23
i.v.43	15	i.v.59	23-4
i.v.44	15	i.60	24

i.v.60	24	i.89	33-4
i.61	24-5	i.90	34
i.62	25	i.91	34
i.63	25	i.92	34
i.64	25-6	i.93	34-5
i.65	26	i.94	35
i.66	26	i.95	35
i.v.66	26-7		
i.v.67	27	**Conferência 8**	
i.v.68	27-8	i.96	36
i.69	28	i.97	36
i.70	28	i.98	36
i.71	28	i.99	36-7
		i.100	36
Conferência 7		i.101	37
i.73	29	i.102	37-8
i.74	29	i.103	38
i.75	29-30	i.104	38
i.76	30	i.105	38-9
i.77	30	i.106	39
i.78	30	i.107	39
i.79	30-1	i.108	39-40
i.80	31	i.109	40
i.81	31	i.110	40-1
i.82	31	i.111	41
i.83	31-2	i.112	41
i.84	32	i.113	41-2
i.85	32	i.114	42
i.86	32-3	i.115	42
i.87	33	i.116	42
i.88	33	i.v.116	42-3

Apêndice 2

Conferência 9	
i.117	44
i.118	44
i.119	44-5
i.120	45
i.121	45
i.122	45-6
i.123	46
i.124	46
i.125	46-7
i.126	47
i.v.124-5	47

Conferência 10	
i.126	48
i.127	48
i.128	48-9
i.129	49
i.130	49-50
i.131	50

Conferência 11	
i.133	51
i.135	51
i.136	51-2
i.137	52
i.138	52
i.139	52-3
i.140	53
i.141	53

i.142	i53-4
i.143	54
i.144	54
i.145	54-5
i.146	55-6
i.147	56
i.148	56
i.v.148	56-7

Conferência 12	
i.149	58
i.150	58-9
i.151	59
i.152	59
i.153	59-60
i.154	60
i.155	60-1
i.156	61
i.157	61-2
i.158	62

Conferência 13	
i.160	63
i.161	63-4
i.162	64
i.163	64
i.164	64-5
i.165	65
i.166	65
i.167	65-6
i.168	66

i.169	66	i.194	76
i.170	66-7	i.195	76-7
i.171	67	i.196	77
i.172	67	i.197	77-8
i.173	68	i.198	78
i.174	68	i.199	78-9
i.v.172	68	i.200	79
i.175	68		

Conferência 16

ii.1	80
ii.2	80
ii.3	80-1
ii.4	81
ii.5	81
ii.6	81
ii.7	81-2
ii.8	82
ii.9	82
ii.10	82-3
ii.11	83

Conferência 14

i.176	69
i.177	69
i.178	69-70
i.179	70
i.180	70-1
i.181	71
i.182	71
i.183	71
i.184	71-2
i.185	72
i.186	72
i.187	72-3
i.188	73-4

Conferência 17

ii.12	84
ii.13	84
ii.14	84-5
ii.15	85
ii.16	85
ii.17	85-6
ii.18	86
ii.19	86-7
ii.20	87

Conferência 15

i.188	74
i.189	74
i.190	74
i.191	74-5
i.192	75-6
i.193	76

ii.21	87	ii.47	101
ii.22	87-8	ii.48	101
ii.23	88-9	ii.49	101-02
ii.24	89	ii.50	102
ii.25	89-90	ii.51	102-03
ii.26	90	ii.52	103
ii.27	90	ii.53	103-04
ii.28	90-1	ii.54	104
ii.29	91	ii.55	104
ii.30	91-2	ii.56	104-05
		ii.57	105
		ii.58	105-06
		ii.59	106
		ii.60	106-07

Conferência 18

ii.31	93
ii.32	93-4
ii.33	94
ii.34	94
ii.35	94-5
ii.36	95-6
ii.37	96
ii.38	96
ii.39	96-7
ii.40	97
ii.41	97-8
ii.42	98
ii.43	98-9
ii.44	99-100

Conferência 20

ii.60	107
ii.61	107
ii.62	107-08
ii.63	108
ii.64	108
ii.65	108-09
ii.66	109
ii.67	109-10
ii.68	110
ii.69	110
ii.70	110-11
ii.71	111
ii.72	111-12
ii.73	112

Conferência 19

ii.44	100
ii.45	100
ii.46	100-01

Conferência 21		ii.100	125
ii.73	113	ii.101	125-6
ii.74	113	ii.102	126
ii.75	113-14	ii.103	126-7
ii.76	114	ii.104	127
ii.77	114-15	ii.105	127
ii.78	115	ii.106	127-8
ii.79	115	ii.107	128
ii.80	115-16	ii.108	128-9
ii.81	116	ii.109	129
ii.82	116-17	ii.110	129-30
ii.83	117		
ii.84	117	Conferência 23	
ii.85	117-18	ii.110	130
ii.86	118	ii.111	130
ii.87	118-19	ii.112	130-1
ii.88	119	ii.113	131
ii.89	119	ii.114	131
ii.90	120	ii.115	131-2
ii.91	120-1	ii.116	132
ii.v.91	121	ii.117	132-3
ii.92	121	ii.119	133
ii.93	121-2	ii.120	133-4
ii.94	122	ii.121	134
ii.95	122-3	ii.122	134-5
ii.96	123	ii.123	135
		ii.124	135
Conferência 22		Conferência 24	
ii.97	124		
ii.98	124-5	ii.125	136
ii.99	125	ii.126	136-7

ii.127	137	ii.153	148-9
ii.128	137-8	ii.154	149
ii.129	138	ii.155	149
ii.130	138	ii.156	149-50
ii.131	138-9	ii.157	150
ii.132	139	ii.158	150-1
ii.133	139-40	ii.159	151
ii.134	140	ii.160	151
ii.135	140	ii.161	151-2
ii.136	140-1	ii.162	152
ii.137	141	ii.163	152-3
		ii.164	153

Conferência 25

		ii.165	153-4
ii.138	142	ii.166	154
ii.139	142	ii.167	154-5
ii.140	142-3	ii.168	155
ii.141	143	ii.169	155
ii.142	143-4	ii.170	155-6
ii.143	144	ii.171	156
ii.144	144	ii.172	156-7
ii.145	144-5		

Conferência 27

ii.146	145		
ii.147	145-6	ii.172-3	157
ii.148	146	ii.174	157-8
ii.149	146-7	ii.175	158
ii.v.149	147	ii.176	158
ii.150	147	ii.177	158-9
		ii.178	159

Conferência 26

		ii.179	159-60
ii.151	148	ii.180	160
ii.152	148	ii.181	160-1

ii.182	161	ii.208	173
ii.183	161	ii.209	173-4
ii.184	161-2	ii.210	174
ii.185	162	ii.211	174-5
ii.186	162-3	ii.212	175
ii.187	163	ii.213	175
ii.188	163	ii.214	175-6
		ii.215	176

Conferência 28

		ii.216	176
ii.189	164	ii.217	176-7
ii.190	164	ii.218	177
ii.191	164-5	ii.219	177-8
ii.192	165	ii.220	178
ii.193	165-6		

Conferência 30

ii.194	166		
ii.195	166-7	ii.221	179
ii.196	167	ii.222	179-80
ii.197	167-8	ii.223	180
ii.198	168	ii.224	180-1
ii.199	168	ii.225	181
ii.200	168-9	ii.226	181
ii.201	169	ii.227	181-2
ii.202	169-70	ii.228	182
ii.203	170	ii.229	182-3
ii.204	170	ii.230	183
ii.205	170-2	ii.231	183-4
		ii.232	184

Conferência 29

		ii.233	185
ii.205	172	ii.234	185
ii.206	172	ii.235	185-6
ii.207	172-3	ii.236	186

ii.237	186-7	ii.246	190
ii.238	187	ii.247	190-1
ii.239	187-8	ii.248	191
ii.240	188	ii.249	191-2
ii.241	188	ii.250	192
ii.242	188-9	ii.251	192
ii.243	189	ii.252	192-3
ii.244	189-90	ii.253	193
ii.245	190		

Índice geral

A
Abelardo, 108n4
Absirto, 337n4
Adam Bell, Clym of the Clough, and William of Cloudesley, 446
Acteon, 185n8
ADAM SMITH sobre:
   Beleza, 120, 135, 145
   Comédia, 273, 274, 279, 280
   Caracteres, descrição dos, 205-14
   Descrição, 179, 220
   Eloqüência, 181, 285
   Eloqüência deliberativa, 317-51
   Eloqüência demonstrativa, 285-305
   Eloqüência judiciária, 353-400
   Escrita didática, 87, 138, 179-81, 222, 239, 307-16
   Estilo, variedades de, 135-50, 169-78
   Figuras de linguagem, 119-44
   História, 221-44
   Historiadores, 245-65
   Humor, 150-68, 279, 280
   Língua e caráter nacional, 79, 328
   Poesia, 267-69, 280-84
   Romance, 233, 258
   Sentenças, estrutura das, 105-18
   Simpatia, 120, 223, 227
   Tragédia, 233, 270-81
   Unidades no drama, 272-77
Adão, 183, 191, 226, 403n2
Addison, 31, 42, 45, 136, 156n4, 164-66, 166n3, 167, 183, 183n5, 185, 185n7, 185n8, 199, 280-81n10, 284n13
Adriano, 362n7
Adversus Eunomium (Gregório de Nissa), 403n2
Aécio, 200n7
Aetes, 337n4
Agamenon, 45, 218
Agesilau, 293, 294
Agrícola, 138, 213, 224, 240
Agripina, 239, 260

Ajax, 127n12, 128
Albúcio, 393, 393n15
Alcebíades, 333, 345, 370
Alexandre, o Grande, 126, 127, 131, 200, 200n7, 366, 405, 423, 446
Alexandre de Abonuteicos, 165, 165n2
Alonzo, Don, 279, 279n8
Altarmenische Grammatik (Jensen), 417n5
Amiano Marcelino, 110, 110n6
Amicus, 66-68, 448
Ana (da Áustria), 207, 207n4
Anderson, James, 68
Andócides, 372n9
Aníbal, 232, 232n11, 233n12
Anito, 369n7
Anonymous and fugitive essays of The Earl of Buchan, The (Erskine), 67
Antífon, 372, 372n9
Antonino, Marco Aurélio, 28
Antores, 195n12
Apeles, 200, 200n7
Apolo, 263, 263n6
Apolodoro, 185n9, 375, 375n13
Appeal from the New to the Old Whigs, An (Burke), 399n18
Apuleio, 155, 202, 202n10
Aquiles, 302, 303
Aquiles Tácio, 198, 198n, 202, 202n10

Arbuthnot, John, 118n6, 447
Argenson, marquês de (René-Louis de Voyer de Paulmy), 46
Ariosto, 232
Aristófanes, 152, 344n1
Aristóteles, 37, 72, 87, 115n2, 117n5, 139, 209n7, 280n10, 303n10, 311, 313-14, 321n5, 389
Arriano (Lucius Flavius Arrianus), 28
Art of Memory, The (Yates), 308n2
Artaxerxes, 229
Arts of Logick and Rhetorick, The (Oldmixon), 39, 156n15
Arthur, Archibald, 62
Arúncio, 393, 393n15
Arundel, Howard Thomas, conde de, 213, 213n9
Ascanius, *ver* Erskine, David Steuart
Asclépio, 165n2
Asno de ouro, O (Apuleio), 202n10
Aspásia (a milésia), 305n15
Atena, 380n3
Atterbury, Francis, 399, 399n18
Augusto, 240n7
Aujac, G., 374n12
Ausonius, 155n10

B

Baird, George, 52
Balliol, John, 180

Balzac, Jean-Louis Guez de, 198, 198n3
Bannerman, Dr., 297n2
Bard, The (Gray), 303n10
Basilide, 209n6
Beattie, James, 15, 38, 445
Becket, Sra., 58
Becket, T., 58
Beckwith, C. E., 161n1
Belinda, 157n17
Bellum Catilinae (Tucídides), 254n12
Bellum Civile (Lucano), 288n3
Bibliotheca (Fraser), 185n9
Biographia Britannica, 444
Biographia Literaria (Coleridge), 64
Blair, Hugh, 26, 28, 32, 41, 62, 73, 298n3
Blind Harry (ou Henry, o Menestrel), 297n2
Blunt, Anthony, 283n11
Boccalini, Traiano, 230, 230n9, 262, 262n4, 263, 264n6
Bocchus, 254n11
Bohn, Henry G., 199n6
Bolingbroke, Henry St. John, visconde de, 46, 86, 86n10, 110n5, 117, 142, 167, 224n2
Bossuet, Jacques Bénigne, 291n4
Boswell, James, 31, 32, 42, 47, 69, 70, 183n5
Bouhours, Dominique, 39

Boulard, A. M. H., 61
Brancas, conde de, 210n8
Brett, S. R., 400n19
Brisson, Barnabé, 348, 348n5
British History, The (Monmouth), 246n2
Brosses, Charles de, 56
Brown, John, 298n4
Brown, Tom, 125n8, 147n1
Bruce, (rei) Robert, 180, 288, 288n3
Brutus, 304, 338
Brutus (Cícero), 339n, 339n5
Buccleuch, Henry Scott, duque de, 15, 441
Buchan, conde de, *ver* Erskine
Buchanan, George, 446
Buckingham, G. Villiers, segundo duque de, 214n11
Buckingham, John Sheffield, duque de, 198, 198n4,
Buffon, Georges-Louis Leclerc, conde de, 73
Burke, Edmund, 47, 67, 399n18, 447
Burnet, Gilbert, 64, 214, 214n11, 263-64, 264n, 265, 265n8
Bute, John Stuart, conde de, 448
Butler, Samuel, 122n3

C

Caelius, *ver* Rufus
Calcas, 218

Calígula, 260
Calisto, 185n8
Calvo, C. Licínio, 39, 339n
Campbell, George, 73
Campbell, John, 443, 444
Cannan, Edwin, 14, 68
Capitolino, Tito Quíncio, 316, 316n7, 350
Caractères de Théophraste traduits du grec, avec les Caractères ou les moeurs de ce siècle (La Bruyère), 209n6
Cáricles, 321n5
Cary, *ver* Falkland
Casaubon, Isaac, 41, 209n7
Catão, Marco Pórcio, 156, 156n4, 325, 325n10, 340
Catilina, 206, 209, 226-27, 253
Catilinária (Cícero), 340n8
Catulo, 124
Cecina, 262
César, *ver* Júlio César
Characteristicks of Men, Manners, Opinions, Times (Shaftesbury), 49, 85n8
Carlos I, 238
Carlos II, 214n11
Charles Edward, príncipe, 399n18
Charles Le Brun (Jouin), 276n6
Cherrie and the Slae, The (Montgomerie), 297n2
Chesterfield, Lord, 70
Chevalier de Méré (Antoine Gombaud), 39

Chevreuse, Mlle., 207, 207n4
Child, F. J., 297n2
Cibber, Colley, 125, 125n8
Cícero, 37, 39, 40, 43, 46, 64, 114, 114n1, 115, 115n2, 120, 131, 138, 138n4, 139, 206n2, 208n2, 209, 218n2, 293, 304, 308n2, 312, 318, 318n1, 327, 328, 334-37, 337n4, 338, 339, 339n, 339n5, 339n6, 340, 340n8, 341, 355n1, 356, 356n2, 357, 358n4, 368, 369, 369n6, 370-73, 378n2, 379, 382, 386, 388, 389, 389n10, 390n12, 391, 391n13, 392, 393, 405
Cina, 329
Cicno, 185n8
Clarendon, Edward Hyde, conde de, 31, 64, 212, 213, 213n9, 214n11, 263, 264, 264n7
Clarke, Samuel, 50, 85, 85n7
Clearco, 229n6
Clístenes, 319n3
Cleombroto, 323n7
Cleonte, 321, 321n5, 344n1
Clódio, 330, 356n2, 357, 368, 371
Clow, James, 28
Cluência, 355n1
Cluêncio, Aulo, 355n1, 368, 369, 391n13

Cochrane, Andrew, 50
Coleridge, Samuel Taylor, 46, 50, 64, 303n10
Collection of Miscellany Poems and Letters, Comical and Serious, A (Harvey), 43, 188n4
Collection of Poems (Dodsley), 184n6, 284n13
Collection of Poems, A (Philips), 155n13
Collier, Jeremy, 39
Collins, William, 438n10
Concerning Humour in Comedy (Congreve), 157n17
Condillac, Étienne Bonnet de, abade, 403n1
Congreve, William, 157, 157n17
Considerazioni sui Discorsi del Machiavelli (Guicciardini), 262n5
Constable, John, 39
Controversiae (Sêneca), 393n15
Corneille, Pierre, 48, 281
Coronis, 185n8
Correspondence of Alexandre Pope, The (Sherburn), 224n2
Corvo, Marco Valério, 316n7, 350
Coxe, W., 399n18
Craigie, Robert (of Glendoick), 26, 27, 51
Crasso, Ápio Cláudio, 316, 316n7, 340n8
Crawford, Robert, 297n2
Crébillon, 259, 259n
Creonte, 343, 344n1
Crítias, 321n5
Critical Dissertation on the Poems of Ossian, A (Blair), 298n3
Critical Essays (Dionísio de Halicarnasso), 374n12, 383n4
Critical Reflections on Poetry, Painting, and Music (Nugent), 104n2
Cristo, Jesus, 125, 125n, 125n8, 155n12
Cromwell, Oliver, 206, 226, 226n3
Ctesifonte, 378, 378n2, 384n5
Curll, Edmund, 152, 152n6

D

D'Alembert, Jean le Rond, 55
Dafne, 185n8
Daves, C.W., 122n3
Décimo Silano, 340, 340n8
De Compositione Verborum (Longino), 439n12
De Corona (Demóstenes), 134n2, 331n2, 366n2, 385n6
De Elocutione (Demétrio), 439n12
De Falsa Legatione (Demóstenes), 385n6
Dehondt, P. A., 58
De Inventione (Cícero), 358n4
De la Justesse (Voiture), 39
De l'esprit des lois (Montesquieu), 397n17

De Natura Deorum (Cícero), 337n4
De Oratore ou *On the Orator*
    (Cícero), 40, 308n2
Dearing, V. A., 161n1
Defoe, Daniel, 447
Délia, 116, 116n3
Dêmades, 372-73n9
Demétrio (filho de Filipe V da
    Macedônia), 347, 348n4
Demétrio de Tarso, 117n5
Demétrio de Falero, 117, 117n5,
    439n12
Demócares, 303n12
Democles, 303
Demócrito, 344, 344n1
Demófilo, 209n6
Demônico, 304n12
Demóstenes, 43, 64, 65, 115, 116,
    134, 134n2, 303n12, 318, 319,
    321-25, 325n9, 327, 327n1,
    331, 335-38, 340, 341, 366n2,
    367, 372, 372n9, 373, 374,
    377, 378, 378n1, 378n2, 379,
    380, 380n3, 381-83, 383n4,
    384, 384n5, 385n6, 386, 389,
    391, 392
Descartes, 314, 314n6
Deus, 191, 403n2
Dialogues of the Sea-Gods
    (Luciano), 168n6
Dictionary (Johnson), 49, 71, 83n3
Dido, 121, 138, 138n4, 201

Digesta (Justiniano), 362n7
Dinarco, 372n9
Dinéia, 355n1
Dio Cássio, 130n20
Diodoro Sículo, 403n2
Diodoto, 344n1
Diógenes, 163, 366n2
Diomedes, 127, 128
Dionísio de Halicarnasso, 65,
    236n1, 253, 327n1, 372n9,
    374, 374n12, 383, 383n4,
    439n12
Discours (Corneille), 33, 48
Discours de l'inégalité
    (Rousseau), 360n5
Discours sur le style (Buffon), 73
Discours sur la Tragédie
    (La Motte), 48
Discourse upon Comedy
    (Farquhar), 48
*Discourses on Theological and Literary
    Subjects* (Arthur), 62
*Dissertation on the Rise, Union, and
    Power, the Progressions, Separations,
    and Corruptions, of Poetry and Music,
    A* (Brown), 298n4
Ditton H., 161, 161n1
Diversions of Purley (Tooke), 407n4
Dodsley, Robert, 184n6, 284n13
Dryden, John, 65, 156n15,
    203n12, 274n3, 439n12,
    445-47

Dubos, Jean-Baptiste, abade, 37, 104, 104n2, 155n12, 202, 202n11, 439n12
Dufresny, Charles Rivière, 153n8
Duncan, W. J., 32
Dunciad, The (Pope), 152n6

E

Éclogas (Virgílio), 192n10, 210n8
Édipo, 437
Eduardo I, 180, 180n2
Eduardo II, 288n3
Eduardo III, 433, 433n9
Elements of Criticism, The (Kames), 47, 48
Elements of general knowledge (Kett), 56, 57
Elliot, Gilbert (of Minto), 25
Eloisa to Abelard (Pope), 108n4, 203n12
Empédocles, 300, 300n7
Enéias, 130, 155, 201, 296, 296n1
Eneida (Virgílio), 121n2, 130n18-19, 138, 192n9, 195n12, 201n8-9, 233, 281, 296n1
English and Scottish Popular Ballads (Child), 297n2
Eos, 185n9
Epaminondas, 323n7
Epistle to Dr. Arbuthnot (Pope), 118n6

Epistolary Correspondence, Visitation Charges, Speeches and Miscellanies, The (Atterbury), 399n18
Erskine, David Steuart, conde de Buchan (Ascanius), 31, 66, 67, 70
Erskine, Ebenezer, 125n8
Ésquilo, 124
Ésquines, 331, 331n2, 366, 372n9, 373, 378, 378n2, 380, 380n3, 382-84, 384n5
Esquisse d'une grammaire comparée de l'arménien classique (Meillet), 417n5
Essai sur l'origine des connoissances humaines (Condillac), 403n1
Essais historiques et philosophiques sur le goût (Villate), 298n4
Essay of Dramatic Poesy (Dryden), 65
Essay on Grammar as it May be Applied to the English Language, An (Ward), 52
Essay on man (Pope), 83n3, 84n4, 108n4, 134n3, 213n9, 268n1
Essay on the Power and Harmony of Prosaic Numbers, An (Mason), 115n2
Essays on Several Moral Subjects (Collier), 39
Eubulo, 322, 322n6
Euclides, 303n10
Eucrates, 344n1

Eupolis, 375n13
Euríalo, 138, 191, 191n7
Eurípedes, 233
Europa, 168
Eustácio, 218n2
Eva, 183, 191, 403n2
Evandro, 191, 191n7, 296, 296n1

F

Faber, G. C., 161n1
Fables (Dryden), 65
Faerie Queene, The (Spenser), 188n6
Faeton, 185n8
Falkland, Lucius Cary, segundo visconde de, 213n9
Fanscomb Barn (Winchilsea), 155n13
Farquhar, George, 48
Fazio, S., 218n
Fénelon, François, 46
Fídias, 380n3
Filipe II da Macedônia, 134n2, 319, 323-25, 325n9, 327n1, 337n3, 366, 366n2, 367, 380n3, 384
Filipe V da Macedônia, 347, 347n3, 348n4
Filo, 331n2
First Book of Statius his Thebais, The (Pope), 203n12
Fitzmaurice, Lord, 71
Flamínio, 233n12

Fléchier, Valentin-Esprit, bispo de Nîmes, 291, 291n4
Floro, Lúcio Aneu, 138, 138n4, 240, 240n7
Fócion, 194
Forbes, William, 13
Forbes-Leith, família, 13, 14
Forbes-Leith, John, 15
Fragments of Ancient Poetry Collected in the Highlands of Scotland (Macpherson), 298n3
Fraser, J. G., 185n9

G

Gaelic Sources of Ossian, The (Thomson), 298n3
Gaio Manílio, 293, 293n7
Gardenstoun, Lord, 448, 448n
Garrick, David, 275
Gay, John, 155n13, 161n1
Geórgicas (Virgílio), 72, 200n5, 313
Germânico, 239, 239n5, 249n3, 260, 261, 261n2, 350, 350n6
Geschichte der indogermanischen Sprachwissenschaft (Zeller), 417n5
Giles, J. A., 247n2
Girard, Gabriel, abade, 52, 54
Goldsmith, Oliver, 446, 447
Gondi, Jean François Paul de, *ver* Retz, cardeal de
Gordon, Thomas, 225, 225n3, 262, 262n4

Górgias de Leontini, 39, 300n7, 301-03
Górgias de Mitileno, 301
Graves, Richard, 184n6
Gray, Thomas, 32, 184n6, 283, 283n12, 303n10, 446
Greig, J. Y. T., 25
Gregório de Nissa, 403n2
Grouchy, Sophie de (marquesa de Condorcet), 61
Guarini, G. B., 446
Guicciardini (Guichardin), Francesco, 262n5
Guilherme, príncipe de Orange, *ver* William
Gulliver, 150, 152
Guyon, 188n6

H

Hale, Sir Matthew, 214n11
Halifax, Lord, 214n11
Hall, Joseph, 41
Hamilton, duques de, 214n11
Hamilton, William (of Gilbertfield), 38, 297n2
Hamlet (Shakespeare), 125n9, 129n16, 156, 445
Hammer, J., 247n2
Hammond, James, 283n12
Harris, James, 56
Harvey, John, 43, 180n2, 188, 188n4
Hay, John, 297n2

Hegesipo, 319, 327, 327n1
Helena, 302n9, 303
Helíades, 185n8
Heloísa, 108, 109
Henrique IV (da França), 271
Herbert, Henry, 21, 210, 210n8
Herbert, William, *ver* Pembroke
Hércules, 296, 296n1, 302
Hércules Tácio, *ver* Aquiles Tácio
Herdotus or Aëtion (Luciano), 200n7
Hermágoras, 389, 389n10, 393n15
Hermes (Harris), 56
Hermógenes, 134n2, 369n7
Heródoto, 219, 219n4, 229, 229n7, 236, 236n1, 247-49, 251, 253, 302, 339
Hesíodo, 110n5, 162n3, 339, 339n7
Hind and the Panther, The (Dryden), 203n12
Hipérides, 327n1, 372-73n9
Histoire critique de la République de Lettres (Masson), 49
Histoire critique du Vieux Testament (Simon), 403n2
Histoire d'Angleterre (Rapin), 237n3
Historia Britonum (Giles), 246n2
História da Guerra do Peloponeso (Tucídides), 248
History of England (Hume), 33, 265n9

History of Florence (Maquiavel), 224n2, 262n5
History of His Own Time, 1724/1734 (Burnet), 214n11
History of the Rebellion and Civil Wars in England, The (Clarendon), 213n9
History of the Royal Society (Sprat), 39
Histrio-Mastix (Prynne), 86n9
Hobbes, Thomas, 49, 154n9, 173, 174, 177n5
Homero, 50, 67, 85, 124, 127, 128, 162n3, 168n6, 187, 201, 233, 245, 271, 274, 280n10, 281, 339, 339n7, 446
Horácio, 124, 210n8, 283, 394n16, 438, 438n10
Hortêncio (Quintus Hortensius Hortalus), 339, 339n5, 390, 390n11
Howard, Thomas, *ver* Arundel
Hudibras (Butler), 122, 122n3
Hume, David, 14, 21, 25, 32, 33, 38, 45, 47, 65, 265n9, 303n10, 444, 447
Hutcheson, Francis, 25, 28, 38, 43, 49
Hutton, James, 14
Hyde, Edward, *ver* Clarendon

I

Iago, 279
Ifigênia, 45, 218, 275
Ifigenia nella poesia e nell'arte figurata (Fazio), 218n2
Ilíada (Homero), 50, 85n7, 127n12, 185n9, 192n9, 201n9, 445
In Catilina (Cícero), 206n2
Inquiry Concerning Virtue or Merit, An (Shaftesbury), 86n10
Inquiry into the Beauties of Painting, An (Webb), 200n7, 218n2
Inquiry into the original of our ideas of Beauty and Virtue (Hutcheson), 43
Institutio Oratoria (Quintiliano), 65
Iseu, 65, 372, 372n9, 373, 374n12, 375, 375n13, 377
Isócrates, 113, 302-03, 303n12, 304, 372n9

J

Jago, Richard, 283n12
Jardine, George, 63
Jensen, H., 417n5
John Pym 1583-1643: the Statesman of the Puritan Revolution (Brett), 400n19
Johnson, Samuel, 7, 41, 47-52, 57, 69-71, 83n3, 156n15, 183n5, 283n12, 442, 443, 446
Jones, Sir William, 54
Jonson, Ben, 41
Jouin, Henry, 276n6
Jugurta, 225, 254, 254n11

Júlio César, 228, 250, 251, 288n3, 340, 340n8, 367, 367n4, 388n9, 445
Juno, 185n8
Júpiter, 168, 185n8, 188
Justiniano, 362n7
Justus Lipsius, 348n5
Juvenal, 84, 84n5, 202n11

K

Kames, Henry Home, Lord, 25-27, 38, 47, 48, 51, 73
Kett, Henry, 56, 57
Killigrew, Anne, 446

L

La Bruyère, Jean de, 35, 41, 209, 209n6, 210-12 292
Lady's Stake, or The Wife's Resentment, The (Cibber), 125n8
Lafitau, J. F., 403n2
La Henriade (Voltaire), 271n2
La manière de bien penser dans les ouvrages d'esprit (Bouhours)
Lamb, Charles, 66
La Motte Aigron, Jacques de, 198n3
La Motte, Antoine Houdar de, 48
La Rochefoucauld, François, 50
Latona, 201, 201n9
Lauderdale, Lord, 214n11
Le Brun, Charles, 276, 276n6

Lee, Nathaniel, 126, 127n11
Leheny, J., 165n1
Leibniz, Gottfried Wilhelm, 49, 150, 150n5, 417n5
Leith, Anne, 13
Letters of William Shenstone, The (Williams), 284n13
Lettres (Balzac), 198n3
Lettres et propos sur l'art (Poussin), 283n11
Leucipa e Clitofonte (Aquiles Tácio), 202n10
Les vrais principes de la langue françoise etc. (Girard), 52, 55
Licão, 369n7
Licurgo, 372, 372n9, 378, 378n1
Life and Heroick Actions of Sir William Wallace (Hamilton), 297n2
Life of Adam Smith (Rae), 68
Life of Johnson (Boswell), 70
Life of Robert Bruce, King of Scots, The (Harvey), 180n2
Lintot, Bernard, 152, 152n6
Lisandro, 367, 367n3
Lísias, 65, 372, 372n9, 373n10, 374, 374n12
Littleton, Lord, 264
Locke, John, 150, 150n5, 173n, 174
Longino, 134, 134n2, 385, 385n6, 439n12
Lothian, John Maule, 7, 13, 14

Lucano, 288n3
Luciano, 159, 161, 162, 162n2, 163-65, 165n2, 166, 168, 176, 177, 200, 200n7, 202n10
Lúcio, 156n14
Lúcio, o asno (Luciano), 202n10
Lucrécio, 124, 339
Lúculo, Lúcio Licínio, 333
Luís XIII, 207n4

M

Mackintosh, James, 25
Maclaurin, Colin, 27, 38
Macpherson, James, 32, 298n3
Macray, W. D., 213n9
Mahomet (Voltaire), 448n
Malpeines, M. A. Leonard des, 403n2
Mandeville, B., 139n
Mansfield, conde de, 400, 400n19
Maquiavel, Nicolau, 139, 224n2, 262, 262n5
Marcial, 425n8
Mardônio, 320n4
Mário, 254n11, 329-32
Marivaux, Pierre de, 43, 70, 153n8, 259, 259n
Marmontel, Jean-François, 37
Maseres, Francis, 66
Mason, John, 115n2
Massinissa, 288, 288n
Masson, 49
McElroy, D. D., 25

Medéia, 337, 337n4
Médicis, Maria de, 276, 276n6
Meikle, William Julius, 448
Meillet, A., 417n5
Meleagro, 302
Meleto, 369n7
Melibeu, 192
Mémoires (Retz), 206n3, 243n8
Memoirs of Sir Robert Walpole (Coxe), 399n18
Memoirs of the Life and Writings of the Honourable Henry Home of Kames, containing Sketches of the Progress of Literature and General Improvement in Scotland during the Greater Part of the Eighteenth Century (Tytler), 25
Memoirs of the Reign of George II (Walpole), 400n19
Ménalque, 210, 210n8
Menelau, 218
Menon, 229n6
Mercador de Veneza, O (Shakespeare), 188
Metamorfoses (Ovídio), 185n7
Mezêncio, 191, 191n7
Micipsa, 225
Millamant, 157n17
Millar, John, 17, 26, 30, 32
Milo, Titus Annius, 356n2, 357, 368, 371, 390
Milton, John, 34, 42, 118n6, 123n4, 124, 148, 148n, 155,

155n13, 156n15, 183, 188n2,
191, 193, 194, 196, 197,
271, 280n10, 438, 438n10,
445, 446
Mirra, 185n8
Minstrel, The (Beattie), 445
Miscellanies in Verse
  (Pope-Swift), 161n1
Mitrídates, 293, 293n7, 337
Modius, François, 348n5
*Moeurs des sauvages amériquains,
  comparées aux moeurs des premiers
  temps* (Lafitau), 403n2
Moisés, 88, 130
Molière, 211
Monboddo, Lord, 31
Monmouth, Geoffrey of, 246, 246n2
Montagu, Lady Mary Wortley,
  198n4
Montaigne, Michel de, 397, 397n17
Montesquieu, 397, 397n17
Montgomerie, Alexander, 297n2
Montrose, marquês de, 206, 264
Moor, James, 45
Moralia (Plutarco), 370n8
Moralists, a Philosophical Rhapsody, The
  (Teocles), 175, 175n4
Moralists, The (Hobbes), 177n5

N
Newton, Sir Isaac, 72, 313, 405
Nicocles, 304n12

Niso, 138
Nivers, Mme. de (duquesa de Nevers?), 207n4, 208n
Notícias do Parnaso (Boccalini), 263
Nugent, Thomas, 104n2
Nuvens, As (Aristófanes), 152

O
*Observations upon the United Provinces of
  the Netherlands* (Temple), 214n12
Ociroe, 185n8
Occam, Guilherme de, 21
Œdipe (Voltaire), 48
Odisséia (Homero), 128n15, 201n9
Old Batchelor, The (Congreve),
  157n17
Oldmixon, John, 39, 156n15
On Imitation (Dionísio de
  Halicarnasso), 372n9
On the Style of Demosthenes (Dionísio
  de Halicarnasso), 327n1
On the Sublime (Longino), 385n6
Opiânico (Statius Abbius
  Oppianicus), 355n1, 368, 368n6
Opuscula (Ausonius), 155n10
Opuscules rhétoriques (Dionísio de
  Halicarnasso), 374n12
Oração a Manílio (Cícero), 293
Orator (Cícero), *ver* De Oratore
Orlando Furioso (Ariosto), 232
Orphan; or the Unhappy Marriage, The
  (Otway), 280n9

Orrery, conde de, 149n3
Ossiam, 32, 298n3
Oswald, James (of Dunnikeir), 26
Otelo, 279
Otway, Thomas, 280n9
Ovídio, 185, 185n7

P

Palamedes, 302n9
Pallas, 138, 138n4
Paraíso Perdido (Milton), 118n6, 123n4, 127n14, 183n4, 188n2, 191n8, 197n1, 280n10
Páris, 303
Pastoral Ballad, A (Shenstone), 283n13
Pater, Walter, 64
Patérculo, Caio Veleio, 138, 138n4
Paulo, São, 282
Pausânias, 320n4
Pédio, 394n16
Pedro, São, 45, 282
Pembroke, William Herbert, terceiro conde de, 213, 213n9
Percy, Thomas, 446
Péricles, 229, 305, 305n15, 320, 322, 343-44
Perseu (filho de Filipe V da Macedônia), 347, 348n4
Pérsio, 394n16
Philips, John, 155n13
Philosophical Analysis and Illustration of Some of Shakespeare's Remarkable Characters, A (Richardson), 42
Philosophy of Rhetoric, The (Campbell), 73
Píndaro, 187-88, 303, 303n10
Píramo, 194
Pitágoras, 300, 300n7
Platão, 39, 65, 88, 175-76, 305, 314, 334, 369n7, 385
Plauto, 425n8
Plínio, o Velho, 198, 218n2, 240
Plumb, J. H., 399n18
Plutarco, 370n8
Políbio, 31, 228, 288n3, 230, 251, 445
Pompeu, 288, 288n3, 293, 293n7, 333
Pope, Alexander, 31, 48, 65, 83, 84n4, 108n4, 118n6, 123, 129n16, 134, 152, 152n6, 161n1, 174, 198, 198n4, 203, 203n12, 206n3, 213n9, 224n2, 268, 268n1, 446, 447
Pound, Ezra, 50
Poussin, Nicolas, 194, 276n6, 283, 283n11
Pringle, Sir John, 70
Pro Roscio Amerino (Cícero), 356n2
Progress of Poesy, The (Gray), 303n10
Propércio, 339, 339n7
Proxeno, 229n6
Prynne, William, 86n9, 400n19

Pulteney, Sir William (antes William Johnston), 26, 399n18
Pym, John, 400, 400n19

Q

Quintiliano, 35-37, 40, 41, 46, 65, 114n1, 115n2, 120, 218n2, 253, 308n2, 318, 318n1, 339, 339n6, 356n2, 358, 358n4, 369n6, 372n9, 385n6, 388n9, 391n13, 392, 393n15, 394, 394n16, 439n12
Quixote, Dom, 279n7, 291

R

Racine, Jean, 275, 280, 281
Rae, John, 68
Rafael, 282
Rambler (Johnson), 69
Ramsay, Allan, 67, 297n2, 446
Ramsay, John (of Ochtertyre), 32, 68
Rapin, René, 65
Rapin Thoyras, Paul de, 237, 237n3, 265
Reflections upon Accuracy of Style (Constable), 39
Réflexions critiques sur la poésie e sur la peinture (Dubos), 37, 104n2, 202n11, 439n12
Regnard, Jean-François, 153n8
Rei Lear (Shakespeare), 183, 183n5
Reid, Thomas, 16, 18, 19, 28, 34, 63
Reliques of Ancient English Poetry (Percy), 446
Remarks on English Plays (Gardenstoun), 448
Remarks on the Life and Writings of Swift (Orrery), 149n3
Rethorica ad Herennium (anônimo), 35, 40
Retórica (Aristóteles), 115n2
Retz, cardeal de (Jean-François Paul de Gondi), 206n3, 207, 207n3-4, 242, 243, 243n8, 293
Revenge, The (Young), 279, 279n8
Reynolds, Sir Joshua, 32
Ricardo III, 275
Richardson, William, 42, 45, 62, 73
Ricordi politici e civili (Guicciardini), 262n5
Rival Queens, or The Death of Alexander the Great, The (Lee), 127n11
Roberts, W. Rhys, 117n5, 219n4
Rochester, conde de, 214n11
Rollin, Charles, 63, 64
Rosa, Salvator, 193
Róscio Amerino, 356, 389
Rousseau, Jean-Jacques, 33, 92, 92n2, 360n5, 397n17, 403n2, 406, 406n3, 420n6
Rowe, Nicholas, 283n13, 288n3

Roxana, 200, 200n7
Rufus, M. Caelius, 339n, 339n6

S

Sacheverell, Henry, 399n18
Salústio, 87, 206, 209, 224, 224n2, 225, 225n3, 226, 227, 253, 254, 325
Salvius Julianus (Lucius Octavius Cornelius Publius Salvius Julianus Aemilianus), 362n7
Sancho Pança, 16, 135, 279
Sanctius (Francisco Sánchez de las Brozas, ou de Salamanca), 425n, 425n8
Sannazzaro, Jacopo, 155, 155n12
Sarpi, Paolo, 224n2
Satanás, 183, 183n4
Sátiras (Horácio), 210n8
Savage, Richard, 443
Saxe, Hermann Maurice, conde de, 206, 206n3
Scarron, Paul, 147n1, 155, 155n11
Schoolmistress, The (Shenstone), 124n6, 184n6
Scotland and Scotsmen in the Eighteenth Century (Ramsay), 32, 68
Sêneca, 393n15
Shaftesbury, Anthony Ashley Cooper, terceiro conde de, 40, 43, 49, 70, 74, 85n8, 86, 86n10, 88, 113-15, 115n2, 117, 142, 143, 148, 167, 171, 171In1, 172, 172n3, 173, 173n, 174, 176-78, 308
Shakespeare, William, 42, 45, 47, 50, 65, 67, 124, 128, 129, 183, 183n5, 187, 204, 275, 277, 281, 287, 445
Sheffield, John, *ver* Buckingham
Shelburne, Lord, 71
Shenstone, William, 33, 124n6, 184n6, 283n13
Sherburn, G., 199n4, 224n2
Shrewsbury, duque de, 198n4
Silas, 329
Simon, Richard, 403n2
Simpson, G. G., 180n2
Simson, Robert, 72
Skinner, Andrew, 7
Smith, Adam, *ver* Adam Smith
Smith, David Nichol, 7, 42
Sócrates, 152, 175, 176, 305n15, 369, 369n7
Sófocles, 274, 277, 281
Somers, Lord, 172n2
Spaeth, S., 188n2
Spanish Fryar; or The Double Discovery, The (Dryden), 274n3
Spenser, Edmund, 124, 128, 184, 184n6, 187, 187n1, 188
Splendid Shilling: an Imitation of Milton, The (Philips), 155n13
Sprat, Thomas, 39

Staienus, 368, 369n6
Steele, Richard, 62, 188n4
Stella (Esther Johnson, chamada
    Stella por Swift), 444
Stepney, G., 202n11
Sterne, Laurence, 69
Stevenson, John, 28
Stewart, Dugald, 13, 17, 30, 34, 48,
    50, 53, 54, 59, 65, 68, 70, 72
Stones, E. L. G., 180n2
Storia d'Italia (Guicciardini), 262n5
Strahan, William, 59
Suetônio, 393n15
Swift, Jonathan, 31, 40, 41, 80,
    86, 104, 116, 117, 142, 143,
    146-50, 152, 159, 161n1, 162,
    162n2, 163, 166, 167, 174,
    309, 309n3, 444
Sydney, Philip, 124

T

Tácito, 43, 87, 110n6, 138,
    138n4, 206, 208, 213, 213n9,
    224n2, 225n3, 228, 228n5,
    230, 239, 240, 242, 243, 248,
    258-60, 262, 339, 350
Tale of a Tube, A (Swift), 309n3
Tales de Mileto, 300, 300n7
Tarquínios, reis de Roma, 367
Temple, William, 41, 66, 142,
    143, 146, 214, 214n12
Teocles, 175

Teofrasto, 41, 209, 209n7,
    210-11, 292
Teógnis, 339, 339n7
Teramenes, 321, 321n5
Teseu, 302-03
Thompson, A., 247n2
Thomson, Derick S., 298n3
Thomson, James, 38, 124, 127,
    127n13, 129, 148, 171, 194,
    195, 203n12, 204
Tibério, 230, 393
Tibulo, 124, 425n8
Ticiano, 192
Tigranes, 293n7
Timantes de Citno, 45, 218n2
Timarco, 218n2, 378n2, 384n5
Timber, or Discoveries (Jonson), 41
Timômaco de Bizâncio, 218n2
Tiro, 388, 388n9
Tirwhyt, W., 198n3
Tisbe, 194
Tissafernes, 293n6, 294
Títiro, 437
Tito Lívio, 44, 110, 111, 114,
    202n11, 217, 231, 232,
    232n11, 233, 238, 240n7, 243,
    248, 249n3, 252, 253, 253n9,
    307, 316, 339, 346-48, 348n4,
    349-51, 444, 445
Tito Quíncio, *ver* Capitolino
Titono, 185, 185n9
To Phillis (Waller), 116n3

Tooke, Horne, 407n4
Trajano, 43, 202, 258-59
Trasilo, 375n13
Trasímaco da Calcedônia, 303, 303n10
Tristram Shandy (Sterne), 69
Tucídides, 31, 65, 67, 85, 87, 217, 218, 218n3, 219, 219n4, 224n2, 228, 228n5, 229, 231, 236, 236n1, 237, 248, 249, 249n4, 250, 251, 251n6, 252-54, 254n12, 255, 260, 260n1, 301n8, 305n15, 339, 341-43, 344n1, 344n2, 345-47, 348n5, 349, 351
Turenne, Henri de la Tour d'Auvergne, visconde de, 206, 206n3, 213n9, 291n4
Turno, 130
Tytler, A. F., 25, 26, 38, 39, 51, 52

U

Ulisses, 218, 287
Universal History, 443

V

Valério Máximo, 218n2, 240, 240n7
Varus, 249n3, 261, 261n2
Vernon, Edward, 124, 124n6

Verres, Gaius, 249, 249n3, 329, 390n12
Vespasiano, 229
Viagens de Gulliver (Swift), 150, 161
Vida, Marco Girolamo, 155
Vida de Agrícola, A (Tácito), 138, 213n9
Villate, Cartaud de la, 298n4
Virgile travesti (Scarron), 155n11
Virgílio, 72, 124, 127, 130, 138, 155, 178, 192, 195, 199, 201, 233, 271, 280, 281, 284, 296, 313, 339, 339n7, 437, 446
Vitélio, general, 228n5, 229
Vitrúvio, 403n2
Voiture, Vincent, 39
Voltaire, 46, 48, 70, 271n2, 445, 448n

W

Waldegrave, 400n19
Wallace, William, 297n2
Waller, Edmund, 85, 116, 116n3
Walpole, Horace, 399n18, 400n19
Walpole, Sir Robert, 399, 399n18
Warburton, William, 83, 136, 403n2
Ward, William, 52
Wardlaw, Lady Elizabeth, 297n2
Warton, Joseph, 438n10
Warton, Thomas, 438n10

Warwick, condessa de, 284n13
Watt, W. S., 7
Watson, Robert, 26
Way of the World, The (Witwoud), 157n17
Webb, Daniel, 200n7, 218n2
Wedderburn, Alexander, 26
Welsted, Leonard, 46
Whiston, W., 161, 161n1
William (Guilherme I), príncipe de Orange, 172n2, 206n3
Williams, M., 284n13
Wilmot, Sir Robert, 399n18
Wilson, John, 66
Winchilsea, condessa de, 155n13
Wine (Gay), 155n13
Witwoud, 157n17
Wodrow, James, 31, 70
Wordsworth, William, 65, 66
Wronglove, Lord, 125n8

X

Xenofonte, 46, 85, 88, 144, 229, 230, 250, 251, 293, 293n6, 294, 314, 351, 369n7

Y

Yates, Frances A., 308n2
Young, Edward, 279n8, 303n10

Z

Zanga, 279n8, 280
Zeller, H., 417n5
Zuylen, Isabella de (Isabella Agneta Elisabeth van Tuyll van Serooskerken), 69

RR DONNELLEY

IMPRESSÃO E ACABAMENTO
Av Tucunaré 299 - Tamboré
Cep. 06460.020 - Barueri - SP - Brasil
Tel.: (55-11) 2148 3500 (55-21) 2286 8644
Fax: (55-11) 2148 3701 (55-21) 2286 8844